Grundwissen Politik

Begründet von
Ulrich von Alemann

Herausgegeben von
Lars Holtkamp, Hagen, Deutschland
Viktoria Kaina, Hagen, Deutschland
Michael Stoiber, Hagen, Deutschland
Annette Elisabeth Töller, Hagen, Deutschland

Herausgegeben von
Lars Holtkamp
Viktoria Kaina
Michael Stoiber
Annette Elisabeth Töller

FernUniversität Hagen, Deutschland

Martin List

Weltregionen im globalen Zeitalter

Martin List
FernUniversität in Hagen
Deutschland

Grundwissen Politik
ISBN 978-3-658-11766-5   ISBN 978-3-658-11767-2 (eBook)
DOI 10.1007/978-3-658-11767-2

Die Deutsche Nationalbibliothek verzeichnet diese Publikation in der Deutschen Nationalbibliografie; detaillierte bibliografische Daten sind im Internet über http://dnb.d-nb.de abrufbar.

Springer VS
© Springer Fachmedien Wiesbaden 2016
Das Werk einschließlich aller seiner Teile ist urheberrechtlich geschützt. Jede Verwertung, die nicht ausdrücklich vom Urheberrechtsgesetz zugelassen ist, bedarf der vorherigen Zustimmung des Verlags. Das gilt insbesondere für Vervielfältigungen, Bearbeitungen, Übersetzungen, Mikroverfilmungen und die Einspeicherung und Verarbeitung in elektronischen Systemen.
Die Wiedergabe von Gebrauchsnamen, Handelsnamen, Warenbezeichnungen usw. in diesem Werk berechtigt auch ohne besondere Kennzeichnung nicht zu der Annahme, dass solche Namen im Sinne der Warenzeichen- und Markenschutz-Gesetzgebung als frei zu betrachten wären und daher von jedermann benutzt werden dürften. Der Verlag, die Autoren und die Herausgeber gehen davon aus, dass die Angaben und Informationen in diesem Werk zum Zeitpunkt der Veröffentlichung vollständig und korrekt sind. Weder der Verlag noch die Autoren oder die Herausgeber übernehmen, ausdrücklich oder implizit, Gewähr für den Inhalt des Werkes, etwaige Fehler oder Äußerungen.

Lektorat: Jan Treibel, Stefanie Loyal

Gedruckt auf säurefreiem und chlorfrei gebleichtem Papier

Springer Fachmedien Wiesbaden ist Teil der Fachverlagsgruppe Springer Science+Business Media
(www.springer.com)

Für Athiwat, Manon und Katharina

liberi unius mundi

Inhalt

Vorwort des Autors 1

1 Theoretische Grundlagen 5
1.1 Die Rolle von Theorie allgemein 6
1.2 Fünf Forschungsprogramme 7
1.3 Einige weitere Klärungen 34
1.4 Zusammenfassung und Vorausschau 38
    Literatur 41

2 Europa 43
2.1 Wie entstand die Europäische Integration? 46
2.2 Wie entwickelt sich Europäische Integration? 60
2.3 Europäische Integration und Demokratie 68
2.4 Zusammenfassung 78
    Literatur 79

3 Naher und Mittlerer Osten 83
3.1 Der Israel/Palästina-Konflikt 91
3.2 Der regionale Sicherheitskomplex der Golfregion 104
3.3 Nordafrika – die südlichen Mittelmeeranrainer 113
3.4 Zusammenfassung und ein theoretisches Zwischenfazit . . . 120
    Literatur 124

4 Afrika südlich der Sahara	131
4.1 Konfliktstrukturen in Afrika	136
4.2 Kooperationsstrukturen in Afrika	145
4.3 Ein Blick in die Regionen	151
4.4 Zusammenfassung und Zwischenfazit	165
Literatur	168
5 Ost- und Südost-Asien	177
5.1 Das ostasiatische Dreieck	178
5.2 Südostasien	196
5.3 Zwischenfazit über weltregionale Verbindungen	203
Literatur	209
6 Die Amerikas, insbesondere Südamerika	217
6.1 Südamerika – eine Region des Friedens?	220
6.2 Internationale Kooperation in Südamerika	227
6.3 Hemisphärische Beziehungen	236
6.4 Zusammenfassung	242
Literatur	243
7 Schluss	249
Literatur	257

Vorwort des Autors

Am Anfang dieses Buches stand die Lust am (selbstbestimmten) lebenslangen (Dazu-)Lernen, in einem Bereich, der das immer schon prägende Interesse am Internationalen nach der Befassung mit der globalen Politik[1] und der europäischer Integration[2] um weltregional ausdifferenziertes Wissen ergänzen sollte. Es folgten Jahre der Aneignung des umfassenden Stoffs und der didaktischen Erprobung der zu wählenden Darstellung, im Rahmen von Seminaren sowohl an der Universität Wuppertal wie der FernUniversität in Hagen, wo der Text auch als Kurs eingesetzt wird. Den teilnehmenden Studierenden wie Hagener Kolleginnen und Kollegen sei für Anregungen gedankt.

Das erste fachliche, lehr-pragmatische Motiv für eine solche Einführung bestand darin, im Rahmen des Studiums der Politikwissenschaft und insbesondere der internationalen Politik ein Fenster zu öffnen zur außereuropäischen Welt, nicht zuletzt, weil Studierende zuweilen von dort stammen, sich dort beruflich bedingt aufhalten oder auch einfach interessenshalber darauf ausgerichtet sind. Ihnen allen soll das vorliegende Buch Gelegenheit bieten, mit eigenen Arbeiten anknüpfen zu können. Dabei ist eine selektive Lektüre durchaus sinnvoll. Während natürlich eine Gesamtlektüre wünschenswert wäre und deshalb auch empfohlen sei, ist die vertiefte Beschäftigung mit einzelnen Weltregionen (und damit Kapiteln) vorgesehen. Von daher wurden die Kapitel ‚modular' verfasst, stehen weitgehend für sich (weshalb auch der Lite-

---

1   Sie fand Niederschlag u. a. im Fernstudien-Lehrtext von List u. a. 1995, einem der ersten deutschsprachigen Lehrtexte, der Globalisierung ins Zentrum der Betrachtung rückte; später im Lehrbuch List 2006.
2   Was die Gestalt der Einführung in die Analyse europäischer Kooperation und Integration annahm: List 1999.

raturnachweis kapitelweise erfolgt, um den Preis der einen oder anderen Wiederholung), wobei freilich dem ersten, theorie-orientierten Kapitel und dem zweiten zur Weltregion Europa grund-legender Charakter zukommt.

Fachlich bzw. interdisziplinär ist das Buch weiterhin dadurch motiviert, dass es drei Forschungsbereiche miteinander verknüpfen kann: die Analyse internationaler Politik, weltregional differenziert betrachtet, mit der Forschung über die politischen und sozialen Verhältnisse der jeweils beteiligten Gesellschaften, wie sie im Rahmen der vergleichenden Politikwissenschaft und/oder der Regionalstudien (area studies) betrieben wird, und schließlich der außereuropäischen und Globalgeschichte, die in den vergangenen dreißig Jahren die Grundlagen erarbeitet hat, um die gegenwarts-bezogene Analyse, die hier vorherrscht, zumindest mit Verweisen auf die Literatur zum historischen Unterbau zu ergänzen. Auf Letzteres wurde besonderer Wert gelegt, wie einzelne Hinweise in den Kapiteln verdeutlichen sollen. Insgesamt spiegelt diese zumindest in Andeutung angestrebte historische Tiefe und soziologische Breite die von mir bevorzugte historisch-soziologische Perspektive[3] wider, die bei allem Bemühen um verallgemeinerungsfähige Erklärung doch ein Bewusstsein für die Kontextbedingungen bewahrt – und dadurch auch zu interdisziplinärer Öffnung und Ergänzung einlädt.

Konkretisiert wurde dies im vorliegenden Buch durch einen Akzent auf die Analyse des Wechselspiels zwischen äußeren, inter- und transnationalen Verhältnissen und denen im Innern der beteiligten Staaten, wobei den jeweils herrschenden Eliten eine Scharnierfunktion zugesprochen wird, zugleich jedoch zur kritisch-herrschaftssoziologischen Betrachtung dieser Gruppen angeregt wird. Hierin steckt ein Rest von kritischem Impetus, ohne den mir die fachliche Forschung, Aus- und Weiterbildung, so gerne ich sie selbst betreibe und so gerne ich mich an ihr beteilige, doch zur Kunst um ihrer selbst willen zu werden droht.

Umgesetzt wurde dies mit einer Analyse der weltregionalen Bedingungen internationalen Konfliktaustrags und internationaler Kooperation[4] für fünf Weltregionen: Europa, den Nahen und Mittleren Osten, Afrika südlich der Sahara, den Fernen Osten (Ost- und Südost-Asien) und die Amerikas (mit Akzent auf Südamerika), denen jeweils ein Kapitel gewidmet ist. Dies stellt eine Auswahl dar, weltregionale Vollständigkeit wurde nicht angestrebt. Letztlich sollte kein Kompendium erzeugt werden, sondern eine beispielhafte Einführung, die dann auch die eigenständige Befassung mit hier nicht behandelten

---

3 Vgl. List 2008.
4 Für einen weiteren, kollektiv unternommenen Überblick zur weltregionalen Kooperation vgl. jüngst Grimmel/Jakobeit 2015.

Regionen (zu nennen wären primär Süd- und Zentralasien, auf der Ebene der Welt-Subregionen Mittelamerika und die Karibik) ermöglicht.

Gute Politikwissenschaft, so sehe ich es, versteht sich als Sozialwissenschaft, ist sich des historischen Kontextes bewusst – und verliert die (welt-)gesellschaftliche Relevanz ihrer Fragestellungen nicht aus dem Blick. Letztere besteht nicht zuletzt darin, ein Übermaß an Eurozentrismus zu überwinden, ohne jedoch durch ‚protektionistische' Besonderheitsbehauptungen („die X kann nur ein X verstehen") das auf globales wechselseitiges Verstehen angelegte Unterfangen Sozialwissenschaft, ein Beitrag zu weltgesellschaftlicher Selbstaufklärung, zu unterminieren. In diesem Geiste wurde das vorliegende Buch verfasst, und wenn dies im Studium transportiert wird und Aufnahme findet, dann hat es seinen Zweck erreicht.

Hinweis auf Lit-Tipps

In den Literaturverzeichnissen des vorliegenden Buches wird ausschließlich die tatsächlich verwendete Literatur angegeben. Über sie ist bereits erschienene weiterführende Literatur erschließbar. Nach Erscheinen des vorliegenden Buches publizierte Literatur zu seinem Themenbereich wie auch zur Analyse internationaler Politik und benachbarter sozialwissenschaftlicher Disziplinen im Allgemeinen stellt der Autor in einem **ca. vierteljährlich erscheinenden Literatur-Rundbrief**, den **Lit-Tipps**, vor. Für den kostenlosen Bezug dieser Lit-Tipps per E-Mail können Sie sich auf seiner Mitarbeiterhomepage an der FernUniversität in Hagen selbst anmelden. Dort finden Sie auch alle vorausgegangenen Ausgaben der Lit-Tipps:
http://www.fernuni-hagen.de/polis/lg2/team/martin.list.shtml

Literatur

Grimmel, Andreas/Jakobeit, Cord (Hrsg.) 2015: Regionale Integration. Erklärungsansätze und Analysen zu den wichtigsten Integrationszusammenschlüssen in der Welt, Baden-Baden.
List, Martin/Behrens, Maria/Reichardt, Wolfgang/Simonis, Georg 1995: Internationale Politik – Probleme und Grundbegriffe, Opladen.
List, Martin 1999: Baustelle Europa, Opladen.
List, Martin 2006: Internationale Politik studieren – Einführung, Wiesbaden.
List, Martin 2008: Historisch-soziologische Perspektive in der Analyse internationaler Politik, in: Stephan Bröchler/Hans-Joachim Lauth (Hrsg.): Politikwissenschaftliche Perspektiven. FS für Georg Simonis, Wiesbaden, 143–166.

1 Theoretische Grundlagen

Politikwissenschaft hat zum Ziel, Politik in verallgemeinernder Absicht, nicht nur einzelfall-bezogen zu erklären. Anders gesagt: durch die Erklärung konkreter empirischer Phänomene erprobte verallgemeinernde Erklärungsstrategien werden auf neue ‚Rätsel', erklärungsbedürftige Phänomene angewandt – und gegebenenfalls dabei modifiziert. Analyse bewegt sich also zwischen verallgemeinernder Erklärung(sstrategie), also Theorie, und Empirie hin und her. In diese Art fachlicher Analyse soll das vorliegende Buch am Beispiel der Analyse weltregionaler Muster internationaler Politik, also für die jeweilige Region typischer Abläufe von internationalem Konfliktaustrag und internationaler Kooperation bis hin zu Integrationsprojekten einführen. Politikwissenschaftliche Analyse will und soll also nicht nur politische Strukturen und Abläufe beschreiben. Eine gute, adäquate Beschreibung ist Voraussetzung erklärender Analyse, aber sie ist kein Selbstzweck. Beschreibung im Verhältnis zu Erklärung ist eine Dosisfrage, und im Rahmen dieses Buches wird zwar aus Gründen der Wissensvermittlung der Beschreibung ein gewisser Platz eingeräumt. In Zeiten, in denen das Internet leicht Zugang zu institutionenkundlichen Organisationsschilderungen, zu zentralen Dokumenten und auch zu politisch motivierter Selbstdarstellung internationaler Regionalorganisationen eröffnet, kann Beschreibung jedoch zugunsten eines Fokus auf die Eröffnung analytischer Perspektiven etwas zurücktreten. Für die Eröffnung solcher Perspektiven wie für die angesprochene Verallgemeinerung bei der Erklärung ist Theoriebezug unverzichtbar. Dieser soll im vorliegenden Kapitel für unser Thema einführend und grundlegend hergestellt werden.

_{Gegenstand des Buches}

1.1 Die Rolle von Theorie allgemein

die Rolle von Theorie

Die Rolle von Theorie bei der politikwissenschaftlichen Analyse wird dabei durchaus (wie fachlich Vieles) unterschiedlich gesehen. Einfach gesagt suchen wir nach (neuen) Erklärungen, wenn uns etwas überrascht, wenn Erwartungen nicht erfüllt werden. Ich werfe einen Ball hoch, und erwarte, dass er wieder herunterfällt. Wird der Inhalt dieser Erwartung bewusst ausgeführt, landen wir bei der Gravitationstheorie, die erklärt, warum der Ball (unter Normalbedingungen) zur Erde zurückfällt. Wissenschaftlich strukturiert also Theorie auf der Ziel-Seite von Erklärung unsere Aufmerksamkeit, lenkt sie erst auf diejenigen Aspekte, die überhaupt des (zusätzlichen) Erklärens bedürfen. Fällt der Ball nicht wieder herunter, liegt ein Rätsel vor, bedarf es der – über die theoretisch bereits verstandene Wirkung der Gravitation hinausgehenden – Erklärung. Für das ‚Basteln' solcher Erklärungen gibt uns bei der Analyse internationaler Politik Theorie als Großtheorie oder, wie es fachlich auch heißt, in Gestalt der unterschiedlichen Paradigmen oder Forschungsprogramme der Analyse internationaler Politik gleichsam Strategien an die Hand. Anders formuliert: Verschiedene Paradigmen der Analyse internationaler Politik wuchern mit unterschiedlichen Erklärungs Pfunden. Sie konkurrieren dabei, aber sie sind, das wird fachlich immer mehr so gesehen, auch sinnvoll und bewusst miteinander kombinierbar. Über die Anwendung solcher Erklärungsstrategien gelangen wir zu bewussten, offen gelegten Erklärungen. Ich verwende hier gerne das Bild eines Fachwerkhauses, bei dem tragende Balken offen zu Tage liegen (und nicht unter Verputz, wie etwa in einer womöglich gut zu lesenden erzählenden – narrativen – Erklärung). Das erlaubt besser die Einschätzung der Tragfähigkeit – von Balken bzw. Erklärungen – und zugleich den immer wiederholten Versuch der (Neu-)Anwendung der Erklärungsstrategie auf andere, neue Fälle. Eben darin besteht in der Praxis die verallgemeinernde Wirkung der Theorien in der Politikwissenschaft.

Grenzen ...

Hinsichtlich der inhaltlichen Reichweite und Leistungsfähigkeit solcher Theorien ist dabei zweierlei von vorne herein einzuräumen, auch um falsche, dann leicht enttäuschbare Erwartungen zu vermeiden. Erstens: Auch erfolgreich zur Erklärung mehrerer Fälle angewandte Theorien nehmen kaum je die Gestalt allgültiger Wenn-Dann-Aussagen an. Selbst der bescheidenere Anspruch von Theorien mittlerer Reichweite, nicht alles, alle Fälle zu erklären, sondern eine z. B. zeitlich und/oder hinsichtlich der jeweiligen gesellschaftlichen Verhältnisse begrenzte Fall*klasse* zu erklären, ist noch hoch gegriffen. Was oft bleibt, und das ist nicht so wenig wie es klingt, ist ein in Gestalt theoretischer Überlegungen formuliertes Bewusstsein für die Wirksamkeit bestimmter erklärender *Mechanismen* der Politik. Solche mechanis*m*ischen (nicht: mechanis*t*ischen, im Sinne von groben, schematischen) Erklärungen stellen oft einen wesentlichen Ertrag politikwissenschaftlich-akademischer Analyse dar.

Die Kenntnis einschlägiger Theorien kann dann auch politikwissenschaftliche Analyse zu anderen als (rein) akademischen Zwecken anleiten, etwa zur Selbstorientierung von politischen Akteuren in konkreten, immer komplexen Lagen oder in der Politik beratenden Absicht, zur Verfügung stehende Handlungsoptionen aufzuzeigen. Dies gilt selbst dann, wenn, zweites einzuräumendes Faktum, politikwissenschaftliche Theorie kaum zu Prognosefähigkeit führt. Hierfür sind die Verhältnisse der Politik, der sozialen Welt, zu komplex, zu Vieles kann in konkreten Lagen auch minimal, aber mit großem Effekt wechselwirken, als dass Ereignisabläufe sicher prognostizierbar wären. Die Parallele der Politikwissenschaft zur Lage der Meteorologie bei langfristigen Wetterprognosen drängt sich auf (und mag sozialwissenschaftliche Minderwertigkeitsgefühle angesichts ausbleibender Prognosefähigkeit mindern). Auch deshalb war hinsichtlich der Politikberatung soeben vorsichtig von Handlungsoptionen, man könnte auch ergänzen: Szenarien möglicher Entwicklungen die Rede und nicht von Prognosen.

und außerakademisch-praktischer Belang

1.2 Fünf Forschungsprogramme

Kommen wir von diesen bewusst knapp gehaltenen, aber eingangs sinnvoll erscheinenden meta-theoretischen Überlegungen zur Rolle von Theorien zurück zu diesen selbst und zum Gegenstand des Buches. In der politikwissenschaftlichen (Sub-)Disziplin der Internationalen Beziehungen (IB[1]) werden zahlreiche Großtheorien/Paradigmen unterschieden. Vier gängige und eine neuerdings vermehrt auftretende fünfte Theorieperspektive, die in unseren Überlegungen eine besondere Rolle spielen wird, sind kurz anzusprechen. Es sind dies die Forschungsprogramme des

4 + 1 Forschungsprogramme der IB, Verhältnis zu klassischen Integrationstheorien

- Realismus;
- Institutionalismus;
- Konstruktivismus;
- der gesellschaftskritischen Ansätze sowie
- des neuerdings so genannten Neoliberalismus, wofür wir später eine uns passender erscheinende Bezeichnung – Ansatz der gesellschaftlichen Bedingungen – einführen werden.

---

1 Die Disziplin wird konventionell groß geschrieben, ihr (Analyse-)Gegenstand klein: Internationale bzw. internationale Beziehungen. Wir folgen dieser Konvention.

Bewusst wird das theorie-geleitete Erklären weltregionaler Integrations-/Kooperations- und Konfliktmuster hier also in den breiten Kontext der Forschungsprogramme der IB gestellt. Regional begrenzte internationale Kooperation oder Integration ist ja nur *eine* Art des internationalen Agierens, weshalb die klassischen so genannten Integrationstheorien im breiteren paradigmatischen Rahmen gesehen werden sollten. Auch sind diese klassischen Integrationstheorien oft am Beispiel der europäischen Integration über die Entwicklung der einstigen E(W)G, heute EU, gewonnen. Diese ist jedoch, wie sich zeigen wird, aufgrund der zunehmend supra-nationalen Natur des Projektes ein Fall einer eigenen Klasse. Warum das so ist und wie Fälle geringerer Integrationsstufe, die Supranationalität gar nicht anstreben, erklärt werden können, dass soll unter Rückgriff auf allgemeine IB-Theorien entwickelt werden (vgl. zusammenfassend unten Übersicht 1.1).

1.2.1 Realismus

Spielarten des Realismus

Der Realismus als Forschungsprogramm weist, wie eigentlich alle Forschungsprogramme, eine Reihe von Spielarten auf. Ihnen allen gemein ist die nachdrückliche Berücksichtigung des Macht-Aspektes von (internationaler) Politik.[2] Der Gründervater des klassischen Realismus der Zeit nach dem Zweiten Weltkrieg, Hans Morgenthau, macht dies in einem prominenten Zitat seines Hauptwerks „Politics among Nations" deutlich, wenn er schreibt: „International politics, like all politics, is a struggle for power." (1948/2006: 29) Das Zitat ist allerdings unterschiedlich deutbar. Einerseits könnte es im Sinne eines ‚Triebtäter-Modells' von Politikern verstanden werden: weil sie gleichsam nach Macht ‚lechzen', um ihrer selbst willen, ist Politik ein Machtspiel. Diese Deutung ist jedoch zu simpel, wird auch Morgenthau nicht gerecht, der den Mittel-, nicht Selbstzweckcharakter von Macht betont. Es mag Machttrieb-Täter in der Politik geben, aber sie sind vielleicht doch die Ausnahme (und damit auch nicht die Erklärung dafür, warum Macht in politischen Zusammenhängen wichtig ist). Was politischen Akteuren unterstellt werden darf, was sie auch oft von sich selbst sagen, ist Gestaltungswille. Das aber bedeutet sofort, dass Ideen – nämlich über die inhaltliche Gestaltung von Politik – ins Spiel kommen. Macht ist dann eben nicht Selbstzweck, sondern Mittel zum Zweck – eben der Gestaltung sozialer Verhältnisse, und zwar genau dann, wenn die Gestaltungsvorstellungen gegen Widerstand durchgesetzt

---

2   Es gibt auch eine realistische Tradition, die sich auf innenpolitische Verhältnisse bezieht. Niccolò Machiavelli ist hierfür ein frühes, frühneuzeitliches Beispiel.

werden müssen (wie Max Weber, der große Soziologe, der durchaus auch der realistischen Tradition zugeordnet werden kann, Macht definiert hat). Dass Durchsetzung gegen Widerstand oft nötig ist, ist angesichts divergierender Gestaltungsvorstellungen, deren Konflikt auch durch reine Überzeugungsarbeit nicht auflösbar ist, plausibel. Der Realismus der IB achtet deshalb auf die Verteilung von Machtressourcen (die also Durchsetzungschancen erbringen) zwischen Staaten. Und, das ist sein zweites Hauptargument: angesichts der ständigen potenziellen Bedrohung durch andere Staaten, vor denen es keinen Schutz durch eine übergeordnete Instanz (‚Weltpolizei') gibt, muss jeder Staat sich selbst helfen, indem er – und sei es zum eigenen Schutz – nach Macht strebt. Damit wird deutlich, dass das Machtstreben nicht so sehr aus einem anthropologischen Trieb, sondern aus einer strukturellen Bedingung resultiert: Unsicherheit in einem System ohne zentrale (Schutz-)Gewalt. Dieses Fehlen einer Zentralgewalt, die Abwesenheit von Herrschaft im formalen Sinne, nennt der Realismus Anarchie (An-archie, Nicht-Herrschaft). Sie ist ihm zentrales Strukturmerkmal des internationalen Systems, und wie sich dies auf den Zwang zur Selbsthilfe und zum Machtstreben auswirkt, hat vor allem der so genannte Neorealismus nach Kenneth Waltz (1979) herausgearbeitet. Er bemüht dazu die Analogie zum Markt in der Ökonomie: So wie dort, bei Strafe des Untergangs (wie Karl Marx gesagt hat), Firmen nach Gewinn streben müssen (ein struktureller Zwang, kein ‚Trieb der Kapitalisten'), so sind Staaten zur Selbsthilfe und damit zu Machtstreben im anarchischen internationale System gezwungen.

Übersicht 1.1 Unterschiedliches Verständnis des Gegenstandsbereiches (internationale Politik) aus Sicht verschiedener Groß-Theorien/Paradigmen/ Forschungsprogramme

Der Gegenstandsbereich der Disziplin Internationale Beziehungen wird aus Sicht der verschiedenen Paradigmen/Forschungsprogramme unterschiedlich bestimmt, und zwar aus Sicht des ... als ...

REALISMUS
internationales System von Staaten (staatlichen Herrschaftszentren), die sich durch Selbsthilfe unter Bedingungen der An-Archie (der Freiheit von Herrschaft im formalen Sinne) selbst behaupten müssen, also nach Macht streben

IDEALISMUS/INSTITUTIONALISMUS
inter- und transnationales System der Beziehungen zwischen Staaten einschließlich ihrer gesellschaftlichen Umfelder, die unter Bedingungen der Interdependenz durch Institutionen-Bildung gemeinsame Probleme kooperativ bearbeiten können

> **GESELLSCHAFTSKRITISCHEN ANSATZES**
> transnationales System gesellschaftlicher Herrschaft (im materialen Sinne), in dem national- und/oder transnational herrschende Klassen unter Bedingungen einer (tendenziell) globalen kapitalistischen Ökonomie unter Nutzung der Mehr-Staatlichkeit (kein Weltreich!) ihre polit-ökonomischen Herrschaftsinteressen verfolgen (im Widerstreit mit den Unterdrückten/Ausgebeuteten)

> **KONSTRUKTIVISMUS**
> im Prinzip jede der obigen Sichtweisen, jedoch: als komplexes soziales System, dessen Strukturen gleichermaßen durch das Handeln der (kollektiven) Akteure geprägt werden wie diese durch die Strukturen geprägt werden (Ko-Konstitution von Akteur und Struktur), wobei insbesondere die Fremd- (z. B. Feindbilder) und Selbst-Wahrnehmung (Rolle, Identität) der Akteure (z. B. Staaten) wesentlich ist, so dass das System nicht ‚objektiv-äußerlich', sondern ein soziales Konstrukt ist.

> **NEOLIBERALISMUS/ANSATZ DER GESELLSCHAFTLICHEN BEDINGUNGEN**
> Der NL zielt primär auf die Erklärung außenpolitischen Verhaltens durch heimische, innergesellschaftliche Faktoren. Der AgB berücksichtigt transnational-gesellschaftliche und innergesellschaftliche Bedingungen grenzüberschreitenden politischen Handels (staatlicher Akteure [Außenpolitik] wie nicht-staatlicher [transnationale Politik]). Der NL modelliert den heimischen Herausbildungsprozess außenpolitischer Präferenzen als dem mehr oder minder pluralistischen Einfluss gesellschaftlicher Gruppen unterworfen. Der hier vertretene AgB betont, dass das Ausmaß des innergesellschaftlichen Pluralismus und damit das innergesellschaftliche Kräfteverhältnis eine empirische Frage ist; er betont außerdem die herrschaftssoziologische Scharnierstellung von Eliten in der Vermittlung zwischen transnationalen und nationalen Kräfteverhältnissen; und er betont die Bedeutung struktureller Macht (darin den gesellschaftskritischen Ansätzen verwandt). Der NL teilt weitgehend die interdependenztheoretisch-institutionalistische Sicht des internationalen Systems, in dem außenpolitisch gehandelt wird; der AgB unterstreicht die Bedeutung von Macht, zwischen Herrschaftsverbänden/Staaten (darin dem Realismus verwandt), aber auch grenzüberschreitend im Sinne (trans)national-gesellschaftlicher Kräfteverhältnisse (darin den gesellschaftskritischen Ansätzen verwandt). Er verfolgt damit insgesamt eine herrschaftskritische Perspektive.

Realismus und Regionalismus

Was folgt aus diesen realistischen Grundannahmen für unser Thema, für politische Projekte weltregionaler Integration? Die Antwort lautet kurz: Mehreres, überwiegend Skeptisches. Zunächst einmal ließe sich zwangsweise Integration, auch weltregional, realistisch gut erklären, quasi als davongaloppierendes Machtstreben. Hitlers Machtpläne lassen sich so, im Sinne eines auch selbsterklärter Weise offensiven Realismus verstehen. Japans Pläne im Zweiten Weltkrieg einer „Greater East Asian Co-Prosperity Sphere" sind zumindest im Selbstverständnis quasi Eroberung aus defensiv realistischen Motiven heraus (aufgrund der wahrgenommenen Rohstoffabhängigkeit des Landes). Die Beispiele verdeutlichen auch, dass die theoretisch klare Unterscheidung zwischen offensivem und defensivem Realismus, also der Annahme, dass Staaten aggressiv nach Macht streben bzw. nur defensiv ihren Einfluss zu wahren suchen, praktisch nicht immer leicht zu treffen, sondern Interpretationssache ist. Doch gehen solche auf Eroberung basierenden Integrationsprojekte an unserem Thema vorbei, denn hier soll es ja um Integration auf freiwilliger Basis gehen. Diese muss dem Realisten im Prinzip unwahrscheinlich erscheinen, denn wer nach Selbsterhalt strebt und also nach Macht, wird kaum zur Ein-, geschweige denn Unterordnung in Integrationsprojekten bereit sein. Er verlöre dabei an eigenständig-unabhängiger Gestaltungsmacht, an Autonomie, wie es analytisch zutreffend heißen müsste. Oft ist stattdessen von – mangelnder Bereitschaft zu Abgabe von – Souveränität die Rede. Souveränität ist freilich im neuzeitlichen Staatensystem nur der formal-juristische Ausdruck von staatlicher Autonomie. Sie selbst ist gleichsam ein Rechte-Bündel (und wird aufgrund neuerer Entwicklungen des Völkerrechts zunehmend auch zu einem Bündel an Verpflichtungen). Das sind in sich spannende Fragen (der Bedeutung internationaler Verrechtlichung), sie führen analytisch aber vom hier verfolgten Machtkern des realistischen Integrationsproblems eher weg. Dieses besteht, um es zu wiederholen, darin, dass zwischenstaatliche Integration auf freiwilliger Basis aus realistischer Sicht zunächst unwahrscheinlich ist, dass aber die Existenz zahlreicher weltregionaler Integrationszusammenhänge auch von Realisten natürlich nicht geleugnet wird. Wie lässt sich dieses Rätsel realistisch auflösen? Denken Sie zunächst einmal selbst im Lichte des bisher zu den Grundannahmen des Realismus Gesagten nach!

Im Grunde denke ich, dass das Rätsel im Rahmen des offensiven Realismus nicht lösbar ist. Wenn alle Staaten maximal nach Machterweiterung streben, ist integrative Ein-, geschweige denn Unterordnung kein gangbarer Weg. Aus einer defensiv-realistischen Perspektive ergeben sich zwei Wege, wie regionale Integration denk- und damit im Rahmen der Erklärungsstrategie des realistischen Forschungsprogramms erklärbar wird. Beide Erklärungswege sind darüber hinaus kombinierbar. Wenn Staaten sich unter Anarchie selbst Sicherheit durch defensives Machtstreben verschaffen (müssen), dann könnte ihnen angesichts starker, als bedrohlich wahrgenommener Mächte der Gedanke kommen, dass *gemeinsame* Verteidigung ihre Sicherheit erhöht. Wir nennen das Gründung von Verteidigungsbündnissen oder Allianzbildung, und in der Tat ist dies eine im realistischen Forschungsprogramm vorgesehene und diskutierte Reaktion, die des kollektiven balancing, der Gegenmacht-Bildung durch Allianzbildung. Umstritten ist unter Realisten allenfalls, ob diese schon aufgrund wahrgenommener Machtmittel (balance of power) oder

des Rätsels realistische Teil-Lösungen: defensive Allianzbildung erst aufgrund von (wahrgenommener[3]) Bedrohung (balance of threat) erfolgt. Auf diesem Wege kann es also defensiv-realistisch zu (Erklärung von) sicherheitspolitischer Integration, auch weltregional, kommen. Ist das geschehen? Betrachten wir den in vieler Hinsicht prominentesten Fall weltregionaler Integration des 20. Jahrhunderts, den der heutigen Europäischen Union (EU), so muss man feststellen: Nein. Die in den frühen 1950er Jahren angesichts der aus dem Osten, dem Ostblock unter sowjetischer Führung, wahrgenommenen Bedrohung geplante Europäische Verteidigungsgemeinschaft scheiterte 1954 im französischen Parlament. Das Misstrauen gegenüber einem wieder erstarkenden (West-)Deutschland war zu groß. Stattdessen kam es 1955 zur Aufnahme Westdeutschlands in die bereits 1949 gegründete NATO, einem nicht nur westeuropäischen, sondern transatlantisch-westlichen Verteidigungsbündnis, das insbesondere die USA einschloss.

und Anschluss an bzw. Zusammenschluss mit Großen

Das verweist auf die zweite mögliche Teillösung des realistischen Integrationsrätsels. Wie gerade der Realismus betont, sind die Staaten zwar vielleicht formal gleich(berechtigt), aber eben faktisch ungleich, und zwar, darauf kommt es dem Realismus an, an Machtmitteln. Danach unterscheidet er gerne zwischen Kleinstaaten (die er tendenziell für weniger wichtig hält, jedenfalls für den Ablauf der internationalen Politik insgesamt, und die ihn daher nicht wirklich interessieren), mittleren Mächten und insbesondere Großmächten (darunter, durch ihr Nuklearpotenzial herausgehoben, seit Mitte des zwanzigsten Jahrhunderts auch Supermächte). Letztere, die Großmächte, bestimmen aus realistischer Sicht die internationale Politik, und sie können, so die realistisch inspirierte so genannte Theorie der hegemonialen Stabilität, auch internationale Kooperations- und weltregionale Integrationsprojekte fördern, wenn es in ihrem (Macht-)Interesse liegt. Internationale Kooperation erfolgt also gemäß der TdHS aufgrund der Anregung einer Vormacht (des Hegemons), der einen überproportionalen Anteil der Kosten der Kooperation trägt und sie damit stabil hält. Das war im NATO-US-Verhältnis klar der Fall, und sogar bei der europäischen Integration im heutigen EU-, damaligen EWG- (Europäische Wirtschaftsgemeinschaft)Rahmen, standen die USA Pate. Sie fungierten, wie man analytisch sagt, eigeninteressiert als wohlmeinende Vormacht (Hegemon), die gewisse (Vor-)Leistungen (wie Truppen und davon ausgehende Sicherheitsgarantien) einzubringen bereit ist. Kollektive Gegenmachtbildung gegenüber dem Osten erklärt also aus realistischer Sicht sowohl die US-Bereitschaft, sich in transatlantische Bündnisstrukturen einbinden zu lassen, als auch die Bereitschaft der Westeuropäer, sich dem

---

3 Interessanterweise findet sich hier erstmals ein Hinweis auf die Bedeutung von Wahrnehmungen (auf die sonst der Konstruktivismus abhebt, s. u.) innerhalb des realistischen Forschungsprogramms.

transatlantisch starken Bruder anzuschließen. Man spricht hier mit einer von K. Waltz eingeführten Bezeichnung fachlich von bandwagoning, bildhaft dem Mitziehen mit dem Kapellwagen in einem Festumzug. Das klingt plausibel und ist es auch. Dennoch war bisher nur von realistischen *Teil*-Erklärungen die Rede. Warum?

Die Antwort liegt in einer weiteren, für alle Forschungsvorhaben zentralen Frage: Was soll eigentlich – genau – erklärt werden? Die Spezifizierung des zu Erklärenden, des Explanandums, ist immer wichtig und lässt auch eine Ausdifferenzierung zu. Zunächst scheint es, als ob „Entstehung der NATO (oder der EU)" ein klares Explanandum darstellt, das eine (eine!) klare Erklärung zulässt. In der Tat sollte jede Antwort möglichst klar sein, und die Entfaltung der jeweils herangezogenen Erklärungs*strategie*, ist, es sei wiederholt, ein wesentlicher Klärungsbeitrag des Theoriebezugs. Doch lässt sich das Explanandum eben ausdifferenzieren. Statt einfach nur nach dem Entstehen von X zu fragen, kann man auch z. B. danach fragen, warum die NATO (die EU) *gerade dann* und *in dieser Form* entstand. Nicht nur die Existenz, auch der Entstehungszeitpunkt und die institutionelle Ausgestaltung sind also sinnvoller Weise Gegenstand möglicher Erklärungen von Integrationsprojekten. Der Zeitpunkt der Entstehung von NATO und EWG sind mit dem zeitlichen Umfeld des Kalten Krieges vermutlich wiederum realistisch schon gut erklärt. In Kombination mit der Frage nach der institutionellen Ausgestaltung tut sich aber weiterer Erklärungsbedarf auf. So waren die USA innerhalb der NATO zwar der dominante Akteur, sie setzten sich jedoch einem multilateralen Mitbestimmungssystem aus, insofern NATO-Beschlüsse nach Beratung in deren Gremien *gemeinsam* gefasst werden. Wie erklärt sich das und wie funktioniert das im Einzelnen?

Hier tun sich weitere Fragen auf, etwa nach der innenpolitischen Unterfütterung der US-Bereitschaft, sich abweichend von ihrer außenpolitischen Tradition auf eine „entangling alliance", ein die USA in europäische Verhältnisse verwickelndes Bündnis einzulassen. Wie erklärt sich die Multilateralismus-Bereitschaft, also die zur Einbindung in ein System des gemeinsamen Entscheidens mehrerer Staaten? Eine mögliche Antwort: Zwar sind den institutionellen Regeln gemäß alle beteiligten Staaten gleich (berechtigt). An faktischen Einflussmöglichkeiten auf gemeinsam zu fällende Entscheidungen sind sie jedoch ungleich. Staaten, die über viele faktische Einflussmittel (wie etwa, um nur einiges zu nennen: Wissen; Geld für politische Tauschgeschäfte; glaubhafte Drohung, auch ohne das Zustandekommen des konkreten Beschlusses auskommen zu können) verfügen, können formale Einbindung ‚riskieren', weil sie erwarten können, dass trotz formaler Gleichheit ihr Einfluss groß bleibt und sie verbindliche Beschlüsse gegen ihre vitalen Interessen mit großer Wahrscheinlichkeit verhindern können. Tatsächlich funk-

Marginalien:
Was gilt es zu erklären?

innenpolitische Bedingungen und institutionelle Form

tionieren viele internationale Organisationen so, etwa die UNO. Beschlüsse ohne völkerrechtliche Verbindlichkeit können in der Generalversammlung, wo die one-state-one-vote-Regel, also völlige Gleichberechtigung gilt, auch gegen mächtige Staaten wie die USA zustande kommen. Aber eben unverbindlich. Im auch zu rechtsverbindlichen Entscheidungen ermächtigten Sicherheitsrat haben sich gleich fünf, alle ständigen Mitglieder (USA, Russland, VR China, Frankreich und Großbritannien) ein Veto-Recht vorbehalten (formale Ungleichheit!), um eben nicht bei vitalen Interessen überstimmt werden zu können. Ein Hinweis auf die Bedeutung der Regelungen zu Abstimmungsverfahren als institutioneller Faktor. Auch im Falle der EWG wird uns dies beschäftigen, insbesondere ihre Supranationalität, die überstaatlich verbindliche Entscheidungsbefugnis unter Beteiligung überstaatlicher Instanzen (wie Kommission und Europäisches Parlament). Wie erklärt sich die Bereitschaft der (West-)Europäer, sich auf überstaatliche (supranationale) Integration einzulassen? Wir werden im Kapitel 2 darauf zurückkommen.

1.2.2 Institutionalismus

Institutionalismus und Regionalismus: Begriff der (internationalen) Institution

Wir sind damit schon bei Fragen der Institutionalisierung regionaler Integration angelangt, und dies erlaubt den Übergang zu jenem nächsten Forschungsprogramm der IB, das genau dieses Stichwort im Titel führt. Im Zentrum der Erklärungsstrategie des Institutionalismus (in den IB[4]) stehen Prozesse der internationalen Institutionalisierung, weil und insofern von erfolgter, erfolgreicher Institutionalisierung, also von internationalen Institutionen, wesentliche Wirkungen auf den Ablauf internationaler Politik erwartet werden. Beides also wird hier thematisiert: Institutionen-Bildung und Wirkung(en) von Institutionen, Ersteres, weil Letztere für belangvoll gehalten werden. Um dies zu verstehen, ist zunächst ein Verständnis des Institutionen-Begriffs wichtig. Institutionen sind Regelwerke mit Praxis anleitender Funktion. Also nicht nur aufgeschriebene Verhaltensregeln (die könnten, etwa als Vertragstext, toter Buchstabe bleiben), sondern ‚gelebte‘, Verhalten anleitende Regelwerke. Eine minimale interne Effektivität der Regeln (Normen) im Sinne einer das Verhalten der Akteure mit bestimmenden, genauer dieses anleitenden Wirkung wird also vorausgesetzt, um von der Existenz einer Institu-

---

4 Der Institutionalismus der IB ist Teil einer breiteren, so genannten neo-institutionalistischen Befassung mit der *erklärenden* Rolle von Institutionen in der Politikwissenschaft der vergangenen 40 Jahre insgesamt (im Unterschied zur nur beschreibend-klassifizierenden Herangehensweise, die dem ‚klassischen‘, traditionellen Institutionalismus, nicht ganz zu Recht, unterstellt wird).

tion zu sprechen. Ob dann durch Befolgung, Umsetzung, der Normen und Regeln deklarierte Ziele erreicht werden (externe Effektivität) und ob diese Ziele sachlich adäquat, ausreichend ambitioniert, formuliert sind, sind weitere empirische Fragen (und ist Gegenstand interner bzw. externer [Ziel-]Kritik an Institutionen). Das klingt abstrakt und sei deshalb an einem konkreten Beispiel erläutert. Global (im Rahmen des allgemeinen Zoll- und Handelsabkommens, GATT, und der von ihm begründeten Welthandelsorganisation, WTO) wie weltregional (z. B. in Gestalt von EWG/EU, Mercosur, NAFTA) gibt es internationale Institutionen zur Förderung des freien grenzüberschreitenden Handels. Die zugrunde liegenden Regelwerke enthalten Bestimmungen etwa über den Abbau von Zollschranken. Dies erfordert also ein Umsetzungsverhalten der beteiligten Staaten, in diesem Fall primär ein Unterlassen (nämlich der Erhebung von Zöllen). Das scheint einfach – es wird ja kein Tun, ‚nur' ein Unterlassen verlangt. Und doch wird es in den beteiligten Ländern Gruppen (z. B. von Produzenten) geben, die durch die Marktöffnung negativ betroffen sind (z. B. durch billigere Konkurrenz aus dem Ausland). In dem Maße, wie diese Gruppen politisch Einfluss nehmen können (was in seinen Voraussetzungen im Einzelnen zu analysieren ist), fragt sich: und was motiviert die Staaten dann (trotzdem) zur Regeleinhaltung, zum Zollverzicht? Die Tatsache, dass Regeln aufgeschrieben wurden, alleine wohl nicht; nicht einmal immer, dass diese Regeln *vereinbart* wurden – obwohl hier ein erster Mechanismus (!) zur Erklärung der internen, Verhalten anleitenden Wirkung institutioneller Regeln deutlich wird: Wer vereinbarte Regeln offenkundig und häufig nicht einhält, erwirbt einen schlechten Ruf, verliert an Reputation (der Reputations-Mechanismus). Womöglich muss er dann nicht nur fürchten, dass künftig ‚keiner mehr mit ihm spielen will'. Eventuell wurden sogar Sanktionen gegen Regel-Missachter vereinbart, dann hat der ‚Schummler' auch diese Sanktionen zu fürchten, etwa Geldstrafen oder Ausschluss aus Entscheidungsgremien (Sanktions-Mechanismus). Soweit zur Klärung des Institutionenbegriffs und der begrifflich vorausgesetzten, empirisch jedoch (etwa mittels der angeführten Mechanismen) zu erklärenden und erklärbaren internen Effektivität. Wenn Institutionen insofern intern effektiv sind, die Praxis von ihnen mit bestimmt wird, dann entfalten sie realweltliche Wirkungen. Im Freihandels-Fall sollte der Handel zunehmen und nicht nur, was ökonomisch eine empirische Frage ist, auf das Binnenverhältnis der Beteiligten und zu Lasten Außenstehender umgeleitet werden. Man spricht von trade creation im Unterschied zu trade diversion. Das lässt sich empirisch messen (ist aber, wie gesagt, eine Aufgabe der Wirtschafts-, nicht der Politikwissenschaft). Ansteigender Handel kann aber z. B. auch ökologisch belastende Wirkung (durch Transport) entfalten – eine nicht intendierte, aber womöglich empirisch reale Folge. Und Dergleichen, neben der erwähnten möglichen Betroffenheit heimischer Produzenten, zeigt also, dass internationale Institutionen Wirkungen entfalten. Grund genug, sie zu untersuchen.

(externe) Wirkung und Erklärung internationaler Institutionen

Der Grundtenor des Institutionalismus als Forschungsprogramm und gleichsam in Opposition zum Realismus ist ein Doppelter. Zum einen erscheint Anarchie nicht (mehr) als hinreichende Charakterisierung der Grundverhältnisse des internationalen Systems. Aufgrund unintendierter (globale Umweltbelastung) wie intendierter (globale ökonomische Verflechtung) Auswirkungen menschlicher Entwicklung sind Gesellschaften vielfach, (welt)regional bis global, voneinander abhängig (geworden). Es herrscht mit dem zentralen Fachwort Interdependenz, wechselseitige Abhängigkeit. Sie macht international institutionalisierte Kooperation erforderlich – und solche Institutionalisierung fördert zugleich oft weitere Interdependenz. Kurz gesagt: Interdependenz führt zu Institutionen (und umgekehrt). Aber dies ist vielleicht *zu* kurz gesagt. Wie die „macht erforderlich"-Formulierung verrät, enthält das Interdependenz-Argument oft eine (vermeintliche) Logik des Sachzwangs. Wer X will (ein Kippen des globalen Klimas verhindern; weltregional Handelsaustausch fördern), muss Y tun (einem effektiven Klimaregime beitreten; sich an einem effektive Freihandelsregime beteiligen). Wer A sagt, muss auch B sagen. Man nennt diese Argumentations- bzw. Erklärungsweise eine funktionalistische, weil sie mit funktionalen Notwendigkeiten argumentiert: X entsteht,

Funktionalismus

weil es notwendig ist (zur Erfüllung wichtiger Aufgaben, Funktionen).[5] Gerade im Hinblick auf weltregionale internationale Kooperation ist der Funktionalismus (seit den 1920er Jahren) eine klassische Erklärungsstrategie (und, das ist leicht erkennbar, oft auch eine politische Strategie, sich für – weitere – Institutionenbildung auszusprechen). Sein zentraler Mechanismus ist der des sachlogisch zwingend erfolgenden ‚Überschwappens' von einem Sachbereich der Integration auf den nächsten, der berühmte so genannte spill-over-Effekt.

Sachzwang: politische und analytische Grenzen des Argumentes

Gegen diese wie auch andere Sachzwang-Argumente und -erklärungsstrategien gibt es einen tief gehenden generellen politischen und zugleich analytischen Einwand. Es gibt eigentlich nie nur eine Art und Weise, mit behaupteten, vermeintlichen Sachzwängen umzugehen. Wer mit den Konsequenzen zu leben bereit ist, hat zumindest immer die Option des Ignorierens (dann geht das globale Klima eben bergab, sei's drum, wir machen noch einmal Party …).

---

5   Die kurze Formulierung macht bereits zwei Probleme funktionalen Erklärens deutlich: 1. *Für wen* ist die Erfüllung der Aufgabe/Funktion nötig? Lautet die Antwort: für ‚das System', so muss ergänzend dessen Logik erklärt werden; vielleicht dient ja die Erfüllung der Funktion bestimmten Akteursgruppen im System mehr als anderen (oder den anderen gar nicht) – so könnte man kritisch nachfragen; 2. Nicht alles, was (für wen auch immer) nötig ist, kommt zustande. Die funktionale Erklärung ist dann unvollständig, wenn sie nicht zugleich erklärt, warum das im konkreten Fall doch so war. Ein weiterer Einwand wird sogleich im Text besprochen.

Aber auch bei konstruktiveren Reaktionen gibt es fast immer Wahlmöglichkeiten. Marx und Waltz waren sich, wie wir sahen, einig, dass der Markt zu Profitstreben zwingt. Aber wie eine Firma Profit erwirtschaftet, durch Mitarbeitermotivation und -beteiligung oder Ausbeutung, ist damit nicht gesagt (und also auch nicht erklärt). Waltz folgerte, dass unter Anarchiebedingungen analog ein sicherheitspolitischer Zwang zu Selbsthilfe bestehe. Aber worin besteht diese: Hochrüstung, Streben nach vereinbarter Abrüstung, Anpassung, Kapitulation? Es gibt Optionen, und die Wahl zwischen ihnen ist ein wesentliches Explanandum (und des politischen Ringens wert). In der Summe zeigt uns dies, auch für unser Thema der Erklärung weltregionaler Integrationsprojekte, dass institutionalistische Aspekte: Randbedingungen von Interdependenz, Fragen der inhaltlichen Ausgestaltung von Institutionen, zwar wesentlich sind, als erklärende Randbedingung oder zu erklärende Form, dass aber mit Sach- oder Systemzwängen argumentierende (Erklärungs-)Strategien kaum ausreichend sind, weil sie Freiheitsgrade des Handelns der beteiligten Akteure (und damit weitere Erklärungsfaktoren) ausblenden.

Gerade die seit den 1960er Jahren stark unter dem Eindruck des (west-)europäischen Integrationsprojektes stehende Forschung, die die klassischen Integrationstheorien hervorgebracht hat (vgl. Grimmel/Jakobeit 2009 zum Überblick), hat dies auch erkannt und mehrere ergänzende Erklärungsfaktoren eingeführt im Rahmen dessen, was als Neo-Funktionalismus bekannt geworden ist. Er verweist auf zwei wesentliche weitere Faktoren: im supranationalen E(W)G-Integrationsprojekt entstehe eine ‚Kaste' (wenn man es kritisch formuliert) von supranationalen Akteuren, Mitarbeitern etwa der europäischen Kommission (oder auch, später, Mitglieder des Europäischen Parlamentes), die gleichsam in eine überstaatliche Perspektive hinein sozialisiert würden (und/oder diese, im Wege der [selbst]selektiven Rekrutierung, bereits mit brächten und darin nur bestärkt würden). Sie würden damit zu Propagatoren weiterer Integrationsschritte, im Verhältnis zu und zuweilen im Widerstreit mit nationalstaatlichen Akteuren, etwa den Regierungen, die allenfalls zu intergouvernementaler Kooperation bereit seien. Institutionell formuliert wird die Kommission Hüterin der Verträge und Propagatorin der Integration. Ein zweiter, ähnlich, nämlich mit der Wirkung supranationaler Faktoren argumentierender (Erklärung-)Strang betont die pro-integrative Wirkung der Rechtsprechung des Europäischen Gerichtshof bzw. der supranationalen Rechtsordnung, deren letztverbindliche Auslegung er liefert: „integration through law", wie das Stichwort lautet. Schließlich argumentiert ein dritter Erklärungsstrang mit der Wirkung des institutionellen Outputs der EU-Institutionen: er verschaffe ihr „output-Legitimation" und führe aufgrund der positiven Auswirkungen der EU-Politik wie Stiftung von Frieden im Binnenverhältnis (die eher idealistische Perspektive) oder materieller Begünstigung (z. B.

klassische Integrationstheorien: vom Funktionalismus zum Neo-Funktionalismus durch Fördergelder) zu einem Loyalitätstransfer hin zu den supranationalen Institutionen und/oder zum Integrationsprojekt. Zu Letzterem muss man sagen: Loyalität scheint so leicht nicht käuflich, nationale Identifikationsweisen sitzen vielfach tief. Die Friedenswirkung dagegen wird quasi zum Opfer ihres eigenen Erfolges: die Nachfolger der Weltkriegs-Generationen nehmen Frieden als gegeben hin und lassen sich durch ihn allein jedenfalls zu weiteren Integrationsschritten kaum motivieren. Mit anderen Worten: Reine Output-Legitimation des Integrationsprozesses ist prekär. Die beiden ersten Mechanismen: supranationales Kasten-Bewusstsein und Integration durch (Richter-)Recht sind wohl eher wirksam, weisen aber ein anderes Problem auf. Sie sind tendenziell elitär und geraten selbst unter (De-)Legitimationsdruck. Wir kommen in Kapitel 2 darauf zurück. Insgesamt sind diese EU-bezogenen Erklärungsstrategien aufgrund der vorausgesetzten Supranationalität jedoch sehr EU-spezifisch. Kein anderes weltregionales Kooperationsprojekt hat Supranationalität auch nur ansatzweise so weit entfaltet wie die EU. Das selbst ist ein Erklärung heischendes Faktum. Es bedeutet aber auch, dass Erklärungsstrategien, die Supranationalität voraussetzten, außerhalb der EU kaum anwendbar sind. Und für die EU selbst ergibt sich zum einen die Frage nach der ursprünglichen Bereitschaft zu Supranationalität, zum andern die Feststellung, dass supranationale Faktoren womöglich den Fortgang von Integration (mit) erklären können, nicht aber deren ursprüngliche Wahl. Mit den Fragen von (supra)nationaler Loyalität und zugrunde liegenden Einstellungen sind jedoch auch bereits Stichwörter gefallen, die uns zum dritten IB-Forschungsprogramm führen.

1.2.3 Konstruktivismus

Konstruktivismus und Regionalismus

Der (Sozial-)Konstruktivismus ist zunächst eine weit über den IB-Bereich hinausgehende (zum Teil auch meta-)theoretische Sichtweise. Sie hebt, daher der Name, den Konstruktcharakter der sozialen Welt ganz allgemein hervor. Diese besteht (anders etwa als Steine) nicht unabhängig von menschlichem Tun und ihm zugrunde liegenden Einstellungen. Das erscheint einerseits fast trivialer Weise richtig, hat aber andererseits doch weit reichende Konsequenzen, die zu durchdenken die Fruchtbarkeit des Forschungsprogramms des Konstruktivismus ausmacht. Wir alle haben in der jüngsten Finanzkrise erlebt, dass eine zentrale Institution der globalen kapitalistischen Ökonomie: Geld und damit das ganze Finanzwesen auf der erstaunlich, ja erschreckend tönernen Grundlage eines so weichen Faktors wie Vertrauen beruht, auf der Einstellung zentraler Akteure, etwa Banken untereinander, sich zu vertrauen und Kredit zu geben; auf der Wahrnehmung, dass Hilfsprogramme überschuldete Staaten soweit stabilisieren, dass Kapitalabzug nicht nötig und weitere Zufuhr lohnend ist. Wird Geld nicht mehr akzeptiert, ist es nur noch bedrucktes Papier – der Kaiser ist nackt (das Märchen von des Kaisers neuen Kleidern, der faktisch unbekleidet ist, was aber keine Rolle spielt, bis ein Kind es ausspricht, liefert ein plastisches Bild für die Macht von Konstruktionen). Für unser Thema der weltregionalen Integrationsprojekte ist als ein erster wichtiger Beitrag des Konstruktivismus festzuhalten, dass Regionen, was immer sie sonst sein mögen, ein gesellschaftliches Konstrukt sind. Alle Versuche, Regionen quasi objektiv zu bestimmen, durch geteilte Kultur und Nachbarschaft, tragen eben nur soweit, wie die Beteiligten Akteure diese Sichtweise teilen. Nur gleichsam im Ausschlussverfahren liefert geographische Nachbarschaft ein Bestimmungsmerkmal für den Regionen*begriff*, aber das ist eine definitorische Festlegung: wir sprechen von (Projekten) weltregionaler Integration nur dann, wenn *benachbarte* Staaten kooperieren. Kooperieren (fast) alle Staaten weltweit liegt globale Kooperation vor oder, wie neuerdings gerne gesagt wird, „Global Governance". Kooperieren einige, auch nicht benachbarte, Staaten dauerhaft und im Rahmen vereinbarter Normen und Regeln, so sprechen wir von funktionaler Kooperation, die institutionalisiert z. B. im Rahmen so genannter internationaler Regime abläuft. Auch regionale Kooperation erfüllt – wie wir sahen – Funktionen, aber sie tut dies in und für eine als solche wahrgenommene und damit auch konstruierte Region. Wo deren Außengrenzen liegen und aufgrund welcher Kriterien, ist auch in der Praxis oft nicht so genau bestimmt. Das Beispiel der EU und möglicher Erweiterungen zeigt es: europäische Staaten können beitreten, heißt es im Gründungsvertrag. Also nicht Indonesien. Aber ist die Türkei ein europäischer Staat? Und warum (nicht)? Angesichts schon laufender Beitrittsverhandlungen (und im Prinzip zugestandener Aufnahmebereitschaft) ist diese nur vermeintlich geographische Frage bereits, und zwar positiv, beantwortet. Ob und wann der Beitritt erfolgen wird, ist dagegen offen. Am Selbst- wie am Fremdbild (des Gegenübers) wird sowohl in der EU wie in der Türkei derzeit gearbeitet: als was verstehen sie sich, wem (wen) wollen sie zu welchen Konditionen beitreten (lassen)? Genau in der Hervorhebung der Bedeutung solcher konstruierter Selbst- und Fremdbilder und damit einhergehend von (kollektiven) Identitäten wie zugrunde liegenden Wertevorstellungen und Normen für den Ablauf internationaler Politik und damit auch für die Entwicklung weltregionaler Integrationsprojekte liegt der analytische Beitrag des Konstruktivismus.

Neben den angesprochenen Fragen der weltregional-wirtschaftlichen Kooperation werden uns in diesem Buch vor allem auch weltregionale Sicherheitsfragen beschäftigen. Wie sich zeigen wird, sind Regionen oft zunächst quasi negativ bestimmt, herrscht nicht zuletzt aufgrund der geographischen Nähe sicherheitspolitische Interdependenz in Gestalt des Risikos oder der Rea-

vom regionalen Sicherheitskomplex zur regionalen Sicherheitsgemeinschaft lität gewaltsam ausgetragener grenzüberscheitender Konflikte. Wechselseitig nimmt man sich in der Region als Bedrohung war, realistisch motiviertes Rüstungsverhalten, von jedem einzelnen Akteur vielleicht defensiv gemeint, von der anderen Seite aber nicht als solches geglaubt oder wahrgenommen, führt zu weiterer Bedrohungswahrnehmung und damit Unsicherheit. Der Realismus hat dafür den Fachbegriff „Sicherheitsdilemma" geprägt. Für dessen Überwindung sieht er analytisch jedoch letztlich keine Möglichkeit, und hat dafür politisch praktisch auch nichts anzubieten. Die Wahrung einer (immer prekären) Machtbalance, eines negativen (Abschreckungs-)Friedens, ist das einzige, was er für möglich hält.[6] Institutionalismus und Konstruktivismus im Verbund sehen hier mehr Handlungsspielraum. Durch Etablierung geeigneter Institutionen, die Verflechtung (z. B. wirtschaftliche) und damit Interdependenz stiften und Wandel der Einstellungen (Wahrnehmung gemeinsamer Interessen, Übergang von Feind- zu Partnerschafts- und letztlich gar Freundbildern) erscheint eine Auflösung des regionalen Sicherheits(problem)komplexes letztlich in eine Sicherheitsgemeinschaft im Prinzip möglich. Die EU in ihrer friedensstiftenden Binnenwirkung ist der paradigmatische (aber nicht der einzige) Fall, der belegt, dass Dergleichen auch praktisch möglich ist. Insbesondere zur vertieften Befriedungswirkung ist der Wandel kollektiver Einstellungen, unter Eliten wie in breiten Bevölkerungskreisen, Voraussetzung, so wie umgekehrt vorhandene Einstellungsmuster (und deren gesellschaftliche Verteilung) Teil des regionalen Sicherheitsproblems sein können. Auch insofern also wird die Relevanz konstruktivistischer Überlegungen deutlich, allerdings auch die gerade von einem Hauptvertreter des konstruktivistischen Paradigmas, Alexander Wendt (1999), betonte Tatsache, dass Einstellungen zwar im Prinzip änderbar sind, aber nicht beliebig leicht. In beidem: ihrer prinzipiellen Wandelbarkeit wie ihrer relativen Trägheit liegt ihre analytische Bedeutung.

starker und schwacher Konstruktivismus

Dies führt uns zu einer letzten Bemerkung zum Konstruktivismus, die wieder von übergeordnet-allgemeiner Bedeutung ist. Der Konstruktivismus wurde bisher in seiner schwachen Variante vorgestellt und nur in dieser wird er im vorliegenden Text auch verwandt werden. Schwacher Konstruktivismus verweist allgemein auf den Konstruktcharakter gesellschaftlicher Realität und betont als IB-Konstruktivismus die Rolle international geteilter Normen und Wahrnehmungen bzw. von Selbst- und Fremdbildern. Starker Konstruk-

---

6 Eine weitere realistische Möglichkeit besteht in der Eindämmung, dem containment, des Gegners, die ihn an Ausdehnung und Machtzuwachs so lange hindern soll, bis er an den eigenen Schwächen zugrunde geht. Man könnte sagen, dass dies den Verlauf des Ost-West-Konflikts wiedergibt, in dem containment in der Tat zentrale westliche Strategie war. Das Wie und Warum des Wirksamwerdens interner Widersprüche und Schwächen bedarf dann jedoch eines Mehr an Erklärung, als es der reine Realismus zu liefern vermag.

tivismus, das wurde oben nur angedeutet, als er als auch meta-theoretische Position bezeichnet wurde, geht weiter. Er hebt hervor, dass auch die oben angeführten Steine nicht objektiv real sind, dass eine ‚objektive Realität' außerhalb sozial konstruierter Wahrnehmung gar nicht existiere oder zumindest uns nicht zugänglich sei. Das betrifft also Fragen danach, was (eigentlich) existiert (und in welchem Sinne) bzw. ob und wie existierende Realität prinzipiell erkennbar ist. Erstere Fragen nennt man in der Philosophie ontologische, Letztere epistemologische (erkenntnistheoretische). Wir wollen uns hierzu nur kurz positionieren, denn die vorliegende Einführung in einen bestimmten Bereich der IB-Analyse ist schon mit genug Gehalt befrachtet. Die Diskussion philosophisch-metatheoretischer Fragen hat in den Sozialwissenschaften auch ihren Ort, sie sollte jedoch den eigentlichen Zweck: die Analyse empirischer Wirklichkeit nicht verdrängen. Aber, so der radikalkonstruktivistische Gegeneinwand: gerade diese – angeblich – gegebene empirische Realität gibt es doch gar nicht! Ich reagiere wie folgt: Es mag in der Tat selbst Steine nicht ‚einfach geben' (die Bezeichnung ist ohnehin willkürlich: stone, pierre; was als Stein gilt ist Konvention – alte Juristenfrage: Wie viele Steine machen einen Haufen aus?). Letztlich haben wir in der Tat keinen (direkten) Zugang zu einer objektiven Realität, weder im Bereich der Natur noch in dem der sozialen Welt. Wir können sie nur wie theoretisch-begrifflich erfasst und sinnlich wahrgenommen erschließen. ‚Objektive Realität' ist also von der Wirkung her vor allem eine regulative Idee: wir teilen eine alltägliche Vorstellung davon, was wir damit meinen. Erkenntnisse sollten uns letztlich zu besserem Umgang mit dieser *vorausgesetzten* (sozialen) Wirklichkeit verhelfen. Dass diese ‚objektiv' existiert, lässt sich nicht zwingend erweisen – aber auch radikale Konstruktivisten verhalten sich so als ob. Das genügt.

Genauso wichtig und für unser Thema weltregionaler Integration ist eine zweite Unterscheidung zwischen schwach und stark, die sich auf das soziale Konstrukt Kultur bezieht. Starker Kulturalismus hält kulturelle Einstellungsmuster und soziale Praktiken (etwa Religion) für sehr wirkmächtig, und zwar weil sie inhaltlich wesentlich bestimmt seien (Essentialismus), homogen in ihren jeweiligen Kulturräumen und das Verhalten von Akteuren quasi deterministisch prägend seien. Auch dieser starke Kulturalismus findet sich sowohl unter Analytikern, prominent in Samuel Huntingtons (1996) Schriften über den (aus seiner Sicht das 21. Jahrhundert bestimmenden) „Kampf der Kulturen" (clash of civilizations), als auch bei politischen Praktikern, etwa Vertretern der so genannten Asian values-These wie dem einstigen malaiischen Premier Mahatir, wonach in Asien der Individualismus weniger entwickelt sei als im Westen, die Einordnung ins Kollektiv verbreiteter und deshalb eher autoritäre Regierungsformen eben angebracht und als autochton, der eigenen Kultur entsprechend, legitimiert seien. Der ideologische Charakter der letz-

starker und schwacher Kulturalismus

teren, politischen, Behauptung ist leicht erkennbar – sie dient der Rechtfertigung autoritärer Herrschaft und bedient sich dazu des Arguments der legitimen Andersartigkeit. Unterschiede, auch kulturelle, sind in der Tat zu (be)achten – normativ wie analytisch. Aber analytisch ist der starke Kulturalismus zu undifferenziert. Das ‚Wesen' einer Kultur zu bestimmen, ist nicht leicht, oft streiten gerade subjektiv aufrichtige Vertreter ein und derselben Kultur darum, was es denn ausmache (Ist päpstliche Unfehlbarkeit essentiell für eine Haltung, die – zu Recht – katholisch genannt werden kann?). Kulturräume, je größer desto weniger, sind also gerade *nicht* homogen in den Auffassungen. Alle Kulturen leben, ganz wörtlich, von interner Pluralität – das hält sie wandelbar und damit (!) am Leben. Selbst ein (kluger) Konservativer ist nicht jemand, der nie etwas ändern will, nur nicht leichter Hand alles sofort. Und schließlich sind Akteure nicht die Marionetten an den Fäden der (von Analytikern bestimmten) Wesenskerne ihrer Kultur. Akteure gestalten sich selbst, ihre Identität, im Lichte kultureller Gehalte, die ihnen zur Verfügung stehen – und entwickeln selbst neue. Geteilte kulturelle Muster prägen das Verhalten oft *mit* – aber nicht deterministisch. Um diese Überlegungen beispielhaft illustrierend auf die eigene Disziplin anzuwenden: Unter den Kulturen der IB-Analytiker mögen z. B. Realisten skeptischer, vielleicht auch furchtsamer sein als optimistische(re) Idealisten oder Institutionalisten. Aber das gilt nicht für jeden unter ihnen und es sagt nicht, welche anderen Faktoren in jeder konkreten Handlungslage ihr tatsächliches Verhalten mit bestimmen. Warum diese eher generellen Bemerkungen hier? Sie sollen die Art vorbereiten, wie wir hier kulturelle Einstellungsmuster analytisch zu berücksichtigen gedenken, nämlich im Sinne des schwachen Kulturalismus. Es mag ermittelbare Unterschiede in kulturellen Einstellungs- und Verhaltensmustern geben, etwa hinsichtlich nationaler Stile internationalen Verhandelns und Verhaltens. Gerade ein weltweit schweifender Blick drängt dies dann doch geradezu auf. Aber wir sollten die tatsächliche Rolle von kulturellen Faktoren in der (internationalen) Politik differenziert und nicht grobschlächtig bedenken. Nicht stark-kulturalistische Holzschnitte sind gefragt, sondern die Analyse der Feinmechanik der Wirkung kultureller Faktoren in der Politik. Der durchaus instrumentelle politische Umgang mit vorgefundenen Einstellungsmustern, das Beispiel der Asian values zeigt es, gehört ebenso dazu wie das politisch motivierte (Re)Aktivieren von Nationalismus und Feindbildern (die jüngere Geschichte der Balkanregion hat uns dies schauerlich demonstriert). Der – mir und hier – wichtige Punkt ist, dass kulturelle Muster eine Gelegenheitsstruktur (opportunity structure) sind für politisch, z. B. durch Streben nach Herrschaft, motiviertes Verhalten.

1.2.4 Gesellschaftskritische Ansätze

Mit dem mehrfach deutbaren Begriff der Herrschaft fällt ein wichtiges Stichwort, das den Übergang zum vierten Paradigma der IB, zu den gesellschaftskritischen Ansätzen erlaubt. Gelegentlich ist auch von materialistischen oder strukturellen Ansätzen die Rede, beides im Hinblick darauf, dass der Marxismus (in seinen Spielarten) lange Zeit das gesellschaftskritische Feld dominierte. Je dogmatischer desto mehr behauptete er die Determination ‚in letzter Instanz' der sozialen Verhältnisse durch die polit-ökonomische Struktur des Kapitalismus, als dem materiellen Unterbau. Für eine unabhängige Rolle politischer (oder kultureller) Faktoren bleibt dann kein Raum, das alles ist, bestenfalls ‚Überbau'. Das kann politikwissenschaftlich-analytisch eigentlich nicht befriedigen. Allerdings auch nicht die Ausblendung der zweiten, wichtigeren Intuition des Marxismus, die der Bedeutung struktureller Machtverhältnisse. Strukturell sind Machtverhältnisse dann, wenn nicht nur (wie in Webers Machtbegriff) die Chance der Durchsetzung auch gegen Widerstand im Einzelfall gemeint ist, sondern eine Machtposition, die diese Chance dauerhaft garantiert, weil es Mechanismen des (Selbst-)Erhalts der Machtposition gibt, darunter nicht zuletzt die Macht zu verhindern, dass bestimmte Fragen überhaupt zur (gesellschaftlichen) Diskussion und damit zur politischen Entscheidung gestellt werden. Dauerhafte Machtpositionen mit Mechanismen des Selbsterhalts – darin liegt der strukturelle Aspekt, und es wird deutlich, dass und warum der Neorealismus auch eine strukturelle Machttheorie ist. Er hebt auf die Machtstellung der Staaten in ihren Beziehungen ab. Dagegen hebt der Marxismus auf transnational-gesellschaftliche Kräfteverhältnisse, nämlich die zwischen Klassen, ab, und sieht in kapitalistischer Ausbeutung einen Reproduktionsmechanismus struktureller Macht. Das gesellschaftskritische Bild der internationalen Beziehungen ist also letztlich ein markant anderes als im Realismus: nicht zwischen*staatliche* Machtbeziehungen, sondern transnational-*gesellschaftliche* strukturelle Machtverhältnisse sind wichtig. Sie werden als (gesellschaftliche) Herrschaftsverhältnisse im materialen, inhaltlichen Sinne verstanden, im Unterschied zu formalen Herrschaftsverhältnissen, die förmlich anerkannte Unterordnungsverhältnisse sind. Eine Regierung mag in dieser Sicht formal herrschen. Faktisch-material können andere Kräfte herrschen – die (Klasse der) Kapitalisten oder der Kapitalismus als System.

gesellschafts-
kritische Ansätze
und Regionalis-
mus

Wo ist der Bezug zu unserem Thema weltregionaler Integrationsprojekte? Wie gesagt laufen sie im Kern oft auf Liberalisierung grenzüberschreitenden Handels und Wirtschaftsverkehrs (Investitionen z. B.) allgemein hinaus, sei es in weltregional-defensiver Absicht zur kollektiven Selbstbehauptung im globalen Weltmarkt, sei es als „building block" (Baustein) zur Umsetzung globaler Liberalisierung. Dies wurde in den bisherigen Ausführungen hier inter-

politische Öko-
nomie regionaler
Wirtschaftsinte-
gration

dependenztheoretisch bzw. institutionalistisch, zum Teil auch ökonomisch (Effizienzgewinn durch Arbeitsteilung) betrachtet und implizit (!) positiv gewertet. Solche stillschweigenden normativen Annahmen aufzudecken ist Teil dessen, was kritische Analyse ausmacht; die Frage, wessen Interessen solche systematischen Ausblendungen in Weltbildern, Ideologien, dienen, ist ein wesentlicher zweiter Aspekt dieses Forschungsprogramms. Einzig bei möglichen ökologischen Folgen wurde Kritik angemerkt – und bei der Betroffenheit heimischer Produzenten. Beides sind mögliche Aspekte gesellschaftskritischer Analyse regionaler Integrationsprozesse, darüber hinaus aber eben ihr Beitrag zur räumlichen Ausdehnung der Prinzipien kapitalistischen Wirtschaftens, der In-Wert-Setzung oder Marginalisierung (An-den-Rand-Drängen) vormals autochtoner (eigenständiger) Lebensweisen. Sie dient aus dieser kritischen Sicht bestimmten gesellschaftlichen Akteuren mehr, anderen dagegen weniger, was letztlich im marxistischen Sprachspiel als Ausbeutung erfasst wird. Sie unterwirft, oft ungefragt, Gesellschaften neuen strukturellen Markt- und Macht-Mechanismen; und wo gefragt wird, erfolgt Marktintegration vielleicht nur mit Zustimmung der Eliten, der Modernisierungsgewinner – und eine Kompensation von Modernisierungsverlierern ist nicht automatisch vorgesehen. Insofern wird faktisch material Herrschaft, strukturelle Macht ausgeübt, aufgrund polit-ökonomisch zu erfassender Mechanismen, und dies sollte in der Tat auch Thema der politikwissenschaftlichen Analyse weltregionaler Integration sein.

1.2.5 Entwicklung des hier vertretenen Ansatzes der gesellschaftlichen Bedingungen

und Erweiterung auf kritische Sicht (trans)nationaler Kräfteverhältnisse, Annäherung an elitetheoretische Überlegungen

Man kann sich allerdings fragen, ob die zu einseitig ökonomische, um nicht zu sagen, ökonomistische Engführung sinnvoll ist. Nicht alle Fragen weltregionaler Integration haben mit, nur mit, oder ‚in letzter Instanz' mit der Verbreitung kapitalistischer Verwertungszusammenhänge zu tun. Dass dies auch ein politischer, politisch gestaltbarer Prozess ist, macht ja gerade eine (kritische) *politische* Ökonomie erforderlich (im Unterschied zu einer ‚rein' ökonomischen Theorie, s. u.). Und dass es dabei um *(trans)nationale gesellschaftliche Kräfteverhältnisse* geht, halte ich in der Formulierung für so geeignet, dass ich diese Redeweise gerne einführen möchte. Noch offen, näher zu bestimmen, bleibt dabei, wer oder was denn die gesellschaftlichen ‚Kräfte' sind. Nur Klassen, wie verstanden, und nur zwei? Im weiten Verständnis meint Klasse ja nur: Gruppe mit gesellschaftlicher Machtstellung. Und im simplen Zwei-Klassen-Modell gibt es eben Herrschende und Beherrschte bzw. Unterdrückte. Das ist interessanter Weise wegen des weitgehenden Verzichts auf eine kapitalismusspezifische Bestimmung des Klassenverhältnisses nicht sehr verschieden von Elitetheorien, zumal solchen, die analytisch gemeint sind, nicht normativ befürwortend (und nur um solche empirische Elitetheorie geht es hier). Auch aus ihrer Sicht gibt es (gesellschaftliche) Eliten, die das entscheidende Sagen haben, und Bevölkerungen (in der klassischen Elitentheorie gerne als ‚Masse' bezeichnet), über die die Elite herrscht, Macht ausübt. Die spezifischere Klassenanalyse versteht den Ursprung der (herrschenden und beherrschten) Klasse in einem *marktvermittelten* Herrschaftsverhältnis, das, etwa im Unterschied zur Sklaverei, auf physischen Zwang (weitgehend) verzichtet – und verzichten kann. Es wirkt der ‚stumme Zwang' der (kapitalistischen) Verhältnisse. Dies will ich hier nicht um seiner selbst willen verfolgen, doch herrschaftssoziologisch ist die Überlegung wichtig, dass Kapitalismus durch die formale Trennung von privater und öffentlicher (politischer) Verfügungsgewalt quasi zu einer Pluralisierung der Eliten führt. Politischen, zum Teil auch militärischen Machthabern steht eine Schicht (Klasse) wirtschaftlich Mächtiger gegenüber – und ihnen allen ein per definitionem breiterer Kreis an Personen, die nicht Machtpositionen inne haben, zu den Mächtigen jedoch in je spezifischen Beziehungen (Beschäftigte, Wähler, Rekruten u. a. m.) stehen. Auf diese plural, nicht unbedingt pluralistisch zu verstehenden gesellschaftlichen Kräfteverhältnisse, ökonomischer wie politischer Art, soll in unserer Analyse besonderes Augenmerk gelenkt werden. *Wir werden die über weltregionale Konflikt- und Integrationsprozesse entscheidenden Eliten in ihrer Scharnierposition zwischen internationalen Bezügen und (Wahrung von) innergesellschaftlicher Machtposition ins Zentrum der Analyse rücken.* Was soll dabei mit der soeben getroffenen Unterscheidung von plural und pluralistisch markiert werden? Nun: „plural" meint einfach, dass es eine Mehrzahl gesellschaftlich herrschender Gruppen (Elitensegmente, Klassenfraktionen gibt), und auch unter den Nicht-Eliten (Selbst)Identifikation und eventuelle Gruppenbildung (Organisation) entlang verschiedener Kriterien erfolgen kann: Städter versus Landbewohner, Christen versus Muslime, Inländer versus Ausländer u. a. m. Welche Gruppenbildungen jeweils aktuell erfolgen und relevant sind, auch zur Erklärung weltregionaler Integrationsprojekte, ist eine empirische Frage, deren Beantwortung auch einen soziologischen Blick auf die beteiligten Gesellschaften erfordert. Ob die Gruppen in einem gehaltvollen Sinne gleich berechtigt und darüber hinaus gleich hinsichtlich ihrer prinzipiellen Durchsetzungschancen sind, wie es das Attribut pluralistisch signalisiert, ist erstens empirisch offen und zweitens selbst in den am besten organisierten Gesellschaften allenfalls in Annäherung der Fall.[7] Auch dies mit zu bedenken ist sinnvolle Tradition gesellschaftskritischer Ansätze, zumal in der über die Be-

---

7   Vgl. jüngst am Beispiel der Verhältnisse in den USA Schlozman/Verba/Brady 2012.

schränkung des Basis/Überbau-Schemas hinaus inhaltlich erweiterten, elitetheoretische inspirierten Version, die hier propagiert wird.

die Verzahnung der Ebenen: two-level-games, Mehrebenenpolitik und Verhandeln als zentraler Modus der Politikproduktion

Mit der soeben erwähnten Scharnierstellung der Eliten, die zwischen Innen und Außen, zwischen internationaler und nationaler Ebene vermitteln, ist im Grunde ein doppelter Gedanke angesprochen: der einer kritischen Elitenperspektive, worauf unten noch näher eingegangen wird. Und eben der Gedanke, dass internationale Politik im Grunde immer auf zwei Ebenen, der internationalen und der der ‚heimischen Front', abläuft bzw. dass politische Steuerung (Governance) in institutionalisierten Kontexten in einem Mehrebenensystem abläuft, wobei der zentrale Modus der Beschlussfassung der des Verhandelns ist. Damit sind drei weitere theoretische Aspekte der Analyse von (nationaler und) internationaler Politik angesprochen, die zwar nicht nur für unser Thema der weltregionalen Integration von Belang sind, aber auch für sie. Robert Putnam (1988) war es, der mit einem Artikel dieses Titels auf die „Logik der Zwei-Ebenen-Spiele" aufmerksam gemacht hat, die Außenpolitik ganz allgemein kennzeichne. Gemeint ist Folgendes. Staatliche Akteure haben es in der internationalen Politik zum einen, eben auf internationaler Ebene, mit Ihresgleichen zu tun, als Feinde oder Verhandlungspartner. Wie immer sie sich auf dieser Ebene verhalten: kooperativ oder konfrontativ, sie müssen die Rückwirkungen an der heimischen Front mit bedenken. Nur solange sie dort Folgebereitschaft für ihr Verhalten auf internationaler Ebene finden, sind ihre kooperativen Angebote – oder auch ihre konfrontativen Drohung – glaubhaft. Es gelte für die politische Führung (und in erklärender Absicht für Analytiker), wie Putnam etwas technisch formuliert, das „win-set" derjenigen Maßnahmen zu ermitteln, die international zielführend und an der heimischen Front vertretbar (oder auch nur verkaufbar, möchte man hinzufügen) sind, dort (nach den jeweils geltenden Regeln – und gesellschaftlichen Kräfteverhältnissen, würde ich hinzufügen) Akzeptanz, Folgebereitschaft oder gar Unterstützung finden. Die Überlegung ist, ihrer technischen Sprache entkleidet, im Grunde ebenso einfach wie richtig, und unsere unten ausgeführte herrschaftssoziologische Perspektive wird sie in etwas weniger technischer Sprache aufgreifen. Während Putnam diesen Gedanken aus der Perspektive handelnder staatlicher Akteure durchdenkt, nimmt die Rede von der multi-level-Governance ihn aus eher systemischer Perspektive und für institutionalisierte Kontexte politischer Steuerung auf, wobei diese Institutionen innerstaatliche (etwa des Föderalismus) wie zwischenstaatliche (der internationalen, globalen oder weltregionalen Governance) sein können. In allen diesen institutionell-politischen Kontexten wird Politik auf mehreren (mindestens zwei, zuweilen drei oder vier: international, national-gesamtstaatlich, innernational-regional, evtl. auch noch lokal-kommunal) Ebenen formuliert und über mehrere politische Ebenen hinweg politisch umgesetzt. Bundesgesetze werden etwa im politisch föderal organisierten Deutschland von Länderverwaltungen umgesetzt; sie beruhen oft auf Vorgaben, die im Rahmen der EU, z. B. als Richtlinie, beschlossen wurden; neuerdings nicht mehr nur unter Beteiligung nationaler Regierungsvertreter, sondern auch der, und sei es indirekten, der Vertreter der Länderregierungen. Und, nicht ganz so formal hierarchisiert, aber gleichwohl über mehrere politische Ebenen hinweg, etwa im Rahmen des globalen Klimaregimes: es werden Beschlüsse gefasst (von Regierungsvertretern), die national bis hin zu lokal umgesetzt werden (müssen). Die Literatur zur politischen Steuerung in Mehrebenensystemen versucht, Besonderheiten der Politikproduktion unter solch komplexen institutionellen Bedingungen herauszuarbeiten, etwa die Möglichkeit der Blockade von Politik durch Zustimmungspflicht auf verschiedenen Ebenen (die von Fritz Scharpf (1985) sowohl für Westdeutschland als auch die EU im damaligen Stadium ausgemachte „Verflechtungsfalle") oder die Möglichkeit der Verantwortungsdiffusion zwischen den Ebenen (mit möglichen Konsequenzen für die Legitimität oder Akzeptanz der so ausgehandelten Politik). Auch das sind offenbar Themen, die vor allem für die alltägliche Politikproduktion in weltregionalen Integrationszusammenhängen von Belang sind. Darüber hinaus ist die Mehrebenen-Literatur, die oft aus Richtung der Föderalismusforschung kommt (Benz 2009), ein Hinweis darauf, dass Föderalismus mit unserem Thema der weltregionalen Integration durchaus Berührungspunkte hat. Eine Föderation, ein Bundesstaat, kann durchaus Zielrichtung von Integrationsprojekten sein (wie es bei den eher normativ argumentierenden Föderalisten unter den klassischen Theoretikern der europäischen Integration der Fall war). Und die Analogie zwischen bundesstaatlichen nationalen politischen Systemen und weltregionalen Integrationsverbünden macht auch deutlich, dass beide mit Fragen politischer Herrschaft verbunden sind. Schließlich ist, als dominanter Modus der Politikproduktion in solch institutionalisierten Mehrebenensystemen, national (etwa zwischen Bund und Ländern im Vermittlungsausschuss) wie international (im Rahmen der Gipfel- und Konferenzdiplomatie) Verhandeln der zentrale Modus der Politikproduktion. Die durchaus umfangreiche Literatur dazu ist also für unser Thema von Belang, etwa mit ihrer zentralen Unterscheidung zwischen an kollektiver Verständigung und gemeinsamem Problemlösen orientiertem Verhandeln (negotiating) zum einen, bargaining zum andern, also eher taktisch-strategisch auf den eigenen Vorteil bedachtem Verhandeln. Eine Brücke zwischen Beidem können klassische verhandlungstheoretische (und -praktische!) Mechanismen sein wie mehrheitsfähige Tauschgeschäfte (Kuhhandel, package deals) bzw. die Verknüpfung zunächst sachlich nicht zusammenhängender Verhandlungsmaterien (issue linkage) nach dem Motto: ich gebe hier nach und du da, oder auch Nebenabreden bzw. Seitenzahlungen (side payments). Sie alle sind sowohl für die alltägliche Politikproduktion unter Integrationsbedingungen als auch für die großen Schritte zur Vertiefung (oder geographischen Erweiterung) der Integrationsprojekte von Belang.

internationale Politik – Außenpolitik – innergesellschaftliche Bedingungen und das Badewannen-Modell vollständiger sozialwissenschaftlicher Erklärung

Die Analyse, die uns hier vorschwebt, erfordert also neben der Berücksichtigung staatlichen Handelns auf internationaler Ebene ein Sich-Einlassen auf die innerstaatlich/innergesellschaftlichen oder, wie man auch sagt, die heimischen (englisch: domestic) Bedingungen. Das kontrastiert maximal mit dem im Neorealismus à la Waltz vorgetragenen Anspruch, eine sparsame, weil nur systemische, auf die Struktur des internationalen Systems und seine Auswirkungen auf das Verhalten der Staaten zurückgreifende Erklärung internationaler Politik zu geben. Allein aus den Handlungszwängen des anarchischen Systems ergibt sich aus neorealistischer Sicht das Verhalten konkreter Akteure; die Handlungszwänge ihrerseits resultieren aus strukturellen Bedingungen (Anarchie und Machtverteilung). Nicht klar (auch unter Vertretern des Neorealismus) war und ist, ob damit neben internationaler Politik als (typischem) Ablaufmuster (etwa: Machtkonzentration löst – typischer Weise – Gegenmachtbildung, balancing, aus) auch Außenpolitik, also das konkrete außenbezogene Handeln einzelner Staaten, erklärt werden kann oder auch nur soll. Mir scheint schon die strikte Trennung von internationaler und Außenpolitik nicht sinnvoll. Analytisch *ist* sie zunächst einmal sinnvoll. Um ein Bild zu verwenden, entspricht sie dem Unterschied zwischen dem je konkreten Instrumentenspiel jedes Orchestermitglieds und der Resultante des gleichzeitigen Spiels aller Mitglieder (Harmonie oder Dissonanz). Kein einzelnes Instrument kann dieses systemische Ergebnis erzeugen, kein einzelner Staat macht (die) internationale Politik.[8] Aber andererseits kann Harmonie oder Dissonanz ohne das Spielen konkreter Instrumente nur abstrakt, nicht konkret, nicht vollständig erklärt werden. Eine vollständige sozialwissenschaftliche Erklärung folgt dem sogenannten Badewannen-Modell (so genannt nach der graphischen Umsetzung des Gedankens): ausgehend von den Handlungsbedingungen auf systemischer Ebene muss analytisch hinab gestiegen werden auf die Akteursebene, wo die Wahl der tatsächlichen Handlungsweise(n) erfolgt, um dann, wieder auf systemischer Ebene, die resultierenden Effekte der (Überlagerung der) Handlungen zu untersuchen. Mit anderen Worten: keine vollständige Erklärung internationaler Politik ohne Analyse von Außenpoli-

---

8 In der Fähigkeit herausgehobener einzelner Staaten, die Parameter (Randbedingungen) entscheidend mit zu bestimmen, unter denen dann alle das Spiel der internationalen Politik spielen müssen, besteht ein wichtiges Kriterium für strukturelle (Super-)Macht bzw. globaler oder regionaler Vormacht (Hegemonie), ähnlich wie ein Dirigent ein Orchester leitet, ohne selbst zu spielen. Und ähnlich wie ein Hegemon braucht er Folgebereitschaft der (übrigen) Spieler.

tik (und, fügen wir es gleich hinzu, womöglich außengerichtetem politischen Verhalten nicht-staatlicher Akteure, so genannter transnationaler Politik). Und, den Überlegungen zu den gesellschaftskritischen Ansätzen folgend: keine vollständige Analyse von Außenpolitik ohne Berücksichtigung deren heimischer Bedingungen. Dieser Gedanke ist also im Grunde alt.

Gleichwohl musste im US-dominierten Kontext der IB-Disziplin nach der jahrelangen Dominanz (neo)realistischer Ansätze die Bedeutung des innenpolitischen Kontextes quasi neu entdeckt werden. Diese (Wieder)Entdeckung ist mit dem Namen Andrew Moravcsiks (1997) verbunden und mit seinen von ihm so genannten neo-liberalen Überlegungen. Sie fassen den Gedanken in neuer, etwas technisch-blutleerer, positiv formuliert abstrahierender Sprache und unter einer eher irritierenden Bezeichnung. „Neo-Liberalismus" ist die Kombination zweier in sich mehrdeutiger Wortbestandteile, zusammengefügt zu einer Bezeichnung, mit der sich ganz wesentlich bereits etwas völlig anderes, nämlich eine ökonomische ‚Philosophie' verbindet. Das ist, gelinde gesagt, alles nicht glücklich, andererseits in der Sprachwelt der Sozialwissenschaften (mit ihrer Überlappung zum alltäglichen Sprachgebrauch), in der es zumal weder einen ‚Begriffspapst' noch eine wissenschaftliche ‚Duden-Redaktion' gibt, durchaus nicht selten. Nicht aus Begriffshuberei heraus, sondern in didaktischer Absicht wollen wir versuchen, etwas gedanklich-begriffliche Ordnung zu stiften. Gemäß der – normativen, also Vorstellungen darüber, was sein *sollte,* entwickelnden – politischen Philosophie des Liberalismus *sollte* es so sein, dass in wohl geordneten Gesellschaften, nämlich in liberal-demokratischen, das staatliche Außenverhalten von der Gesellschaft, oder, pluralistisch formuliert, vom gleich berechtigten Ringen der gesellschaftlichen Gruppen bestimmt wird. In der technischen Sprache Moravcsiks: die staatlichen Präferenzen, was die Staaten im Außenverhalten zu erreichen versuchen, sollten von diesen gesellschaftlichen Bedingungen bestimmt werden – eben das macht sie zu liberalen Systemen (gesellschaftliches Mitreden und Mitbestimmen in Innen- und Außenpolitik). Wir hatten oben bereits angemerkt, dass das tatsächliche Ausmaß der Gleichheit bei den Mitbestimmungschancen durchaus eine empirische Frage ist. Wir hatten außerdem die empirische Vermutung geäußert, dass selbst in den am besten organisierten Gesellschaften diese Chancengleichheit nur angenähert wird. Sie selbst werden leicht der weiteren Vermutung folgen können, dass in autoritären oder gar totalitären politischen Systemen die Chancen der Mitbestimmung in der (Außen-)Politik deutlich ungleich sind: Schlimmstenfalls diktiert ein Diktator die Politik alleine. Dem allen würde Moravcsik zweifellos zustimmen. Es fragt sich dann aber, ob die Bezeichnung eines Ansatzes, der *in empirisch-erklärender Absicht* auf die heimischen Bedingungen der Präferenzbildung in der staatlichen Außenpolitik abhebt, mit einem zunächst dem *normativen* Nachdenken über Politik

Neo-Liberalismus in den IB – Erläuterung und Kritik der Bezeichnung entspringenden Attribut (liberal) glücklich ist.⁹ Zumal wenn in der Kombination mit der Vorsilbe „neo-" die Assoziation einer seit den 1980er Jahre zeitweilig dominanten politisch-ökonomischen Denkrichtung geweckt wird, die, simpel gesagt, auf weniger Staat und mehr Markt setzte. Darum geht es ja bei Moravcsik gar nicht. Zu guter (schlechter) Letzt: Auch Moravscik weiß (und sagt dies ausdrücklich), dass das gesellschaftliche Verhältnis zwischen außenpolitischen Entscheidungsträgern und Bevölkerung in verschiedenen politische Systemen je seine eigene ‚Mechanik' hat, die oft keinesfalls liberal, aber dennoch wichtig ist. In seinen sehr abstrakten Worten: außenpolitisch-staatliche Präferenzbildung erfolgt unter je spezifischen heimischen Bedingungen.

Analyse des innergesellschaftlichen Kontextes und Regionalismus: herrschaftsrelevante Entscheidungen

Ich möchte diesen von uns geteilten Gedanken etwas plastischer und näher an einer historisch-soziologischen Perspektive formulieren und dabei vor allem auf gesellschaftliche Herrschaft abheben. Wer immer außenpolitische Entscheidungen trifft, gehört zu den außenpolitischen Eliten und damit vermutlich auch zu den innenpolitisch/innergesellschaftlich Herrschenden. Indem er ‚staatliche' Präferenzen formuliert und vertritt, vertritt er auch immer sein Eigeninteresse am Erhalt eben dieser außenpolitischen Entscheidungsposition (nur wenn der Staat erhalten bleibt, bleibt die Position des für diesen Staat außenpolitisch Entscheidenden erhalten) – und zugleich sein Interesse daran, eben diese Position (auch weiterhin) zu besetzen. Einfach, aber deutlich gesagt: die Herrschenden wollen entscheiden und wollen auch künftig entscheiden können. Sie können dies freilich nicht, um Marx zu paraphrasieren, ‚aus freien Stücken', sondern im internationalen Raum unter den dort geltenden Bedingungen – und eben im Rahmen des innergesellschaftlichen Kontextes. Dieser sieht in Demokratien Mitsprache der Bevölkerung auch in der Außenpolitik vor. Aber, auch das ist wichtig, auch in Diktaturen mag der Herrscher zwar alleine entscheiden, aber zur Umsetzung braucht auch er Gefolgschaft. Nun mag man einwenden, dass dies zwar im Prinzip alles richtig sei, dass aber doch nicht jede außenpolitisch zu entscheidende Frage auch immer gleich eine ‚Herrschaftsfrage' sei. Richtig. Aber, das ist der Pointe der hier angestellten Überlegungen: *gerade die außenpolitischen Entscheidungen, um*

---

9   Hier gibt es auch ein transatlantisches Problem unterschiedlicher Konnotationen politischer/politikwissenschaftlicher Begriffe. Im US-Kontext kontrastiert „liberal" auch mit dem parteipolitischen „republican". In durchaus politischer Absicht vertreten also (neo)liberale IB-Analytiker normativ/Politik beratend eine den Grundüberlegungen der liberalen politischen Philosophie folgende politische Perspektive für die internationale Politik bzw. die US-Außenpolitik, die auf interdependente (z. B. Handels-)Verflechtung und Institutionalisierung internationaler Politik bis hin zu globaler Verrechtlichung setzt; dies im Kontrast zu älteren isolationistischen Perspektiven, gemäß denen sich die USA aus dem ‚Völkerhader' heraushalten sollten, aber insbesondere zum – durchaus unilateral interventionsfreudigen, aber wenig an Bindung der USA durch internationale Institutionen interessierten – neo-konservativen Denken (und Handeln) etwa der Bush jr.-Administration.

die es hier gehen wird: sich auf weltregionale Kooperations- oder gar Integrationsprojekte einzulassen, haben mit hoher Wahrscheinlichkeit intendierte und/ oder unintendierte Auswirkungen, die Herrschaft(spositionen) betreffen. Und ebenso gilt für inter- (und trans-)nationales weltregionales Konfliktgeschehen, dass es oft einen heimischen Hintergrund hat. Ein simples Beispiel mag dies verdeutlichen: der Entschluss, alle nationalen EU-Außenminister zugunsten eines EU-Außenministers abzuschaffen, hätte zahlreiche Folgen. Nicht zuletzt die, dass keine unabhängige nationale Entscheidungsmöglichkeit mehr bestünde. Dies würde in den Gesellschaften der EU-Mitglieder wohl nicht mehrheitlich begrüßt. Es hätte aber zugleich zur Folge, dass eine gesellschaftliche Herrschaftsposition – die der nationalen Außenminister – abgeschafft (verlagert) worden wäre. Ein zweites, weniger fiktives Beispiel: die Entscheidung, sich einer weltregional-überstaatlichen menschenrechtlichen Rechtsprechung auszusetzen, bedeutet Herrschaftsaufgabe bzw. kontrollierte(re) Herrschaftsausübung, denn man kann, selbst als Inhaber der national-souveränen Entscheidungsgewalt, dann überstimmt werden. Und ein drittes illustrierendes Beispiel: die Entscheidung, sich weltregional auf das ökonomische Spiel des liberalisierten Kapitalismus einzulassen, kann zur Folge haben, dass eine neue Elitenfraktion mit eigener ökonomischer Machtbasis entsteht, die der Profiteure des liberalisierten Austauschs. Funktioniert dieser lehrbuchhaft und steigert tatsächlich Wohlstand zumindest in einer breite(re)n Mittelschicht, so ändert auch dies womöglich die Mechanik der innergesellschaftlichen Kräfteverhältnisse (im Hinblick auf die Entwicklung Chinas im globalen ökonomischen Kontext hoffen dies die Einen und fürchten es die Anderen). Zumindest für die Klasse der hier zu behandelnden außenpolitischen Entscheidungen sollte damit die vorgeschlagene und im Weiteren verfolgte herrschaftssoziologische Perspektive auf weltregionale Integration/Kooperation und Konfliktmuster klar geworden sein.

Übersicht 1.2 Unterschiedliche Perspektiven verschiedener Groß-Theorien/ Paradigmen/Forschungsprogramme auf Projekte weltregionaler internationaler Kooperation und Integration

Politische Projekte weltregionaler internationaler Kooperation bis hin zu supranationaler Integration werden aus Sicht der verschiedenen Paradigmen/Forschungsprogramme unterschiedlich gesehen:

REALISMUS
Für den Realismus sind solche Projekte weitgehend ein Rätsel bzw. ein für unwahrscheinlich gehaltenes Phänomen. Allianzbildung als Reaktion auf Bedrohung ist dem Realismus verständlich: als kollektives balancing gegen den Feind;

eventuell unter Anschluss an einen starken Staat (bandwagoning). Sonstige international institutionalisierte Kooperation (etwa im Rahmen von internationalen Regimen) erscheint dem Realismus wegen des strukturell – durch die Anarchie – bedingten Misstrauens zwischen Staaten als unwahrscheinlich. Allenfalls eine hegemoniale Vormacht kann Kooperation bewerkstelligen (Theorie der hegemonialen Stabilität). Supranationale Integration, die – freiwillige, im Unterschied zu durch Stärkere auferlegte – Einordnung formal selbständiger Staaten in ein überstaatliches System und die Unterordnung unter eine überstaatliche, verbindliche Entscheidungsgewalt (z. B. Rechtsprechung) erscheint dem Realismus im Grunde als unmöglich, sie widerspricht seinen grundlegenden Annahmen

IDEALISMUS/INSTITUTIONALISMUS
Aus idealistischer Sicht war zwischenstaatliche Kooperation schon lange als gangbarer Ausweg zur Überwindung von Anarchie und ihren gewaltträchtigen Konsequenzen propagiert worden, global wie weltregional. Die klassischen Integrationstheorien taten dies mittels des Zielbildes eines Bundesstaates (Föderalisten) bzw. mit dem Argument der (funktionalen) Notwendigkeit bzw. der Möglichkeit internationaler Kooperation insbesondere in technischen Bereichen (Funktionalisten unter den Integrationstheoretikern). Der Institutionalismus hebt auf die Leistungen inter- und auch supranationaler Institutionen für die beteiligten Staaten/Gesellschaften ab (Koordination, gemeinsame Problembearbeitung, Bewältigung von bzw. Stiftung weiterer Interdependenz) und auf den daraus resultierenden Einstellungswandel (weniger zwischenstaatliche Gewaltneigung, output-Loyalität gegenüber diesen Institutionen). Letzteres betont unter den klassischen Integrationstheorien auch der Neo-Funktionalismus, der zudem den sich quasi-sachlogisch ausbreitenden Zwang zu (weiterer) Kooperation betont („spill-over-Effekt"). Zwischenstaatliches Misstrauen gilt als überwindbar, die (nur gemeinsam mögliche) Bewältigung gemeinsamer (Interdependenz-)Probleme gibt den Anlass zu oder ‚erzwingt' gar die zwischenstaatliche Zusammenarbeit – bis hin zur supranationalen Integration

GESELLSCHAFTSKRITISCHEN ANSATZES
Dieser Ansatz betont die politische Natur weltregionaler Kooperations- und Integrationsprojekte. Wie jede Politik sind sie Ausdruck (trans-)nationaler gesellschaftlicher Kräfteverhältnisse. Werden diese als Klassenverhältnisse interpretiert, wird etwa auf die strukturelle Ungleichheit (des Kapitalismus) fortschreibende Wirkung weltregionaler Marktintegration hingewiesen, deren Nutzen gesellschaftlich ungleich verteilt ist (z. B. zwischen ‚Modernisierungsgewinnern' und -‚verlierern' bzw. zwischen Kapital (dem grenzüberschreitende Mobilität eröffnet wird) und Arbeit (für die sich die ‚industrielle Reservearmee' der grenzüberschreitend billigen Lohnarbeit erweitert).

KONSTRUKTIVISMUS
Der Konstruktivismus thematisiert die Bedeutung gesellschaftlich (und/oder unter Eliten) verbreiteter Einstellungen (etwa historische, z. B. Kriegs-Erfahrungen)

> und von Selbstwahrnehmungen als einem transnational homogen gesehenen Kulturraum zugehörig (etwa: Europa = christliches Abendland) sowie die Rückwirkung weltregional institutionalisierter Kooperation/Integration auf diese Faktoren (transnationale Identität; kollektives Wir-Gefühl, etwa: „Verteidigung des europäischen Gesellschaftsmodels" durch EU).
>
> **NEOLIBERALISMUS/ANSATZ DER GESELLSCHAFTLICHEN BEDINGUNGEN**
> Der NL betont die Genese der von Staaten in internationalen Verhandlungen zu (bzw. im Rahmen von) weltregionaler Kooperation/Integration vertretenen Präferenzen als Resultante des als mehr oder minder pluralistisch gesehenen Ringens gesellschaftlicher Interessengruppen. International getroffene Abreden müssen im heimischen ‚win set' liegen, der Logik der Zwei-Ebenen-Spiele folgend zuhause ‚verkaufbar' sein und Akzeptanz und Unterstützung finden. Der AgB sieht dies ähnlich, sieht jedoch Pluralismus der Kräfteverhältnisse nicht unbedingt gegeben und diese selbst auch als nicht nur national, sondern auch transnational (etwa: pro-marktintegratives grenzüberschreitendes Engagement von Vertretern des transnationalen Kapitals – im Unterschied etwa zum nationalen Kapital). Gesellschaftlich-politische Eliten befinden sich in einer Scharnierfunktion zwischen staatlicher Innen- und Außenwelt und versuchen dabei, ihre Herrschaftsposition zu wahren.

Tatsächlich erscheint sie mir auch weit jenseits dieser Klasse von Entscheidungen von Belang, doch wäre dies ein anderes Thema.[10]

Ein weiteres, historisches Beispiel aus den deutschen Einigungsprozessen des 19. Jahrhunderts mag diese herrschaftssoziologische Perspektive auf regionale Integrationsprozesse verdeutlichen (das Folgende nach Rector 2009, 117 ff.; auch Ziblatt 2006). 39 deutsche Staaten, darunter Preußen und Österreich als die großen, um Vormacht ringenden, waren das Ergebnis des Wiener Kongresses von 1815, zusammengeschlossen im Defensivbündnis des Deutschen Bundes. Nach Preußens Sieg gegen Österreich im Krieg von 1866 versammelte es die kleineren deutschen Staaten im so genannten Norddeutschen Bund, dessen zweitgrößtes Mitglied Sachsen war. Aus internationalen Macht-

ein historisches Beispiel: herrschaftssoziologische Perspektive auf die deutsche Einigung 1871

---

10 Eine Andeutung sei erlaubt: die Politik der 1980er Jahre des ökonomischen Neoliberalismus hatte in ihrer Wegverlagerung von Entscheidungskompetenz von öffentlich-staatlichen hin zu marktförmig-privaten Entscheidungsforen und -formen dem deklarierten Anspruch nach vor allem die Steigerung von Effizienz im Auge. Sie hatte faktisch jedoch auch herrschaftssoziologische Konsequenzen, die die gesellschaftlichen Mitbestimmungsmöglichkeiten neu verteilten. Dies erscheint zunächst als rein innergesellschaftliche Neuordnung der Herrschaftsverhältnisse im material-inhaltlichen Sinne. Jedoch bedeutete es zum einen auch Transnationalisierung, insofern grenzüberschreitende Marktkräfte gestärkt wurden, und zum anderen, im Rahmen etwa der EU, auch supranationale Kompetenzverlagerung (etwa zur zu dieser Zeit stark neoliberal geprägten, deregulierungs-freundlichen und subventions-skeptischen Kommission); vgl. etwa Preece 2009.

gründen, vor allem im Verhältnis zu Frankreich, strebte Preußen nach engerer Bindung der deutschen Staaten an sich. Freilich hätten die kleineren Staaten, insbesondere Sachsen, das 1866 aufseiten Österreichs gekämpft hatte, dadurch an Optionen (Handlungsspielraum) verloren. Soweit ganz knapp die zwischenstaatlichen Machterwägungen, die zunächst gut realistisch erklärbar scheinen. Die Frage ist nun, warum Bismarck die bundesstaatliche Option wählte, die 1871 zur Gründung des Deutschen Reiches führte, während doch sowohl ein Verteidigungsbündnis als auch Eroberung (etwa Sachsens) im Prinzip möglich gewesen wären. Letzteres bevorzugte der preußische Generalstab. Rector meint auch, dass nicht einfach vom Ergebnis her denkend die Reichseinigung als Bismarcks Ziel von Anfang an betrachtet werden sollte. Preußen nutze sowohl militärische Drohungen als auch demonstrierte Bereitschaft zur Selbstbindung in einer Föderation, die den kleinen Staaten Mitspracherechte einräumte, um diese enger an sich zu binden. Die kleineren Staaten hätten eine Zwangsvereinigung nicht verhindern können, hatten aber genug Obstruktionsmöglichkeiten, um Preußen im Prozess des friedlichen Zusammenschlusses zu veranlassen, auf sie zuzugehen. Insbesondere Sachsen, und damit kommen wir aus seiner Perspektive zur internen Herrschaftsdimension des Vorgangs, durfte sowohl seine eigene militärische Führung als auch sein Königshaus behalten. Bayern, um ein weiteres Beispiel zu geben, wurde das Fortbestehen einer eigenen diplomatischen Vertretung im Vatikan zugestanden. Aber auch Bismarck dachte nicht nur in Kategorien zwischenstaatlicher Macht, sondern zugleich in denen innergesellschaftlicher Herrschaft: „Bismarck hoped that using a parliament (den späteren Bundesrat des Deutschen Reiches, ML) would cut out the traditional aristocratic rulers of the states and consolidate his control." (Rector 2009, 123) Der Einigungsvorgang, durchaus heutigen Prozessen weltregionaler Integration analog, wird also als komplexes Zusammenspiel internationaler Macht- und interner Herrschaftserwägungen verständlich – wie es die hier vorgeschlagene herrschaftssoziologische Perspektive hervorhebt.

1.3 Einige weitere Klärungen

politikwissenschaftliche, nicht ökonomische Theorie

Es sollte damit auch deutlich geworden sein, was eine *politikwissenschaftliche* von einer ‚rein ökonomischen' Theoriebildung über weltregionale Integration unterscheidet. Um es deutlich zu sagen: nicht etwa, dass Erstere ‚gut' und Letztere ‚schlecht' wäre. Ökonomische Theorie im engeren Sinne verfolgt einen anderen Zweck – und ist tatsächlich enger, was ihre Explananda und ihre Explanantia anbelangt, also hinsichtlich dessen, was sie erklären will und womit. Ökonomische Theorie im engeren Sinne verfolgt das Ziel, aus der als rationaleigennützig gedachten Handlungslogik der Akteure heraus ihr primär ökonomisches Verhalten und dessen systemische Auswirkung zu erklären. Gewinnstreben unter Konkurrenzbedingungen führt zu effizienterer Produktion und damit zur Verbesserung der Versorgungslage. Erweiterung von Märkten erlaubt Erhöhung von Stückzahlen und damit Effizienzgewinne (economies of scale); auch fördert sie transnationale Konkurrenz und erlaubt transnationale Arbeitsteilung mit der Folge von Effizienzgewinnen durch Spezialisierung. Akteure, die dieser Logik folgen (wollen) brauchen allenfalls noch den institutionellen Rahmen, der genau solches grenzüberschreitendes Agieren ermöglicht und erlaubt, also etwa den Abbau von (Binnen-)Zollschranken und einen gemeinsamen Außenzoll. Vielleicht auch die Grenzen überschreitende (und sie damit unwichtiger machende) Mobilität aller Produktionsfaktoren (Investitions- bzw. Kapitalverkehrsfreiheit; Niederlassungsfreiheit). Und, wie sich vielleicht herausstellt (spill-over-Effekt!), Vereinheitlichung weiterer Bereiche der Wirtschaftspolitik (gemeinsam Währung, allgemein Wirtschaftspolitik). Man kann dies als eine logische Stufenabfolge von (regionaler) Wirtschaftsintegration sehen, die man als Freihandelszone, Zollunion, gemeinsamer Markt und Währungs- und Wirtschaftsunion bezeichnet. Die EU hat diese Entwicklung weitgehend durchgemacht. Freilich deutet der Hinweis auf die Notwendigkeit der Schaffung bzw. Revision institutioneller Bedingungen bereits darauf hin, dass dies eben kein rein ökonomischer Vorgang im engeren Sinne ist. Auch Ökonomen, vor allem so genannte Anhänger des Neo-Institutionalismus in ihren Reihen, haben das gesehen und sich, konsequenter Weise, der Erklärung auch solcher Institutionen- bzw. Institutionalisierungsfragen zugewandt, dabei jedoch ihr Erklärungsmodell mittels der rational-eigennützigen Handlungslogik weitgehend beibehalten. Firmen streben nach Gewinn. Und Politiker? Nach Stimmen (in Demokratien), oder auch Posten (mit Ausstattung, sei es in Wahlämtern, sei es in – auch überstaatlichen – Bürokratien). Sekundär streben, wir sprachen es bereits an, dann Produzenten auch nach ‚Renten' (rent seeking), also solchen Gewinnchancen, die sich eben nur aufgrund einer bestimmten Ausgestaltung der (Wirtschafts-)Politik realisieren lassen (z. B. aufgrund von Zollschutz oder Subventionen). Das führt die Ökonomie wieder etwas an ein breiter sozialwissenschaftliches (Selbst-)Verständnis heran, insofern Aspekte politisch-ökonomischer Vermachtung mit bedacht werden. Im Vergleich zu den oben angesprochenen politikwissenschaftlichen Theorien wird aber noch immer ein engerer Erklärungsfaktoren-Kreis berücksichtigt, etwa nicht Wahrnehmungen, Kultur, oder auch gesellschaftskritische Herrschaftsaspekte. Und auf Seiten des Explanandums geht es Ökonomen vorwiegend um regionale Wirtschafts-(Markt-)Integration, der Politikwissenschaft aber auch um Fragen regionaler Sicherheit oder regionalen Menschenrechtsschutzes. Es ist also sinnvoll, in diesem Buch spezifisch politikwissenschaftlich-theoretisch angeleitete Analyse zu verfolgen, was, es sei wiederholt, keine prinzipielle Abwertung ökonomischer Theoriebildung bedeutet, schon gar nicht neo-institutionalistischer, die oft hohes interdisziplinäres Potenzial aufweist. Zugleich wurde mit der herrschaftssoziologisch fundierten Analyse des heimisch-innergesellschaftlichen Kontextes eine besonders akzentuierte politikwissenschaftliche Analyseperspektive vorgeschlagen, die spezifisch politische Faktoren bei der Analyse der Weltregionen im globalen Zeitalter in den Vordergrund rückt. Auch deshalb wurde bereits mehrfach betont, dass es sich bei regionaler Integration um *politische Projekte* handelt.

der globale Kontext

Damit bleibt abschließend etwas zu der Formulierung „im globalen Zeitalter", also zum *globalen* Kontext zu sagen. Erstere Formulierung wurde bewusst gewählt, weil sie alltäglich-vage ist. Globaler Kontext lässt sich analytisch-fachlich schärfer fassen, doch könnte eine ausführliche Erörterung etwa dessen, was fachlich sinnvoller Weise unter „Globalisierung" verstanden werden kann, leicht Bibliotheken füllen (sie tut es tatsächlich[11]). Die Ausführungen hier sind bewusst so kurz wie möglich gehalten. Zunächst ist der globale, ebenso wie der heimische, Kontext als gesellschaftlicher zu verstehen. Er wird nur aufgrund menschlicher, neuerdings vermehrt transnational-grenzuberschreitender Aktivität erzeugt und aufrechterhalten (gut konstruktivistisch, wenn man so will). Dazu gehört das Handeln staatlicher Rollenträger (Außenpolitik) ebenso wie grenzüberschreitendes Handeln Privater, seien es Firmen (Handel, Investitionen; auch Lobbying) oder Nicht-Regierungsorganisationen (das ganze Spektrum der globalen Zivilgesellschaft, von Menschenrechtsaktivisten bis zu islamischen – oder protestantischen – Fundamentalisten). Globalisierung (ein – anhaltender – Prozess) ist also mehrdimensional, nicht nur ökonomisch zu verstehen. Im Sinne eines Fünfecks der Verdichtung sozialer Interaktion kann man mindestens eine politische, kulturelle, ökonomische, technische und ökologische Dimension von Globalisierung unterscheiden (vgl. List 2006, Kap. 15). Globalisierung führt in all diesen Dimensionen zunehmend zum Zustand der Globalität, zur *weltweiten* Verdichtung sozialer Interaktion (nur darauf sollte streng genommen der Begriff angewendet werden; Bedingungen innerhalb der EU mit denen auf globaler Ebene zu verwechseln ist ein Irrtum, den nicht zuletzt ein vergleichender Blick auf Weltregionen zu korrigieren vermag). Daraus ergibt sich (funktionalistisch betrachtet) die Notwendigkeit, wie neuerdings oft gesagt wird, von Global Governance, der

---

11 Stellvertretend sei als umfassendes Lehrbuch verwiesen auf Held u. a. 1999 (zu ergänzen durch den Reader von Held/McGrew2000), auf die Handbücher zum Thema von Turner 2010 und Niederberger/Schink 2011 sowie zur knappen Einführung auf Waters 2001 und Scherrer/Kunze 2011.

kooperativen Bearbeitung als gemeinsam erkannter Problemlagen im Rahmen globaler Institutionen. Aus dem so kurz umrissenen globalen Kontext ergeben sich (mindestens) drei Weiterungen für unser Thema weltregionaler Integration, von denen zwei im Folgenden auch mit behandelt werden sollen:

Ein erster Gedanke ist der, dass gerade angesichts zunehmender Globalisierung regionale Integration einen Auftrieb erfahren könnte im Sinne der Erhöhung der Chancen auf zumindest regionale Selbstbehauptung, sei es in globaler ökonomischer Konkurrenz, sei es kulturell gesehen (der Selbstbehauptungs-Aspekt); wir werden sehen, dass derartige ‚von unten', aus den Regionen selbst kommende, ‚bottom up'-Überlegungen eine Rolle spielen.

<small>drei Weiterungen für das Thema weltregionaler Integration</small>

<small>regionale Selbstbehauptung</small>

Stärker aus institutionalistischer Global Governance-Sicht kommt der Gedanke auf, dass Weltregionen eine Art ‚Zwischendecke' im globalen Steuerungsgefüge darstellen (könnten); das ist zu funktionalistisch als Erklärung, denn es gibt keine Instanz, die regionale Integrationsprojekte ‚von oben einsetzt'; eine Ausnahme bietet der sicherheitspolitische Bereich, in dem Art. 53 der UNO-Charta ausdrücklich die Beauftragung von Regionalorganisationen durch den UNO-Sicherheitsrat mit der Wahrnehmung regionaler Sicherungsaufgaben vorsieht – ein spannendes Thema, das wir jedoch nicht verfolgen werden; als ‚von unten' (bottom up) eingesetzte Steuerungsebene verstanden konvergiert der Gedanke weitgehend mit dem ersten soeben angesprochenen.

<small>Beauftragung ‚von oben'</small>

Schließlich gibt es neben der bottom up-Selbstbehauptungsperspektive und der top-down-Global Governance-Zwischendecken-Perspektive eine dritte mögliche Perspektive, die des Interregionalismus, der die Beziehungen und Wechselwirkungen zwischen einzelnen weltregionalen Integrationsprojekten ins Auge nimmt (etwa durch Diffusion einschlägiger Ideen, die einen globalen Erfahrungshintergrund regionaler Integration abgeben, oder aktiv betriebener Beziehungen zwischen weltregionalen Integrationsprojekten); wir werden dies vor allem im Hinblick auf die EU und ihre interregionalen Beziehungen und Wirkungen tun, stellt die EU vielfach doch einen als modellhaft angesehenen Integrationsfall dar, neben anderen europäischen Erfahrungen wie etwa der Konferenz (heute Organisation) für Sicherheit und Zusammenarbeit in Europa (K/OSZE), die etwa zur Frage Anlass gegeben hat, ob es eine KSZE für den Nahen Osten geben sollte.

<small>interregionale Beziehungen</small>

1.4 Zusammenfassung und Vorausschau

Zusammenfassung: Gegenstand und Ansatz des Buches

Zusammenfassend können wir nun den Gegenstand und Ansatz dieses Buches in theoretischer Perspektive resümierten: es soll

- in die politikwissenschaftliche Analyse weltregionaler Konflikt- und Kooperations- (bis hin zu Integrations-)Muster einführen;
- dies erfolgt in stetem und bewusstem Bezug zu spezifisch politikwissenschaftlicher (im Unterschied zu rein ökonomischer) Theorie, insbesondere aus dem Bereich der Internationalen Beziehungen;
- dabei wird auf den globalen und den innergesellschaftlichen Kontext solcher politischen Prozesse geachtet,
- wozu insbesondere hinsichtlich des Letzteren eine herrschaftssoziologische Perspektive eingenommen wird.

Etappen der Reise

Bevor wir uns auf diese lange Reise machen, seien deren einzelne Etappen kurz skizziert:

Unikum EUropa

Vom vermutlich relativ Vertrautesten ausgehend beschäftigt uns zunächst in Kapitel 2 die Weltregion Europa. Auf der Basis seit der frühen Neuzeit andauernder zwischenstaatlicher Kriegsführung entstanden hier realistisches Denken (als politikwissenschaftlich-fachliches) wie idealistische Friedenspläne, die jedoch erst nach 1945 in Gestalt der supranationalen Europäischen Union sowie des intergouvernementalen Europarats und der OSZE zu einer Institutionalisierung hoher Dichte und tiefer Bindung an Demokratie und Rechtstaatlichkeit umgesetzt werden konnten. Die Bedingungen hierfür sind welthistorisch einmalig und kontextspezifisch, haben mit (aufgeklärten) Interessen politisch und ökonomisch Herrschender zu tun und auch mit einer emotional pro-europäischen Einstellung. Gerade deshalb werden bei der Förderung von Demokratie und Rechtsstaatlichkeit schon im nahen Umfeld der EU und unter den Mitgliedern von Europarat und OSZE Grenzen der Wirksamkeit deutlich. Ebenso wenig lässt sich die die Bereitschaft zu supranationaler Integration erklärende Faktorenkonstellation außerhalb Europas finden.

Krisenregion Naher und Mittlerer Osten

Der erste Schritt über Europa hinaus führt uns in Kapitel 3 in die angrenzende MENA-Region des Nahen und Mittleren Ostens sowie des nördlichen Afrika. Sie wird in drei Problem-Komplexe zerlegt: den konfliktanalytisch als schwer, aber unter komplexen Bedingungen doch friedlich(er) behandelbaren Israel/Palästina-Konflikt, der im Kern als Konflikt um Herrschaft interpretiert wird; die gerade jüngst wieder die Krisenhaftigkeit der Gesamtregion betreffende und belegende Golf-Region, in der institutionalisierte Kooperation (in Gestalt des Golf-Kooperationsrates) noch immer schwach, das inner- wie zwischenstaatliche, noch dazu miteinander durch Herrschaftsstrategien

Zusammenfassung und Vorausschau

verbundene Gewaltpotenzial jedoch immer noch hoch ist; und die Region rund um das Mittelmeer, unter dessen südlichen Anrainern der sog. arabische Frühling vereinzelt Reformen, z. T. aber auch Chaos und Reetablierung von Militärherrschaft gebracht hat, während die EU trotz der propagierten institutionellen Nord-Süd-Klammer der Mittelmeer-Union weiterhin in eher unaufgeklärten Eigeninteressen befangen bleibt, die mit wirtschaftlichem Eigennutzen, (vermeintlicher) Stabilität und der Abwehr von Flüchtlingen zu tun haben.

Nachdem eingangs auf die zyklische Natur der Schwarzmalerei und des Optimismus hinsichtlich der Entwicklung Afrikas südlich der Sahara hingewiesen wird, befasst sich das 4. Kapitel mit dieser Region. Ökonomische, wenn auch ungleiche, wie politische Entwicklung (hin zu Demokratie) ist hier durchaus zu verzeichnen. Darüber hinaus erscheint, dies zeigt der Blick auf das Konfliktgeschehen der Region, diese zwar nicht als Friedensregion per se, aber doch als eine, in der zwischenstaatlicher Krieg selten ist. Vielmehr sind es innerstaatliche gewaltsam ausgetragene Konflikte, die z. T. über Staatsgrenzen hinweg Auswirkungen haben bzw. Einmischung erfahren, die das Konfliktgeschehen der Region bestimmen. Der Zusammenhang mit den internen Herrschaftsstrukturen wird herausgestellt. Die Kooperationsstrukturen der Makroregion werden in Gestalt vor allem der Afrikanischen Union und ihrer Sicherheitsarchitektur vorgestellt, gefolgt von einem Blick auf die vier subsaharischen Teilregionen Afrikas. Hier bestätigen sich die Konfliktmuster, und die Rolle (sub-)regionaler Wirtschaftsgemeinschaften auch im Sicherheitsbereich wird erörtert. Neben den internen Bedingungen für Konflikte und Kooperation im subsaharischen Afrika wird abschließend auf die nach wie vor hohe Außenprägung der Region hingewiesen.

nicht mehr nur ‚schwarzer' Kontinent Afrika

Ostasien (wegen des wirtschaftlichen Aufstiegs zunächst Japans, dann Süd-Koreas, schließlich Chinas) wie Südost-Asien, zusammengeschlossen in der ASEAN (weil, so wird argumentiert, sich diese geschickt ins Gespräch gebracht hat) gelten vielfach als ‚Aufsteiger-Regionen' bzw. Musterfall des südlichen Regionalismus. Und in der Tat: nach dem gewaltsamen Konfliktaustrag in der ersten Hälfte des 20. Jahrhunderts konnte, abgesehen vom Korea- und Vietnam-Krieg, der zwischenstaatliche Friede in der Region bewahrt werden, auch wenn er im ostasiatischen Dreieck nicht zuletzt aufgrund unbewältigter Vergangenheit prekär und konfliktträchtig geblieben ist. Im ASEAN-Kreis keimt zwar an einigen Stellen Demokratie, insgesamt aber bleibt die ökonomisch motivierte Kooperation im politisch heterogenen Staatenkreis, auch aufgrund kolonialer Vorerfahrung, an Wahrung der Souveränität (und ‚des Gesichts', was oft als ASEAN Way präsentiert wird) orientiert. Neben der von den Eliten der Region weitgehend geteilten Orientierung an nationaler ökonomischer Entwicklung tragen ASEAN und seine angelagerten ‚Gesprächskrei-

Ex oriente lux? – Ost- und Südost-Asien als Erfolgsregionen

se' dazu bei, dass die internationalen Beziehungen (trotz Konfliktpotentials wie konkurrierender Gebietsansprüche im südchinesischen Meer) friedlich geblieben sind. Im abschließenden Zwischenfazit des 5. Kapitels wird unter der Überschrift „Verbindungen" Zweierlei behandelt: Zum einen die realen, jedoch begrenzt effektiven inter-regionalen Beziehungen, am Beispiel EU-ASEAN; sie kranken unter andrem daran, dass die EU nirgends auf der Welt zu ihr selbst analoge supranationale Verbünde antrifft. Zum andern wird – als Verbindung zwischen den Kapiteln dieses Buches – durch einen inter-regionalen Vergleich zwischen der MENA-Region und Ostasien die Leistungsfähigkeit eines historisch-soziologischen Ansatzes demonstriert, der die deutlich divergierenden regionalen Konfliktmuster: weitgehender internationaler Friede im Fernen, permanenter, auch gewaltsam ausgetragener zwischenstaatlicher Konflikt im Nahen Osten, auf gehaltvolle Weise und unter Rückgriff auf die Herrschaftsstrategien der regionalen Eliten zu erklären vermag.

Südamerika - Kooperation im Schatten des großen Bruders

Im sechsten Kapitel geht es um zwischenstaatliche Konflikte und Kooperation primär Südamerikas (im Unterschied zu Lateinamerikas, was Zentralamerika und die Karibik mit einschlösse). Gleichwohl wird auf zwei (geographisch) weitere Phänomene mit eingegangen: die US-mexikanische Grenzregion im Rahmen der Nordamerikanischen Freihandelszone (NAFTA) einerseits als eine den EU-Außengrenzen vergleichbare Schnittstelle zwischen ‚nördlichen' und ‚südlichen' Weltregionen zum einen; den hemisphärischen, Nord- und südliches Amerika verknüpfenden Beziehungen und Organisationen, insbesondere in Gestalt der Organisation der Amerikanischen Staaten (OAS) andererseits. Der Grund: Ohne diese größeren, gesamt-amerikanischen Zusammenhänge sind die Konflikt- und vor allem die Kooperationsmuster in Südamerika kaum zu verstehen, zielen doch einige der Letzteren explizit auf die Stärkung südlicher Unabhängigkeit gegenüber dem ‚großen Bruder' im Norden. Die (im Lichte der Befunde zu Afrika) vielleicht schon nicht mehr ganz so überraschende relative zwischenstaatliche Friedlichkeit Südamerikas (wiederum: nicht zu verwechseln mit der Abwesenheit von Gewalt in der Region generell) lässt sich (einander nicht ausschließend) auf unterschiedliche Weise erklären. Die internationale Kooperation der Region ist insgesamt von begrenzter Effektivität, aufgrund interner Divergenzen (zwischen Brasilien und Argentinien etwa im Falle des Mercosur) und intra-regionaler Rivalität um die Führungsrolle (etwa zwischen Venezuela und Brasilien). Auch sind ideologisch unterschiedliche Stoßrichtungen zu verzeichnen zwischen ‚postneoliberal' gemeinten Einrichtungen wie ALBA und UNASUR einerseits, durchaus wirtschaftsliberal-weltmarktintegrativen Initiativen wie der Pazifischen Allianz andererseits. Die Region verbleibt also weiterhin in einer Lage, die der mexikanische Präsident Porfirio Diaz als „so far from God, so close to the USA" charakterisiert hat.

Ein abschließendes kurzes Kapitel wird aus den vorausgegangenen Kapiteln theoretische Schlussfolgerungen ziehen.

Und damit ab nach Europa!

Literatur

Benz, Arthur 2009: Politik in Mehrebenensystemen, Wiesbaden.
Grimmel, Andreas/Jakobeit, Cord (Hrsg.) 2009: Politische Theorien der Europäischen Integration. Ein Text- und Lehrbuch, Wiesbaden.
Held, David/McGrew, Anthony (Hrsg.) 2000: The Global Transformations Reader, Oxford.
Held, David u. a. 1999: Global Transformations, Oxford.
Huntington, Samuel P. 1996: The Clash of Civilizations and the Remaking of World Order, New York.
List, Martin 2006: Internationale Politik studieren. Eine Einführung, Wiesbaden.
Moravcsik, Andrew 1997: Taking Preferences Seriously: A Liberal Theory of International Politics, in: International Organizations 51, 4, 513–553 (auch online unter: https://www.princeton.edu/~amoravcs/library/preferences.pdf).
Morgenthau, Hans J. 1948/2006: Politics Among Nations. The Struggle for Power and Peace, 7th edition, Boston u. a.
Niederberger, Andreas/Schink, Philipp (Hrsg.) 2011: Globalisierung. Ein interdisziplinäres Handbuch, Stuttgart.
Preece, Daniel V. 2009: Dismantling Social Europe. The political economy of social policy in the European Union, Boulder, Col.
Putnam, Robert D. 1988: Diplomacy and Domestic Politics. The logic of two-level games, in: International Organization 42, 427–460 (auch als Anhang in: Peter B. Evans/Harold K. Jacobson/Robert D. Putnam ([Hrsg.]: Double-Edged Diplomacy. International bargaining and domestic politics, Berkeley/Los Angeles/London 1993, 431–468).
Rector, Chad 2009: Federations. The Political Dynamics of Cooperation, Ithaca.
Scharpf, Fritz W. 1985: Die Politikverflechtungs-Falle: Europäische Integration und deutscher Föderalismus im Vergleich, in: Politische Vierteljahresschrift 26, 4, 323–356.
Scherrer, Christoph/Kunze, Caren 2011: Globalisierung, Göttingen.
Schlozman, Kay Lehman/Verba, Sidney/Brady, Henry E. 2012: The Unheavenly Chorus. Unequal Political Voice and the Broken Promise of American Democracy, Princeton/Oxford.
Turner, Bryan S. (Hrsg.) 2010: The Routledge International Handbook of Globalization Studies, Abingdon/New York.
Waltz, Kenneth N. 1979/2000: Theory of International Politics, Long Grove.

Waters, Malcolm 2001: Globalization, 2. Aufl., London/New York.
Wendt, Alexander 1999: Social Theory of International Politics, Cambridge.
Ziblatt, Daniel 2006: Structuring the State. The Formation of Italy and Germany and the Puzzle of Federalism, Princeton.

Europa   2

Europa ist gewissermaßen das Spielfeld, auf dem sich sowohl zwischenstaatliche Integration als auch das Nachdenken darüber entwickelt haben. Beides birgt eine negative wie eine positive Botschaft. Was die reale Entwicklung anbelangt, so war das Niveau des gewaltsamen zwischenstaatlichen Konfliktaustrags, an Kriegen, im neuzeitlichen Europa weltregional vergleichend betrachtet besonders hoch; dafür hat Europa heute die größte Dichte an weltregional-zwischenstaatlich institutionalisierter Kooperation und Integration (vgl. Übersicht 2.1 und 2.2). Auch gedanklich reicht das Nachdenken über Europa-Projekte zur Befriedung der zwischenstaatlichen Beziehungen in der Region historisch weit zurück und hat sich in seiner fachlich-politikwissenschaftlichen Gestalt, den klassischen Integrationstheorien (s. Kap.1), ganz wesentlichen am Beispiel der europäischen Integration entwickelt – doch dem steht ein Eurozentrismus in eben diesem Denken gegenüber, das dazu neigt, die europäischen integrativen Errungenschaften unkritisch auf andere Regionen übertragen zu wollen, politisch praktisch wie in theoretisch-erklärender Absicht. Es ist ein zentrales Anliegen des vorliegenden Buches, durch weltregional-differenzierte Betrachtung insofern vorsichtiger vorzugehen. Auch hier werden verallgemeinerbare Aussagen über die Bedingungen zwischenstaatlicher Integration angestrebt, aber gerade das erfordert, die jeweiligen historisch-gesellschaftlichen Kontextbedingungen zu berücksichtigen.

Integrations-Vorreiter Europa: positive und negative Aspekte

Übersicht 2.1 Zentrale europäische Institutionen – Mitgliedschaft

Europäische Union
28 EU-Mitgliedstaaten (Beitrittsjahr):
Ursprüngliche 6 Gründungsmitglieder (1951/1957): EGKS/EWG-6
Belgien, (BR) Deutschland, Frankreich, Italien, Luxemburg, Niederlande

Erweiterung 1973 (+3): EG 9
Dänemark, Großbritannien, Irland

Erweiterung 1981 (+1): EG-10
Griechenland

Erweiterung 1986 (+2): EG-12
Portugal, Spanien

Erweiterung 1995 (+3): EU-15
Finnland, Österreich, Schweden

Erweiterung ('Osterweiterung') 2004 (+10): EU-25
Estland, Lettland, Litauen, Malta, Polen, Slowakei, Slowenien, Tschechien, Ungarn, Zypern

Erweiterung 2007 (+2): EU-27
Bulgarien, Rumänien

Erweiterung 2008 (+1): EU-28
Kroatien

Europarat
47 Mitgliedstaaten (alle EU-Mitglieder und insbesondere auch Russland)

OSZE
56 Teilnehmerstaaten (alle EU-Mitglieder, u. a. auch Russland, Kanada und USA)

Übersicht 2.2 Zentrale europäische Institutionen – Hauptaufgaben und -organe

Europäische Union
http://europa.eu/index_de.htm

Ziele: eine immer engere Union (man beachte die dynamisch, aber unbestimmte Formulierung); zuvor ein Binnenmarkt (mit vier Grundfreiheiten für Waren, Kapital, Dienstleistungen und Niederlassung) und zunehmend vereinheitlichter Regulation (Produktstandards etc.); Koordination in weiteren Politikbereichen

(Wirtschafts- und Beschäftigungspolitik); überwiegend normsetzende/regulative Politik durch Verordnungen und Richtlinien nach innen; nach außen Gemeinsame Außen- und Sicherheitspolitik

Hauptorgane:
Europäischer Rat (der Staats- und Regierungschefs für Leitentscheidungen)
(Minister-)Rat (der Fachminister als Hauptgesetzgeber, heute meist in Kooperation mit dem EP)

Kommission (mit Initiativmonopol für Gesetzgebung sowie als Exekutive für Einzelentscheidungen [etwa Fusionskontrolle])

Europäisches Parlament (seit 1979 direkt gewählt – einzigartig –; beschränkte, aber sich ausdehnende Haushalts- und gesetzgeberische Kompetenz (faktisches Veto-Recht in den meisten Fällen)

Europäischer Gerichtshof (höchste Entscheidungsinstanz zur Auslegung des Gemeinschaftsrechts; mit nationaler Rechtsprechung verzahnt über Vorab-Entscheidungs-Verfahren (s. Text); pro-integrative Wirkung durch Richterrecht: Vorrang und direkte Geltung des Gemeinschaftsrechts)

Europarat
http://www.coe.int/defaultde.asp

Ziele: Förderung von Demokratie und Rechtsstaatlichkeit v. a. im Rahmen der Europäischen Menschenrechtskonvention (EMRK; 1950) und ihrer Verfahren, darunter prominent Individualbeschwerde vor dem EuGHMR auch gegen den eigenen Staat; Förderung diverser ökonomischer und kultureller Kooperation durch Erarbeitung von Konventionen

Hauptorgane:
Ministerkomitee; Parlamentarische Versammlung; Generalsekretär; im Rahmen der EMRK: Europäischer Gerichtshof für Menschenrechte

OSZE
http://www.osce.org/

Ziele: friedlicher Konfliktaustrag; Förderung von Demokratie

Hauptorgane: Gipfeltreffen der Staats- und Regierungschefs (unregelmäßig); Ministerrat (der Außenminister; jährliches Treffen); Ständiger Rat (auf Botschafterebene); Büro für Demokratische Institutionen und Menschenrechte; Hoher Kommissar für Nationale Minderheiten; Generalsekretär

gestufte wirtschaftliche (Markt-)Integration, zwischenstaatliche Kooperation und politische Integration – die institutionelle Vielfalt Europas

Im vorausgegangenen theoretisch-grundlegenden Kapitel wurde schon betont, dass wir Integration im Sinne von politischen Projekten friedlich-freiwilliger zwischenstaatlicher Integration verstehen wollen. Es geht also um institutionalisierte zwischenstaatliche Kooperation bis hin zur politischen Integration. Der Begriff der Integration wird, als wirtschaftliche Integration, oft auf die Herausbildung eines Marktes bezogen (Markt-Integration). Diese kann sich, auch grenzüberschreitend, ganz spontan ergeben – etwa als Schwarzmarkt. Legale grenzüberschreitende Märkte bedürfen jedoch zwischenstaatlich gesetzter und gewahrter Rahmenbedingungen. Auch *Markt*integration ist somit ein politisches Projekt zwischen*staatlicher* Kooperation, etwa in Gestalt von Freihandelszonen. Darüber hinausgehende Formen der wirtschaftlichen Integration wie gemeinsame Märkte, die über den Freihandel mit Gütern hinaus z. B. Kapitalverkehrs- und Niederlassungsfreiheit institutionalisieren oder eine gemeinsame Währung (Währungsunion) oder gar eine gemeinsame Wirtschaftspolitik, sind umso mehr Projekte der politischen Integration. Die Europäische Union ist sehr weit in diese Richtung fortgeschritten und steht daher im Zentrum auch dieses Kapitels. Darüber sollte jedoch nicht das weitere Spektrum zwischenstaatlich institutionalisierter Kooperation in Europa vergessen werden. Es umfasst insbesondere den Europarat und, geographisch in ihrer Mitgliedschaft sehr weit greifend, auch die Organisation für Sicherheit und Zusammenarbeit in Europa (OSZE).

2.1 Wie entstand die Europäische Integration?

die gewaltsamen Ursprünge des zunächst europäischen neuzeitlichen Staatensystems

Es geht hier also um zwischen*staatliche* Kooperation und Integration. Staatlichkeit in ihrer neuzeitlichen Gestalt wird also vorausgesetzt. Die hier behandelten politischen Projekte streben nach institutionalisierter Kooperation zwischen Staaten. Die Entwicklung solcher Staaten, in ihrer neuzeitlichen Gestalt (s. dazu Benz 2008) als Territorial- und Anstaltsstaat, ist selbst ursprünglich ein europäischer Vorgang, an dessen Ende der territorial klar bestimmte, mit eigenen Institutionen (Anstaltsstaat) ausgestattete Nationalstaat steht. Die Herausbildung dieser Staatsform zunächst in Europa war ein ausgesprochen gewaltsamer, eng mit Krieg verbundener Prozess; in den berühmt gewordenen Worten des historischen Soziologen Charles Tilly: „war made the state, and the state made war" (Tilly 1975, 42; vgl. auch Tilly 1990, Kap. 3). Alle drei Eigenschaften des modernen Staates: Territorialität, Anstaltlichkeit und Nationalismus haben zu dieser engen Beziehung zwischen (sich entwickelndem neuzeitlichen) Staat und Krieg beigetragen. Das Territorium, seine Erweiterung bzw. Abgrenzung und Wahrung, war eine zentrale Konfliktursache. Der Aufbau staatlicher (Verwaltungs-)Apparate wurde angesichts von

Militärausgaben dominierter frühneuzeitlicher Staatshaushalte weitgehend vom kriegsbedingten Personal- und Finanzbedarf geprägt (stehende Heere, deren Verwaltung – und Finanzierung, was wesentlich zur Entwicklung des Steuerstaates beigetragen hat, also der fiskalischen Verwaltung). Und der Nationalismus beinhaltete die Forderung nach dem nunmehr als *eigenem* deklarierten Staat und wirkte damit zugleich verschärfend auf das Niveau des zwischenstaatlichen Konfliktaustrags. Die nachstehende Übersicht (2.3) aus dem Werk Kalevi Holstis (1996, mit Bezug auf 1991), der sich mit der neuzeitlichen Entwicklung von Krieg und Frieden beschäftigt hat, macht diese Kriegsträchtigkeit des zunächst europäischen Staatensystems deutlich, aber auch, dass im Verlauf der globalen Ausdehnung dieses Staatensystems das Niveau an zwischenstaatlicher Gewalt nicht proportional mitgewachsen ist, die (zur Staatenzahl) relative Häufigkeit zwischenstaatlicher Kriege sogar abgenommen hat – mit Ausnahme der Zwischenkriegszeit einschließlich des Zweiten Weltkriegs.

Übersicht 2.3	Die Abnahme zwischenstaatlicher Kriege 1715–1995		
Period	Avg. no. states in central system	No. central system interstate wars	Interstate wars/ state per year
1715–1814	19	36	0.019
1815–1914	21	29	0.014
1918–1941	30	25	0.036
1945–1995	140	38	0.005

Quelle: Holsti 1996, 24, Tab. 2.2

Mit anderen Worten: während sich das ursprünglich europäische System der neuzeitlichen Staaten global ausgedehnt hat, gilt dies nicht in gleichem Maße für die zwischenstaatliche Kriegsträchtigkeit, die dieses ursprünglich europäische System kennzeichnete.

Gleichwohl hat das europäisch-neuzeitliche Kriegsgeschehen das Nachdenken über die internationale Politik auf zweifache Weise beeinflusst. Es hat, und das gehört zur geistigen Vorgeschichte europäischer Integration, das Nachdenken über europäische Friedensprojekte, über die Möglichkeit der Institutionalisierung von Bedingungen für den zwischenstaatlichen Umgang,

und ihre geistigen Auswirkungen: Friedensprojekte und Realismus die diesen weniger kriegsträchtig machen, angeregt. Sowohl das berühmte Friedensprojekt des Abbé de Saint-Piere (1713; Textauszug etwa in Brown/Nardin/Rengger 2002, 394–398) wie letztlich auch Kants Gedanken in seiner Schrift „Zum Ewigen Frieden" (1795) lassen sich in diese Vordenker-Tradition europäischer Friedensordnung einreihen. Andererseits hat das neuzeitliche europäische Kriegsgeschehen zur Herausbildung des Realismus als Großtheorie oder Forschungsprogramm der Analyse internationaler Politik beigetragen mit seiner pessimistischen Sicht, dass mit – zwischenstaatlichem – Krieg immer zu rechnen und der Zustand der Anarchie unter den Staaten nicht überwindbar sei. Der Realismus sah sich dann durch die zahlreichen Kriege nach 1945 zwischen Staaten der so genannten Dritten Welt bestätigt, übersah dabei jedoch, dass diese statistisch weit weniger häufig waren, als bei bloßer Fortschreibung europäisch-frühneuzeitlicher Tendenzen zu erwarten gewesen wäre. Im Süden ging es oft sehr gewaltsam zu, aber das Gros der Gewaltsamkeit bestand aus internen Gewaltkonflikten oder Gewaltkonflikten mit Staaten außerhalb der Region (Kolonialmächte; Interventionen), nicht aus Kriegen zwischen Staaten der Region. Und das Ausbleiben weiterer zwischenstaatlicher Konflikte in Europa nach 1945 konnte der Realismus allenfalls auf die dämpfende Wirkung des übergeordneten Ost-West-Konfliktes zurückführen. Mit dem Phänomen europäischer Integration und seiner intern befriedenden Wirkung tat er sich theoretisch schwer: die Aufhebung zwischenstaatlicher Anarchie durch friedliche supranationale Integration war in seiner Perspektive im Grunde ein ungelöstes Rätsel. Während der Realismus somit ausbleibende Kriege nicht hinreichend erklärt, lässt das eher idealistische Friedensdenken unerklärt, warum angesichts Jahrhunderte langen europäischen Kriegsgeschehens dieses Denken erst nach 1945 in die Tat umgesetzt wurde. Keines der beiden Paradigmen, weder der Realismus, noch der Idealismus/Institutionalismus, erklärt also genug. Eine Kombination beider führt in Sachen europäischer Integration weiter. Der Realismus formuliert mit seiner Erwartung steten zwischenstaatlichen Krieges gleichsam die Problembedingung, den Anlass für die Suche nach idealistisch-institutionalistischen Lösungen. Der Idealismus allein kann jedoch nicht erklären, warum seine Lösungsvorschläge (erst) nach 1945 umgesetzt wurden.

neuzeitliche europäische Ausscheidungswettkämpfe und zwei Weltkriege als Erfahrungshintergrund in Europa allgemein

Der (Neo-)Realismus setzt, darin unhistorisch und unsoziologisch, den nach außen sicherheitspolitisch, insbesondere militärisch, handlungsfähigen Staat quasi voraus – und leitet ab, was in einem – anarchischen – System solcher Staaten zu erwarten ist: Krieg, oder zumindest permanent drohender Krieg. Die implizite Begründung des Realismus für diese Annahme immer kriegsbedrohter Staaten ist letztlich eine darwinistische: Wer in einem anarchischen System nicht mit Krieg rechnet, sich selbst darauf vorbereitet, ist mit großer Wahrscheinlichkeit nicht lange unabhängig-selbständiges Mitglied im Staatensystem. Er wird zum Opfer aggressiver anderer Staaten. Der Blick auf die Staatsentwicklung und Realität anderer Weltregionen wird noch zeigen, dass die dortigen Bedingungen z. T. durchaus andere sind, historisch-soziologisch.[1] Die Menschen sind dort nicht etwa kulturell friedlicher, aber die Entstehungs- und Handlungsbedingungen der Staaten sind z. T. so beschaffen, dass zwischenstaatliche Gewalt weit weniger auftritt als realistisch anzunehmen wäre. Für Europa jedoch lassen sich die Staaten des 20. Jahrhunderts tatsächlich als Resultat frühneuzeitlicher „Ausscheidungswettkämpfe" (so der Soziologe Norbert Elias) verstehen. Sie haben herbe Kriegserfahrung gemacht, kumulierend in zwei Weltkriegen. Und erst die Erfahrung mit zwei solchen Mega-Kriegen in dichter Folge verlieh älteren Friedensideen zwischenstaatlicher Kooperation neue Wirkmächtigkeit. Auch wenn die Kriegserfahrung in den Staaten Europas unterschiedlich war – in großen Staaten anders als in kleinen, in Deutschland als klarem Aggressor im zweiten Weltkrieg (und als dessen Verlierer) anders als in den übrigen Staaten –, so gab es doch unter den europäischen außenpolitischen Eliten eine dominante Strömung, die sich überstaatliche Institutionen als Ausweg nicht nur abstrakt vorstellen konnte, sondern sie für konkret gangbar hielt und sie auch emotional unterstützte.

Jeffrey Vanke (2010) hat dies jüngst in einer aufwendigen geschichtswissenschaftlichen Arbeit dargelegt, die sich methodisch stark auf die Auswertung zeitgenössischer Dokumente stützt, auch interner, die eher nicht zur Außendarstellung verfasst wurden und somit mit größerer Wahrscheinlichkeit die wahren Motive der Akteure erkennen lassen, aber auch auf zeitgenössische Umfrageergebnisse. Er arbeitet die Bedeutung des von ihm so genannten „emotive Europeanism", des gefühlsmäßigen Europäertums, heraus. Damit meint er „the idea and the feeling that West European nation-states must establish an unprecedented and enduring unity" (ebd., 1). Die Betonung gerade auch der emotionalen Natur dieser Einstellung ist im fachlich-politikwissenschaftlichen Kontext, näherhin dem der Analyse internationaler Politik, ein Beispiel der gerade beginnenden vorsichtigen Hinwendung zur analytischen Berücksichtigung der Rolle von Emotionen. Dies im Kontrast zu all jenen Ansätzen (wie Realismus und Institutionalismus), die die Akteure als (rein) rational – also nicht emotional – modellieren. Im Kontext der Analyse Europäischer Integration ist es zugleich eine Reaktion auf Interpretationen

gefühlsmäßiges Europäertum (emotive Europeanism)

---

1 Darüber hinaus, so hat jüngst Hoffman (2015) argumentiert, lässt sich aus diesem europäischen ‚Turnier', wie er sein Modell der besonderen heimischen und internationalen Bedingungen der zwischenstaatlichen Kriegsträchtigkeit in Europa zwischen 1300 und 1900 nennt, auch erklären, warum diese Weltregion zur kolonialen Eroberung in allen anderen Weltregionen in der Lage war (und nicht umgekehrt).

des Integrationsprozesses, die ihn im Kontrast zur klassischen, oft normativ pro-europäisch gefärbten Integrationstheorie als eher nüchterne Entscheidung staatlicher Eliten zum Erhalt ihrer staatlichen Steuerungsfähigkeit gerade durch Integration betrachten (wie es prominent der Wirtschaftshistoriker Alan Milward [1992] mit seiner These von der „Rettung des Nationalstaates" durch Integration getan hat). Dieses emotionale Europäertum weist Vanke für drei von ihm untersuchte Gründungsstaaten der Europäischen Integration nach: Frankreich, Deutschland und die Niederlande. Es ist (ebd., 6) gekennzeichnet dadurch, dass es

- ausweislich der Umfragedaten in allen Alters- und Berufsgruppen stark ausgeprägt war, besonders aber unter jüngeren Wähler(inne)n;
- eigenständig war, also über wirtschaftliche und sicherheitspolitische Interessen hinausging;
- emotionaler und nicht nur rein rationaler Natur war, wobei es drei gefühlsmäßige Komponenten aufwies: Solidarität (unter den [West-] Europäern), Stolz (auf das Projekt der Europäischen Integration) und die Einstellung, dass Unterstützung des Projektes eine Sache der Ehre sei.

Dieses emotionale Europäertum wies also in dieselbe Richtung wie die im Folgenden noch anzusprechenden rationalen Erwägungen für eine europäische Integration. Es ist auch interessant, dass nach etwa fünfzig Jahren diese den Zeitgenossen wohl intuitiv völlig klare, selbstverständliche emotionale Einstellung heute mit erheblichem Aufwand analytisch herausgearbeitet werden muss – z.T., weil sie unter den im Verhältnis zur Gründergeneration Nachgeborenen abklingt. Ich selbst kann aus meiner Zeit (1985/86) am Europa-Kolleg in Brügge, einer pro-integrativen Postgraduierten-Studieneinrichtung, als anekdotische Evidenz anführen, dass dort unter den älteren Lehrenden, die noch Weltkriegserfahrung hatten, der emotive Europeanism noch sehr deutlich zu spüren war. Mir als Nachgeborenem zuweilen fast zu sehr, denn die nüchtern-kritische Erforschung des Projektes der Europäischen Integration wird dadurch nicht immer gefördert. Andererseits war das emotionale Europäertum aber auch unter den Studierenden aus Spanien und Portugal, die gerade der EG beigetreten waren, zu spüren.[2] Der erhebliche Aufwand einer Arbeit wie der von Vanke hat gegenüber solchen persönlichen Wahrnehmun-

---

2 Methodisch ist diese anekdotische Evidenz natürlich problematisch. Unter anderem wegen der selbst-selektiven Tendenz, dass ausgesprochene Integrationsgegner vermutlich weder als Lehrende noch als Studierende ans Europa-Kolleg streben. Die Auswahl der dort Versammelten ist also zwar multi-national, aber nicht zwangsläufig repräsentativ für die Einstellung der breiten Bevölkerung in den jeweiligen Heimatstaaten.

gen den Vorteil, die Bedeutung des gefühlsmäßigen Europäertums auf methodisch soliderer Basis zu erfassen.

Neben der Bedeutung des emotive Europeanism kommt für – das am Ende des Krieges geteilte – Deutschland, genauer seinen westlichen Teil, die merklich andere Verarbeitung der Erfahrung des zweiten im Vergleich zu der des ersten Weltkrieges hinzu. War nach letzterem noch Revanchismus verbreitet und im Bereich der wirtschaftlichen Eliten das Denken in Kategorien zu erobernder Großräume noch nicht überwunden, so erschien nach dem zweiten Weltkrieg der Weg zur Rückgewinnung nationaler Souveränität über die Beteiligung an europäischer Integration (und an der westlichen Allianz, der NATO) zu führen – die so genannte Westbindung Westdeutschlands.[3] Und unter den ökonomischen Eliten Westdeutschlands wurde das Denken in den Kategorien der durch Eroberung zu schaffenden Großraumwirtschaft aufgegeben zugunsten eines Einschwenkens auf westlich-liberales ökonomisches Denken, das in wirtschaftlicher Verflechtung, Interdependenz, den Weg zu neuen Märkten und damit zu ökonomischem Wiederaufstieg sah[4] (zur unterschiedlichen Verarbeitung beider Weltkriege s. Niedhart/Riesenberger 1992). Die mentale Bereitschaft zur Integration war somit insbesondere unter den Eliten des aktuell zwar niedergerungenen, potenziell aber ökonomisch wie an Bevölkerung größten, geographisch zentralen europäischen Staates gegeben. Es lag im Interesse politischer und ökonomischer Eliten in Westdeutschland, sich auf supranationale Integration einzulassen – eine im weltregionalen Vergleich *in dieser Form* einzigartige Konstellation.[5] Das realistisch, als zwischenstaatliches Ringen um Macht, zu verstehende Kriegsgeschehen in Europa kulminierte also am Ende des zweiten Weltkrieges in einer grenzüberschreitend unter den politischen und ökonomischen Eliten in Europa, auf besondere Weise auch im für den Integrationsprozess wichtigen Westdeutschland, geteilten Erfahrung, die sie integrationsgeneigt machte. Dies erlaubte, im Ver-

Verarbeitung der Kriegserfahrung in (West-)Deutschland im Besonderen

---

3   Deren Bedeutung wird standardmäßig – und zu Recht – in allen Büchern zur (west)deutschen Nachkriegsaußenpolitik hervorgehoben; vgl. etwa Hellmann 2006, v. Bredow 2008 und Colschen 2010.
4   Aus Sicht des gesellschaftskritischen Forschungsprogramms: zur Rettung des Kapitalismus, zumindest in Westdeutschland, damit indirekt jedoch in Westeuropa insgesamt. Wobei die ‚Bedrohung' nicht nur ‚aus dem Osten', vom sowjetischen Kommunismus kam, sondern auch aus jenen gesellschaftlichen Strömungen, die der Meinung waren, dass „das kapitalistische System den Lebensinteressen des deutschen Volkes nicht gerecht geworden ist" – so das Ahlener Programm der CDU (!) noch 1947.
5   Die politische Weltkriegsverlierer-Rolle Deutschlands als zentralem Staat in der Weltregion war singulär; die Problematik des Wechsels der ökonomischen Philosophie von autoritärer Autarkie- und/oder Staatswirtschaft hin zur Bereitschaft zu liberaler Wirtschaftsintegration zeigt sich, wie wir sehen werden, auch in anderen Weltregionen, auf freilich je spezifische Weise.

lauf der 1950er Jahre, den Rückgriff auf ältere Integrationsgedanken und deren Umsetzung in Taten, und es bestimmte darüber hinaus auch den weiteren Werdegang der europäischen Integration mit, die als aus schrecklicher Kriegserfahrung geborenes Projekt lange Zeit politisch nur schwer angreifbar war (um den Preis, als „schlechter Europäer" dazustehen) und die zugleich eine gewisse Bereitschaft zum Nachgeben und Kompromisse-Schließen in den späteren intergouvernementalen Verhandlungsrunden zum Ausbau und zur Vertiefung der europäischen Integration bewirkte. Bei allem Ringen um eigene Vorteile in den Verhandlungen über weitere EU-Integration, im Stil des bargaining also, konnte doch immer wieder auch an eine an konsensualer Problemlösung orientierte negotiating-Haltung, die Bereitschaft zum Nachgeben um des Projektes der Europäischen Integration[6] willen, appelliert werden.[7]

eine theoretisch dreifach kombinierte Erklärung für den Beginn der Europäischen Integration in den 1950er Jahren

In der Summe haben wir damit eine dreifach theoretisch kombinierte Erklärung für die supranationale Integrationsbereitschaft in (West)Europa[8] und damit den Beginn der Europäischen Integration in den 1950er Jahren. Der Realismus formuliert das zugrunde liegende reale Problem: die friedliche Gestaltung von Beziehungen zwischen nach außen wehrhaften bis aggressiven Herrschaftsverbänden (Staaten). Der Idealismus bzw. Institutionalismus zeigt eine prinzipielle Lösungsmöglichkeit auf: die Institutionalisierung gewinnbringender, die beteiligten Staaten (und Gesellschaften) zunehmend interdependent verknüpfender Kooperation und von friedlichen Bearbeitungsmöglichkeiten verbleibender Konflikte. Erst die herbe Erfahrung zweier Weltkriege führt jedoch zu hinreichendem Einstellungswandel und zu geänderten Wahrnehmungen der eigenen Interessen und der Chancen ihrer Wahrung auch unter den Eliten – ein konstruktivistisch zu erfassender Vorgang.[9] Damit wird in den 1950er Jahren der lange schon angedachte kooperativ-integrative Ausweg aus dem realistischen Sicherheitsdilemma gangbar und der

---

6 Großschreibung steht im Folgenden für den Bezug auf das konkrete Integrationsprojekt im Rahmen von EGKS/Euratom/EWG/EG/EU; Kleinschreibung bezieht sich auf den zugrunde liegenden allgemeinen Gedanken der Überwindung zwischenstaatlicher Gewalt in der Weltregion Europa eben mittels Integration.

7 Vgl. das vorausgegangene Kapitel zur hier zentralen Unterscheidung von bargaining und negotiating als Einstellungen und Verhaltensweisen an Verhandlungen Beteiligter.

8 Ost-Europa war durch Ausbruch des Kalten Krieges im Ost-West-Konflikt bis zu dessen Ende an der Beteiligung am daher zunächst nur westeuropäischen Integrationsprozess gehindert.

9 Eine gesellschaftskritisch-elitensoziologische Perspektive würde für den wichtigen deutschen Fall darauf hinweisen, dass es sich nicht nur um einen *Einstellungs*wandel einer soziologisch gleich gebliebenen deutschen Elite handelt, sondern auch um eine *geänderte Zusammensetzung dieser Elite* selbst: die rheinisch-westdeutsche Kapitalfraktion dominierte unter den ökonomischen Eliten; die ostelbisch-aristokratisch-landwirtschaftliche war durch Enteignung (in Ostdeutschland) nicht mehr am Spiel der Auswahl westdeutscher wirtschaftlicher Strategien beteiligt.

Übergang von zwischenstaatlicher Anarchie sogar zu supranationaler Hierarchie möglich. Drei weitere realistische Faktoren haben diese Einsichten und damit die Integrationsentwicklung befördert: die so genannte deutsche Frage als Sonderproblem im Rahmen der neuzeitlichen internationalen Beziehungen in Europa; der beginnende Kalte Krieg; und die in dessen Rahmen pro-integrativ hegemoniale Rolle der USA.

In ihren wechselnden Gestalten durchzog die so genannte deutsche Frage fast die gesamte europäische internationale Politik der Neuzeit (vgl. Gruner 1985; Geiss 1992). Sie lässt sich tatsächlich in Form einer Frage formulieren: Wie kann die Politik im Zentrum Europas, auf dem (jeweiligen) Territorium der ‚deutschen Lande', so organisiert werden, dass sie weder zum Spielball des Einflusses größerer Nachbarn wird noch ihrerseits zu einer Bedrohung für diese? Bereits bei den Friedensschlüssen am Ende des Dreißigjährigen Krieges von Münster und Osnabrück (1648), die gemeinhin als Gründungsmoment des – deshalb als westfälisches bezeichneten – modernen Staatensystems gelten[10], steht die deutsche Frage gleichsam Pate. Der Krieg selbst, vor allem in seiner zweiten Hälfte, wurde vom Eingreifen europäischer Großmächte wie Schweden (auf protestantischer Seite) und Frankreich (als katholische Macht erstaunlicherweise auf Seiten Schwedens, zur realistisch motivierten Schwächung von Kaiser und Habsburgern) geprägt, die unterschiedliche Ordnungsvorstellungen für die Organisation des deutschen Reiches hatten. Dieses selbst, das haben nationalistische deutsche Historiker des 19. Jahrhunderts als Schwäche gesehen, wies eine im Vergleich zu zentralisierten Staaten wie Schweden und Frankreich hoch komplexe politische Struktur auf[11], die seine Bestandteile, etwa in Gestalt der Reichskreise, auf komplizierte Weise mit einem formal übergeordneten, faktisch jedoch gerade nicht absolut herrschenden Kaiser verband. Man kann hierin sowohl Wurzeln der späteren föderalen Organisation Deutschlands sehen (Funk 2010) als auch eine Vorwegnahme völkerrechtlich, nämlich zwischen Staaten vereinbarter internationaler Ordnung (Randelzhofer 1967). Und im Kontrast zur Sicht der nationalistischen Geschichtsschreibung, die den unitarischen Machtstaat als das Maß aller Dinge betrachtete, kann man die Befriedungswirkung dieses Arrangement

die deutsche Frage erhält eine europäische Antwort

---

10 Mit guten Gründen, unter Hinweis darauf, dass aus gesellschaftskritischer Sicht erst im 19. Jahrhundert der Staat die spezifische Form des modernen Staat im Kapitalismus angenommen hat, hat dies Teschke in seinem brillanten Buch zum Thema (2003) bestritten; aus Sicht der grundlegenden Regeln des zwischenstaatlichen Umgangs lässt sich dennoch an 1648 als Zäsur festhalten.
11 Berühmt wurde die Charakterisierung des Reiches und seines politischen Aufbaus durch den Juristen Samuel Pufendorf (1994/1667): er nannte Deutschland „irregulare aliquod corpus et monstro simile", ein etwas ungewöhnliches Gebilde und einem Monstrum gleich (Kap.6: Die Staatsform des deutschen Reiches, §9).

betonen (so insbesondere Barudio 1981; 1994) – ein Argument, das heute auch in Bezug auf die Außenwirkung der EU angeführt wird.[12] Im Zuge der Herausbildung eines kleindeutschen Reiches (ohne Österreich) unter preußischer Führung (s. auch bereits das historische Beispiel in Kap. 1), durch Krieg gegen Frankreich (1870/71), nahm die deutsche Frage dann die bilateral verschärfte Form der zeitgenössisch so genannten „Erbfeindschaft" beider Staaten an, die auch in beiden Weltkriegen zum Handlungsmotiv wurde. Die wechselseitige Kränkung und Verbitterung, in Frankreich wie in Deutschland, ging als tief verankerter Einstellungskomplex (Konstruktivismus!) über ein kalt-nüchtern realistisches Ringen um Macht hinaus. Vor diesem durchaus auch emotionalen Hintergrund darf die *durch Europäisierung* gefundene Auflösung durch Aufhebung der deutschen Frage im Rahmen des Europäischen Integrationsprozesses als eine der großen Leistungen der internationalen Politik des 20. Jahrhunderts, ja der Neuzeit gelten. Der von Vanke (s. oben) herausgearbeitete zeitgenössische Stolz auf diese Leistung war also (und ist auch noch) durchaus berechtigt. Nicht zufällig lag dabei die supranationale Verwaltung der Kohle- und Stahlindustrien der ursprünglichen sechs Gründungsmitglieder der EGKS im Zentrum der Lösung: Beide Industrien waren kriegswichtig, ihre gemeinsame Verwaltung barg somit Rückversicherungs- und Vertrauensstiftungs-Potenzial. Und wiederum ist aus deutscher Sicht wichtig, dass die Ablösung der Überwachung der Branchen durch die Besatzungsmächte im Wege der Europäisierung als Prestigegewinn, als Schritt zur Rehabilitierung auf internationalem Parkett gewertet werden konnte. Souveränität (die es für das besetzte Deutschland auch insofern ja nicht gab) musste dabei nicht aufgegeben werden, vielmehr stand ein Gewinn an Autonomie, an Handlungsspielraum (durch Einstellung von Reparationsleistungen und zu erwartendes ökonomisches Aufblühen der Branchen in [West-]Deutschland) in Aussicht. Noch einmal wird die Bedeutung der besonderen, darniederliegenden, Situa-

---

12 Die These von der Friedensmacht Europa (so die einen) stützt sich eben nicht nur auf ihre faktische Machtlosigkeit in Kategorien harter Macht (so die eher realistische Sicht), sondern darauf, dass die EU intern eine institutionelle Struktur und eine Kultur des friedlichen Konfliktaustrags aufweise, die sie nach außen weder zu rascher Intervention befähige noch bedrohlich wirken lasse. Da wir uns mit den Außenbeziehungen (außer denen im Rahmen des Interregionalismus) der EU im vorliegenden Text nicht weiter beschäftigen werden, sei stellvertretend auf folgende Lehrbücher zur sich herausbildenden Gemeinsamen Außen- und Sicherheitspolitik der EU verwiesen: Keukeleire/MacNaughtan 2008, Gaedtke 2009 und Algieri 2010. Dass selbst eine im militärischen Sinne friedliche EU gleichwohl hart ihre eigenen Interessen nach außen zu vertreten weiß, zeigt sowohl ihre Außenhandelspolitik im Rahmen des globalen Handelsregimes (GATT/WTO) als auch ihre Migrationspolitik – Schutz vor Zuwanderung wird hier zuweilen wichtiger als die von der EU selbst propagierte Förderung von Demokratie und Rechtstaatlichkeit (vgl. Krausch 2008 am Beispiel Marokkos; Böhm 2010 am Beispiel Libyens).

tion (West-)Deutschlands für den Beginn der tatsächlichen Umsetzung der Europäischen Integration deutlich. Sie war für (West-)Deutschland so günstig, dass es beinahe verwunderlich erscheint, warum die westlichen Alliierten dies überhaupt mitmachten. Eine Erklärung wäre, dass sie aus den negativen Folgen des drakonischen Friedensschlusses von Versailles am Ende des erste Weltkrieges gelernt hatten, der Deutschland nicht nur die Alleinschuld zuwies, sondern auch erhebliche Reparationen aufbürdete (und damit deutschen Revanchismus genährt hatte). Und diese Erklärung trifft z. T. auch zu, für die weitsichtigen Kreise der westlichen außenpolitischen Eliten. Sie waren in der Lage, ihr aufgeklärtes – weil weit blickendes – Eigeninteresse an der (west-)deutschen Eingliederung in den Prozess der Europäischen Integration zu erkennen. Dies zu verstehen ist von äußerster Wichtigkeit: nicht etwa wird das Projekt der Europäischen Integration dadurch geschmälert, desavouiert, dass die beteiligten Staaten damit eigene Interessen verfolgten. Vielmehr ist es die weit blickende, inklusive (die Interessen der anderen mit berücksichtigende) Perspektive, die das Projekt der Europäischen Integration so brillant macht – und stabilisiert hat. Es ruhte nicht nur (aber, s. Vanke, auch) auf gefühlsmäßiger Grundlage, sondern auch auf *aufgeklärtem Eigeninteresse*.[13] Ich wage die These, *dass Besseres an und in internationaler Politik kaum zu erreichen ist*. Um zu verstehen, welche Eigeninteressen hierbei im Spiel waren, sind die zwei anderen angesprochenen Kontextbedingungen der Europäischen Integration wichtig.

Die erste dieser internationalen Randbedingungen, die die frühe Europäische Integration förderte, ist der seit 1947/48 begonnene so genannte Kalte Krieg wie man bereits zeitgenössisch die Austragsform des Systemkonfliktes zwischen „Ost" und „West" bezeichnete. Es ist (zum Folgenden Efinger/List 1994) dabei wichtig, dass es sich bei diesem Konflikt zwar auch, aber nicht nur um ein Machtringen im realistischen Sinne der beiden großen Mächte Sowjetunion und USA handelte. Sie rangen nicht nur um geostrategischen Zugriff auf Europa (als Schutzglacis und Reparationslieferant aus sowjetischer Sicht, als militärischer Eindämmungsraum[14] der Sowjetunion aus US-Sicht).

zwei weitere fördernde internationale Randbedingungen der frühen Europäischen Integration: beginnender Kalter Krieg ...

---

13 Der internationale Umgang mit der deutschen Wiedervereinigung 1990 darf als ein weiteres Beispiel solch aufgeklärt-eigeninteressierter Politik gelten, der noch dazu mit dem Prozess der Europäischen Integration auf das Engste in Verbindung steht: das europäisch eingebundene (West-)Deutschland konnte Vertrauenskapital anhäufen, das zu weiterer Vertiefung (Währungsunion) bereite Gesamtdeutschland demonstrieren, dass es die Linie der Selbstbindung (freiwilligen Einhegung eigener potenzieller Macht, durchaus auch im eigenen Interesse) weiter verfolgte. Zur philosophischen Vertiefung des zentralen Gedankens der Bedeutung von aufgeklärtem Eigeninteresse ganz allgemein vgl. Gosepath 1992 (ich erachte es als in Ihrem aufgeklärten Eigeninteresse liegend, diesem Hinweis nachzugehen).

14 Eindämmung (containment) setzte sich, durchaus auch aus Einsicht in die Begrenztheit der eigenen Möglichkeiten, zumal gegenüber einer sich atomar bewaffnenden Sowjetunion, ge-

Beide Seiten standen darüber hinaus für einen je eigenen Entwurf der gesellschaftlichen Organisation: Kommunismus (oder, wie es später als – von Kritikern des Systems gerne ironisierend aufgenommene – Selbstbezeichnung hieß: Realsozialismus) im Osten, liberal-demokratischer Kapitalismus im Westen. Während im östlichen System Politik und Ökonomie durch Zentralverwaltungswirtschaft unter Regie der einen (kommunistischen) Partei verschmolzen waren, bestand im Westen die Teilautonomie beider gesellschaftlichen Systeme (Ökonomie und Politik), und die liberale Natur des politischen Systems ließ eine unabhängige Rolle der (später gerne um die Vorsilbe „zivil" erweiterten) gesellschaftlichen Kräfte zu (von daher die Notwendigkeit der längeren Doppel-Bezeichnung des westlichen Systems als liberal-demokratisch und kapitalistisch). Aus der hier verfolgten herrschaftssoziologisch-elitetheoretischen Sicht ist an dieser Doppelnatur des westlichen Systems zugleich von Belang, dass in einem solchen System mindestens zwei potenzielle Machtbasen gegeben sind: politische und ökonomische. Nur ein Zusammenführen der Sichtweisen beider Eliten konnte den Westen, auch und gerade gegenüber dem Osten, kohärent handlungsfähig machen. Die von kommunistischer Seite offen deklarierte Absicht, das westliche System durch das eigene ersetzen zu wollen, lieferte genau jenen ideologischen Kitt, der die westlichen Eliten verband, zwischen Politik und Ökonomie wie grenzüberschreitend zwischen den westlichen Staaten: den Anti-Kommunismus. Westlichen ökonomischen Eliten lag am Erhalt des Kapitalismus, weil sie in ihm das effizientere ökonomische System sahen, eine zunehmend auch von den politischen Eliten geteilte Sicht; auch die Sozialdemokratie verabschiedete sich programmatisch – was praktisch schon lange der Fall gewesen war – von der Konzeption des System-Wechsels hin zu einer der Gestaltung des kapitalistischen Wirtschaftssystems. Mit dem ökonomischen System des Kapitalismus verteidigten die Wirtschaftseliten aber natürlich zugleich die Grundlagen ihrer eigenen gesellschaftlichen Machtstellung.[15] In breiten Kreisen beider westlicher Eliten und auch der Bevölkerung wurde darüber hinaus der politische Charakter des eigenen Systems als Liberaldemokratie geschätzt, barg sie doch wenn schon nicht pluralistisch gleichmäßige, so doch weit verteilte Partizipationschancen zum einen (die, wenn man so will: ‚real'-demokratische Komponen-

---

genüber anfangs von einigen erwogenen Konzeptionen eines roll back, eines aktiven Zurückdrängens der Sowjetunion aus Mittel- und Osteuropa, in den USA durch. Vgl. dazu allgemeine Darstellungen des Ost-West-Konflikts, etwa Steininger 2004, Stöver 2006 und Loth 2000.

15 Und analog hätte die kommunistische Führungsschicht (die so genannte *nomenklatura*) durch Beseitigung des Kapitalismus natürlich ihre Machtbasis (nicht nur geographisch) erweitert.

te), Sicherungsmechanismen (nie unfehlbare, aber erhebliche) für Grund- und Menschenrechte zum andern (die liberale Komponente). Dadurch wurde der Ost-West-Konflikt vom rein realistischen Macht- zum Gesellschaftssystem-Konflikt und in der westlichen ideologischen Überhöhung zum Ringen um Freiheit schlechthin (aus östlicher Sicht, um ideologisch nicht zurückstehen zu müssen, zum Ringen um die Befreiung der ganzen Menschheit, ja ihre ‚Erlösung' durch Kommunismus). Der Konflikt hatte damit nicht nur eine geostrategische Dimension des Ringens von Machtzentren (Staaten) um Vor-Macht, insbesondere, aber nicht nur, in Europa. Er hatte zugleich eine transnational gesellschaftliche Dimension des Ringens um Vor-Herrschaft der zugrundeliegenden Ideen für die Gestaltung der Gesellschaftssysteme, quasi um die ‚hearts and minds' der betroffenen Bevölkerungen Europas. Und genau in diesem Kontext erschien die Europäische Integration als funktional, als zweckdienlich:

- durch Überwindung (oder Aufhebung in einem beinahe hegelschen Sinne[16]) zwischenstaatlichen Konfliktpotenzials in Westeuropa, insbesondere zwischen Frankreich und (West-)Deutschland, ermöglichte sie rein realistisch betrachtet eine Stärkung der westlichen Seite durch Zusammenschluss;
- durch Erhöhung der wirtschaftlichen Leistungsfähigkeit Westeuropas durch grenzüberschreitende Marktintegration stärkte sie den Westen insgesamt, geostrategisch, aber auch ideologisch: die im Lauf der Jahre immer deutlicher sichtbar werdende Ost-West-Kluft an wirtschaftlicher Effizienz stärkte den Westen ideologisch (eine im deutsch-deutschen Kontext ganz bewusst wahrgenommene Entwicklung, die westliche Attraktivität zu steigern – die so genannte Magnettheorie);
- und schließlich trug die Europäische Integration gleich mehrfach zur Rettung des Kapitalismus bei: durch Überwindung der ‚Störungen' seines Ablaufs durch innerwestlich-zwischenstaatliche Gewaltkonflikte; durch Marginalisierung innerwestlicher Systemskepsis und -kritik (die als kommunistisch verunglimpft werden konnte); sowie durch supranationale (durch die EWG-Normen gesicherte[17]) und transnationale (durch inner-

---

16 In Hegels dialektischer Philosophie werden Widersprüche in einem dreifachen Sinne aufgehoben: 1. beseitigt; 2. bewahrt und 3. auf eine höhere Stufe gehoben; eben dies geschah mit dem deutsch-französischen Konflikt: er wurde durch Supranationalisierung auf eine(r) überstaatliche(n) Ebene aufgehoben.
17 Formal wurde Marktwirtschaft als ökonomisches System erst in den 1990er Jahren zum offiziellen Mitgliedschafts- und Beitrittskriterium für die EU als eines der so genannten Kopenhagener Kriterien für Beitrittskandidaten (neben Liberaldemokratie und Übernahme des EU-Normenbestandes, des so genannten acquis communautaire).

westliche ökonomische Verflechtung bewirkte) Absicherung des Kapitalismus gegenüber möglichen politischen Angriffen – etwa aufgrund von Wahlsiegen kommunistischer Parteien – innerhalb einzelner Länder Westeuropas.

Auf den Punkt gebracht: Europäische Integration wurde zu einem zentralen Baustein im Ost-West-Konflikt, zur Abwehr der geostrategischen wie ideologischen Bedrohung aus dem Osten, zur Rettung von Liberaldemokratie und Kapitalismus. Beides, so lässt sich argumentieren, lag durchaus im allgemeinen Interesse; aber auch im besonderen der herrschenden Eliten, national wie transnational.

<small>und pro-integrative Haltung der USA</small>

Es ist die Kernleistung des außenpolitischen Establishments der USA der Nachkriegszeit, unterfüttert durch und eng verknüpft mit führenden Vertretern ihrer Wirtschaftselite, dies frühzeitig erkannt und in eine extrem kluge Politik – im Sinne aufgeklärten Eigeninteresses (s. o.) – umgesetzt zu haben. Bereits mit dem Angebot der wirtschaftlichen Hilfe für (im Prinzip Gesamt-, aufgrund des erwartbaren Vetos Stalins faktisch aber nicht Ost-) Europa im Rahmen des Marshall-Plans war die Auflage verbunden, die Mittel gesamteuropäisch zu verwalten, der Ursprung der OEEC – Organization for European Economic Cooperation. Sie wurde später zu einer über Europa hinausreichenden innerwestlichen Institution für Wirtschaftsstatistik und zwischenstaatliche Beratung und wechselseitige Beobachtung (peer control) etwa auch im Bildungsbereich (z. B. im Rahmen der PISA-Studien) ausgebaut, zur heutigen OECD – Organization for Economic Cooperation and Development. Der zweite Schritt war die Gründung der NATO als westliches Verteidigungsbündnis (1949) und die Aufnahme Westdeutschlands in sie (1955). Bereits sie erfüllte die Funktion innerwestlicher Rückversicherung gegenüber einem sich wieder bewaffnenden Westdeutschland. Die Förderung der Europäischen Integration, ja beinahe die Forderung danach, lag konsequent auf dieser Linie. Die oben angestellten Überlegungen zur Funktionalität der Europäischen Integration im Rahmen des Ost-West-Konfliktes mussten ja aus Sicht des aufgeklärten Eigeninteresses der westlichen Vormacht (wie aus Sicht der Wirtschaftselite zur Förderung der transnational-gesellschaftlichen Vor-Herrschaft des liberaldemokratischen Kapitalismus) erst recht gelten. Aus diesen Funktionalitätserwägungen wird hier eine vollständige Erklärung, weil und insofern sie von Eliten intentional (absichtlich) aufgegriffen und politisch-praktisch verfolgt wurden – in den USA und durch sie angeregt und unterstützt durch westeuropäische Eliten. Es ist wichtig, dies nicht verschwörungstheoretisch misszuverstehen: es waren weder US-Gehirnwäsche führender europäischer Vertreter noch geheime Kreise am Werk. Allerdings wurde diese kluge transatlantische Politik konkret über transnationale Beziehungen zwischen den Eliten vermittelt. Das kurze Beispiel der Rolle Jean Monnets bei der Gründung der EGKS soll dies gleichsam unter dem Vergrößerungsglas zeigen.

Jean Monnet (1888–1979; das Folgende unter Rückgriff auf List 1999, 68 ff.; vgl. jüngst auch Wells 2011) war sowohl in der französischen politischen Elite als auch transatlantisch in den USA bestens vernetzt, sowohl aufgrund seiner geschäftlichen Vorerfahrung im Rahmen der väterlichen Cognac-Firma, die weltweite Kontakte pflegte, als auch aufgrund seiner Tätigkeit für US-Banken in den USA und Europa in den 1920er und 30er Jahren. Zuvor war er erster stellvertretender Generalsekretär des Völkerbundes gewesen (1919–23). Aus dieser Zeit stammten auch seine ersten Ideen zur internationalen Konfliktbearbeitung durch übernationale Wirtschaftsverwaltung (damals im Hinblick auf die gemeinsame deutsch-polnische Verwaltung der oberschlesischen Kohlevorkommen). Nach dem Zweiten Weltkrieg wurde Monnet 1946–52 Leiter des französischen (Wirtschafts-)Planungsamtes. 1950 arbeitete er für den französischen Außenminister Robert Schuman dann den nach diesem benannten Plan zur Gründung der EGKS aus, deren Hoher Behörde – der Vorläuferin der heutigen EU-Kommission – er 1952–55 präsidierte. Um noch konkreter zu werden, sei der Anlass der Beauftragung Monnets mit dieser Planung geschildert, weil sich hierin die oben erwähnten Kontextbedingungen auf interpersoneller Ebene verdichten (das Folgende als wörtliche Übernahme aus List 1999, 72 f., dort mit weiteren Erläuterungen in Fußnoten). „Die Außenminister der drei westlichen Besatzungsmächte, Acheson (USA), Bevin (GB) und Schuman (F) hatten nach Unterzeichnung des NATO-Vertrags im April 1949 begonnen, sich alle paar Monate zu treffen. Bei ihrem zweiten Treffen vom 15. bis 19.9.1949 forderte Acheson Schuman auf, er solle bei ihrem nächsten Treffen Grundlinien für eine gemeinsame Deutschland-Politik der Drei vorlegen. Damit schob er Schuman quasi den schwarzen Peter zu, Wege über den status quo hinaus freizumachen. Die Reaktion der beiden Europäer, die von Schumans Kabinettschef Clappier überliefert ist, war bezeichnend:

> *Bevin gave a grunt which could have signified that he was unprepared or none too pleased, but which Acheson chose to interpret as assent. As for Robert Schuman, the bald top of his head went red as always when he was embarrassed ... Back in Paris, hardly a week passed without Schuman pressing me: ‚What about Germany? What do I have to do to meet the responsibility put upon me?' It became an obsession with him. [zitiert nach Duchene 1994, 190]*

In dieser (Not-)Lage kam der von Monnet zusammen mit engen Vertrauten ausgearbeitete Vorschlag einer funktionalen Integration für den Kohle- und Stahlbereich gerade recht. Für Schuman war es ein Weg aus der Klemme des

<aside>konkrete Verdichtung: Jean Monnet und die Gründung der EGKS</aside>

deutsch-französischen Problems, Monnet sah darin einen ersten Schritt zu einer breiter angelegten europäischen Integration. Am 28. April wurde der Plan Schuman unterbreitet, der beschloss, ihn sich zueigen zu machen. Ein geheimer Kontakt zu Adenauer versicherte Schuman dessen Unterstützung. Nach einer Kabinettssitzung am Morgen [...] stellte Schuman den Plan am Abend des 9.5.1950 der Öffentlichkeit vor. Auch das Problem, vor das sich Schuman unmittelbar gestellt sah, die Erledigung der ‚unangenehmen Hausaufgaben' von Acheson in Sachen Deutschland, war damit gelöst." Diese kurze Schilderung des konkreten Ereignisablaufs macht wie unter einer Lupe die Mikro-Ebene der Anfänge der Europäischen Integration deutlich, also wie die oben theoretisch interpretierten Handlungslogiken der zentralen Akteure in und durch konkretes individuelles Handeln umgesetzt wurden. Sie ist zugleich, methodisch betrachtet, ein Beispiel für das Hand-in-Hand-Gehen einschlägiger zeithistorischer Forschung mit politikwissenschaftlicher Analyse (ähnlich wie die oben zitierte Arbeit von Vanke und die unten herangezogene von Moravcsik 1998). Das Ausmaß dieser auf Auswertung von Primärquellen basierenden Forschung füllt für die Europäische Integration inzwischen im wahrsten Sinne des Wortes Bibliotheken, und auch dies verschafft ihr, im weltregionalen Vergleich der Integrationsprojekte betrachtet, eine Sonderstellung – im Hinblick auf die erforschende Durchdringung. Über kein anderes Projekt ist derart viel geforscht worden, unter ähnlich offenem Materialzugang. Damit mag die Erklärung für die Entstehung der Europäischen Integration in den 1950er Jahren und die ursprüngliche Bereitschaft europäischer Eliten zu supranationaler Integration als abgeschlossen gelten. Wie Moravcsik (1998, 33, Anm.25) anmerkt, ist damit jedoch noch nicht der weitere Fortgang der Integrationsentwicklung, ihre Vertiefung im Lauf der Jahre, erklärt.

2.2 Wie entwickelt sich Europäische Integration?

Vertiefung der Europäischen Integration: supranationale Faktoren – Vorrang und direkte Geltung des Gemeinschaftsrechts, durch Richterrecht geschaffen

Die wichtigste Feststellung zu dieser Entwicklung fortschreitender Europäischer Integration ist, dass sie *nicht* automatisch erfolgte und nicht kontinuierlich. Nicht automatisch bedeutet vor allem eine (erneute, s. o.) Absage an die starke Interpretation im Sinne einer sachlogisch zwingenden und damit allein erklärten vertieften Integration: der spill-over-Effekt alleine trug diese Entwicklung nicht – und erklärt sie damit auch nicht. Wir werden unten, anlässlich der aktuellen Diskussion um das Schicksal der Wirtschafts-und Währungsunion, noch darauf zurückkommen, wie das spill-over-Argument, intentional ein- und angeführt, zum Bestandteil – durchaus kontroverser – Diskurse über Integrationsvertiefung wurde und wird. Hier sollen zunächst zwei zentrale Mechanismen erläutert werden, die die diskontinuierliche, aber in Richtung Vertiefung gehende Integrationsentwicklung erklären können. Der erste beruht quasi auf einer Art positivem feedback-Mechanismus der Europäischen Integration. Im Rahmen der EWG wurde nämlich ein überstaatlicher Gerichtshof, eben der Europäische (EuGH), mit der verbindlichen Auslegung des Europarechts betraut. Auch dies kann zunächst als sachlogisch-funktionale Entscheidung gelten: Jede Rechtsordnung braucht eine oberste Instanz der Streit entscheidenden Auslegung. Und im Rahmen der EWG schien sich dies ja auch ‚nur' auf das dem transnationalen Wirtschaftsverkehr innerhalb der Gemeinschaft rechtliche Rahmenbedingungen setzende Gemeinschaftsrecht zu beziehen. Die Staaten delegierten mit dem EWG-Vertrag also zwar die supranationale Befugnis zur Rechtsstreit-Entscheidung an den EuGH, aber vermeintlich doch nur für den technisch-ökonomischen Bereich. Dazu hatten sich die Autoren des EWG-Vertrages einen besonderen Mechanismus ausgedacht, das so genannte Vorab-Entscheidungsverfahren (vormals Art. 177 EWGV, heute geregelt in Art. 267 des Vertrags über die Arbeitsweise der Europäischen Union, AEUV). Kommt es nach Ansicht eines nationalen Gerichts in einem laufenden Verfahren zur Urteilsfindung auf die ihm klärungsbedürftig erscheinende Auslegung des EU-Rechtes an, so ist das Gericht gehalten, vorab, bevor es seine Entscheidung in der Sache trifft (daher der Name des Verfahrens), eine das EU-Recht auslegende Entscheidung des EuGH einzuholen. Diese zentrale Bestimmung hatte zwei Effekte: zum einen machte sie die vor allem ökonomischen Akteure (Firmen, aber auch Verbraucher) der Mitgliedstaaten quasi zum Wachhund ihrer eigenen, aus EU-Normen ableitbaren Rechte (durch Einreichung einer darauf zielenden Klage vor heimischen Gerichten). Zum andern erhielt der EuGH damit ein für die Vertiefung der Integration bedeutendes Instrument in die Hand – bzw. er nahm es sich. Der EuGH konnte im Wege des Richterrechts, durch verbindliche Auslegung, die selbst als Bestandteil und zentrales Merkmal der Supranationalität der Gemeinschaft ja von den Mitgliedstaaten akzeptiert worden war, pro-integrativ wirken. Und er tat dies auch, durch zwei zentrale Feststellungen: dass das Gemeinschaftsrecht Vorrang vor nationalem Recht habe[18] und dass ihm in den Mitgliedstaaten direkte (auch als unmittelbare bezeichnete) Geltung zukomme. Letzteres im Unterschied zu Normen des allgemeinen Völkerrechts, etwa aufgrund von internationalen Verträgen, die nicht für Individuen, sondern eben zwischen Staaten gelten. Dieser über Rechtsprechungsverfahren vermittelte direkte Bezug zwischen privaten Akteuren (Firmen und Bürgern) und dem überstaatlichen Gemeinschaftsrecht macht die supranationale Besonderheit der europäischen Rechtsordnung im EU-Rahmen aus.

---

18 Wie der EuGH im (nach den ursprünglichen Prozessparteien benannten) Verfahren Costa/ENEL feststellte (EuGH Rs. 6/64).

Auch vor der Diskussion des und ungeachtet des Scheiterns des Verfassungsvertrags von 2004 (umgewandelt und ‚abgemildert' zum nunmehr gültigen Lissaboner Vertrag von 2007) wurde dies vielfach als ein Prozess der Konstitutionalisierung des Europarechtes interpretiert (Christiansen/Reh 2009), dessen zentrale Rolle für die politisch-juristische ‚Feinmechanik' der Europäischen Integration und ihrer Entwicklung unter dem Stichwort „integration though law" behandelt wurde.[19] Diese rechtlich-politische Integrationswirkung ist *ein* supranationaler Faktor, der sich im Sinne der Vertiefung von Integration ausgewirkt hat. Ein zweiter betrifft die Rolle supranationaler Akteure im Rahmen der großen intergouvernementalen Verhandlungsrunden zur Reform der Gründungsverträge.

Übersicht 2.4   Zentrale Entwicklungsschritte der EU

1951 Europäische Gemeinschaft für Kohle und Stahl (EGKS; in Kraft ab 1952)
1957 Römische Verträge über Europäische Wirtschaftsgemeinschaft (EWG) und Europäische Atomgemeinschaft (Euratom; beide i.Kr. 1958)
1960–69 Aushandlung der Gemeinsamen Agrarpolitik (GAP; lange Zeit bei weitem haushaltsstärkstes Aktivitätsfeld der EWG; vgl. Text)
1967 Fusionsvertrag (Zusammenlegung der Organe von EGKS, EWG und Euratom)
1987 Einheitliche Europäische Akte (Binnenmarktprogramm bis 1992)
1992 Vertrag über die Europäische Union (i. Kr. 1993; EUV = Maastrichter Vertrag): EWG wird EG; Drei-Säulen-Struktur: EU = EG + Gemeinsamen Außen- und Sicherheitspolitik (GASP) + Zusammenarbeit in den Bereichen Justiz und Inneres (ZBJI)
1999 Einführung des Euro; Währungsunion mit Europäischer Zentralbank
1999 Vertrag von Amsterdam (u.a. neues Ziel „Schaffung eines Raums der Freiheit, der Sicherheit und des Rechts" (als verbal verbrämte Ausbaustufe der ZBJI)
1999 Rat beschließt gemeinsame Sicherheits- und Verteidigungspolitik (ESVP, seit Lissaboner Vertrag GSVP)
2003 Vertrag von Nizza (institutionelle Reform, um 5. Erweiterung (s. Übersicht 2.1) handhabbar zu machen (Entscheidungsverfahren; Stimmengewichtung im Rat u.a.)
2004 Vertrag über eine europäische Verfassung (Versuch der Verfassungsgebung, aber immer noch: *Vertrag* über (!); gescheitert in Referenden in F und NL 2005)
2009 Vertrag von Lissabon (um verfassungsspezifische Elemente abgespeckte Version des Verfassungsvertrags; Auflösung der Drei-Säulen-Struktur durch Teilvergemeinschaftung der 3. Säule und Zusammenlegung von bisherigem Außen-Kommissariat und Beauftragtem des Rates für die GASP zu Hohem/r Vertreter/in mit Europäischem Auswärtigen Dienst)

---

19 Vgl. stellvertretend Weiler 1999 und Alter 2010.

Dies gilt es zunächst festzustellen: Die großen Schritte der Weiterentwicklung der Europäischen Integration (vgl. Übersicht 2.4) bedürfen jeweils der Änderung oder Ergänzung der zugrunde liegenden völkerrechtlichen Verträge. Und dieses Vertragsänderungsspiel läuft auf jeden Fall unter zentraler Beteiligung der Regierungen der Mitgliedsstaaten, die das Ergebnis der Verhandlungen zudem durch die nationalen Parlamente ratifizieren (durch Gesetzesbeschluss annehmen) lassen müssen. Da solche intergouvernementalen Verhandlungen oft Jahre lang dauern, ergibt sich schon allein hieraus die diskontinuierliche, stop-and-go-Entwicklungsweise der Europäischen Integration. Noch nicht geklärt ist damit die Frage nach den Urheber-Anteilen der drei großen Akteursgruppen, die in diesen Reformspielen prinzipiell beteiligt sind: Regierungen der Mitgliedsstaaten, heimische Interessensgruppen in den Mitgliedsstaaten, eventuell transnational vernetzt, und supranationale Institutionen wie insbesondere die Kommission (und eventuell das Europäische Parlament). Hierüber hat es zum Teil sehr ausgefeilte fachliche Kontroversen gegeben, wohl auch deshalb, weil nicht in jedem Fall dieselbe Einflussverteilung in der Akteurskonstellation herrschen muss. Andrew Moravcsik hat in seiner großen Studie (1998) zum Thema die bis dahin größten fünf Entwicklungsschritte eingehend untersucht und dabei drei Thesen vertreten und untermauert: ökonomische Erwägungen der Mitgliedstaaten-Regierungen eher denn geopolitische seien die Hauptmotive gewesen; der Ausgang der Verhandlungen sei durch die relative Verhandlungsmacht der Regierungen bestimmt worden; und supranationale Lösungen seien nicht aus föderalistischen oder sonstigen ideologischen Gründen heraus ergriffen worden, sondern um die Glaubwürdigkeit zwischenstaatlicher Vereinbarungen zu erhöhen. Alle drei Überlegungen seien hier kurz erläutert. Die erste These kontrastiert mit der auch hier (s. oben) betonten Lesart des Integrationsprozesses als durch geopolitische Motive getragen. Tatsächlich scheint mir, dass die Anfänge der Europäischen Integration sehr wohl im geopolitischen Kontext sowohl des Endes des Zweiten Weltkriegs wie des Beginns des Kalten Kriegs zu sehen sind. Wie oben ausgeführt, ergeben sich hieraus wichtige, z. T. auch divergierende (zwischen Westdeutschland, mit potenziell zentraler Bedeutung, und den westlichen Mächten) Motive für pro-integratives Handeln. Auch die von Vanke herausgearbeitete Bedeutung von emotionalen Einstellungen lässt sich wohl nicht völlig übersehen. Vor allem im weltregionalen Vergleich scheint mir die Bedeutung dieser besonderen Konstellation in Europa deutlich zu sein: ein zentraler Akteur (Westdeutschland) konnte durch Integration an Autonomie gewinnen; eine Supermacht (USA) verhielt sich pro-integrativ; und aus zwei Weltkriegen wurde dann doch – hinsichtlich der Organisation der zwischenstaatlichen Beziehungen in der Region – gelernt. Auch wurde bereits betont, dass nicht alle ökonomischen Motive mit einer geopolitischen

und intergouvernementale Verhandlungsrunden: taktische Spiele vor heimischem Hintergrund

Lesart unvereinbar sind (Stärkung Westeuropas im Ost-West-Konflikt). Dennoch hat Moravcsik sicher recht, dass schon aufgrund der nach wie vor für die Regierungen zentralen nationalen politischen Mechanik (ihre Wiederwahl erfolgt – wenn sie erfolgt – national, unter dem Einfluss der heimischen Bedingungen und Interessensgruppen) die innerstaatliche Ebene des Zwei-Ebenen-Spiels von entscheidender Bedeutung ist. Hier geht es zentral um das jeweilige, in den Mitgliedsstaaten etwa je nach der Struktur ihrer wirtschaftlichen Sektoren oder auch der Bedeutung einzelner Branchen unterschiedliche Interessensprofil, das von den Regierungen ‚bedient' werden muss. Deren Präferenzen, so Moravcsik, werden also durch die Interessenskonstellation an der heimischen Front bestimmt. Der Ausgang der Verhandlungen dagegen werde, und auch das ist plausibel, davon bestimmt, wer die größte Verhandlungsmacht hat. Methodisch ist hier wichtig, dass Verhandlungsmacht nicht ihrerseits wieder am Ergebnis gemessen wird – das wäre tautologisch (zirkelhaft): Verhandlungsmacht bestimmt das Ergebnis, und für wen das Ergebnis am günstigsten ausfällt, der hatte (nur im Nachhinein, am Ergebnis, erkennbar!) eben die überwiegende Verhandlungsmacht. Das wäre eine zirkuläre Scheinerklärung. Vielmehr gilt es, unabhängig vom nur im Nachhinein erkennbaren Verhandlungsergebnis Indikatoren für Verhandlungsmacht zu finden. Das versuchen Analytiker des (internationalen) Verhandelns ebenso wie Praktiker während laufender Verhandlungen. Ein zentraler Punkt ist dabei einzuschätzen, wer wie stark an einer gemeinsamen Lösung interessiert ist, darauf angewiesen ist, und wer notfalls – glaubhafte! – Alternativen zu einer Vereinbarung aufgrund der Verhandlungen hat, die so genannte BATNA – best alternative to negotiated agreement. Wer am wenigsten Alternativen hat, wird am stärksten an einem gemeinsamen Ergebnis interessiert sein und deshalb im Laufe der Verhandlungen nachgeben. Daraus wird auch deutlich, dass so zu tun, als ob man leichter Hand Alternativen hätte, eine bewährte Verhandlungstaktik ist („*Ich* brauche das nicht ..."). Im Grunde ist das wie auf dem Basar: wer zu großes (Kauf-)Interesse zeigt, zahlt einen höheren Preis. Die taktische Natur (bargaining) solcher Verhandlungen wird deutlich. Erst, so können wir unter Hinzunahme der Überlegungen von Vanke ergänzen, wenn dieses interessensbasierte bargaining aus dem Ruder läuft, zur Blockade zu führen droht, kann in Europäischen Integrationsverhandlungen ein zweites Motiv eingeführt werden: der moralische Druck, sich doch als ‚guter Europäer' zu verhalten (also kompromissbereit), und schlimmstenfalls die ‚Drohung', den schwarzen Peter für das Scheitern der Verhandlungen und damit den Ruf des ‚schlechten Europäers' zu erhalten. Freilich ist auch die ‚Empfindlichkeit' gegenüber diesem Vorwurf vermutlich unterschiedlich verteilt, hängt unter anderem von der heimischen Konstellation ab. Zuweilen mag es äußerst populär sein, auf europäischer Ebene hart geblieben zu sein. Die britische Premierministerin und ‚Eiserne Lady' Margaret Thatcher spielte dieses Spiel, als sie bei der Reform der Gemeinsamen Agrarpolitik (GAP) in den 1980er Jahren mit dem Slogan auftrat „I want my money back!". Diese Agrarpolitik war, wie wir gleich sehen werden, unter deutsch-französischem Einfluss protektionistisch und teuer geworden, verschlang zeitweilig weit über die Hälfte der EU-Ausgaben. Bevor wir, Moravcsik folgend, die Entstehung der GAP etwas näher betrachten, sei seine dritte These erläutert: Supranationalität als Mechanismus der Erhöhung der Glaubwürdigkeit von zwischenstaatlichen Abreden. Wie der Gedanke der BATNA ist auch dieser von ganz allgemeiner Bedeutung. Die Übertragung von Entscheidungsgewalt an eine höhere, hier überstaatliche Instanz, ist dann sinnvoll, wenn deren ‚Neutralität' glaubhaft ist, und sie wird erleichtert, wenn wegen der Komplexität und Unvorhersehbarkeit des künftig zu Entscheidenden keiner sich genau im Voraus ausrechnen kann, ob er sich besser oder schlechter stehen wird (als ohne zentrale Entscheidungsinstanz). Wer im Einzelnen welche Normen womöglich dereinst nicht einhält, mit welchen Konsequenzen, ist schwer zu sagen. Da ist es für alle sinnvoll, sich übergeordnet-neutraler Regelanwendungskontrolle zu unterwerfen, denn das stärkt die Glaubwürdigkeit der Zusage, nach den vereinbarten Regeln zu spielen. Zumindest im Prinzip ist dies richtig – und es handelt sich um eine Begründungsstrategie nicht nur für supranationale Kontrolle (durch die Kommission oder den EuGH), sondern auch für nationale Gerichtsbarkeit als Streitschlichtungsmodus und letztlich sogar für Staatlichkeit überhaupt (in so genannten Vertragstheorien des Staates, die freiwillige Unterordnung als im Interesse der Bürger liegend erklären).

Zwei Beispiele von intergouvernementalen Verhandlungsrunden der Europäischen Integration sollen das Gesagte illustrieren helfen. Moravcsik (1998, 159 ff.) behandelt eingehend die Entstehung der Gemeinsamen Agrarpolitik (GAP; englisch CAP) in den Jahren zwischen 1960 und 69. Er nennt sie „the most importan deal" (159) in dieser Zeit. Die drei Großen: (West-)Deutschland, Frankreich und Großbritannien (damals noch auf dem Weg zur Mitgliedschaft, hierin mehrfach von Frankreich aus strategischen Gründen blockiert) hatten vor dem Hintergrund ihrer nationalen agrarpolitischen Situation dabei recht unterschiedliche Interessen. GB war kaum an einer Änderung seiner bisherigen Politik interessiert, die auf freien Handel (Weltmarktpreise) setzte, auf bilaterale Verträge und nationale Politik zur Stützung heimischer Produzenten. Letzteres, allerdings auf sehr hohem Preisniveau, verfolgte auch Deutschland. Es betrieb selektiven Protektionismus nach außen und setzte auf hohe nationale Subventionen, sofern die GAP nicht das hohe deutsche Preisniveau übernahm. In Frankreich spielte der Agrarsektor im Vergleich eine noch sehr viel größere Rolle, auch für die Beschäftigung, darunter viele Kleinbauern mit politischem Gewicht. Es war sehr an der raschen Entstehung einer

GAP (CAP) – eine Mütze ohne Deckel; und Binnenmarkt – die Rolle supranationaler Akteure

GAP interessiert, die jedoch Schutz vor Importen von außen gewähren sollte bei moderaten Preisen und einer Mischung aus zentraler (Brüsseler) und nationaler Verwaltung und Subventionierung. Die Kommission vertrat die rasche, vorzeitige GAP-Einführung mit niedrigen Preisen, von außen offenem Marktzugang und Abschaffung nationaler Subventionen bei zentraler Verwaltung. Sie lag damit quer zu zentralen Interessen der großen Mitgliedsstaaten und konnte sich daher gegen diese auch nicht durchsetzen. Ja Moravcsik geht so weit, ihr trotz vielfältiger Aktivität jeden entscheidenden Einfluss in der Sache abzusprechen. Tatsächlich wurde die entstehende GAP genau zu jenem System, das die Kommission befürchtet und vor dem sie gewarnt hatte: sie wurde zum spätest möglichen Zeitpunkt (1970) aktiv, schrieb (im Vergleich zum Weltmarkt) sehr hohe Preise fest, verhielt sich nach außen den Marktzugang beschränkend und ließ deutliche Anteile nationaler Verwaltung und erhebliche national Subventionen zu. Der politische deal zwischen den Regierungen erfolgte also unter Umgehung der Kommission – und auf Kosten europäischer Verbraucher und Steuerzahler (die, im Vergleich zur Agrarlobby, schlecht organisiert waren). Moravcsik arbeitet dabei insbesondere heraus, wie de Gaulle (und sein Nachfolger Pompidou) langfristig einem Plan zur Realisierung der GAP folgten: gegenüber dem widerstrebenden Deutschland wurde ein Tauschgeschäft mit französischer Zustimmung zum GATT gegen deutsche zur GAP verfolgt; und de Gaulle schluckte eine leichte Supranationalisierungs-Kröte als Preis für das Zustandekommen der GAP. Selbst seinen Fouchet-Plan, der eine politische Union Europas vorsah, freilich intergouvernemental (und in der zweiten Version auch unter Angriff auf die supranationale EWG), ließ er fallen, nachdem die GAP im Januar 1962 im Prinzip Konsens gefunden hatte. „With agriculture secure, de Gaulle was free to set forth a more intransigent position, placing the public onus of the collapse of the negotiations on the rejection of other governments and preserving his ‚pro-European' image" schreibt Moravcsik (186). GBs Beitritt dagegen legte er auf Eis, da dessen Widerstand gegen die GAP erkennbar war (und nach dem Beitritt GBs seine Fortsetzung in der erwähnten GAP-Reform-Politik Thatchers fand). Während bei der GAP-Entstehung somit nach Moravcsik nationale Regierungen vor dem Hintergrund heimischer Interessenskonstellationen taktisch, wenn auch unter Wahrung des Anscheins guten Europäertums (dass dieser Anschein wichtig war, ist interessant!) rangen und die Kommission dabei ausspielten, mit dem Ergebnis einer für die Regierungen politisch opportunen GAP auf Kosten von Steuerzahlern und Konsumenten, sahen viele Beobachter bei der Realisierung des Binnenmarktprogramms mit Ziellinie 1992 eine größere Rolle für supranationale Akteure. George Ross (1995; vgl. darauf basierend auch List 1999, 75 ff.) betont in seiner Studie die Rolle von Jacques Delors, damals Kommissionspräsident, als politischem Unternehmer, der das

Binnenmarkt-Projekt entscheidend vorangebracht habe. Und Wayne Sandholtz und John Zysman (1989) arbeiten darüber hinaus die Rolle eines transnationalen Zusammenschlusses europäisch-transnationaler Firmenvertreter, des „Roundtable of European Industrialists", heraus. Ihnen, die tatsächlich grenzüberschreitend ökonomisch im Binnenmarkt agieren wollten, musste letztlich an einheitlichen Regelungen für diesen Markt (statt damals 12 einzelstaatlichen) gelegen sein. Schließlich verweisen auch sie auf fördernde heimische Bedingungen.

Es scheint somit ein weitgehender Konsens zu bestehen, dass das Verhalten von Mitgliedsstaatenregierungen im Prozess der Entwicklung Europäischer Integration im Sinne eines Zwei-Ebenen-Spiels zu verstehen ist, bei dem die Regierungen auf der Ebene internationalen Verhandelns taktisch, aber auch um ihren Ruf als ‚gute Europäer' bemüht agieren, vor dem Hintergrund nationaler gesellschaftlicher Interessenskonstellationen. Dieses Ergebnis bestätigt auch Daniel Finke (2010) in seiner Untersuchung der großen Reform-‚deals' nach Maastricht. Auch für sie zeigt er, dass „the final position that governments take at any particular IGC [intergovernernmental conference, ML] is determined by domestic politics." (17) Allerdings spielen dabei für ihn nicht nur ökonomische Interessensgruppen eine Rolle. Vielmehr arbeitet er die Bedeutung von (Einstellungen von) Wählern, politischen Parteien und Parlamentsfraktionen heraus. „Whereas economic variables can explain international variations, political changes reflect both public opinion and party politics." (17) Und, wie er hinzufügt: „These findings deal a severe blow to all those who criticize the process of European integration for its elitist and undemocratic nature." (ebd.) Wir kommen darauf unten zurück. Hier sind zwei weitere Feststellungen von Finke wichtig. Zum einen, dass das Gewicht der ‚großen Drei' (D, F, GB) in der erweiterten Union abgenommen hat. Zwar entspricht ihre Wirtschaftskraft noch etwa der der übrigen 25 Mitgliedsstaaten, aber sie vertreten nur 201 von 490 Mio EU-Bürger(-innen). Ihre Fähigkeit, durch Nebenzahlungen (side payments) Verhandlungsergebnisse zu erwirken, nimmt ab. Zum anderen war die Post-Maastricht-Agenda auch eine andere als die des Binnenmarktprojektes. Ging es bei Letzterem um die *Verteilung* der durch ökonomische Integration ermöglichten Zugewinne (distributive Politik), so standen nach Maastricht Fragen der *Umverteilung* (redistributive Politik) politischen Einflusses, zwischen der supranationalen und der nationalen Ebene wie zwischen den Mitgliedsstaaten (etwa in Gestalt der Stimmengewichtung im Rat) auf dem Spiel. Kompromisse waren hierbei schwerer erreichbar. Schließlich stand die Europäische Integration unter dem Druck, ihr Ansehen, das in den Ruf eines undemokratischen Elitenprojektes geraten war, zu verbessern, worauf unter anderem durch Einberufung einer Reformversammlung von Nicht-Regierungsvertretern im so genannten Kon-

> komplexe Erklärungen, nicht ohne innergesellschaftliche Ebene, über Zeit variable Bedeutung einzelner Faktoren

vent reagiert wurde, der den Europäischen Verfassungsvertrag ausarbeitete. In der Summe macht dies deutlich, dass zwar die heimische Ebene immer von Belang ist, dass aber im übrigen die genaue Akteurs- und Einfluss-Konstellation im Integrationsprozess sich über Zeit wandelt, zum Teil in Reaktion auf die (vorangegangene) Integrationsentwicklung. Was in der einen Phase so galt, an Erklärungen, muss nicht in jeder anderen Phase auch genauso gelten. Beides unterstreicht die Kontextabhängigkeit der Erklärungen Europäischer Integration, die aber dennoch zentrale Mechanismen und die jeweilige politische Mechanik herauszuarbeiten vermögen. Dies gilt erst recht, wenn nicht, wie hier, nur die großen Reformschritte der Europäische Integration betrachtet werden, sondern die alltägliche ‚Politikproduktion' unter Integrationsbedingungen, wie ich es gerne nenne. Hier, etwa bei der als Handlungsform der EU nach innen zentralen so genannten regulativen Politik durch Verabschiedung europaweit gültiger Normen in Gestalt von Verordnungen (in Ziel und Mittel verbindlich) bzw. Richtlinien (mit nationalem Spielraum bei der Mittelwahl der Umsetzung bei europaweit verbindlichen Zielen), haben die Kommission (aufgrund ihres Initiativmonopols, ihres alleinigen Rechtes, Gesetzesvorschläge auszuarbeiten) wie das Europäische Parlament (mit seiner faktischen Veto-Position im nunmehr fast flächendeckend gültigen so genannten Ordentlichen Gesetzgebungsverfahren, Art. 289 AEUV) eine deutlich stärkere Rolle. Dies eben markiert den Unterschied zwischen Politikproduktion unter Integrationsbedingungen (unter erheblicher Beteiligung supranationaler Akteure) und allgemeiner internationaler Politik; es ist zugleich der Grund, warum im Rahmen der Politikwissenschaft die Analyse der Politikproduktion unter Integrationsbedingungen eher im Teilgebiet der (europäisierten) Politikfeldanalyse erfolgt (vgl. das Standardlehrbuch von Wallace/Pollack/Young 2010) bzw. unter der Frage der Europäisierung national-mitgliedsstaatlicher politischer Systeme (vgl. etwa Sturm/Pehle 2001 für den deutschen Fall). Die Supranationalität der EU markiert denn auch einen zentralen Unterschied zwischen ihr und den übrigen im vorliegenden Text behandelten weltregionalen Kooperationsprojekten.

2.3 Europäische Integration und Demokratie

Europäische Integration: Elitenprojekt oder elitäres Projekt?

Dass diese Supranationalität der Europäischen Integration erreichbar war, wurde oben aus einer bestimmten historischen Konstellation und daraus resultierenden Einstellungen und Interessenswahrnehmungen von Eliten heraus erklärt. Diese konnten sich dabei jedoch in breiteren Bevölkerungskreisen auf eine eher passiv-hinnehmende, in Kreisen der Europabewegung dagegen aktiv unterstützende Grundeinstellung zur Europäischen Integration stützen.

Die passiv-hinnehmende Einstellung wird fachlich als *permissive consensus,* als ermöglichender Grundkonsens, bezeichnet, und eben dieser scheint etlichen Beobachtern, insbesondere nach der Ablehnung des Verfassungsvertrags im Jahre 2005 in Referenden in Frankreich und den Niederlanden, aber auch im Lichte weit geringerer Popularität der EU-Mitgliedschaft in Neumitgliedsstaaten wie Schweden und Österreich, am Schwinden. Verstärkt wird dies durch das vielfach wahrgenommene so genannte Demokratie-Defizit der EU. Aus der zunächst empirischen Feststellung eines von Eliten vorangetriebenen Projektes wird dann eine auch politisch kritische Wahrnehmung der EU als elitär (deutlich etwa in der Studie von Haller 2009, vielleicht nicht zufällig ein österreichischer Soziologe; vgl. auch Kauppi/Madsen 2013). In der politischen Diskussion um die (weitere) Europäische Integration wird hieraus schnell ein Spiel der wechselseitigen Vorwürfe: Befürworter weiterer Integrationsschritte gelten als elitär, ihren Kritikern wird anti-europäische Einstellung vorgeworfen. Beides ist nicht sinnvoll und folgt auch nicht zwangsläufig. Weder sind es nur (aber zuweilen auch) elitäre Eigeninteressen, die manche zur Befürwortung weiterer Integration veranlassen, noch ist Kritik an der konkreten Form, die das EU-Integrationsprojekt angenommen hat, automatisch un-europäisch (dass diese Etikettierung nach wie vor diskreditierende Wirkung hat, ist ein Indiz für verbleibende pro-integrative Grundeinstellung). Aus unserer analytischen Sicht erscheint interessanter, *dass* die Kritik der Europäischen Integration als elitär und demokratisch defizitär erfolgt. Beides kann man als Ausdruck zweier Reifungsprozesse verstehen. Der eine ist der der Europäischen Integration selbst. Was als Eliten-Projekt der wirtschaftlichen Marktintegration begann, erfasst inzwischen so viele Lebensbereiche der beteiligten Bevölkerungen, von der inneren Sicherheit bis zur äußeren, von Fragen des Umweltschutzes bis zu solchen der Sicherheit der (z.B. gen-manipulierten) Nahrungsmittel und des Verbraucherschutzes generell, dass offenbar ein Bewusstsein für die ‚Eindringtiefe' europäischer regulativer Politik weit verbreitet ist – und zum Teil als ein Zuviel empfunden wird. Im Rahmen des Integrationsprojektes selbst wurde hierauf unter anderem durch Aufnahme des Subsidiaritätsprinzips (seit dem Lissaboner Vertrag in Art. 5 Abs. 3 EUV) reagiert, in der wissenschaftlichen Diskussion ist von einer Autonomie (der Mitgliedsstaaten) schonenden Vorgehensweise die Rede. Gemäß dem unaussprechlichen Prinzip soll die Union jenseits der ihr ausschließlich zugeschiebenen Bereiche nur tätig werden, soweit Maßnahmen auf politischen Ebenen unterhalb der Unionsebene „nicht ausreichend verwirklicht werden können", sondern auf Unionsebene „besser zu verwirklichen sind." Die Schwierigkeit des Prinzips ist offenbar nicht nur eine sprachliche der Bezeichnung. Klar ist auch, dass die geforderten Beurteilungen nie etwas anderes als politische sein können (Was heißt „nicht ausreichend", was „besser"?). Die Entwicklung der Europäischen Integration ist so weit fortgeschritten, dass politischer Streit hierüber *lohnt*. Und die Entwicklung der politischen Kultur in den Mitgliedsstaaten, auch dies eine erfreuliche, ist so weit fortgeschritten, dass immer mehr Bürgerinnen und Bürger sich der politischen Natur im Rahmen des Integrationsprozesses fallender Entscheidungen bewusst sind und sich zum Teil auch aktiv an den Entscheidungsprozessen beteiligen wollen. Die Frage ist, ob hierfür ausreichend institutionelle Möglichkeiten gegeben sind. Leidet die Europäische Integration unter einem Demokratie-Defizit?

Demokratie-Defizit?

Meine These wäre, dass sie es objektiv kaum mehr tut als die Realdemokratien der Mitgliedsstaaten, dass sie als vergleichsweise jüngeres politisches Projekt (als die Nationalstaaten) wie aufgrund der Gesamt-Mechanik des politischen Spiels in der EU jedoch mehr davon betroffen ist. Zunächst gibt es, seit 1979, ein (in den Mitgliedsstaaten freilich noch immer nach uneinheitlichem Wahlrecht) direkt gewähltes Europäisches Parlament. Es hat auch, wie erwähnt, über das Ordentliche Gesetzgebungsverfahren mittlerweile erhebliches Mitentscheidungsrecht in der EU-Gesetzgebung und verfügt über Haushaltsrechte. Es geht freilich aus ihm keine europäische Regierung hervor. Im Parlament agieren Fraktionen europäischer Parteifamilien (vgl. Mittag/Steuwer 2010), die sich nicht nur überwiegend entlang des aus den mitgliedsstaatlichen Demokratien vertrauten Rechts-Links-Schemas ordnen lassen, sondern die auch, ausweislich der großen Studie von Hix, Noury und Roland (2007), in ihrem Abstimmungsverhalten von diesen Grundeinstellungen geprägt werden. Wenn von der – im weltweiten Vergleich einzigartigen – Möglichkeit der Direktwahl zu einem überstaatlichen Parlament jedoch nur in sinkendem Ausmaß Gebrauch gemacht wird, so ist dies eine verschenkte Chance möglicher demokratischer Einflussnahme; freilich auch eine Anfrage an die Parlamentarier, was sie dagegen zu tun gedenken. Ein zweiter Strang politischer Beteiligung, vor allem im alltäglichen Geschäft der Politikproduktion unter Integrationsbedingungen, läuft über Lobby-Vertretung in Brüssel. Auch sie ist inzwischen gut ausgebaut (vgl. Michalowitz 2007; Coen/Richardson 2009). Es entspricht dabei der ursprünglichen wirtschaftlichen Natur des Integrationsprozesses, dass Wirtschaftsverbände hier stark vertreten sind. Und die z. B. finanzielle Ungleichheit gesellschaftlicher Interessen hinsichtlich der Möglichkeit der Interessensvertretung in Brüssel wird u. a. durch gezielte Einladung von Vertretern von Nicht-Regierungsorganisationen, etwa Verbraucherschutzvereinigungen, durch die Kommission zu den Vorfeld-Beratungsprozessen europäischer Gesetzgebung zu kompensieren versucht. Das mag nicht immer lehrbuchhaft pluralistisch zugehen, aber doch plural – und jedenfalls nicht wesentlich anders als in nationalen politischen Systemen der Mitgliedsstaaten. Auch zeigen Studien über die Inhalte der Politikproduktion, dass durchaus nicht zwangsläufig eine befürchtete ‚Harmonisierung nach unten', eine Einigung auf kleinstem gemeinsamem Nenner, etwa des Umwelt- oder Verbraucherschutz-Niveaus, die Folge ist (etwa Eichener 1997; 2000). Gleichwohl ist nicht zu übersehen, dass die Wirtschaftspolitik der EU eben auf ‚Entfesselung der Marktkräfte' oder, weniger plakativ formuliert, auf Stärkung der europäischen Wirtschaft durch Ermöglichung eines größeren, einheitlichen Binnenmarktes zielt, also auf wirtschaftliche Modernisierung. Und diese kennt immer auch Verlierer. Tendenziell handelt es sich, in den knappen Worten von Fligstein (2008, 211), um „the poor, the less educated, the blue-collar workers, and the elderly". Was die soziologischen Grundlagen des Projektes Europäischer Integration anbelangt, gilt nach Fligstein (ebd., 18):

„the EU market opening project has created three constituencies: one that has greatly benefited from trade and increased social interaction, one somewhere in the middle that has benefited to a degree, and a third that has been harmed. These groups map closely onto conventional measures of social class such that the upper-middle class are the most European, the middle classes are more national, but still partly European, and the working and lower classes are the least European."

Da die EU keine eigenen Systeme sozialer Sicherung unterhält, bleibt den Modernisierungsverlierern als Schutz vor der ‚Globalisierung' (auch in Gestalt von Rationalisierung im EU-Binnenmarkt) nur ihre nationale Regierung bzw. die Mobilisierung nationaler politischer Hebel. Dies ist ein politischer Hintergrund nicht nur für Referenden wie das in Frankreich über den Verfassungsvertrag. Es bestimmt auch die politische Mechanik der EU insgesamt, in der die im Gesetzgebungsverfahren noch immer zentralen Vertreter der nationalen Regierungen zum zentralen Fokus nationaler Interessen werden: an Schutz für die ‚Schwachen' (deren Einfluss freilich auch in der heimischen politischen Mechanik oft gering ist); an Schutz ökonomischer Sonderinteressen, die sich durch Integrationspolitik negativ betroffen sehen (und politisch gut organisiert sind, etwa deutsche Produzenten von Autos der oberen Klasse); und an Schutz der nationalen Identität (wo diese als durch EU-weite Regulierung betroffen betrachtet wird, häufig, aber nicht nur, also im nationalistischen Lager). Nimmt man hinzu, dass nationale Regierungen gerne das „Schwarzer-Peter-nach-Brüssel"-Spiel spielen, Verantwortung für EU-Entscheidungen (selbst solche, denen sie zugestimmt haben), die unter heimisch-nationale Kritik geraten, gerne nach Brüssel abschieben, so wird deutlich, dass sich neben der Links-Rechts-Achse, teilweise mit ihr sich überlappend, eine politische Konfliktlinie auftut über das Ausmaß an (weiterer) Europäischer Integration. Unter vergleichbaren kritischen Anfragen leiden heimische politische Systeme eher nicht (obwohl es in föderalen Systemen ähnliche Ebenenkonflikte, zuweilen auch ähnlich emotional aufgeladen – man denke an den

Streit um Kruzifixe in bayerischen Schulen – gibt), die ansonsten durchaus vergleichbare demokratische Problemzonen aufweisen (begrenzter Pluralismus; Parteien[vor]herrschaft; mangelnde Transparenz u. a. m.). Freilich mag diese Feststellung analytisch zutreffend sein – ihr werbender Charakter für (weitere) Europäische Integration ist zweifelhaft, weshalb politisch-öffentlich so nicht erfolgreich argumentiert werden kann.

_{europäische Politisierung als Lösung?}

Wenn also die reine Output-Legitimation, über die Ergebnisse ihrer Politik, der Europäischen Integration nicht genügt: weil sie entweder in wirtschaftlicher Hinsicht nicht für alle Betroffenen gleichermaßen gilt; oder in der Friedenswirkung nach Innen als selbstverständlich hingenommen wird (und in der Außenwirkung umstritten ist, mit wie viel – oder wenig – militärischen Mitteln sie durch die EU zu entfalten wäre); oder schließlich weil sie prinzipiell als passiv-konsumierende Haltung höheren Anforderungen an aktiv-partizipative (input-)Legitimation nicht genügt; wenn zugleich aber die bisherigen Möglichkeiten zur aktiven Teilnahme wenig (EP-Wahlen), nur begrenzt-pluralistisch (Lobbying) oder mit tendenziell nationalem Fokus (Vertretung heimischer Interessen durch nationale Regierungen) genutzt werden – dann fragt sich, wie ein Weiter an Integration demokratisch(er) gestaltet werden könnte. Die Antwort müsste wohl lauten: durch *europäische* Politisierung (im Unterschied zu der auf nationaler Ebene mit, wie gezeigt, gerne ‚gegen Brüssel' ausfallendem Effekt). Neben der mit dem Lissaboner Vertrag erstmals eröffneten Möglichkeit von Bürgerbegehren auf europäische Gesetzgebung (Art. 11 Abs. 4 EUV) käme angesichts der zentralen Bedeutung der Wirtschaftspolitik für das Integrationsprojekt wie angesichts der aktuellen Krise des Euro-Systems der Gedanke einer europäischen Wirtschaftsregierung in Frage, die, kontrolliert durch den Rat und das EP, demokratisch legitimiert europäische Wirtschafts- (wenn auch nicht Sozial-) Politik betreiben könnte, womit zugleich die politische Links-Rechts-Konfliktlinie auf europäischer Ebene aktiviert werden könnte (vgl. die interessanten Überlegungen hierzu von Collignon 2010). So zu argumentieren, macht aus einem funktionalen Argument (dass eine so weit gehend wie in der Wirtschafts- und Währungsunion erfolgte Integration zusätzliche demokratische Fundierung ‚erzwingt', erforderlich macht), ein intentionaler Entscheidung unterworfenes Argument. Und das Beispiel der Durchsetzung der Politik der Zusammenarbeit im Bereich von Justiz und Innerem zeigt, dass dies erfolgreich sein kann. Sie wurde – plausibel – legitimiert im Kontext der Realisierung des Binnenmarktes von 1992 mit dem ‚Zwang', nach Wegfall der Binnengrenz(kontroll)en die Kooperation bei der Wahrung von Recht und Ordnung im nunmehr grenzenlosen Binnenraum ausbauen *zu müssen* – und als intergouvernementale Politik unter zunächst weitgehender Kontrolle der Regierungen institutionalisiert. Ähnlich wurde das Binnenmarkt-Programm von J. Delors ganz bewusst auch mit einer Rhetorik begleitet, die der Europäischen Integration zusätzliche (output-)Legitimation verschaffen sollte: der Propagierung der ‚Rettung des europäischen Gesellschaftsmodells', das zwar unter Globalisierungsbedingungen sich durch den Binnenmarkt fit machen müsse, dies aber nicht zum ökonomischen Selbstzweck eines ungefesselten Neoliberalismus, sondern um dadurch den „embedded liberalism" (John G. Ruggie), den sozialstaatlich abgefederten ökonomischen Liberalismus, wie er für EU-Europa in seinen unterschiedlichen nationalen Spielarten (von angelsächsisch-britisch über rheinisch-deutsch bis hin zu skandinavisch-sozialdemokratisch) typisch ist, zu bewahren.[20] Die Rolle nationaler Politiken war dabei jedoch, der überwiegenden nationalen Kompetenz der Mitgliedsstaaten im Bereich von Sozialpolitik entsprechend, im Vergleich zur Unionsebene dominant. Und auch gegenwärtig scheint die europäische Regierungspolitik zu solch weitgehenden Demokratisierungsschritten im Bereich der politischen Wirtschaftsintegration, wie Collignon sie vorsieht, nicht bereit, vielmehr den Versuch zu unternehmen, die Finanzkrise durch striktere regulative Überwachung angehen zu wollen. Das Ausmaß an Bereitschaft zur ‚Souveränitätsabgabe', oder, wie es korrekter heißen sollte: zur Einschränkung des eigenen politischen Handlungsspielraums, scheint in diesem zentralen Bereich begrenzt. Was zugleich auch heißt, dass um die demokratische(re) Ausgestaltung des Integrationsprozesses weiter gerungen werde darf – und muss.

Die Bereitschaft, sich überstaatlichen Instanzen zu unterwerfen, ist also begrenzt, auch in den EU-Mitgliedsstaaten. Dies hat einerseits damit zu tun, dass Regierungen nicht ohne weiteres eigenen Handlungsspielraum aufgeben wollen. Es hat andererseits, wo solche Regierungen als demokratische legitimiert sind, mit der Wahrung von Chancen demokratischer Selbstbestimmung (Autonomie) zu tun. Sie *dürfen* von einer Regierung gemäß demokratischem Grundverständnis nicht leichter Hand aufgegeben werden. Das Ausmaß, in dem solche Chancen zur autonomen Selbstbestimmung bestehen, wird jedoch von faktischen Entwicklungen bestimmt. Zunehmende Interdependenz zwischen Staaten und Gesellschaften bringt es mit sich, dass immer mehr Probleme auch von im Prinzip handlungsmächtigen Staaten nicht im Alleingang gelöst werden können. Grenzüberschreitende Umweltprobleme sind *ein* Beispiel, die Nutzung der ökonomischen Chancen grenzüberschreitenden Handels ein anderes. In diesen Bereichen der Nutzung und Bewältigung von Interdependenz besteht also ein erkennbares (und erklärungskräftiges) Eigeninteresse von Staaten und Regierungen, sich in internationale

überstaatlich garantierte Grund- und Menschenrechte: EU-Grundrechtecharta

---

20 Zum Ausmaß, in dem dieses europäische Gesellschaftsmodell bzw. die europäische Spielart des Kapitalismus sich etwa vom US-amerikanischen – und zwar positiv – unterscheidet, vgl. aus dortiger Außensicht Hill 2010.

Kooperations- oder gar überstaatliche Integrationszusammenhänge einzubinden. Ein vergleichbares Eigeninteresse ist im Bereich der Selbstbindung der Ausübung staatlicher Macht an zu achtende Grund- und Menschenrechte zunächst nicht erkennbar. Gleichwohl ist die Weltregion Europa auch in diesem Bereich vergleichsweise am weitesten fortgeschritten. Die EU selbst entwickelte sich ja, wie oben dargestellt, auch im Wege zunehmender Verrechtlichung, und hat zur Auslegung des Gemeinschaftsrechts zudem einen überstaatlichen Gerichtshof, den EuGH mit Sitz in Luxemburg, institutionalisiert. Seine Rechtsprechung sollte zwar im Kern ‚nur' die ökonomischen Grundfreiheiten der EWG auslegen, was das ‚Risiko' der Unterwerfung unter seine überstaatliche Zuständigkeit aus Sicht der Mitgliedsstaaten begrenzt hielt. Bereits damit jedoch wurde der Weg zur richterrechtlichen Rechtsschaffung beschritten, und mit der Ausdehnung der inhaltlichen Kompetenzen der Union wuchs auch der Bereich der übernationaler Rechtsprechung zugänglichen Materien. Gerade diese Ausdehnung der EU-Regelungskompetenz jedoch ließ es immer merkwürdiger erscheinen, dass die in den Mitgliedsstaaten gültige Bindung der exekutiven Gewalt an Grund- und Menschenrechte, Kernmerkmal ihrer Rechtsstaatlichkeit, für die EU-Ebene nicht formal institutionalisiert war. Dem wurde mit Erarbeitung der Europäischen Grundrechte-Charta, die Rat und Kommission am 7. Dezember 2000 annahmen, abgeholfen. Sie ist nunmehr durch den Lissaboner Vertrag (gemäß Art. 6 Abs. 1) mit gleichem Rang zu den Gründungsverträgen gültig und räumt einen zeitgemäß weiten Katalog von Grundrechten der EU-Bürgerinnen und -Bürger ein, beginnend mit der dem deutschen Grundgesetz entlehnten Festlegung in Art. 1: „Die Würde des Menschen ist unantastbar." Mit diesem Bekenntnis zur Geltung von Grundrechten auch auf der überstaatlichen Ebene vollzog die EU freilich für ihren Bereich eine Entwicklung nach, die in einem anderen institutionellen Kontext europäisch-weltregionaler Integration schon lange vollzogen war, im Rahmen des Europarates.

EMRK im Rahmen des Europarates

Der 1949 aufgrund einer transnationalen, von engagierten Vertreter(inne)n der, wie man heute sagen würde, Zivilgesellschaft, die den so genannten Haager Kongress (1948) einberufen hatten, getragenen Initiative begründete Europarat ist im Grunde die älteste der großen europäischen Einrichtungen (vgl. allgemein Brummer 2008). Anders als die späteren Europäischen Gemeinschaften wurde er zunächst nicht supranational ausgestaltet, sondern intergouvernemental, auch wenn neben dem Ministerkomitee eine Parlamentarische Versammlung (delegierter nationaler Parlamentarier) eingerichtet wurde. Sein zentraler Arbeitsmodus wurde die Erarbeitung internationaler Konventionen (völkerrechtlicher Verträge), denen die Mitgliedsstaaten beitreten können (sollen), aber nicht müssen, in einem breiten Tätigkeitsbereich der kulturelle, ökonomische und politische Fragen betrifft. 203 solcher Konventionen wurden inzwischen erarbeitet, die Annahme (Ratifikation) durch die Mitgliedsstaaten des Europarates schwankt: die Niederlande führen mit 136 ratifizierten Konventionen, Deutschland hat 38 noch nicht unterzeichnet; in ihrer EG-Kapazität ist die EU selbst 46 der Konventionen beigetreten, ein Aspekt der inter-organisatorischen Vernetzung auf europäischer Ebene (Angaben nach Bond 2010). Die prominenteste dieser Konventionen und die hier interessierende ist freilich die Europäische Menschenrechts-Konvention (EMRK) von 1950. Durch sie wurde ein überstaatliches europäisches Menschenrechtsschutz-Regime institutionalisiert (vgl. List 1992; Moravcsik 2000), in dessen Kern die supranationale Rechtsprechung des Europäischen Gerichtshofs für Menschenrechte (EuGHMR) mit Sitz in Straßburg steht. Er ist einerseits zuständig für Staatenbeschwerden gegen einen anderen Mitgliedsstaat wegen der Nicht-Einhaltung der in der EMRK verbrieften Rechte. Andererseits und vor allem aber ist gemäß Art. 34 EMRK vor ihm eine Individualbeschwerde wegen der Verletzung der Grundrechte *durch den eigenen Staat* möglich (nach Erschöpfung des innerstaatlichen Rechtsweges). Erwartungsgemäß kommt heute das Gros solcher Klagen aus rechtsstaatlich unterentwickelten Mitgliedsstaaten wie Russland (2007 wurden 192 russische Fälle verhandelt, in 175 wurde eine Verletzung von Grundrechten festgestellt; List 2010, 230), aber auch in alteingesessenen Demokratien wie Großbritannien (Foltervorwürfe im Nordirland-Konflikt) und entwickelten Rechtsstaaten (BR Deutschland in Sachen Berufsverbot) ist die supranationale Klagemöglichkeit von erheblicher Bedeutung, auch wenn sie aufgrund des langen Rechtswegs bzw. etwa in Fällen von Folter eher symbolische Widergutmachung und eventuell Entschädigung erbringt. Die über die jeweils konkreten Fälle hinaus gehende Wirkung auch schon der Möglichkeit überstaatlicher Gerichtskontrolle einzelstaatlich exekutiven Handelns liegt darin, dass im Wege der Rechtsprechung des EuGHMR ein vertieftes, tendenziell grenzüberschreitendes Verständnis davon entsteht, was rechtsstaatlich gehegte Ausübung staatlicher Herrschaftsgewalt bedeutet. Die Frage ist, was Staaten (Regierungen) motiviert hat, sich solcher Kontrolle auszusetzen. Die oben angeführten Überlegungen zur Nutzung oder Bewältigung grenzüberschreitender Interdependenz und daraus resultierende Eigeninteressen sind es hier gerade nicht, denn, schnöde aber deutlich gesagt: die harten materiellen Interessen eines Staates werden durch unzureichend rechtsstaatliche Be- oder selbst Misshandlung von Bürgern in einem anderen Staat nicht tangiert. Und im Falle der – erfolgreichen – Klage gegen einen Staat durch eigene Bürger erleidet er Reputationsverlust. Warum sich diesem Risiko aussetzen? Hier greift jenseits der Logik der Eigeninteressen wohl das, was analytisch als Logik der Angemessenheit (March/Olson 1989) bezeichnet wird. Damit ist gemeint, dass bestimmte Handlungsweisen im Lichte normativer Grundeinstellungen als geboten oder eben angemessen gelten. Die Grundlage der Wirksamkeit dieser Logik der Angemessenheit ist also eine grenzüberschreitend, von politischen Eliten und Zivilgesellschaft, geteilte normative Grundeinstellung, *wie* Herrschaft ausgeübt werde soll (und wie nicht). Überstaatlich institutionalisierte Kontrollverfahren können auf Basis solcher Grundeinstellungen eingerichtet werden und sie tragen zur Verfeinerung und juristischen Ausarbeitung der zugrunde liegenden normativen Überzeugungen bei. Sie sind letztlich nicht in der Lage, fehlende einschlägige Grundüberzeugungen und daraus resultierende mangelnde Bereitschaft zur institutionalisierten Selbstbindung der Herrschenden zu ersetzen. Wo diese Voraussetzungen nicht gegeben sind (wie etwa in Russland), laufen die überstaatlichen Verfahren letztlich ins Leere. Freilich gilt dies auch in wohl geordneten Rechtsstaaten: nur *Anerkenntnis der Geltung* höchstrichterlicher Rechtsprechung (etwa nationaler Verfassungsgerichte) verleiht dieser Wirksamkeit. Wo das Bewusstsein für die – (inneren) Frieden stiftende – Bedeutung solcher Verfahren fehlt, droht letztlich der Rückfall in Gewaltherrschaft und gewaltsamen Konfliktaustrag.

Demokratieförderung durch EU und OSZE

Gerade um solche Rückfälle zu verhindern, entwickelte die EU nach dem Ende des Ost-West-Konflikts ihre gezielte Politik der Förderung der Stabilität der entstehenden neuen, demokratischen oder zumindest demokratischeren politischen Systeme in Mittel- und Osteuropa. Als zentrales Instrument standen ihr dabei ihre eigene Attraktivität sowie ihre finanziell-ökonomischen Möglichkeiten zur Verfügung. Erstere wurde im Wege der durch die so genannten Kopenhagener Kriterien: die Übernahme von liberaler Demokratie als politisches, Marktwirtschaft als ökonomisches Leitprinzip und die des Normenbestandes der EU, des so genannten acquis communautaire, konditionierte Erweiterungspolitik zum Einsatz gebracht. Für Staaten, denen man einen Beitritt nicht oder nicht unmittelbar in Aussicht stellen wollte, wurden Hilfsprogramme und letztlich die so genannte Europäische Nachbarschaftspolitik aufgelegt (vgl. Simonis/Elbers 2010, Teil 3; Gaedtke 2009, 159 ff.). Durch diese Maßnahmen sollten die östlichen Staaten ökonomisch stabilisiert und (soweit Mitglied) integriert werden und damit auch politisch stabilisiert und in die neuen Gepflogenheiten demokratisch-rechtsstaatlicher Herrschaftsausübung sozialisiert werden. Der der Psychologie entlehnte Begriff der Sozialisation (vgl. Risse/Sikkink 1999) überbetont freilich die zweifellos auch eine Rolle spielende mentale Änderung von Einstellungen. Er unterbelichtet jedoch das Fortbestehen überkommener politischer Einstellungen, sowohl in Kreisen der Bevölkerung als auch unter den Eliten, vor allem aber das durch Sozialisation eher nicht erreichbare Macht(erhalts)interesse dieser Eliten. Beginnend in Russland, das schon aufgrund seiner Größe in einer der EU-Einflussnahme weitgehend entzogenen Kategorie angesiedelt ist, hat sich z. T. ein neuer, nicht unbedingt mit Marktwirtschaft unvereinbarer Autoritarismus entwickelt. Die langjährige Herrschaft des Präsidenten Lukaschenkow in Weißrussland liefert ein weiteres Beispiel. Er war es denn auch, der jüngst der dritten großen Organisation, die im Bereich friedlicher Konfliktschlichtung und Demokratieförderung in Europa aktiv ist, der Organisation für Sicherheit und Zusammenarbeit in Europa (OSZE)[21], schlicht ab 2011 ‚den Stuhl vor die Türe stellte', sie zur Aufgabe ihrer Vertretung im Lande aufforderte. Die OSZE hatte zuvor aufgrund ihrer Wahlbeobachtung seine mit 80-prozentiger Mehrheit erfolgte Wiederwahl als undemokratisch bezeichnet. Selbst gegenüber dieser weichen Interventionsform des ‚blaming and shaming', der öffentlichen Anprangerung, besteht seitens der neuen Autokraten keine Toleranz mehr, eine Erfahrung, die zuvor schon der Europarat in Russland und nach der zweiten Verurteilung des Putin-Gegners M. Chodorkowskij zu langjähriger Haft durch ein russisches Gericht auch die daran Kritik übende westliche Öffentlichkeit allgemein machen musste. Typischer Weise wird dabei von den neue Autokraten auch die nationalistische Karte gespielt, indem sie sich populistisch und z. T. auch populär in ihren Staaten die Einmischung von außen verbitten. Hier werden die Grenzen der Wirksamkeit zunächst einer schwach institutionalisierten Organisation wie der OSZE deutlich. Sie konnte an Mitgliedschaft sehr inklusiv werden, da sie selbst auf weiche Formen des Konfliktaustrags setzte – und auf die Kraft des 1990 im Rahmen ihrer Vorgängerin, der Konferenz für Sicherheit und Zusammenarbeit in Europa (KSZE), in Gestalt der so genannten Charta von Paris abgegebenen zentralen Bekenntnisses aller damaligen KSZE-Staaten zu den Grundprinzipien der liberalen Demokratie und Marktwirtschaft vertraute. Die mit dieser Erklärung seinerzeit verbundene und unter den Zeitumständen vielleicht auch verständliche Euphorie hat sich verflüchtigt, was den friedlichen Konfliktaustrag anbelangt schon durch die Kriege im ehemaligen Jugoslawien der 1990er Jahre und Russlands Annexion der Krim im März 2014 – und die Wirkung auf die Förderung von Demokratie erfährt nun ebenfalls ihre Grenzen. Man kann freilich der OSZE zu Gute halten, dass auch der vergleichsweise weit handlungsfähigeren EU der Härtetest insofern vielleicht erst noch bevorsteht. Wie wird sie reagieren, wenn in ihren eigenen Reihen massiv undemokratisch und rechtsstaatlich bedenklich regiert werden sollte? Sanktionen wie die Einschränkung von Mitgliedschaftsrechten sind im EU-Vertrag (Art. 7) inzwischen vorgesehen, und da die Einhaltung der Grundprinzipien inzwischen Voraussetzung des Beitritts ist, fragt sich, ob im gravierenden Ernstfall der (nahegelegte) Austritt die schärfste Sanktion sein könnte. Freilich hat schon der Europarat in den 1980er Jahren im Verhältnis zu Griechenland und der Türkei unter ihren Militärdik-

---

21 Zum Vergleich der Demokratie fördernden Aktivität von Europarat, EU und OSZE und ihrer Zusammenarbeit wie ihren Konflikten untereinander dabei vgl. Burchill 2010.

taturen die Erfahrung gemacht, dass ein solcher Ausschluss zugleich die Aufgabe weiterer Einwirkungsmöglichkeiten bedeutet (vgl. List 1992). Das Problem des Rückfalls in undemokratische Herrschaft bzw. ihrer Fortdauer bleibt also leider auch in der Weltregion Europa auf der Tagesordnung. Es bestimmt, wie wir sehen werden, die Bedingungen weltregionaler Kooperation und Integration in anderen Weltregionen weit mehr.

2.4 Zusammenfassung

Zusammenfassung

Fassen wir den Ertrag dieses Kapitels kurz zusammen:

- aufgrund seiner häufigen zwischenstaatlichen Kriege, im Rahmen der frühneuzeitlichen Ausscheidungswettkämpfe und (nicht) zuletzt zweier Weltkriege, war die Weltregion Europa sowohl Geburtsstätte des realistischen Denkens über internationale Beziehungen als auch idealistischer Friedenspläne zur Überwindung des internationalen Krieges;
- dass diese Pläne (erst) nach 1945 und dann bis hin zur Stufe supranationaler Integration umgesetzt werden konnten, verdankt sich einer in der konkreten historischen Lage besonderen Konstellation von Eliten-Interessen und verbreiteten, auch emotionalen Einstellungen (emotive Europeanism);
- bei den Interessen spielen die der politischen und wirtschaftlichen Eliten, in West-Europa und den USA, am Erhalt eines starken Westens und damit auch des Kapitalismus eine die Europäische Integration fördernde Rolle; insbesondere aus nachkriegs-westdeutscher Sicht bedeutete Integration nicht Souveränitätsverzicht, sondern Wiedererlangung von Gleichberechtigung; diese Konstellation ist weltgeschichtlich einmalig;
- der Fortgang der Europäischen Integration folgte keiner Automatik (spill over), sondern wurde wiederum durch die erwähnten Interessen, vermittelt über durchaus auch taktische EU-weite Verhandlungen vor heimischem Hintergrund (two level-games), bestimmt, wobei der emotive Europeanism noch kompromissfördernd wirkt; ergänzend wirkt die Eigendynamik europäischen Richterrechts (integration through law);
- die inhaltliche Ausweitung der Regelungsmaterien EUropäischer Politik lässt das Demokratiedefizit jüngst vermehrt hervortreten, auch wenn es mit dem nationaler politischer Systeme durchaus vergleichbar ist und durch Maßnahmen wie Direktwahl des EP, Subsidiaritätsprinzip und Bürgerentscheide anzugehen versucht wurde; auch die Bindung der EU an Grundrechte (in der Charta) ist erfolgt; gleichwohl stößt sie in ihrer Politik der Demokratieförderung jenseits ihrer Grenzen an inhaltliche Grenzen, etwa der Herrschaftsinteressen alter und neuer Autokraten; auch Europa-

rat und OSZE mit ihren vergleichsweise weicheren Mechanismen sind eher zur Stabilisierung bereits erreichter demokratischer und rechtsstaatlicher Konsense in der Lage als zur Herstellung solcher Konsense von außen. EU-Europas erfreulicher interner Stand insofern lässt sich also nicht leicht dorthin übertragen, wo die gesellschaftlichen Bedingungen (noch) ganz andere sind. Ähnliches gilt für die Bereitschaft zu supranationaler Integration, wie der Blick auf außereuropäische Weltregionen im Folgenden zeigen wird.

Literatur

Algieri, Franco 2010: Die Gemeinsame Außen- und Sicherheitspolitik der EU, Wien.

Alter, Karen 2010: The European Court's Political Power. Selected essays, Oxford.

Barudio, Günter 1981: Das Zeitalter des Absolutismus und der Aufklärung 1648–1779 (Fischer Weltgeschichte Bd.25), Frankfurt a. M.

Barudio, Günter 1994: Stichwörter „Absolutismus" und „Dualismus" in: ders.: Politik als Kultur. Ein Lexikon von Abendland bis Zukunft, Stuttgart/Weimar.

Benz, Arthur 2008: Der moderne Staat. Grundlagen der politologischen Analyse, München/Wien.

Böhm, Andrea 2010: Unser Türsteher, in: Die Zeit Nr. 48, 25.11.2010, unter: http://www.zeit.de/2010/48/Europa-Fluechtlinge-Libyen?page=1

Bond, Martyn 2010: The EU and the Council of Europe: Difference, duplication or delegation? in: David J. Galbreath/Carmen Gebhard (Hrsg.): Cooperation or Conclict? Problematizing organizational overlap in Europe, Farnham/Burlington, 11–28.

Brown, Chris/Nardin, Terry/Rengger, Nicholas (Hrsg.) 2002: International Relations in Political Thought. Texts from the ancient Greeks to the First World War, Cambridge.

v. Bredow, Wilfried 2008: Die Außenpolitik der Bundesrepublik Deutschland. Eine Einführung, 2. Aufl., Wiesbaden.

Brummer, Klaus 2008: Der Europarat. Eine Einführung, Wiesbaden.

Burchill, Richard 2010: Cooperation and conflict in the promotion and protection of democracy by European regional organizations, in: David J. Galbreath/Carmen Gebhard (Hrsg.): Cooperation or Conclict? Problematizing organizational overlap in Europe, Farnham/Burlington, 59–77.

Christiansen, Thomas/Reh, Christine 2009: Constitutionalizing the European Union, Basingstoke.

Coen, David/Richardson, Jeremy (Hrsg.) 2009: Lobbying the European Union. Institutions, Actors, and Issues, Oxford.

Collignon, Stefan 2010: Demokratische Anforderungen an eine europäische Wirtschaftsregierung, unter: http://www.fes.de/cgi-bin/gbv.cg?id=07710&ty=pdf (29.12.10).
Colschen, Lars 2010: Deutsche Außenpolitik, Padeborn.
Duchene, Francois 1994: Jean Monnet. The first statesman of interdependence, New York/London.
Efinger, Manfred/List, Martin 1994: Stichwort „Ost-West-Beziehungen", in: Dieter Nohlen (Hrsg.): Lexikon der Politik, Bd.6: Internationale Beziehungen (hgg. von Andreas Boeckh, München, 381–396.
Eichener, Volker 1997: Effective European problem-solving: Lessons from the regulation of occupational safety and environmental protection, in: Journal of European Public Policy 4, 591–608.
Eichener, Volker 2000: Das Entscheidungssystem der Europäischen Union. Institutionelle Analyse und demokratietheoretische Bewertung, Opladen.
Finke, Daniel 2010: European Integration and Its Limits. Intergovernmental conflicts and their domestic origins, Milton Keynes.
Fligstein, Neil 2008: Euro-Clash. The EU, European Identity, and the future of Europe, Oxford.
Funk, Albert 2010: Kleine Geschichte des Föderalismus. Vom Fürstenbund zur Bundesrepublik, Paderborn u. a.
Gaedtke, Jens-Christian 2009: Europäische Außenpolitik, Paderborn.
Geiss, Imanuel 1992: Die deutsche Frage 1806–1990, Mannheim.
Gosepath, Stefan 1992: Aufgeklärtes Eigeninteresse. Eine Theorie theoretischer und praktischer Rationalität, Frankfurt a. M.
Gruner, Wolf D. 1985: Die deutsche Frage. Ein Problem der europäischen Geschichte seit 1800, München.
Haller, Max 2009: Die Europäische Integration als Elitenprozess. Das Ende eines Traums? Wiesbaden.
Hellmann, Gunther (unter Mitarbeit von Rainer Baumann und Wolfgang Wagner) 2006: Deutsche Außenpolitik. Eine Einführung, Wiesbaden.
Hill, Steven 2010: Europe's Promise. Why the European way is the best hope in an insecure age, Berkeley/Los Angeles/London.
Hix, Simon/Noury, Abdul G./Roland, Gérard 2007: Democratic Politics in the European Parliament, Cambridge.
Hoffman, Philip T. 2015: Why Did Europe Conquer the World? Princeton/Oxford.
Holsti, Kalevi 1991: Peace and War. Armed conflicts and international order 1648–1989, Cambridge.
Holsti, Kalevi 1996: The State, War , and the State of War, Cambridge.
Kauppi, Niilo/Madsen, Mikael Rask (Hrsg.) 2013: Transnational Power Elites. The New Professionals of Governance, Law and Security, London/New York.

Keukeleire, Stephan/MacNaughtan, Jennifer 2008: The Foreign Policy of the European Union, Basingstoke/New York.
Krausch, Kristina 2008: How serious is the EU about supporting democracy and human rights in Morocco? unter: http://www.fride.org/publication/431/how-serious-is-the-eu-about-supporting-democracy-and-human-rights-in-morocco
List, Martin 1992: Rechtsstaatlichkeit in (West)Europa. Eine regimeanalytische Betrachtung, in: Politische Vierteljahresschrift 33 (1992) 4, 622–642.
List, Martin 1999: Baustelle Europa. Einführung in die Analyse europäischer Kooperation und Integration, Opladen.
List, Martin 2010: Governance der EU-Russland-Beziehungen, in: Georg Simonis/Helmut Elbers (Hrsg.): Externe EU-Governance, Wiesbaden, 221–238.
Loth, Wilfried 2000: Die Teilung der Welt, erw. Neuausg., München.
March, James G./Olsen, Johan P. 1989: Rediscovering Institutions. The organizational basis of politics, New York.
Michalowitz, Irina 2007: Lobbying in der EU, Wien.
Milward, Alan 1992: The European Rescue of the Nation-State, Berkeley/Los Angeles.
Mittag, Jürgen/Steuwer, Janosch 2010: Politische Parteien in der EU, Wien.
Moravcsik, Andrew 1998: The Choice for Europe. Social purpose and state power from Messina to Maastricht, Ithaca.
Moravcsik, Andrew 2000: The origins of human rights regimes: democratic delegation in postwar Europe, in: International Organization 52, 729–752.
Niedhart, Gottfried/Riesenberger, Dieter (Hrsg.) 1992: Lernen aus dem Krieg? Deutsche Nachkriegszeiten 1918 und 1945, München.
v. Pufendorf, Samuel 1994 (1667): Die Verfassung des Deutschen Reiches, Frankfurt a. M./Leipzig.
Randelzhofer, Albrecht 1967: Völkerrechtliche Aspekte des Heiligen Römischen Reiches nach 1648, Berlin.
Risse, Thomas/Sikkink, Kathryn 1999: The socialization of international human rights norms into doestic practices: Introduction, in: ders./dies./S. Ropp (Hrsg.): The Power of Human Rights Cambridge, 1–38.
Ross, George 1995: Jacques Delors and European Integration, New York.
Sandholtz, Wayne/Zysman, John 1989: 1992: Recasting the European Bargain, in: World Politics 42, 1, 95–128.
Simonis, Georg/Elbers, Helmut (Hrsg.) 2010: Externe EU-Governance, Wiesbaden.
Steininger, Rolf 2004: Der Kalte Krieg, 2 Aufl., Frankfurt a. M.
Stöver, Bernd 2006: Der Kalte Krieg, 3. Aufl., München.

Sturm, Roland/Pehle, Heinrich 2001: Das neue deutsche Regierungssystem. Die Europäisierung von Institutionen, Entscheidungsprozessen und Politikfeldern in der Bundesrepublik Deutschland, Opladen.

Teschke, Benno 2003: The Myth of 1648. Class, geopolitics and the making of modern international relations, London/New York.

Tilly, Charles 1975: Reflections on the history of European state-making, in: ders. (Hrsg.): The Formation of Nation-States in Western Europe, Princeton, 3–83.

Tilly, Charles 1990: Coercion, Capital, and European States AD 990–1990, Cambridge, Mass./Oxford.

Vanke, Jeffrey 2010: Europeanism and European Union. Interests, emotions, and systemic integration in the early European Economic Community, Bethesda/Dublin/Palo Alto.

Wallace, Helen/Pollack, Mark A./Young, Alasdair R. (Hrsg.) 2010: Policy-Making in the European Union, 6. Ausg., Oxford.

Weiler, Joseph H. H. 1999: The Constitution of Europe, Cambridge.

Wells, Sherill Brown 2011: Jean Monnet. Unconventional statesman, Boulder, Col.

Naher und Mittlerer Osten 3

Im vorausgehenden Kapitel wurden die gewaltsamen Ursprünge des zunächst europäischen Staatensystems angesprochen. Der von der historischen Soziologie herausgearbeitete Zusammenhang zwischen Staatsentwicklung und zwischenstaatlichem Krieg wurde angeführt und die Formulierung des Soziologen Norbert Elias von den frühneuzeitlichen europäischen „Ausscheidungswettkämpfen" zitiert. Aus dieser gewaltsamen Herausbildung des europäischen Staatensystems wurden zwei gedankliche Entwicklungen hergeleitet: die Dominanz realistischen Denkens, das das internationale Verhältnis im Sinne von Thomas Hobbes als permanenten Kriegs- und Bedrohungszustand interpretiert, im Fachjargon: als anarchisches Staatssystem; und die Herausbildung und schließlich, nach zwei Weltkriegen, auch Durchsetzung eines diesen Zustand überwindenden Denkens und dann auch diesem entsprechender Institutionen zwischenstaatlicher Kooperation und, in Gestalt der heutigen EU, auch Integration. neuzeitliches Europa ...

Beginnen wir in diesem Kapitel mit der neuerdings MENA (Middle East-North Africa) abgekürzten Weltregion, die sich aus, wie es eigentlich heißen müsste, Westasien, besser jedoch bekannt als Naher und Mittlerer Osten, und Nordafrika (Afrika nördlich der Sahara, m. a. W.: den südlichen Mittelmeeranrainern) zusammensetzt.[1] Wie sich zeigen wird, haben die inzwischen auch dort in Gestalt moderner Staaten ‚formatierten' politischen Herrschaftsverbände eine doch merklich andere Entwicklung hinter sich, mit Auswirkungen sowohl auf ihre internen Herrschaftsverhältnisse und damit Elitenzusam- und internationale Politik in der außereuropäischen Welt: beginnend mit Westasien und Nordafrika

---

[1] Zu den politisch-gesellschaftlichen Verhältnissen in der Region vgl. Angrist 2013, Kadhim 2013, Durac/Cavatorta 2015, zur internationalen Politik der Region allgemein Fawcett 2013 und Hinnebusch 2015, zur Außenpolitik der Einzelstaaten Hinnebusch/Ehteshami 2014.

mensetzung, aber damit zusammenhängend auch auf ihre internationalen Beziehungen untereinander.

Kolonialismus: prägende Erfahrung und bleibende Auswirkungen

Prägend für weite Teile dieser außereuropäischen Entwicklung war dabei die historische Erfahrung kolonialer Unterwerfung. Sie hatte mehrere Konsequenzen, die bis heute auch die internationalen Beziehungen dieser Weltregionen prägen. Am augenfälligsten ist die oft ‚am grünen Tisch' vorgenommene Ziehung der Staatsgrenzen durch die ehemaligen Kolonialherren, kenntlich an deren schnurgeradem Verlauf. ‚Am Boden' bedeutete dies oft, dass willkürlich bisher miteinander verbundene vormoderne politische Einheiten und Ethnien getrennt, in ihrem bisherigen Verkehr miteinander eingeschränkt wurden. Aber auch nach der Dekolonialisation (guter Überblick: Jansen/Osterhammel 2013) blieben oft im Kolonialismus angelegte Elemente weiterhin prägend: eine an Exportproduktion orientierte Ökonomie, die eher an ehemaligen Metropolen orientiert war (auch ganz physisch, was etwa Verkehrsverbindungen wie Straßen und Eisenbahnstrecken anbelangt) denn an Nachbarstaaten; der damit verbundene ökonomische und oft auch politische Einfluss der einstigen Kolonialmächte; schließlich die geronnene Erfahrung oft rassistisch motivierter Unterdrückung ebenso wie die z. T. aus Gründen kolonialen Herrschaftserhalts vorgenommene Aufladung der politischen Bedeutung ethnischer Unterschiede, welche vielfach von den Kolonialherren im Sinne des divide et impera (teile und herrsche) genutzt wurden, um Gruppen gegeneinander auszuspielen. Dies alles wurde politisch auf den Begriff des Neo-Kolonialismus gebracht, politikwissenschaftlich fachlich wurde von penetrierten, von äußerem Einfluss durchdrungenen politischen Systemen gesprochen.

europäische technisch-ökonomische Moderne: Leitbild oft autoritärer Selbstmodernisierung wie nachholender Entwicklungspolitik

Doch war der europäische Einfluss nicht auf den absichtlich-intentionalen kolonialer Herrschaftssicherung begrenzt. Indem zunächst Großbritannien, dann ihm folgend weitere westeuropäische Staaten und schließlich auch ‚Nachzügler' wie die (selbst dekolonisierten) USA und auch Deutschland den Pfad der industriellen Entwicklung einschlugen, setzten sie, weit mehr selbstbestimmt und weit weniger von anderen Weltregionen beeinflusst als die außereuropäische Welt es später konnte, das Muster von Moderne, insbesondere in ihrer technisch-ökonomischen (und auch militärischen) Gestalt. Sie wurde zum Orientierungspunkt auch aller außereuropäischen Eliten(fraktionen), die ihr Heil in nachholender Modernisierung zu suchen begannen, beginnend mit der japanischen Selbstmodernisierung im Zuge der so genannten Meiji-Restauration (1868 ff.)[2], später gefolgt sowohl von relativ

---

2 Die selbst zum Bezugspunkt selbst-modernisierender Bestrebungen etwa im Nahen Osten wurde. Dies ist *ein* Beispiel für frühe transnationale Beziehungen *zwischen* den

autonomen Selbstmodernisierungen wie denen unter Kemal Atatürk in der Türkei und Resa Schahs im Iran als auch, vor allem nach dem Zweiten Weltkrieg, der dann anlaufenden international vermittelten Entwicklungspolitik, die gerade Anfangs stark an technisch-ökonomischem Input (in Gestalt von Infrastrukturprojekten wie Häfen, später auch Flughäfen, und Staudämmen) orientiert war, bis hin zur autoritären Selbstmodernisierung insbesondere in Ostasien im Gefolge der einsetzenden Globalisierung (am US- bzw. Welt-Markt orientierte Entwicklung zunächst in Nachkriegs-Japan, dann Südkorea, später, nach den Reformen Deng Xiaopings – 1978 ff. – in der VR China). Für sie alle wurde, oft autoritäre, Selbstmodernisierung nach westlichem technisch-ökonomischen Vorbild zum Leitbild – oft im Konflikt mit weiten Teilen der Traditionen verhafteten eigenen Bevölkerungen (vgl. Zarakol 2011).

Der Weg Westasiens und Nordafrikas in diese Moderne war bestimmt von der Geschichte mittelalterlicher und frühneuzeitlicher Reichsbildungen (Imperien), die im Laufe des 19. Jahrhunderts und im Gefolge des 1. Weltkriegs zu Beginn des 20. Jahrhunderts mit europäischem Imperialismus in Konflikt gerieten. Bis heute prägend für die relative kulturelle Einheit der Region ist die nach dem Tod des Propheten Mohammed (632) rasch erfolgende Ausbreitung des Islam als dominante Religion (Kennedy 2007; zum politischen Ergebnis Robinson 2013). Ebenso wirkt die weite Verbreitung der arabischen Sprache, die, wenngleich in lokal unterschiedlichen Dialekten gesprochen, gleichwohl eine nahezu die gesamte Region umfassende Verbindung herstellt (was heute, im Zeitalter des Satelliten-TV etwa in Gestalt des allenthalben empfang- und verstehbaren Senders Al Jazeera, von erneutem Belang ist). Für die internationalen Beziehungen des 20. Jahrhunderts waren dann vor allem zwei islamische Reichsbildungen von Bedeutung: das von den nach Anatolien eingewanderten Türken begründete Osmanische Reich (1299–1923), dem weite Teile des heutigen Nahen und Mittleren Osten zugehörten, und das persische Reich der Katscharen (1794–1925) im heutigen Iran. Deren Vorgänger, die Safawiden (1501–1722), hatten bereits durch Annahme der schiitischen Lesart des Islam als offiziell gültige der aus Nachfolgestreitigkeiten nach dem Tod des Propheten entstandenen Spaltung in (mehrheitliche) Sunniten und (vor allem im Iran ansässige) Schiiten bis heute reaktivierbare politische Bedeutung verliehen.

Islam, islamische Reiche und arabische Sprache

In den Bereich beider muslimischen Imperien begannen die aufsteigenden europäischen Vormächte Großbritannien und Frankreich frühzeitig zu intervenieren. Bereits 1798 besetzte Napoleon mit einem Expeditionsheer Alexan-

beginnender kolonialer Einfluss Europas

Weltregionen, die also nicht nur in ihrer Eigenheit und isoliert, sondern auch in ihren Wechselbeziehungen zu sehen sind, zumal wenn es sich dabei, wie hier, um (frühe) ‚Süd-Süd'-Beziehungen handelt; vgl. dazu exzellent Worringer 2014.

dria in Ägypten, seit 1830 eroberte Frankreich Algerien, das es erst 1962 in die Unabhängigkeit entlassen sollte. In Ägypten jedoch musste es dem ansteigenden Einfluss Großbritanniens weichen, welches auch in Persien zunehmend an Einfluss gewann. Hierbei ging es immer auch darum, die ungestörte Verbindung nach Indien, dem Kronjuwel des britischen Empire im 19. Jahrhundert, zu wahren. Es ist daher auch kein Zufall, dass sich beide westlichen Imperialmächte bereits 1916 im Sykes-Picot-Abkommen auf eine Aufteilung ihrer Einflusssphären im Nahen Osten verständigten und sich am Ende des Ersten Weltkrieges ein Mandat des neu gegründeten Völkerbundes zur Verwaltung von zentralen Teilen des sich auflösenden Osmanischen Reiches erteilen ließen (vgl. zum Mandatssystem des Völkerbunds jüngst Pedersen 2015). (Der heutige) Irak, Palästina und Transjordanien fielen an Großbritannien als Mandatar; Syrien und Libanon an Frankreich. Großbritannien sollte damit auch die Mitverantwortung für den entstehenden Israel-Palästina-Konflikt ‚erben' und durch imperial motivierte Dynastiegründung in Irak und Jordanien zugleich die Ursachen späterer Konflikte in der Region setzen.

Auslöser dieser zum Teil imperial konzessionierten Gründungen lokaler Monarchien in Jordanien und Irak war die 1932 erfolgte Selbstausrufung Ibn Sauds zum König des Nedjd und Hidjas, des heutigen, nach der Herrscherfamilie benannten, Saudi-Arabien, nachdem er seinerseits in innerarabischen Stammes-‚Ausscheidungswettkämpfen' obsiegt hatte. Nach der 1922 erfolgten formalen Anerkennung der Unabhängigkeit Ägyptens durch Großbritannien begann so, weltgeschichtlich spät, die Neuformatierung des politischen Raums der Region in der formalen Gestalt moderner Staaten (vgl. Übersicht 3.1). Fortgesetzt wurde das Ringen um externen Einfluss in der Region. Hatte das Deutsche Reich schon mit Bau der Bagdad-Bahn (begonnen 1903, fertiggestellt 1940) Einfluss im Osmanischen Reich angestrebt, kam es mit Rommels Eroberungen in Nordafrika im Zweiten Weltkrieg endgültig zum imperialen Zusammenstoß mit Großbritannien und den westlichen Alliierten. Der Einfluss Großbritanniens in der Region hielt offiziell bis zum 1968 deklarierten Rückzug von seinen Positionen „East of Suez" an. In seinem Gefolge kam es zur Unabhängigkeit der kleineren Golfstaaten (1971: Bahrain, Katar, Vereinigte Arabische Emirate) wie zur Ablösung Großbritanniens durch die USA als extraregionale Vormacht in der Region. Sie war vorbereitet worden durch die US-Intervention in die Suez-Krise 1956, in der Großbritannien im Verbund mit Frankreich und Israel noch einmal imperial die Vormacht demonstrieren und gegen die von Ägyptens Militärführer Nasser angekündigte Verstaatlichung den Anspruch auf den Suezkanal verteidigen wollten, sich aber nicht zuletzt auf US-Drängen zurückziehen mussten. Die globalen Machtverhältnisse hatten sich geändert: die Ex-Metropolen Frankreich und Großbritannien hatten an wirtschaftlichem und politischem Einfluss einge-

Sykes-Picot-Abkommen und Mandatsgebiete am Ende des 1. Weltkriegs

formale Unabhängigkeit der Staaten der Region: Neu-Formatierung des politischen Raums, Aufstieg lokaler Herrschaftseliten und Wechsel in der extra-regionalen Vormachtsposition

büßt; die Sowjetunion war im Zuge des Kalten Krieges zum Einfluss-Sucher auch im Nahen Osten aufgestiegen; und die USA begannen, die Rolle globaler Vormacht zu übernehmen.

Übersicht 3.1   Die Staaten der Region

Ägypten	1922	
Algerien	1962	
Bahrain	1971	GCC
Iran	1501	
Irak	1932	
Israel	1948	
Jemen	1918/67	
Jordanien	1946	
Katar	1971	GCC
Kuwait	1961	GCC
Libanon	1943	
Libyen	1951	
Marokko	1956	
Oman	1744	GCC
Palästina		
Saudi-Arabien	1932	GCC
Syrien	1946	
Tunesien	1956	
Vereinigte Arabische Emirate	1971	GCC

eine überstaat-
liche und eine
zwischenstaat-
liche Organisation:
MESC

Es war jedoch noch während des Zweiten Weltkriegs, dass die im Grunde erste überstaatliche Institution und die erste zwischenstaatliche Institution der Region begründet wurden. Die Erstere wurde auch tatsächlich im Kontext des Krieges gegründet, und zwar nicht zufällig unter militärischen Vorzeichen und von den Briten. Sie etablierten im April 1941 das Middle East Supply Center (MESC), zunächst zur Koordination der knapp werdenden Schifftonnage zur Versorgung der Region, später aber mit weitgehenden Kompetenzen zur Koordination der regionalen Wirtschaftspolitik ausgestattet: „its reach extended into virtually every aspect of Middle Eastern economic life" (Vitalis/Heydemann 2000, o. S.), umfasste die landwirtschaftliche Produktion und Versorgung ebenso wie den Außenhandel und die Steuerpolitik. Ab Sommer 1942 schlossen sich auch die USA dem MESC an. Inhaltlich wurde, der damals im angelsächsischen Westen vorherrschenden ökonomischen Philosophie folgend, eine durchaus staatsinterventionistische Linie verfolgt, die später auch Grundlage der Anfänge internationaler Entwicklungspolitik werden sollte. Damit wurde, neben dem Nationalismus der unabhängig gewordenen Staaten, eine zweite Grundlage für die Dominanz des Staatssektors in den Ökonomien der Region gelegt. Das MESC überlebte jedoch das Kriegsende nicht, wurde im November 1945 aufgelöst. Zu unterschiedlich waren die Positionen der Briten und Amerikaner: Letztere hegten den Verdacht, dass Großbritannien ein fortbestehendes MESC zum Erhalt seiner neokolonialen Position im Nahen Osten nutzen würde und lehnten seine Umwandlung in eine regionale Entwicklungsagentur daher ab.

Arabische Liga

Schon vor dem Ende des Zweiten Weltkriegs wurde auch, und zwar von zunächst sechs Staaten der Region (Ägypten, Irak, Libanon, Saudi-Arabien, Syrien und [damals noch: Trans-]Jordanien; ihnen schloss sich noch im selben Jahr Jemen an, heute sind 22 Staaten Mitglied), am 22. März 1945 die Arabische Liga gegründet.[3] Wie schon gleich die Präambel ihres Gründungspaktes deutlich macht, ist sie als rein zwischenstaatliche Organisation gedacht, ohne überstaatliche Ambitionen, deklariert sie doch als Ziel der AL die Stärkung der „close relations and numerous ties which bind the Arab States", und zwar „on the basis of respect for the independence and sovereignty".[4] Die Souveränität und Unabhängigkeit der Mitgliedsstaaten wird also betont, und in der Tat erwies sich auch die politische Eigenwilligkeit der AL-Mitglieder als stärker als ihr Drang zur Einheit. So entwickelte die AL im Lauf der Zeit zwar einerseits einen gewissen institutionellen Unterbau zur Kooperation in wirt-

---

3 Für einen Überblick zur Entwicklung des arabischen Regionalismus vgl. Korany 2011, speziell zur AL Zorob 2015.
4 Text des „Pact of the League of Arab States", verfügbar z. B. unter: http://avalon.law.yale.edu/20th_century/arableag.asp.

schaftlichen und sozialen Fragen, etwa in Gestalt des Arab Fund for Economic and Social Development (1972), ihre Erfolge insofern blieben jedoch bescheiden. Andererseits engagierte sich die AL von Beginn an für die Sache der Palästinenser, und nicht nur verbal, wie der gemeinsame Einmarsch der AL-Mitgliedsstaaten ins vormals britische Mandatsgebiet am Tag nach der Ausrufung der Staatsgründung Israels (14. Mai 1948) belegt, der den Beginn des ersten arabisch-israelischen Krieges von 1948 markiert. Gleichwohl sollte sich im weiteren Verlauf des Israel/Palästina-Konfliktes die AL vielfach vor allem verbal hervortun, durch Gipfelerklärungen, welche die palästinensische Sache unterstützten, zuweilen auch durch Friedenspläne. Die „Drei Neins" (zum Frieden mit Israel, zu seiner Anerkennung und zu Verhandlungen mit ihm) der Erklärung von Khartum vom 1. September 1967, die im Gefolge des für Israel siegreichen Sechs-Tage-Kriegs erfolgte, markieren den ersten Pol; der auf einem AL-Gipfel in Beirut 2002 vorgelegte Friedensplan Saudi-Arabiens (mit dem Angebot normaler Beziehungen zu Israel im Austausch gegen dessen Rückzug auf die Grenzen von 1949) den zweiten. Ersteres war immer auch Teil der öffentlichkeitswirksamen Politik arabischer Regime, ihre heimische Popularität durch politisch relativ kostenfreie Verbalpolitik zu fördern, etwas, woran ihnen angesichts ihrer autoritären Herrschaftspraxis und oft mangelnder Legitimation durch ökonomische Erfolge gelegen sein musste. Der Zusammenhang zwischen interner Herrschaftspolitik der arabischen Eliten und verbaler internationaler Politik wird hieran deutlich.[5] Ebenfalls deutlich wird, dass mit Gründung des Staates Israel, das, wie von Beobachtern formuliert worden ist, zwar in the region, aber nicht of the region sei, jegliche gesamtregionale Kooperation (oder gar Integration) zum Scheitern verurteilt war. Dass auch rein inter-arabische Zusammenschlüsse ihre Funktionsprobleme haben, zeigen die gescheiterte Vereinigte Arabische Republik (von Ägypten und Syrien, die nur zwischen 1958 und 1961 hielt; vgl. Kupchan 2010, 339–351) ebenso wie der unten noch anzusprechende Golfkooperationsrat. Bevor wir uns diesen (sub)regionalen Problemkomplexen zuwenden, muss jedoch noch ein weiterer transnationaler Faktor angeführt werden, der die internationalen Beziehungen der Region belastet und seine Ursprünge ebenfalls in der Kolonialzeit hat.

Wie bereits an der britischen Rolle bei der Begründung der Monarchien in Jordanien und Syrien deutlich wurde, war der Einfluss außerregionaler Mächte in der Region groß, und wie anhand der Bedeutung der Rolle der USA noch ausgeführt werden wird, ist er dies auch bis heute. Dabei waren

verdeckte Politik, verschwörungstheoretisches Denken

---

5   Für eine ebenfalls auf den Zusammenhang zwischen interner Herrschaftslogik der politischen Regime der Mitgliedsstaaten und institutioneller Schwäche der AL abhebende Analyse vgl. Barnett/Solingen 2007.

die Kanäle des Einflusses von Beginn an nicht nur solche der offiziellen Diplomatie; und auch nicht nur der wirtschaftlichen Abhängigkeit; sondern eben auch der geheimdienstlichen Ausspähung, Unterminierung oder auch Kooperation – und zwar mit oft autoritären Herrschaftssystemen.[6] Letzteres zeigt sich bis in die Gegenwart hinein im von US-Präsident Bush jr. ausgerufenen „Global War on Terror", in dem die extralegal rendition, die heimliche Verschleppung von des Terrorismus Verdächtigen und auch ihre Übergabe an ‚befreundete Dienste', etwa Ägyptens, zur ‚verschärften Befragung' – aus Sicht Vieler: zur Folter – zur gängigen Praxis gehörte. Außerregionale Großmachtsinteressen treffen hierbei auf Herrschaftsinteressen in der Region und gehen oft unheilige Allianzen ein. Dies hat in weiten Kreisen der arabischen Öffentlichkeit ein Denken gefördert, das die un-heimlichsten heimlichen Machenschaften für möglich hält, sei es von Seiten der CIA oder des israelischen Mossad. Und in der Tat haben sich beide Geheimdienste durch vielfache Aktivität unrühmlich hervorgetan: die Unterminierung und den Sturz der Regierung Ministerpräsident Mossadegs im Iran 1953, als dieser die Verstaatlichung der Anglo-Iranian Oil Company unternahm, im Falle der CIA etwa (rückblickend wohl der ‚Sündenfall' im iranisch-US-amerikanischen Verhältnis; vgl. Kinzer 2003) wie auch die spätere Kooperation mit dem autoritären Regime von Schah Reza Pachlevi (und seinem berüchtigten Geheimdienst SAVAK); ‚gezielter Tötungen' im Kontext des Ringens um das iranische Nuklearprogramm (bzw. seine Verhinderung) im Falle des Mossad (Raviv/Melman 2012). Solche und ähnliche Vorfälle wurden und werden zum Nährboden verschwörungstheoretischen Denkens (s. Tibi 1993; Gray 2010), das auch unplausibelste Konstuktionen – zum Teil gerade, *weil* sie unplausibel sind – für möglich oder gar wahr hält. Antisemitische Einstellungen (wie in den immer noch weit zirkulierenden „Protokollen der Weisen von Zion", einer vermutlich ursprünglich vom russisch-zaristischen Geheimdienst 1905 in Umlauf gebrachten Fälschung über eine angebliche jüdische Weltverschwörung, oder die Behauptung, die Terroranschläge des 11. September 2001 in den USA seien ein Machwerk des israelischen Geheimdienstes) wie anti-amerikanische erhalten hierdurch immer wieder Nahrung, und diese ganze Art des Denkens unterminiert eine rationale öffentliche Debatte über die internationalen Beziehungen in der Region. Die erwähnten realen Praktiken der mehr oder minder geheimen Einflussnahme freilich fördern diese ebenso wenig.

---

6 Beginnend mit so schillernden Figuren wie T. E. Lawrence („of Arabia"; vgl. zu diesem kurz Boot 2013, 274–287); als Überblick vgl. Thomas 2007, Gerolymatos 2010; zum Nachschlagen Kahana/Suwaed 2009; zum metropolitanen kulturellen Hintergrund am britischen Beispiel Satia 2008.

Wieweit sozial- und politikwissenschaftliche, theoretisch inspirierte Analyse zu einer solchen Debatte beitragen kann, in der Region wie über sie hinaus, hängt neben der Qualität der jeweiligen ‚Resonanzböden', also der Fähigkeit solche Analysen aufzunehmen, intellektuell (etwa durch Überwindung von verschwörungstheoretischem und Scheuklappendenken) wie politisch-praktisch (immer ein zweiter Schritt, mit den üblichen Fallen der Politik-Beratung), auch von der Brauchbarkeit des bei solchen Analysen eingesetzten geistigen Handwerkszeugs ab. Einige dieser ‚Kopfwerkzeuge' sollen nun vorgestellt werden.

und politikwissenschaftliches ‚Kopfwerkzeug'

3.1 Der Israel/Palästina-Konflikt

Die weiteren Ausführungen dieses Kapitels werden sich dreier subregionaler Problemkomplexe annehmen: des Nahostkonfliktes i. e. S. um und zwischen Israel und Palästina, der Golfregion sowie der nordafrikanischen Teilregion, also dem arabischen Westen (Maghreb) und Ägypten. Wie schon bei der Betrachtung der Weltregionen darf jedoch auch die Analyse von Subregionen, so sinnvoll die Zerlegung, die desaggregierte Betrachtungsweise, sein mag, übergreifende Bezüge zwischen den (Sub-)Regionen nicht ganz ausblenden.

Fachlich bieten sich zwei analytische Zugänge zu einer solchen desaggregierten Betrachtung einer, dies dürfte schon deutlich geworden sein, eher von negativer sicherheitspolitischer Interdependenz denn positiver Kooperation oder gar Integration gekennzeichneten Weltregion an. Das eine ist die Terminologie der sozialwissenschaftlichen Konfliktanalyse im Allgemeinen. Das andere ist der speziell aus dem Bereich der Analyse internationaler (Sicherheits-)Politik stammende Ansatz der regionalen Sicherheitskomplexe, den wir unten (3.2) aufgreifen werden. Wir beginnen also mit der Konfliktanalyse und wenden uns damit dem Israel/Palästina-Konflikt zu. Die Rede von *dem* Nahost-Konflikt ist auch alltäglich durchaus geläufig. Allerdings wird oft Konflikt mit Krieg oder Gewaltanwendung gleich gesetzt. Dies versucht die sozialwissenschaftliche Konflikt-Analyse strikt zu vermeiden. Ihr zentraler Ausgangspunkt ist nämlich ein doppelter: sie unterscheidet, erster Ausgangspunkt, strikt zwischen *Konflikt*, abstrakt verstanden als *das Vorliegen miteinander unvereinbarer Positionen sozialer Akteure*, und der Art und Weise, in der diese (Konflikt-)Akteure mit der Positionsdifferenz umgehen, ihrem *Konfliktverhalten*. Dieses kann insbesondere friedlich oder gewaltsam sein, und aus dem Aufeinandertreffen solchen Konfliktverhaltens resultiert also ein *friedlicher oder gewaltsamer Konfliktaustrag*. Ersteren zu erreichen ist das *primäre normative Ziel* der sozialwissenschaftlichen Konfliktanalyse, *nicht die ‚Beseitigung' jeglichen Konfliktes,* eventuell jedoch die *Überwindung* (transformation/

zwei fachliche Analyseansätze: sozialwissenschaftliche Konflikt-Analyse und regionale Sicherheits-Komplexe

sozialwissenschaftlichen Konflikt-Analyse: Grundbegriffe und grundlegende Sichtweise von Konflikt

transcending) oder *Lösung* (resolution) konkreter einzelner Konflikte, mindestens jedoch der Übergang zu einer friedlichen *Konfliktbearbeitung* (conflict management). Die sozialwissenschaftliche Konfliktanalyse, das ist ihr zweiter Ausgangspunkt, erkennt also zunächst die durchaus *produktive Funktion von* (hier: politischen) *Konflikten,* in denen sich in wichtigen Fragen divergierende Auffassungen artikulieren, durch, und sei es rein verbales, Konfliktverhalten, *manifest* werden. Dies kann ein Fortschritt sein im Vergleich zu *latenten,* im Verborgenen schwelenden *Konflikten,* bei denen die Akteure einander beeinträchtigen, ohne sich der zugrundeliegenden Positionsdifferenz bewusst zu sein. Darüber hinaus hält die Konflikt-Analyse Konflikte gleichsam für das ‚Salz in der Suppe des sozialen Lebens'. Jeglicher soziale Wandel (oder auch seine Verhinderung) dürfte zu divergierenden Positionen über dessen (deren) Erwünschtheit führen. Insofern gehören Konflikte unabwendbar zum sozialen Leben. Gerade deshalb aber ist es wichtig, ihren Austrag zu *regulieren,* wie man auch sagt, also in möglichst friedliche Bahnen zu lenken. Nicht jeder Konflikt mag also produktiv sein, aber auch nicht jeder sollte verhindert werden (und lässt sich verhindern). Einige Konflikte freilich erweisen sich als schwer oder auch gar nicht behandelbar (intractable conflicts). Der Nahost-Konflikt gehört, das kann man nach über 60 Jahren des immer wieder auch gewaltsamen Konfliktaustrags sagen, gehört offenbar in diese Kategorie. Woran liegt das?

Galtung's Konflikt-Dreieck: ABC

Um dies zu verstehen, bietet die Konflikt-Analyse in Gestalt des vom norwegischen Friedensforscher Johan Galtung (1978) eingeführten, nach ihm benannten Konflikt-Dreieck weitere begriffliche Unterscheidungen an. Dieses Dreieck, das ist mnemotechnisch kaum zu toppen (lässt sich also leicht erinnern), hat an seinen Ecken eben drei Buchstaben: A, B und C, die im Englischen für Folgendes stehen. C = conflict, das ist, abstrakt, die Positionsdifferenz oder auch der (eigentliche) Konfliktgegenstand: Worum geht es, eigentlich? Alltagssprachlich: Was ist der Zankapfel? Das mag, zwischen Geschwistern, tatsächlich ein Apfel sein, den beide (je für sich) haben (und eventuell alleine essen) wollen. Etwas erwachsen abstrahierend geht der Konflikt also um *Verfügungsgewalt* über ein begehrtes Objekt. Und ist es wegen der Möglichkeit des Verzehrs begehrt, nach dem das Objekt verschwunden ist, so bleibt als Lösungsansatz nur Teilung, möglichst gerecht (wozu etwa „Die eine teilt, der andere wählt als erster" ein probates Verfahren des Konfliktmanagements durch Förderung von [Verteilungs-]Gerechtigkeit ist). Eine Teilung über Zeit (heute ich, morgen du), die etwa beim Gebrauch des Springseils möglich wäre, scheidet im Apfelfall aus. Das Beispiel zeigt: Die *Natur* des Konfliktgegenstandes bestimmt mögliche Management- oder Lösungswege mit. Die sozialwissenschaftliche Konfliktanalyse entwickelt hieraus Konfliktgegenstands-Typologien, die bestimmten Fallklassen von Konfliktobjekten

C = Konfliktgegenstand

und Konfliktgegenstands-Typologien

unterschiedliche Wahrscheinlichkeiten friedlicher Bearbeitung zuweist. Der Umgang mit Konflikten um positionale Güter etwa, deren Wert darin besteht, sie exklusiv zu besitzen (den ‚echten Miró' etwa) oder mehr davon zu haben als andere (Waffen etwa), ist schwieriger zu verregeln als der mit Konflikten um nicht-positionale Güter.

Was aber ist mit den beiden anderen Ecken von Galtung's Dreieck? B steht für behaviour, also das Konfliktverhalten. Hier wurde schon darauf hingewiesen, dass es vor allem um die Unterscheidung friedlich/gewaltsam geht. Im Kontext der internationalen Politik ist wichtig, dass gewaltsamer Konfliktaustrag sowohl eine realistische, durch machtpolitische Überlegungen unterfütterte Eigen*logik* haben kann (z. B. als Mittel, um Ernsthaftigkeit – resolve – zu signalisieren, inklusive Opferbereitschaft; oder als Teil einer Eskalationsstrategie: wie weit seid ihr bereit zu gehen …?) als auch eine Eigen*dynamik*, verursacht etwa durch die Unkontrollierbarkeit auch einzelner Akteure der ‚eigenen' Seite (nicht zufällig wurden die beiden großen verständigungsorientierten Politiker des Nahost-Konflikts: der ägyptische Präsident Anwar El Sadat und der israelische Premierminister Yitzhak Rabin Opfer von Extremisten der jeweils *eigenen* Seite, 1981 bzw. 1995) oder auch durch sich hochschaukelnde Wahrnehmungen auf beiden Seiten. Beide, Eigenlogik und Eigendynamik (internationalen) Gewalteinsatzes, machen seine Verhinderung so weitaus schwieriger als seine Fortschreibung. Letztere ist oft ein ‚Selbstläufer'; Erstere nicht. Verhinderung von Gewalt ergibt sich nicht einfach. Frieden muss erstrebt, gestiftet und geschlossen werden. Keine einfache Aufgabe, und nicht ohne Grund sagt die Bibel (Mt 5,9) daher: Selig sind die Friedensstifter.

Mit der letzten Bemerkung zur Eigendynamik gewaltsamen Konfliktaustrags ist denn auch schon die ‚dritte Ecke' angesprochen. A = attitude, die Einstellung der Konfliktparteien. Auch sie ist eine wichtige Variable für den Konfliktverlauf. Sie kann sich zum einen auf den Konfliktgegenstand beziehen: Welche Güter werden denn als positional angesehen? Welche gar als heilig? Gerade letzteres verheißt nichts Gutes im Hinblick auf den Konflikt im bzw. um das ‚Heilige Land' mit seinen heiligen Stätten dreier Weltreligionen. Die Einstellung kann sich, zum andern, auch auf (einander womöglich hochschaukelnde) Wahrnehmungen der jeweils anderen Konfliktseite beziehen. Selbst- und Fremdstereotype spielen hier eine wichtige, wenn auch ungute Rolle (Wir sind doch klar ‚die Guten', rein defensiv; wer das nicht erkennt, ist per se bösartig; sie sind böse, aggressiv, hinterhältig etc.). Es kann helfen, auf solche sich wechselseitig verstärkenden Fremdwahrnehmungsschemata und die dadurch beförderte Eigendynamik gewaltsamen Konfliktaustrags aufmerksam zu machen. Leider wissen aber auch die Aufwiegler aller Seiten um diesen Mechanismus und haben keine Skrupel, sich seiner zu bedienen.

B = behaviour

und Eigenlogik und Eigendynamik von Gewalteinsatz

A = attitude

Anwendung auf den Israel/Palästina-Konflikt

Versuchen wir, das zur sozialwissenschaftlichen Konfliktanalyse und ihrer Terminologie Gesagte auf den Israel/Palästina-Konflikt anzuwenden.[7] Worin besteht er, eigentlich? Die Frage so zu stellen, als analytisch Außenstehender, und sie gar beantworten zu wollen, mag vermessen erscheinen. In der Tat liegt hier ein gewisses Problem, das mit dem Konstruktcharakter der sozialen Welt zu tun hat. Worin der Nahost-Konflikt eigentlich, oder, etwas weniger essentialistisch (nach dem Wesenskern fragend) formuliert, worin er im Kern besteht – das lässt sich am Ende nicht losgelöst von der Wahrnehmung der Konfliktakteure sagen. Und es wurde bereits festgestellt, dass die Beeinflussung deren Konfliktwahrnehmung eine Strategie der Konfliktbearbeitung (leider auch: der Konfliktverschärfung) sein kann. Hinzu kommt, dass nicht davon ausgegangen werden kann, dass alle am Konflikt Beteiligten – und in einem konkreten internationalem Konfliktfall wie dem um Israel/Palästina sind dies Millionen Menschen – hierzu dieselbe Sicht teilen, nicht einmal, wenn sie derselben ‚Seite' angehören. Gleichwohl will ich vorschlagen, den Nahost-Konflikt im Kern als einen Herrschaftskonflikt zu verstehen. Damit soll mindestens Dreierlei zum Ausdruck gebracht werden: 1. die politische Natur des Konfliktes; 2. die nur abgeleitete Bedeutung von Territorium; und 3. die relative Schwierigkeit und doch prinzipielle Möglichkeit einer friedlichen Bearbeitung des Konflikts.

im Kern ein Herrschafts-Konflikt

die politische Natur des Konflikts

Die politische Natur des Konflikts als Herrschaftskonflikt herauszustellen bedeutet vor allem eine Absage an eine stark kulturalistische Lesart des Konfliktes als Religionskonflikt. Auch in Israel/Palästina steht nicht das Judentum gegen den Islam (mit dem Christentum inmitten, oder auch auf einer der Seiten). Eine solche Sicht würde nicht nur (hier: religiöse) Kulturen zu Akteuren hypostasieren (überhöhen), was analytisch unsinnig ist. Kulturen sind keine Akteure, sie beeinflussen allenfalls Akteure. Und, das ist einzuräumen, das ist auch im konkreten Fall so. Wenn etwa stark religiös motivierte israelische Siedler mit der Bibel, dem Alten Testament, in der Hand Territorialansprüche geltend machen (auf Judäa und Samaria, wie für sie das Westjordanland heißt), so ist dies zweifellos Ausdruck auch einer religiösen Einstellung. Umgekehrt bedeutet die Wahrnehmung des Tempelbergs in Jerusalem als drittes Heiligtum des Islam (wegen der vom Boden des heutigen Felsendoms aus erfolgten Himmelfahrt Mohammeds) zweifellos eine religiös motivierte Aufladung eines bestimmten Territoriums, ebenso wie auf jüdischer Seite die einstige Westmauer des jüdischen Tempels (die ‚Klagemauer') gleich zu Füßen des Felsendoms als national-religiöses Heiligtum erscheint. Zu sagen, dass es hier doch jeweils nur ‚um wenige Quadratmeter' Territorium gehe, würde

---

7 Die Literatur dazu füllt Bibliotheken, drei jüngere einführende Überblicke sind Johannsen 2011, Dowty 2012 und Bunton 2013.

der Sache zweifellos nicht gerecht. Aber es ist wichtig, dass es hier um Besitz (im Sinne faktischer Innehabe und Zugangskontrolle) geht und dass im Prinzip hierfür Lösungen denkbar sind, welche ein permanentes und exklusives Eigentum einer Seite vermeiden. Zugang ist regelbar – oder sollte es doch im Prinzip sein. Hier wird sofort deutlich, dass auch dies wieder Kompromissbereitschaft erfordert: Warum sollte ich mich einer Zugangsregelung unterwerfen zu etwas, was ich entweder besitze – oder gar zu Recht mein Eigentum nenne? Und in der Tat, so banal es klingen mag: ohne Kompromissbereitschaft ist Frieden nicht zu erreichen.

Festzuhalten bleibt: Über Israel/Palästina bestehen konkurrierende Herrschaftsansprüche, was Verfügungsgewalt über Territorium wie Bevölkerung beinhaltet. Und das beginnt spätestens mit den unguten Versprechen der britischen Kolonialmacht an beide Seiten. Der jüdischen Seite wurde 1917 in der berühmten, nach dem britischen Außenminister benannten Balfour-Deklaration, in einem privaten Schreiben an Baron Rothschild, zum Ausdruck gebracht:

Balfour-Deklaration und McMahon-Korrespondenz

„*His Majesty's government view with favour the establishment in Palestine of a national home for the Jewish people*",

was von jüdischer Seite als Zusage eines eigenen Staates (über)interpretiert wurde. Dem steht von arabischer Seite die ebenfalls in schriftlicher Korrespondenz von 1915/16, in diesem Fall zwischen dem britischen Hochkommissar in Kairo McMahon und Hussein Ibn Ali, dem Emir von Mekka, enthaltene Zusage gegenüber, gemäß der britische Unterstützung für einen arabischen Staat in Aussicht gestellt wurde im Austausch gegen arabische Unterstützung gegen die osmanischen Türken im Ersten Weltkrieg. Auch wenn hierbei nicht ausdrücklich von Palästina die Rede war, empfand die arabische Seite die Balfour-Deklaration doch als Verrat, und reagierte im November 1918 auf diese in Gestalt einer Erklärung palästinensisch-arabischer Würdenträger in der es hieß:

„*we always sympathized profoundly with the persecuted Jews and their misfortunes in other countries ... but there is wide difference between such sympathy and the acceptance of such a nation ... ruling over us and disposing of our affairs*" (zitiert nach Morris 2001, 76).

Die hier betonte Herrschaftsnatur – Wer regiert über wen? – des Konflikts kommt darin deutlich zum Ausdruck. Die 1948 erfolgte einseitige Ausrufung des Staates Israel, auch wenn sie territorial zunächst weitgehend dem Teilungsbeschluss der UN-Generalversammlungsresolution 181 vom 29. Novem-

UN-Teilungsbeschluss GA Res. 181 und Gründung des Staates Israel

ber 1947 entsprach, schuf dann das zentrale Faktum, zumal dieser Beschluss nahezu einstimmig von den nahöstlichen, afrikanischen und asiatischen Mitgliedsstaaten abgelehnt worden war, bedeutete doch er schon, dass 57 Prozent des Territoriums an einen jüdischen Staat fallen sollten (43 an einen palästinensischen; Jerusalem sollte einer internationalen Treuhandschaft unterstellt werden), während zu dieser Zeit die jüdische Bevölkerung nur ein Drittel der palästinensischen ausmachte und weniger als zehn Prozent des Landes besaß.[8] Der Grund-Herrschaftskonflikt war damit angelegt.

Territorium von sekundärer – und (innen-)politisch konstruierter – Bedeutung

Gleichzeitig wird mit der Rubrizierung als Herrschaftskonflikt betont, dass Territorium zwar wichtig ist, aber dies vor allem deshalb, weil sich auf ihm Herrschaft, also Zuständigkeit für Regelungen aller Art, auch über die Lebensbedingungen von Personen, manifestiert. Die Heiligkeit bestimmter Territorien mag erschwerend hinzukommen, macht aber nicht den Kern des Konfliktes aus. Auch die im Gefolge etwa des gewonnenen Sechs-Tage-Kriegs von Israel besetzten Golan-Höhen, lange Zeit als von strategischer Bedeutung angesehen (weil von ihnen aus weite Teile Nordisraels beschießbar waren), haben diese Bedeutung im Zeitalter der Raketen weitgehend verloren. Israel behält sie im Moment wohl vor allem noch als Faustpfand für Verhandlungen mit Syrien, die lange Zeit durchaus möglich schienen. Ganz anders sieht es mit den besetzten Territorien im Westjordanland aus. Sie sind nicht wirklich von strategischer Bedeutung (auch dies ließe sich bestreiten: vom Zugewinn an räumlicher Tiefe für das sonst schmale Israel bis hin zu Wasseransprüchen hängt Vieles an diesem Land; nichts jedoch, was sich nicht im Rahmen eines ohnehin nur mit internationaler Garantie denkbaren Friedensschlusses prinzipiell regeln ließe). Sie sind jedoch zum einen, wie erwähnt, aufgrund einer bestimmten religiösen Einstellung von Bedeutung, die sie in biblischem Sinne als jüdisches Stammland betrachtet. Und diese Sichtweise, das ist ausschlaggebend, erhält aufgrund der Binnenmechanik des gegenwärtigen politischen Systems in Israel ein erhebliches Gewicht, wo konservative Regierungen eventuell knappe Mehrheiten nur erzielen (und bewahren), wenn sie die Positionen derjenigen Parteien unterstützen, welche sich die religiösen und politischen Anliegen der Siedlerbewegung zu eigen machen.[9] Man mag dies sogar als demokratisch ansehen, aber es ist dann die Demokratie einer Siedlergesellschaft, die seit 1967 sich zugleich zum Besatzer gewandelt hat. In Verbindung mit dem zweifachen demografischen Wandel Israels: durch verstärkt osteuropäisch-russische Einwanderung, die politisch ihr Auffangbe-

---

8   Angaben nach: Stichwort „United Nations General Assembly Resolution 181", in: Rubenberg 2010, 1507–1509, hier: 1507.
9   Pedazur 2012 (ungeachtet des Titels keine Streitschrift, sondern eine wissenschaftliche Analyse).

cken in eben jenen extrem konservativen Parteien gefunden hat, einerseits, und andererseits durch die im Vergleich zur alteingesessen-zionistischen Bevölkerung, die traditionell Israels Arbeiter-Linke stützte, weit höheren Zuwachsrate der politisch-religiös konservativen Bevölkerungsteile, haben sich die innenpolitischen Voraussetzungen für einen außenpolitischen Friedensschlusses in Israel geändert. Auch in diesem Sinne handelt es sich um einen Herrschaftskonflikt politischer Natur, in dem Territorium vorwiegend von politisch konstruierter Bedeutung ist.

Dies alles verweist schon auf die Feinmechanik der Schwierigkeit eines Friedensprozesses und dabei auch die Bedeutung des Wechselspiels zwischen Innen- und Außenpolitik und der Herrschaftsinteressen von Eliten. Gleichwohl macht die Rubrizierung als Herrschaftskonflikt nicht nur auf die prinzipielle Schwierigkeit des friedlichen Umgangs mit dem Israel/Palästina-Konflikt aufmerksam, sondern auch auf seine prinzipielle Lösbarkeit. Die prinzipielle Schwierigkeit resultiert aus der weit reichenden Natur von politischen Herrschaftsansprüchen. Souveränität, die juristische Form ihres Ausdrucks, galt lange Zeit auch in Europa als unteilbar. Die EU-Entwicklung hat das relativiert, und auch im allgemeinen Völkerrecht wird zunehmend erkannt, dass Souveränität (ähnlich übrigens wie privates Eigentum) sinnvoller Weise als ein – zweifellos gewichtiges, deshalb wird sie von palästinensischer Seite ja auch angestrebt – Rechte-Bündel anzusehen ist, das jedoch auch gekonnt ‚aufgedröselt', inhaltlich qualifiziert werden kann. Es bündeln sich in ihr weit reichende Regelungszuständigkeiten und damit auch Geltungsansprüche. Aber diese sind nicht (mehr) unlimitiert, werden auch international etwa durch Menschenrechtskonventionen begrenzt (und selbst die Arabische Liga hat seit 2004 eine Arabische Menschenrechtscharta angenommen[10]). Freilich: Das gilt auch für die Ausübung von Besatzungsherrschaft, etwas, was Israel durch forcierten Siedlungsbau nach wie vor missachtet (vgl. Benvenisti 2012, Kap. 8).

Herrschaft als Rechtebündel – prinzipiell schwierig, weil weitreichend, jedoch nicht prinzipiell unregelbar

Der bisherige Verlauf des Konfliktaustrags gibt denn auch wenig Anlass zu Optimismus (vgl. Übersicht 3.2). Die kriegerische Auseinandersetzung begann, wie erwähnt, sogleich nach Ausrufung des Staates Israel 1948. Mit der Flucht und Vertreibung hunderttausender Palästinenser begann deren bis heute andauerndes Leben in Exil und/oder Lagern. Die Frage einer möglichen Rückkehr der Vertriebenen bzw. inzwischen ihrer Kindeskinder ist eine der schwierigen, die im Rahmen eines Friedensschlusses gelöst werden müsste. Heute sind etwa 7 der etwas über 10 Mio. Palästinenser Vertriebene, 1,3 Mio.

Krieg von 1948 und Folgeproblem der Flüchtlinge

---

10   Arab Charter on Human Rights, verfügbar etwa unter: http://www1.umn.edu/humanrts/instree/loas2005.html?msource=UNWDEC19001&tr=y&auid=3337655.

davon leben in Flüchtlingscamps.[11] Bei einer Gesamtbevölkerung des heutigen Israel von rund 7,5 Mio. hätte eine Rückkehr großer Flüchtlingszahlen erhebliche Konsequenzen. Umgekehrt wäre es für die palästinensische Seite extrem schwierig, auf ein Rückkehrrecht (und sei es ‚nur' ins Territorium Israels) zu verzichten.

Übersicht 3.2 Der Israel/Palästina-Konflikt: gewaltsamer Konfliktaustrag und Schritte zum Frieden – ausgewählte Daten

1948/49	erster arabisch-israelischer Krieg: für Israel „Unabhängigkeitskrieg"; aus palästinensischer Sicht „al Nakba" (die Katastrophe): Flucht und Vertreibung von 750–800 000 Menschen
[1956	Suez-Krise, zweiter arabisch-israelischer Krieg: Israel mit Frankreich und Großbritannien gegen Ägypten unter Nasser (der den Suez-Kanal nationalisierte)]
1967	dritter arabisch-israelischer Krieg („Sechs-Tage-Krieg"): israelischer ‚präemptiver' Angriff auf Ägypten und Syrien; Israel erobert Sinai-Halbinsel, Gaza und Westjordanland einschließlich Ost-Jerusalem; UN-Sicherheitsrat nimmt Resolution 242 an, die „Land für Frieden" beinhaltet und Rückzug Israels fordert „from territories occupied in 1967"
1972	PLO (gegründet 1964) bedient sich seit 1967 für zwei Jahrzehnte auch des internationalen Terrorismus, um ihrem Anliegen Gehör zu verschaffen; Geiselnahme israelischer Sportler im Olympischen Dorf in München durch „Schwarzer September"-Gruppe
[1973	vierter arabisch-israelischer Krieg (Oktober-/Jom Kippur-Krieg): Angriff Syriens und Ägyptens auf Israel; USA übernehmen faktisch Garantie für israelisch-ägyptisches Disengagement; → 1977 Besuch des ägyptischen Präsidenten Sadat in Jerusalem, 1978 Camp David-Abkommen, israelisch-ägyptischer Friedensvertrag; Rückgabe des Sinai]
[1982	fünfter arabisch-israelischer Krieg: Einmarsch Israels in Süd-Libanon, wo sich PLO niedergelassen hatte]
1987	erste Intifada beginnt: Aufstand in den besetzten Gebieten

---

11 Angaben nach „Refugees and Right to Return", in: Rubenberg 2010, 1233–1249, hier: 1236; auch diese Zahlen sind nicht unumstritten: die UN Relief and Works Agency hat 2012 4,8 Mio. palästinensischer Flüchtlinge registriert (Brynen 2013, 110).

1993	erster Selbstmordanschlag der Hamas im Westjordanland (April); Oslo-Abkommen zwischen Israel und PLO: Einrichtung der Palästinensischen Autonomiebehörde
[1994	israelisch-jordanischer Friedensvertrag]
2000	zweite (al-Aqsa-)Intifada (ab 9.9.)
2005	Rückzug israelischer Truppen und Siedler aus Gaza
2006	Hamas gewinnt relative Mehrheit in Wahlen zum Palästinensischen Legislativrat
2008	Raketenangriffe auf Israel aus Gaza, israelische Blockade des Gaza

Anm.: Ereignisse in eckigen Klammern stehen in eher indirektem Zusammenhang mit dem Austrag des Israel/Palästina-Konfliktes

Der kurze Krieg im Zusammenhang mit der erwähnten Suez-Krise hängt mit dem Israel/Palästina-Konflikt eher indirekt zusammen, insofern der erste arabisch-israelische Krieg den Konflikt zu einem auch zwischen den arabischen Staaten und Israel machte und damit innerregional internationalisierte. Tatsächlich gehen einige Beobachter so weit zu sagen, dass „without the Zionist immigration to Palestine, Arab nationalism may not have survived." (Valbjørn 2009) Gemeint ist dabei die gleichsam grenzüberschreitende, gesamtarabische Lesart des Nationalismus. Sie bestand und besteht freilich in angespannter Koexistenz mit einzelstaatlichem Nationalismus, der zuweilen Vorrang gewinnt vor der ‚gemeinsamen arabischen Sache'. Dies etwa war aus Sicht der Arabischen Liga beim ägyptisch-israelischen Friedensschluss 1978 der Fall, was zur Aussetzung der ägyptischen Mitgliedschaft führte. Dass Einstellungen beider Art in den arabischen Gesellschaften verbreitet sind, bedeutet für politische Eliten also einerseits eine politische Bedrohung, wenn ihre Glaubwürdigkeit des Einsatzes für (gesamt)arabische Interessen angezweifelt wird, aber auch eine Möglichkeit, sich durch Besetzung nationalistischer Positionen beiderlei Lesart national oder übernational zu profilieren. Der revolutionäre panarabische Nationalismus fand in Ägyptens Führer Gamal Abdel Nasser seinen prominentesten Ausdruck. Zugleich bedeutete der von ihm verkörperte Typus des revolutionären Führers aus dem Militär eine inter- und transnationale Herausforderung der Monarchien des arabischen Raumes, die z. T., insbesondere in Saudi-Arabien, auf religiöse Legitimationsmuster auswichen (dort durch das Bündnis des Hauses Saud mit der wahabitischen Lesart des Islam) und diese zu propagieren versuchten.

Krieg von 1956: arabischer Nationalismus – panarabische und einzelstaatliche Lesart

Transnationale Herausforderungen von Herrschaft und (trans-)nationale Legitimationsstrategien

Krieg von 1967 und Folgewirken in Israel

Der Ausgang des Kriegs von 1967 stellt, wie erwähnt, in vielfacher Hinsicht eine entscheidende Zäsur im Israel/Palästina-Konflikt dar. Zum einen machte er aus Israel eine Besatzungsmacht, was aus palästinensischer Sicht bedeutet, dass weitere Landes- und Bevölkerungsteile de facto unter israelische Herrschaft gerieten. Zugleich steigerte der militärische Sieg Israels Selbstbewusstsein, während er das arabische unterminierte. Die arabischen Führungen gerieten unter Druck ihrer Bevölkerungen. Die 1964 gegründete Palästinensische Befreiungsorganisation (PLO) und mit ihr verbündete Organisationen zogen daraus den Schluss, dass der zwischenstaatliche Konfliktaustrag ihre Sache nicht hinreichend befördern konnte. Sie begannen, die bis dato in Einzelaktionen erfolgten Anschläge zu einer auf die internationale Ebene zielenden politischen Strategie des Terrorismus auszubauen. Diese gipfelte in der blutig endenden Geiselnahme israelischer Sportler im Olympischen Dorf in München 1972 (vgl. Schiller/Young 2010; Large 2012). Diese Strategie sollte Druck auf internationale Akteure, nicht zuletzt die USA, ausüben, die Lage der Palästinenser nicht weiter zu ignorieren. Der Erfolg dieser Strategie kann wohl bestenfalls als gemischt angesehen werden: einerseits erreichte die PLO tatsächlich, dass die Arabische Liga sie 1974 als alleinigen legitimen Vertreter der Palästinenser anerkannte, und ihr Vorsitzender Arafat konnte im selben Jahr erstmals vor der Vollversammlung der Vereinten Nationen auftreten. Andererseits brachte der Terrorismus die PLO in Verruf (vgl. Boot 2013, 460–474; auch Quandt 2013).

auf palästinensischer Seite

Terrorismus als politische Strategie

auf ägyptischer Seite: Krieg von 1973 und Camp David-Abkommen

Einen anderen Schluss zog der ägyptische Präsident Anwar El Sadat. Einerseits zwang ihn der Nationalismus, die ‚Schmach' von 1967 zu tilgen und sich Glaubwürdigkeit im eigenen Lager durch Härte zu erarbeiten. Dies führte zum gemeinsamen Angriff mit Syrien auf Israel 1973. Militärisch freilich war hierdurch wenig zu erreichen; politisch schon. Die Grundlage für seinen überraschend angekündigten Besuch in Jerusalem und den dann unter US-Vermittlung in Camp David ausgehandelten Friedensvertrag zwischen Ägypten und Israel war damit gelegt worden. Gleichwohl galt dies vielen in der arabischen Welt als Verrat an der arabischen Sache. Sadat sollte dies 1981 mit dem Leben bezahlen, als er von Gegnern aus den eigenen Reihen ermordet wurde.

Libanon-Invasion 1982

Während mit Ägypten also aus israelischer Sicht ein kalter Frieden geschlossen werden konnte, hatte sich die PLO nach ihrer Vertreibung aus Jordanien 1969 (im so genannten schwarzen September) im Südlibanon eingerichtet und führte von dort aus ihren Kampf fort. Dies veranlasste Israel schließlich 1982 zur Invasion in den Südlibanon – wiederum ein folgenreicher Schritt. Denn in Gestalt der schiitischen Hisbollah entstand daraufhin dort ein neuer transnationaler Gegner Israels, der zudem durch Syrien, das im Libanon Einfluss zu nehmen suchte, und dann auch durch Iran im Kampf gegen Israel Unterstützung fand. Eine weitere ungute Verknüpfung des Israel/Palästina-Konfliktes mit dem Problemkomplex der Herrschaftsverhältnisse im Libanon war erfolgt. Auch der Rückzug Israels aus Südlibanon im Jahr 2000 brachte keine Befriedung an dieser Front, der erneute Rückzug Israels nach seiner Attacke auf Hisbollah im Juli/August 2006 wurde von der Hisbollah und Vielen in den arabischen Ländern als ‚Sieg' wahrgenommen.

Mit der so genannten ersten Intifada trat zunächst weitgehend spontan eine weitere Form asymmetrischen Konfliktaustrags im palästinensisch-israelischen Verhältnis auf: der protestierende Aufstand insbesondere der Jugend. Hiergegen wusste die israelische Militärmaschinerie zunächst nicht anzugehen bzw. der Einsatz von Gewalt führte zu massivem internationalem Ansehensverlust Israels. Israel entwickelte seine Techniken der Aufstandsbekämpfung freilich fort (Byman 2011). Gegen die 1993 erstmals eingesetzte Austragsform des Konfliktes durch Selbstmordattentate freilich war endgültig kein Gegenmittel mehr zur Hand. Im Verbund mit anhaltendem Raketenbeschuss aus Gaza und Libanon unterminierten sie die Friedenshoffnung und damit auch -bereitschaft, die der unter norwegischer Vermittlung begonnene Osloer Friedensprozess hatte keimen lassen. Freilich trugen auch israelische Gegner dieses Prozesses zu seiner Unterminierung bei, etwa Ariel Sharon mit seinem kalkuliert provokanten Besuch auf dem Tempelberg (im September 2000). *Aufstände in den besetzten Gebieten*

und Selbstmordattentate

Israel reagierte hierauf ab Juli 2003 mit der Errichtung von Sperranlagen (zum Teil als Betonmauer, zum Teil als Zaun), die Israel von der palästinensischen Seite physisch abriegeln sollten und damit auch den Zugang für Terroristen und Selbstmordattentäter unterbinden sollten – aus israelischer Regierungssicht mit Erfolg. Freilich bedeutet dies auch eine Absperrung ganz alltäglichen Lebens und Verkehrs in und aus den besetzten Gebieten und damit ein weiteres Erschwernis für die palästinensische Seite (vgl. Latte Abdallah/Parizot 2015). Dass Israel sich damit quasi zugleich selbst abriegelte – und ‚einigelte' – ist darüber hinaus wohl auch symbolischer Ausdruck seiner Lage. Es vermochte denn auch in den Umbrüchen des so genannten arabischen Frühlings, insbesondere in Ägypten mit dem Sturz des Autokraten, aber eben auch des ‚Partners' im kalten Frieden Mubarak (im Februar 2011), keine Chance sondern nur die Bedrohung durch unklare Verhältnisse zu sehen. *Sperrmauer*

und symbolische Einmauerung

Versuchen wir abschließend eine Betrachtung dieses hier nur in begrenzter Auswahl dargestellten bisherigen israelisch-palästinensischen Konflikt*austrags* unter Heranziehung der oben eingeführten Terminologie der sozialwissenschaftlichen Konfliktanalyse. Wir hatten oben dafür plädiert, den Kern des Konfliktes im Sinne eines Herrschaftskonfliktes zu verstehen, der schwer, aber nicht unmöglich zu ‚managen', in friedlichen Bahnen auszutragen ist. Der Blick auf den bisherigen Konfliktaustrag scheint dies zu bestätigen. Früh, gleich 1948, erfolgte der zwischenstaatliche Griff zu den Waffen. Dies führ- *theoretische Betrachtung des Konfliktaustrags aus Sicht der sozialwissenschaftlichen Konfliktanalyse*

früher Gewalteinsatz

te aufseiten Israels für Jahrzehnte zur Wahrnehmung als „Unabhängigkeitskrieg", unter Ausblendung der auch im Vorfeld der UN-Resolution 181 bereits erfolgten Ansiedlungspraktiken auf jüdischer Seite, die zur Flucht palästinensischer Bewohner führte.

Selbst- und Fremdwahrnehmung: Modus des Aufrechnens noch immer dominant

Erst im Lauf der vergangenen Jahre hat eine (selbst-)kritische israelische Geschichtsschreibung diese Vorgeschichte des Staates Israel aufzuarbeiten begonnen, ein Hinweis auf deren Bedeutung für die Überwindung fruchtlosen Aufrechnungsdenkens. Solches herrscht jedoch noch immer vor, der Modus des Denkens und oft auch der Darstellung, etwa in Schulbüchern[12], ist noch immer einer des wechselseitigen Aufrechnens von Gräueltaten. Nicht, dass es an solchen, auf beiden Seiten, mangeln würde. Solange sie jedoch als wechselseitiger Vorhalt statt als gemeinsame Leidensgeschichte wahrgenommen und dargestellt werden, wird Frieden kaum Bodenhaftung finden. Das Einräumen von Versäumnissen und Fehlern der eigenen Seite gilt dann nicht als moralische Stärke, sondern als taktische – und damit auch moralische, an Verrat grenzende – Schwäche. Unter der Unmöglichkeit einer ‚neutralen' Darstellung litt ohne Zweifel auch der hier gegebene Überblick. Er war um die Vermeidung grober Parteilichkeit bemüht, was freilich wohl nicht von jeder potenziellen Leserin und jedem Leser so gesehen werden dürfte.

Gewalteinsatz ist in mancher Hinsicht politisch funktional

Es hat sich, leider, auch gezeigt, dass in unterschiedlichen Formen erfolgender Gewalteinsatz in mancher Hinsicht politisch funktional ist. Dies zu verstehen, ist vielleicht eine der herbsten Lektionen. Gewalteinsatz schafft zuweilen – siehe die Folgen von 1967 – territoriale Fakten am Boden; er kann, siehe die Terrorstrategie der PLO, kalkuliert verwendet werden, um internationale Aufmerksamkeit zu lenken; und er wird auch, im Medienzeitalter zunehmend, zur De-Legitimierung der Gegenseite eingesetzt („ihr seid Terroristen"; „ihr geht gewaltsam gegen friedliche Demonstranten vor"); schließlich dient er der Legitimation und Stärkung der eigenen Stellung im eigenen Lager (siehe den Ansehensgewinn der Hisbollah nach Israels Rückzug 2006), zuweilen auch, um ‚Kredit' für spätere Verständigungspolitik zu erwerben (der ‚große Spieleinsatz' Anwar Sadats 1973 und dann 1978).

Frieden muss sich früh auszahlen

Friedenspolitik muss und kann dagegen nicht nur auf die – zweifellos hohen – Kosten solcher Gewaltpolitik aufmerksam machen. Denn schlimmstenfalls unterstützt sie damit nur das Aufrechnungsdenken („ja, das haben SIE uns angetan ..."). Sie muss auch früh zumindest ansatzweise deutlich werden lassen, dass Frieden sich auszahlt. Materielle Anreize, auch von außen unterstützt, spielen hierbei eine Rolle (und dies erklärt etwa die EU-Rolle im Osloer

---

12 Vgl. das Wikipedia-Stichwort „Depiction of Israel in Palestinian textbooks" und Peled-Elhanan 2012.

Friedensprozess, die Unterstützung insbesondere der palästinensischen Seite; vgl. Siniver 2012; Kaya 2013).

Doch gibt es, wie gesehen, in Verständigungsprozessen auf beiden Seiten Akteure, denen diese Richtung missfällt und die Verständigung zu unterminieren suchen. Die Hardliner beider Seiten arbeiten einander dabei quasi zu. Dies kann dazu führen – und, so wurde argumentiert, hat auch im Osloer Friedensprozess dazu geführt – dass Verständigungsbereitschaft und Friedenshoffnung über-strapaziert werden – und sich erschöpfen. Dann erscheint doch wieder Gewalt – und/oder Abschottung – als einziger Ausweg. Das eröffnet einen weiteren fatalen Einstellungskreislauf.

Hardliner unterminieren Friedensbereitschaft – und spielen einander in die Hände

Während manche Konfliktbeobachter (und -analytiker) angesichts solch verfahrener Lagen ihre Hoffnung auf kaum mehr zu stützen wissen als die Tatsache, dass der Status quo der Gewaltanwendung im Sinne eines hurting stalemate, eines ‚Patts', das wehtut, friedensgeneigt macht, bedeutet der immer wieder erfolgende Rückfall in Gewalt doch zugleich eher noch eine Bestätigung alter Vorurteile („so sind sie", „denen kann man eben nicht trauen"). Die Lage ist also verfahren – und wer die daraus resultierende Frustration nicht zumindest gedanklich einmal für eine gewisse Zeit auf sich hat einwirken lassen, hat den Ernst der Lage und ihre Vertracktheit noch nicht gebührend gewürdigt.

hurting stalemate oder Bestätigung von Vorurteilen?

Das kann dann auch zu einem euphorischen Fehlschluss führen angesichts der Tatsache, dass die prinzipielle Lösung des Israel/Palästina-Konfliktes doch bekannt ist. Sie ist bereits in der UNO-Resolution 181, dem ursprünglichen Teilungsplan, also der Zwei-Staaten-Lösung, enthalten und in der Formel „Land für Frieden". Dass, nach all dem angesammelten Misstrauen, diese nicht mehr ohne internationale Sicherheitsgarantie durchführbar sein wird, ist klar. Und wohl auch, dass insbesondere die palästinensische Seite für die auch in der Zwei-Staaten-Lösung enthaltenen Zumutungen nicht nur finanziell kompensiert werden muss, sondern dann dafür auch Unterstützung verdient. Der ‚Teufel', auch das ist klar, steckt dann in vielen Details: Regelungen betreffend Jerusalem und die Rückkehr palästinensischer Flüchtlinge sind nur einige dieser ‚Details'.

die prinzipielle Lösung ist bekannt ...

der Teufel steckt in ‚Details' ...

Aber er steckt nicht nur dort. Sondern auch in der Aufgabe, annähernd zeitgleich auf allen beteiligten Seiten innergesellschaftliche Verhältnisse herbeizuführen, die friedensförderlich sind: Mehrheiten für politische Führungen, die sich dieses Projekt ernsthaft zu eigen machen – auf beiden Seiten; Wählerschaften, die in hinreichend großen Teilen Geduld für den schwierigen Friedensschluss aufbringen; kluge Taktik zur innenpolitischen Kaltstellung unbelehrbarer Hardliner. Und dies alles nicht nur auf israelischer und palästinensischer Seite, sondern angesichts der noch immer unverzichtbaren Garantenrolle, welche die USA für einen Nahostfrieden zu übernehmen hätten, wä-

... und in der Synchronisierung friedensförderlicher innenpolitischer Verhältnisse

ren auch auf ihrer Seite politische Verhältnisse erforderlich, die nicht einseitig eine nahöstliche Seite begünstigen.[13] Erst eine solch inter- und transnational fein orchestrierte Gleichzeitigkeit von Verständigungsbereitschaft würde es erlauben, den Weg zum Frieden zu beschreiten – der gleichwohl noch mit vielen Stolperfallen versehen bliebe.

nüchterne Analyse – und mehr

Es sollte deutlich geworden sein, dass und wie die sozialwissenschaftliche Konfliktanalyse, jeweils zu ergänzen und zu unterfüttern mit politikwissenschaftlicher Analyse der (innen)politischen Feinmechanik, zumindest zentrale Herausforderungen eines solchen Weges herauszuarbeiten vermag – ein erster Schritt, um über Möglichkeiten ihrer Überwindung nachzudenken. Dies führt zunächst zu pragmatisch gebotener Nüchternheit. Die darüber hinaus erforderliche visionäre Kraft und Hoffnung muss sich wohl aus anderen Quellen speisen als der nüchternen Analyse allein.

3.2 Der regionale Sicherheitskomplex der Golfregion

regionale Sicherheitskomplexe – Definition

Als theoretische Leitperspektive bei der zweiten westasiatischen Subregion soll uns die Theorie der regionalen Sicherheitskomplexe dienen (vgl. Buzan/Wæver 2003, Kap. 3). Sie wurde im Wesentlichen von Barry Buzan und Ole Wæver entwickelt, und zwar speziell zur regionalen sicherheitspolitischen Analyse, die sie aus einer konstruktivistisch inspirierten Perspektive betreiben. Danach wird ein regionaler Sicherheitskomplex (RSK) definiert

> „by durable patterns of amity and enmity taking the form of subglobal, geographically coherent patterns of security interdependence." (Buzan/Wæver 2003, 45)

Zweierlei wird daran deutlich: Es geht, darin liegt das konstruktivistische Element, um auf Einstellungen (der Freund- bzw. Feindschaft) basierende Beziehungsmuster; und diese werden als sicherheitspolitische Interdependenz qualifiziert. Die regionalen Akteure sind also derart miteinander verstrickt, dass ihre Sicherheit vom wechselseitigen Verhältnis bestimmt wird und dieses bestimmt: „their security problems cannot reasonably be analysed or resolved apart from one another." (ebd., 44) Und RSK sind „regions as seen through the lens of security. They may or may not be regions in other senses" (ebd., 43 f.). Dieser sicherheitspolitische Fokus macht den RSK-Ansatz für die Analyse der Golfregion besonders geeignet.

---

13 So jedoch oft die palästinensische Wahrnehmung; vgl. Khalidi 2013 als historiographische Arbeit.

Dabei ist dieser Ansatz zunächst einmal einer aus ‚Vogelperspektive', er hebt auf Beziehungsmuster oder Strukturen ab, jedoch eben nicht auf globaler Ebene (wie es Betrachtungen zur Struktur des internationalen Systems als Ganzes tun), sondern eben auf subglobale Beziehungsgeflechte. Gleichwohl sieht der Ansatz ausdrücklich die Berücksichtigung über und unterhalb der regionalen Ebene angesiedelter Faktoren vor. Ausgehend von der regionalen Sicherheitsinterdependenz, die den RSK ausmacht, wird sowohl nach seinen innerstaatlichen/-gesellschaftlichen (domestic) Grundlagen gefragt als auch horizontal nach den Beziehungen zu anderen RSK (zu denen die Kopplung jedoch schwach, schwächer als innerhalb des RSK, ist – ansonsten würden sie *einen* RSK ausmachen); und schließlich wird nach der Rolle globaler Akteure im jeweiligen RSK gefragt (ebd., 51). Wieweit damit tatsächlich schon eine – erklärende – Theorie vorliegt, mag man durchaus bestreiten (bzw. müsste eben durch fallvergleichende Interpretation gezeigt werden; dann wird deutlich, dass es durchaus theoretischen Charakter hat, das internationale System als ein auch sicherheitspolitisch ‚modular' aufgebautes zu begreifen; wir können darauf erst am Ende dieses Buches eingehen). Zunächst liefert uns der RSK-Ansatz eine brauchbare Folie für eine strukturierte Beschreibung.

<small>Theoriegehalt und Brauchbarkeit als Folie zur strukturierten Beschreibung</small>

Wir können dann hinsichtlich der Region des (persischen oder arabischen – schon die Bezeichnung ist unter den regionalen Akteuren umstritten, daher hier der Verzicht auf jegliches Attribut) Golfes den RSK-Befund wie folgt resümieren: Es handelt sich im Wesentlichen um eine über weite Strecken dreipolige Rivalitätsstruktur mit zeitweilig zweifacher, heute eher einfacher externer Intervention, wobei die Rivalität auch mehrfach transnational innere Herrschaftsverhältnisse betrifft. Dieser Befund soll nun etwas entfaltet werden (vgl. auch Askari 2013 zu den Konflikten der Region).

<small>RSK-Ausgangsbefund für die Golfregion</small>

Bereits in ihrer vor- und frühneuzeitlichen politischen Gestalt war die Golfregion wesentlich aufgrund ihrer Lage als Transitregion von Bedeutung: sie war Teil der mehrere Großreiche, zuletzt das osmanische und das persische, durchziehenden internationalen Fernhandelsverbindungen, welche den eurasischen Kontinent verbanden, landseitig durch die so genannte Seidenstraße, seewärts durch die über den Golf als Umschlagsplatz laufende Küstenverbindung nach Indien und Ostasien (Potter 2010). In diesem Kontext wurde die Region auch für das britische Empire von Bedeutung für die Verbindung zu seinem Kronjuwel in Indien. Hier war ihm insbesondere die Beendigung der Seeräuberei an der südlichen Küste des Golfes ein Anliegen, weshalb diese Gebiete nach Niederringung der Seeräuber ab 1820 zum britischen Protektorat wurden und nach Abschluss eines immerwährenden maritimen Waffenstillstandes (truce) 1853 als „trucial states" bezeichnet wurden – bis zu ihrer Unabhängigkeit 1971 als Vereinigte Arabische Emirate, Bahrain und Katar im Gefolge des Abzugs der Briten „east of Suez".

<small>(früh-)neuzeitliche Drehscheibe im Bereich dreier Imperien</small>

Zentrum der globalen Petro-Ökonomie und US-Interesse an der Region

Für die Weltpolitik des 20. Jahrhunderts freilich wurde die Region von Bedeutung erst durch die 1938 in Saudi Arabien beginnende Entdeckung der – wie sich herausstellen sollte – weltweit größten Erdöl und -gasvorkommen. Deren militärische Bedeutung (Schiffsantrieb für die Marine) wurde früh, gerade auch vom flotten-basierten Großbritannien, erkannt. Ihre globalökonomische Bedeutung entstand mit der Herausbildung der Petro-Ökonomie der Zeit nach dem Zweiten Weltkrieg und fand ihren Höhepunkt in den Konflikten um die Nutzung der Petroressourcen der Region in den so genannten Ölkrisen von 1973 und 1979. In ihnen zeigte sich die – damalige – Marktmacht der Ölstaaten, die ihre Rohstoffe nationalisiert hatten und ihre Preispolitik im Rahmen der Organisation der Erdöl produzierenden Staaten (OPEC, gegründet 1960) abzustimmen begannen, was sie auch politisch zu nutzen versuchten (um dem Anliegen der Palästinenser Gehör zu verschaffen – eine Querverbindung des Golf-RSK zum Israel/Palästina-Konflikt). Spätestens damit war die Region auch für die USA als Hegemonialmacht des petro-basierten westlichen ökonomischen Systems ‚systemrelevant' geworden. Sie traten künftig als der eine externe Intervenient auf.

der Irak bis zur Diktatur S. Husseins, sowjetischer Einfluss

Der zweite, zeitweilige, externe Intervenient war die Sowjetunion (vgl. Kreutz 2006; zur Entwicklung unter Putin Nizameddin 2013). Sie kam, nach der Unterstützung Nassers in Ägypten, ins Spiel, als im Irak 1958 die von den Briten eingesetzte haschemitische Monarchie durch Militärputsch gestürzt wurde. Nicht nur war dies, nach dem 1953 erfolgten Sturz König Faruks in Ägypten durch den Armeeobersten Nasser, der zweite prominente Fall anti-monarchisch-nationalistischer Machtübernahme durch das Militär. Unter Brigadegeneral Abd al-Karim Kassim nahm der Irak auch freundschaftliche Beziehungen zur Sowjetunion auf. 1968 übernahm die arabisch-sozialistische Baath-Partei die Macht, und in ihr schließlich 1979 Saddam Hussein, der im Juli Präsident wurde. Damit wurde zum einen der Golf, und auch der Nahe Osten insgesamt, mit der globalen Auseinandersetzung des Ost-West-Konfliktes verbunden, was in der Region ein Ringen zwischen Sowjetunion und USA um Einfluss zur Folge hatte. Zugleich war mit dem Irak, nach Saudi-Arabien, der zweite regionale Machtpol auf den Plan getreten.

Iran bis zum Sturz des Schah und US twin pillar-Politik

Der dritte regionale Machtpol entwickelte sich im Iran. Dort endete, nach dem kurzen Intermezzo der ersten iranischen, der konstitutionellen Revolution (1905–07: Einrichtung eines Parlamentes 1906, 1908 wieder beseitigt) und der Besetzung weiter Landesteile durch Russland bzw. Großbritannien während des Ersten Weltkriegs 1921 die Herrschaft der Katscharen-Dynastie durch Machtübernahme des Ex-Generals Resa Khan. Er rief sich zum Schah (König) aus und begründete die Pahlewi-Dynastie. Er dankte 1941 unter Druck durch Russland und Großbritannien, die erneut das Land besetzten, zugunsten seines Sohnes Mohammed Resa Pahlevi ab. Dieser setzte die vom

Vater inspirierte autoritäre Selbstmodernisierung des Landes fort und wurde nach dem 1953 mit CIA-Unterstützung erfolgten Sturz des Premiers Mossadegh, der die Ölindustrie nationalisierte, innenpolitisch zum zunehmend autokratischen Herrscher, außenpolitisch jedoch zum Verbündeten der USA. Diese sorgten im Rahmen ihrer so genannten twin pillar-Strategie für die militärische Aus- und Aufrüstung des Iran, der neben Saudi-Arabien als zweiter Pfeiler in der Region gegen sowjetischen Einfluss gedacht war, dies aber unter dem Schah durchaus auch im Sinne des eigenen Strebens nach Vormacht in der Region zu nutzen suchte.

Beides, die Intervention von 1953 und die Aufrüstung des Iran, sollte auf die USA zurückfallen, nachdem 1979 im Iran der revolutionäre schiitische Islam in Gestalt des religiös-politischen Führers Ajatollah Khomeini an die Macht kam. Der Schah floh ins Exil (und verstarb nach Krankenhausaufenthalt in den USA in Kairo). Eine zunächst spontane Geiselnahme in der US-Botschaft im November 1979 machte sich das schiitische Regime aus innenpolitischem Machtkalkül zu eigen. Sie endete nach einem gescheiterten Befreiungsversuch, den US-Präsident Carter im April 1980 unternahm, erst mit der Freilassung der Geiseln zu Beginn der Amtszeit seines Nachfolgers Ronald Reagan. Damit war das US-iranische Verhältnis endgültig beidseitig zutiefst belastet, es begann die wechselseitige Verteufelung als „großer Satan" (Khomeini über die USA) bzw. Teil der „Achse des Bösen" (der spätere US-Präsident Bush jr. über Iran). Innerhalb der Region hatte die schiitische Revolution im Iran eine zweifache transnationale Auswirkung: sie entfachte revolutionären Elan in einigen arabischen Staaten bzw. es wurde von den dortigen Herrschern ein iranischer ‚Revolutionsexport' gefürchtet, insbesondere dort, wo es eine schiitische Mehrheit (wie die unter S. Hussein jedoch unterdrückte im Irak) oder Minderheiten gab (so in Saudi-Arabien, aber auch im Libanon, wo Iran Hisbollah unterstützt).[14]

iranische Revolution 1979, US-Geiselkrise und transnationale Ausstrahlung

In Gestalt der jeweils auf unterschiedliche Weise autoritär geführten politischen Systeme in Irak, Iran und Saudi-Arabien waren somit bis 1980 drei regionale Machtpole entstanden, die zudem mit externen Mächten (Sowjetunion im Falle des Irak und Syriens; USA im Falle Saudi-Arabiens und bis 1979 auch des Iran) im Bunde waren, die jedoch zudem aufgrund der je unterschiedlichen internen Herrschafts-Legitimationsstrategien und deren transnationaler Ausstrahlung einander nicht nur international als Bedrohung empfanden, sondern potenziell auch im Innern. Die Konfrontation zwischen militärisch geführten Republiken und Monarchien stand neben der Bedrohung der Herrschaftsverhältnisse durch Revolutionsexport und interne reli-

die transnationale Herrschaftsdimension des Golf-RSK

---

14 Zur transnationalen Dimension schiitischer Politik in der Region vgl. Nasr 2006; Louer 2009.

giöse Kräfte, insbesondere der Schiiten, die im Verdacht der Anstachelung oder Aufwieglung von außen standen. Diese transnationale Dimension interner Sicherheit ist für den Golf-RSK von großer Bedeutung[15], wie einer der besten Kenner der Region feststellt:

> „regional states acted more against perceived threats to their own domestic stability emanating from abroad than to counter unfavorable changes in the distribution of power or to take advantage of favorable power imbalances." (Gause 2010, 9)

drei Kriege der Golf-Region: irakisch-iranischer Krieg 1980–88 (1. Golfkrieg)

Eine solches ‚günstiges Machtungleichgewicht' stand aber vermutlich doch am Ursprung des ersten der drei großen Kriege, die die Golfregion bisher gesehen hat (vgl. Übersicht 3.3). Aus Sicht Saddam Husseins bot der durch die revolutionären Wirren geschwächte Iran die Gelegenheit, alte Streitigkeiten über die Grenzziehung im Shat al-Arab ebenso zu seinen Gunsten zu regeln wie die eigene Position im Ringen um die regionale Vormacht auszubauen (etwa durch Einverleibung der ölreichen iranischen Provinz Khuzestan). Darin sollte sich Saddam ein erstes Mal fatal irren. Der iranische Widerstand, der auch vor der Rekrutierung revolutionär agitierter Jugendlicher nicht zurückschreckte, die von irakischen Truppen niedergemacht wurden, erwies sich als zu stark. Die irakischen Invasionstruppen wurden zurückgedrängt. Weder der Einsatz von Chemiewaffen noch die gewährte Unterstützung (in Gestalt von Aufklärungsdaten) durch die USA, denen an der Schwächung Irans lag, verhalfen dem Irak zum Sieg. Am Ende des Krieges, der mit rund 1 Mio. Toten einer der gewaltsamsten des 20. Jahrhunderts war, standen beide Staaten vor allem geschwächt da.

Übersicht 3.3	Die Kriege der Golf-Region
1980–88	Irak gegen postrevolutionären Iran; Irak z. T. mit US-Unterstützung
1990	irakische Invasion Kuwaits; Zurückschlagung durch US-geführte internationale Koalition im Auftrag der UNO; Saddam Hussein bleibt an der Macht; Kontroll- und Sanktionsregime gegen Irak wegen des Verdachts der Arbeit an Massenvernichtungswaffen
2003	US-Invasion Iraks mit ‚Koalition der Willigen', ohne UNO-Mandat; Sturz S. Husseins (2006 hingerichtet unter irakischer Übergangsregierung); bürgerkriegsartige Auseinandersetzungen insbesondere zwischen Schiiten und Sunniten; US-Truppen bleiben bis Ende 2011 im Land

---

15 Vgl., am Beispiel des Verhältnisses zwischen Iran und Saudi-Arabien, auch Mabon 2013.

Vor dem Hintergrund des 1. Golfkrieges erfolgte am 25. Mai 1981 auch die Gründung des Golfkooperationsrates durch die sechs Staaten Bahrain, Katar, Kuwait, Oman, Saudi-Arabien und die VAE. Gemäß Art.4 seiner Charta[16] ist sein Ziel die breit angelegte Kooperation der Mitgliedstaaten. Im Hintergrund dominierten jedoch sicherheitspolitische Überlegungen. Durch Zusammenarbeit der arabischen Monarchien sollte sowohl deren Stellung gegenüber dem revolutionären Iran als auch gegenüber dem republikanischen Irak gestärkt werden; dass dieser sich gerade im Krieg mit Iran befand (und dabei auch aus einigen der GCC-Staaten finanziell unterstützt wurde) bot zudem die Gelegenheit, ihn nicht an diesem Golf-Kooperationsunterfangen teilnehmen zu lassen. Freilich bestand auch unter den sechs Gründerstaaten ein großes Machtgefälle zwischen dem in vieler Hinsicht dominanten Saudi-Arabien und den kleineren GCC-Staaten. Misstrauen und auch – nicht militärische – Rivalität konnten zwischen ihnen nie ganz abgebaut werden. Es ist daher auch nicht verwunderlich, dass die sicherheitspolitische Kooperation (in Gestalt der so genannten Peninsula Shield Force, einer gemeinsamen Truppe von 10 000 Mann) mit am weitesten gediehen ist – und sich, im Geheimen, vor allem auch auf Fragen der inneren Sicherheit und damit Herrschaftsstabilisierung der monarchischen Regime bezieht. Weitere Kooperationsfelder wie die 2003 gegründete Zollunion, 2008 zum gemeinsamen Markt erweitert, oder die 2009 in Aussicht gestellte Währungsunion wurden nur schleppend umgesetzt. Im Vergleich etwa zur EU, so stellt ein Analytiker fest (Ehteshami 2011, 175) „the GCC has been far from successful in creating a cohesive unit, or a dominant club, in the subregion." Die Verflechtung auf Ebene des privaten Kapitals jedoch zwischen den Gesellschaften hat aus Sicht eines anderen Beobachters geradezu zur Herausbildung eines transnationalen Geflechts von GCC-Kapital (Khaleeji capital) geführt (Hanieh 2011). In Sachen Verteidigung erwies sich der GCC freilich nicht als ausreichend – wie der 2. Golfkrieg zeigen sollte.

Der Irak war aus dem 1. Golfkrieg ökonomisch geschwächt hervorgegangen. Seine finanziellen Reserven waren erschöpft, und er sah sich durch die übrigen arabischen Golfstaaten unzureichend unterstützt. Insbesondere das unmittelbar benachbarte Kuwait erweckte Saddam Husseins Zorn und Begehrlichkeit gleichermaßen. Mit dem Argument, dass dieses eigentlich eine Provinz Iraks sei, die nur von den Briten willkürlich abgetrennt worden sei, begann er seinen Angriff auf Kuwait. Auch hierbei jedoch hatte er sich zweifach verrechnet. Zum einen war durch Ende des Ost-West-Konflikts und Schwächung der Stellung der Sowjetunion das globale Umfeld ein veränder-

Golfkooperationsrat (GCC)

Iraks Angriff auf Kuwait 1990 (2. Golfkrieg)

---

16 Die englische Version ist verfügbar unter: http://www.gcc-sg.org/eng/indexfc7a.html?action =Sec-Show&ID=1

tes. Es gelang den USA unter Führung von Präsident Bush sr., eine Verurteilung des Vorgehens Iraks im UNO-Sicherheitsrat zu erreichen. Tatsächlich sollte dieser erstmals so funktionieren, wie es in seiner Charta vorgesehen ist, nämlich als Organ kollektiver Sicherheit, das einen Angriff auf ein Mitgliedsland notfalls auch gewaltsam zurückschlägt. Der Sicherheitsrat verhängte zunächst Wirtschaftssanktionen gegen Irak und setzte mit Resolution 678 am 29. November 1990 dem Irak eine 14-Tage-Frist zum Rückzug aus Kuwait. Andernfalls ermächtigte er die UNO-Mitglieder unter Einsatz „aller notwendigen Mittel" – die übliche Umschreibung für gewaltsames Vorgehen – gegen Irak einzuschreiten. Dies geschah in Gestalt einer internationalen Koalition unter US-Führung, die rasch die irakischen Truppen aus Kuwait zurückschlug und auf ihrem Rückzug dezimierte. Die Stationierung von US-Truppen in Saudi-Arabien, auf heiligem islamischem Boden, sollte freilich zum Stein des Anstoßes für islamistische Kräfte werden – aus denen sich später auch die Kräfte der al-Qaida rekrutierten. Der von einigen Beobachtern erwartete (oder gar erhoffte) Durchmarsch nach Bagdad, um Saddam Hussein zu stürzen, blieb jedoch aus. Stattdessen wurde der Irak in den kommenden Jahren einem herben Sanktions- und Überwachungsregime unterworfen, das zu vielfach kritisierten Folgeschäden in der irakischen Bevölkerung führte. Die vermuteten Massenvernichtungswaffen des Irak jedoch konnten nicht gefunden werden – wie sich später, nach Ende des 3. Golfkriegs zeigen sollte, weil es sie nicht mehr gab. Die USA jedenfalls zogen aus dem 2. Golfkrieg 1993 den Schluss, künftig im Wege des so genannten dual containment sowohl Irak als auch Iran eindämmen zu müssen (vgl. auch Dodge 2013).

Irak-Krieg 2003 (3. Golfkrieg)

Nachdem am 11. September 2001 die Anschläge der islamistischen Terrororganisation al-Qaida in den USA zu 3000 Toten geführt hatten, veränderte sich auch die US-Sicht auf die Golfregion und speziell auf das Regime Saddam Husseins. So genannten neokonservativen Mitgliedern der Regierung unter G. W. Bush jr., dem Sohn des US-Präsidenten, der den 2. Golfkrieg erfolgreich international orchestriert hatte, war die Politik des dual containment nicht ausreichend. Sie sahen, ohne gute Gründe, in Saddam Husein einen Förderer auch des al-Qaida-Terrorismus – oder stellten es zumindest so dar. Sie hoben die Unklarheit über den Besitz von Massenvernichtungswaffe des Irak hervor – und verloren die Geduld, die (ihnen nie deutlich genug ausfallenden) Ergebnisse der im Rahmen von UNO und Internationaler Atomenergie-Organisation (IAEA) erfolgenden Vor-Ort-Untersuchungen abzuwarten. Dies lieferte Präsident Bush jr. schließlich am 20. März 2003 den Vorwand zum Angriff auf Irak, unterstützt insbesondere durch Großbritannien unter Premier Tony Blair und einer Reihe weiterer Staaten, der so genannten Koalition der Willigen. Diesmal war es jedoch nicht gelungen, hierfür ein Mandat des UNO-Sicherheitsrates zu erlangen. Nicht nur Russland und China waren dagegen; auch Frankreich opponierte lautstark. Dies hielt Präsident Bush freilich nicht auf. Der Irak wurde rasch erobert, Präsident Bush verkündete am 1. Mai 2003, die Mission sei erfüllt („mission accomplished"). Freilich war damit erst der Beginn nicht nur des politischen Übergangs im Irak, sondern auch der bürgerkriegsartigen Auseinandersetzungen im Irak und des Aufstandes gegen die Besatzungsmacht erreicht. Saddam Hussein wurde im Dezember 2003 entdeckt, gefangen genommen, zum Tode verurteilt und hingerichtet. Im Irak begann ein mühsamer Prozess des politischen Neuaufbaus, nunmehr dominiert vom Konflikt der drei großen ethischen Gruppen der Kurden (die im Norden weitgehend Autonomie gewannen; vgl. Phillips 2015), der Sunniten (die, obwohl zahlenmäßig unterlegen, unter S. Hussein dominant waren), und der nunmehr entsprechend ihrer Zahl dominanten Schiiten. Die Hoffnung des Iran freilich, im schiitisch dominierten Irak einen einfachen Bundesgenossen zu finden, ging so nicht auf. Einen seiner erbittertsten Gegner hatten die USA freilich dem Iran mit Sturz S. Husseins aus dem Weg geräumt. Auf absehbare Zeit war die regionale Machtpolarität auf zwei reduziert: Iran und Saudi-Arabien. Die USA erschienen als dominanter externer Akteur der Region – doch erklärte schon Bushs Nachfolger Obama, unter dem 2011 der Abzug der US-Truppen aus dem Irak beendet wurde, den Irakkrieg (im Vergleich zum Krieg gegen die Taliban in Afghanistan) zum falschen Krieg.

Diese Beurteilung scheint sich durch das im Gefolge des sog. arabischen Frühlings entstandene Ringen um die Herrschaft in Syrien zu bestätigen. Wie auch in Ägypten, wo nach Sturz des gewählten islamistischen Präsidenten Mursi im Juli 2013 das Militär unter dem Ex-Militärratschef al-Sisi wieder die Herrschaft übernahm, behauptet sich der syrische Präsident Assad in einem ebenso skrupellos wie brutal geführten Bürgerkrieg. In diesen wird nicht nur von außen interveniert, durch die Türkei (die sich durch aus ihrer Sicht drohende Erstarkung der Kurden in Syrien und Irak bedroht sieht), die USA (die jedoch nach der Erfahrung im Irak nicht mehr leichtfertig zu regime change bereit sind), aber auch durch eine Art Stellvertreterkriegsführung Irans (noch Assad stützend) und Saudi-Arabiens (zur Schwächung Irans Assads Gegner stützend; beide Staaten liefern sich jüngst ein weiteres Stellvertreter-Duell in Jemen). In Gestalt der transnational terroristisch aktiven Gruppierung des selbst deklarierten Islamischen Staates, der in Irak und Syrien agiert, ist eine ganz neue dschihadistische Bedrohung entstanden, die weit über die Region hinausreicht (vgl. Reuter 2015; Schirra 2015). Nicht nur rekrutiert sie Personal (und know how) aus dem sunnitischen Militär des einstigen Irak. Die alt-neuen Autoritären Machthaber der Region nutzen, ja stützen z. T., die Bedrohung auch, um ihre autoritäre Herrschaft (als „besser als das Chaos") zu legitimieren (vgl. dazu exzellent Filiu 2015). Die daraus resultierende neue Unübersichtlichkeit der gesamten MENA-Region hat kundige Beobachter

neue Unübersichtlichkeit: Bürgerkrieg in Syrien, Islamischer Staat

aufgrund nicht so neuer autoritärer Herrschaftsstrategien

(wie Perthes 2015) vom „Ende des Nahen Ostens, wie wir ihn kennen" sprechen lassen. Die Verzahnung autoritär-innenpolitischer Herrschaftsstrategien mit grenzüberschreitend-internationaler Politik der Region ist freilich, das dürfte deutlich geworden sein, nicht wirklich neu. Auch im Kreise der GCC-Staaten, die zunächst über die Reaktion auf den arabischen Frühling zerstritten waren – Katar unterstütze die Muslimbruderschaft in Ägypten und Syrien; Saudi-Arabien und Abu Dhabi sahen darin eine Destabilisierung ihrer eigenen Herrschaft, was mit Abzug ihrer (und Bahrains) Botschafter aus Doha im März 2014 zur „größten Krise des Golf-Kooperationsrats seit dessen Gründung 1981" (FAZ 10.12.2014, S. 5) führte –, führt erst die IS-Bedrohung zu neuer Einigkeit. Uneinigkeit bestand nämlich auch über den Umgang mit dem iranischen Nuklearprogramm.

Konflikt um das iranische Nuklearprogramm

Dieses wurde im Jahr 2003 publik, als eine iranische Exilgruppe mit der Information an die Öffentlichkeit ging, dass der Iran nicht deklarierte Atomforschung betreibe. Zu dieser Deklaration ist der Iran als Unterzeichner des atomaren Nicht-Verbreitungsvertrags (Non-Proliferation Treaty, NPT) jedoch verpflichtet (vgl. List 2007). Dieser gesteht allen Mitgliedern des NPT-Regimes die zivile Nutzung der Kernkraft zu. Um jedoch die Verbreitung von Nuklearwaffen zu unterbinden, unterwerfen sie sich zugleich einem Kontrollregime, das von der IAEA umgesetzt wird, die die Art der Nutzung deklarierter Anlagen überprüft. Der Verdacht stand – und steht bis heute – im Raum, dass Iran heimlich an einem militärischen Nuklearprogramm arbeitet. Inzwischen hat sich auch der UN-Sicherheitsrat mit Sanktionen gegen Iran der Sache angenommen, um ihn zur Kooperation bei der Aufklärung zu veranlassen. Insbesondere Israel sah und sieht sich durch möglichen Nuklearwaffenerwerb Irans bedroht (vgl. Kaye/Nader/Roshan 2011) und verwies dabei auf israelfeindliche Rhetorik des iranischen Präsidenten Ahmadinedschad. Tatsächlich würde ein Atomwaffenbesitz Iran in zweifacher Hinsicht Vorteile verschaffen. Zum einen konnte aus der Entwicklung in Libyen (wo Machthaber Gaddafi die Aufgabe seines Nuklearprogramms nur um wenige Jahre überlebte) und Nordkorea (das sich unter Umgehung des NPT zum damit erst recht unangreifbaren Atomstaat gemausert hat) der Schluss gezogen werden, dass Atomwaffenbesitz eine Überlebensversicherung für herrschende Regime darstellt. Zum andern ließe sich aus der nuklear gestützten Position heraus traditionelle Einflusspolitik in der Region wieder unbeschwerter (durch US-Drohungen) durchführen. Im Grunde, und das macht Israel mit seiner Nuklearpolitik des offiziell nicht deklarierten Atomwaffenbesitzes seit Jahren vor – und ‚kommt damit durch', von den USA (und Deutschland; vgl. Sonne 2013) nicht nur unsanktioniert, sondern vielfach unterstützt –, reicht schon eine hinreichende Unsicherheit über den nuklearen Status, um potenziell abschreckend zu wirken. Freilich drohte diese Unsicherheit hinsichtlich des iranischen Nuklearprogramms die Region – und damit auch die Welt – zeitweilig an den Rand eines vierten Kriegs in der Region zu führen. Erst die Wahl des im Vergleich zu Ahmadinedschad offeneren Hassan Rohani zum iranischen Präsidenten 2013 eröffnete wieder eine Verhandlungsperspektive für den Umgang mit dem Konflikt. In, zum Missfallen Saudi-Arabiens, durch Omans Sultan Kabus vermittelten Geheimverhandlungen zwischen Iran und den USA sowie sodann den offiziellen Verhandlungen am Sitz der IAEO in Wien zwischen Iran und den fünf ständigen UN-Sicherheitsratsmitgliedern und Deutschland konnte das 100-seitige Wiener Abkommen erreicht werden, in dem Iran sich strengen Kontrollen seines Nuklearprogramms unterwirft und zum Abbau von 95 Prozent seiner Zentrifugen (zur Urananreicherung) bereit erklärt, im Austausch für die weitere zivile Nutzung. Was für die einen freilich ein Triumph der Diplomatie in der Entschärfung einer Krise ist, ist für die anderen ein Dorn im Auge. Zu Letzteren gehören Regierung und Hardliner in Israel, die den Iran weiter als Bedrohung sehen und im Abkommen eher eine Legitimierung seines Strebens nach Nuklearwaffenfähigkeit, aber, nicht zuletzt unter israelischem Einfluss, auch politische Kräfte in den USA, bis hinein in Präsident Obamas Demokratische Partei. Während er darauf mit der Ankündigung reagiert hat, das Abkommen notfalls durch präsidentielle Anordnung für die USA in Kraft zu setzen, sieht Saudi-Arabien in einer Annäherung zwischen Iran und den USA eine Bedrohung seiner Stellung am Golf – und hat, wie erwähnt, im Ringen um regionale Vormacht mit Iran in Syrien wie Jemen eine Art Stellvertreterkriegführung begonnen. Der Nahe und Mittlere Osten bleibt seinem Ruf als Krisenregion also treu.

3.3 Nordafrika – die südlichen Mittelmeeranrainer

Die dritte Teilregion, derer wir uns im vorliegenden Kapitel kurz annehmen wollen, wird durch die fünf Staaten Nordafrikas (Marokko, Algerien, Tunesien, Libyen und Ägypten) gebildet[17], die südlichen Mittelmeeranrainer – und, so sie denn funktioniert, durch die Mittelmeerunion der nunmehr 43 Anrainerstaaten als regionen-übergreifendem Zusammenschluss. Das Mittelmeer ist es denn auch, das seit römischen Zeiten einerseits eine Grenze und andererseits eine Verbindung zu Europa darstellt (vgl. zur globalen [Vor-]Geschichte der Region Naylor 2009, des Mittelmeers Abulafia 2012) – eine polit-geografische Ambivalenz, die, wie wir sehen werden, bis heute anhält.

Für alle fünf Staaten ist ihre je individuelle koloniale Vorgeschichte von Interesse. Ägypten gelang nach Abzug Napoleons zunächst eine Phase der

Ägypten

---

17 Zur jüngsten politischen Entwicklung dieser Staaten vgl. Zoubir/White 2015.

Selbstmodernisierung unter dem albanischstämmigen Offizier Mohamed Ali als Gouverneur, später, unter seinem Nachfolger Ismail, ab 1867, als Khedive (Vizekönig), also unter formaler Suzeränität des Osmanischen Sultan. Ägypten geriet jedoch, auch durch Bau des Suezkanals (1869 eröffnet) in internationale finanzielle Abhängigkeit. 1882 besetzte Großbritannien zur Wahrung seiner finanziellen Interessen das Land und behielt das Sagen bis zur Unabhängigkeit 1952. Die „Freien Offiziere" unter Führung Nassers übernahmen nach Sturz König Faruks die Regierung. Seine Ausstrahlung als arabisch-nationalistischer Führer war zunächst groß und begründete auch den Herrschaftskonflikt mit den arabischen Monarchien. Als im Gefolge der Suezkrise von 1956 sein Ansehen sank, reaktivierte Nasser diesen Konflikt wie die alte Konkurrenz mit Saudi-Arabien um Einfluss in der Region durch Einmischung in den durch Sturz der dortigen Monarchie ausgelösten Bürgerkrieg im Jemen (vgl. Ferris 2013). Sein Nachfolger Sadat löste das enge Verhältnis zur Sowjetunion und führte den Friedensvertrag mit Israel (1979) herbei. Damit begann Ägypten – und das auch Sadat tragende Militär – zum wichtigen Partner auch der westlichen Welt in ihrem Bemühen nach ‚Stabilität in der Region' zu werden, was Ägypten v. a. militärisch-finanzielle Unterstützung der USA einbrachte (im Lauf der Jahre rund 40 Mrd. USD), auch unter dem zunehmend autokratischen Nachfolger H. Mubarak. Sein Sturz durch die Proteste, die 2011 im Rahmen des ‚arabischen Frühlings' (vgl. Brynen u. a. 2012, Gelvin 2012, Haas/Lesch 2013) auch Ägypten erreichten, hat innenpolitisch die Bedeutung des Militärs nicht wirklich verringert, zeitweilig zwar den politischen Islam als zusätzlichen Faktor in die Regierung gebracht, was jedoch, wie erwähnt, durch erneute Machtübernahme des Militärs im Juli 2013, bestätigt durch Wahl Präsident al-Sisis als ‚Garant für Ruhe' im Mai 2014, beendet wurde. Außenpolitisch zeigt sich der Zusammenhang zwischen Herrschaftslegitimation und Außenpolitik auch unter Ägyptens neuer Militärführung bereits in ihrem Vorgehen gegen die Hamas im angrenzenden Gaza-Streifen: Israels Angriffe wurden klammheimlich toleriert, während Ägypten sich, vom Westen hofiert, auf der Kairoer Gaza-Wiederaufbau-Konferenz vom Oktober 2014 als ‚Partner für einen stabilen Frieden' profilieren konnte.

Libyen

Libyen wurde bereits während des Ersten Weltkriegs, 1912, von Italien besetzt, das jedoch erst nach Machtübernahme der Faschisten in Italien ab 1929 auch seine Vormacht in Libyen, dessen drei Teile (Tripolitanien, Cyrenaika und Fezzan) es zusammenfasste, konsolidieren konnte, was zur Ansiedlung von 100 000 italienischen Siedlern führte. Nach dem Zweiten Weltkrieg wurde Libyen durch UN-Beschluss (1949) im Jahre 1951 unabhängig, unter König Idris. Dieser wurde 1969 von Oberst Gaddafi gestürzt, der in den über 40 Jahren seiner Herrschaft zu einer der schillerndsten Figuren der internationalen Politik werden sollte. Im Westen war er wegen seiner Unterstützung diverser internationaler terroristischer Bestrebungen verpönt. In der Region jedoch (und auch in Afrika) erlangte er durch seine erdöl-basierten erheblichen finanziellen Zuwendungen doch Einfluss und zum Teil auch Ansehen. Erst im Lichte des Irakkriegs gegen S. Hussein und dessen Sturz war Gaddafi dann 2004 bereit, offiziell vom Streben nach Massenvernichtungswaffen abzulassen, was dann vom Westen mit spektakulärem öffentlichen Entgegenkommen honoriert wurde (vgl. auch Andrew 2013). Insbesondere auch Italien verfolgte seine energiepolitischen Interessen in Libyen (Coticchia/Giacomello/Sartori 2011), während Gaddafi das Interesse der EU an der Unterbindung schwarzafrikanischer illegaler Immigration zu nutzen wusste durch Drohungen, ‚freie Durchreise' zu gewähren (vgl. Paoletti 2010). Der dem Terrorismus und der Massenvernichtungswaffen abschwörende Diktator wurde also zunächst gebraucht. Sein Einfluss insbesondere in der Politik gegenüber Afrika wurde jedoch weiterhin als störend empfunden (Forte 2012), und als im Gefolge des arabischen Frühlings (vgl. Vijay 2012) die Proteste im Februar 2011 auch seine Herrschaft herausforderten und er massiv gegen die eigene Bevölkerung vorging, erwirkte der Westen zunächst eine Resolution des UN-Sicherheitsrates zur Errichtung einer Flugverbotszone (UN-SR-Res. 1973 vom 17. 3. 2011) und zum Einsatz „aller notwendigen Mittel" zum Schutz der Zivilbevölkerung. Der anschließende NATO-Einsatz in Libyen nahm jedoch selbst nicht immer Rücksicht auf Zivilisten und führte zum Sturz des Gaddafi-Regimes (Forte 2012, Chivvis 2013), er selbst wurde im Oktober von Aufständischen umgebracht. Die bürgerkriegsartige Lage im Lande konnte seither freilich nicht überwunden werden – und da kein Diktator mehr die Flüchtlinge von der Überquerung des Mittelmeers abhält, wird dieses neuerdings zum Massengrab für Flüchtlinge – worauf auch die EU bisher keine einheitliche oder gar befriedigende Antwort gefunden hat.

Auch Tunesien[18] befand sich unter osmanischer Suzeränität, die Herrschaft der Hussainiden verfiel jedoch im 19. Jahrhundert und Tunesien wurde zu einem Staat von Mittelmeerpiraten. 1881 kam Frankreich Italien mit der Besetzung des Landes zuvor, das 1883 durch Vertrag zum Protektoratsstaat wurde. Schon im Ersten Weltkrieg bildete sich eine Verfassungs-Partei (destour) heraus; von ihr spaltete sich 1934 unter Habib Bourgiba die Neo-Destour-Partei ab. Doch erst unter dem Druck des Algerienkrieges (ab 1954) gewährte Frankreich zunächst Autonomie und dann Unabhängigkeit Tunesiens (1956). Bourgiba wurde erst Minister-, dann langjähriger Staatspräsident (1957–87). Tunis wurde nach Ausschluss Ägyptens 1979 Sitz der Arabischen Liga, 1982 auch der aus dem Libanon vertriebenen PLO. Ökonomisch unter-

Tunesien

---

18 Zu den Beziehungen zwischen Tunesien, Algerien und Marokko bzw. zwischen diesen und dem internationalen Umfeld vgl. auch Willis 2012, Kap. 8 bzw. 9.

hielt Tunesien enge Beziehungen zu Frankreich. Unter Präsident Ben Ali, der 1987 in einem unblutigen Putsch die Macht übernahm, versank es jedoch in Korruption und Günstlingswirtschaft. Der verzweifelte Akt der Selbstverbrennung eines kleinen Gemüsehändlers im Dezember 2010 wäre vermutlich nur ein weiterer Ausdruck der misslichen Verhältnisse geblieben, wären sein Schicksal und die anschließenden Proteste im Land nicht durch die neuen Medien des Internets und des Satelliten-TV (darunter der in Katar ansässige, vom dortigen Emir gestützte Sender Al Jazeera) im ganzen arabischen Raum verbreitet worden (Mellor u. a. 2011; Howard/Hussain 2013). Damit wurde die hoffnungsvoll „arabischer Frühling" genannte Welle von Protesten ausgelöst, die auch in Tunesien das alte Regime im Januar 2011 durch Rücktritt BenAlis hinwegfegte. Unter den vom arabischen Frühling betroffenen Staaten scheint Tunesien mit Wahl eines säkularen Präsidenten und anschließender Bildung einer Regierung der nationalen Einheit, auch unter Beteiligung der islamisch-konservativen Ennahda-Partei, vergleichsweise den erfolgreichsten Weg eingeschlagen zu haben.

Algerien

Algerien wurde ab 1830 von Frankreich besetzt, mit der Besonderheit, dass es von 1848 bis zur Unabhängigkeit von französischer Seite als integraler Bestandteil des Mutterlandes betrachtet wurde. Die französischen Siedler („pieds noirs" genannt) betrachteten sich als Franzosen. Konsequenter Weise importierten sie den Weinanbau, nur ein kränkendes Symbol des Kolonialismus in einer muslimischen (und also alkoholfreien) Kultur. Der Widerstand des Front de Libération Nationale führte 1954 zum auf beiden Seiten mit äußerster Brutalität geführten Algerienkrieg (vgl. Evans 2011), der auch in Frankreich zur Verfassungskrise und dann 1962 durch de Gaulle zur Entlassung Algeriens in die Unabhängigkeit führte, zunächst unter Führung des FNL-Führers Ben Bella, der jedoch rasch von Verteidigungsminister Boumédienne abgelöst wurde. Ihm folgte 1979 bis 1982 wiederum der Verteidigungsminister Benjedid als Präsident, der wirtschaftliche und politische Öffnung anstrebte. Als sich jedoch bei den Wahlen 1991 ein Sieg der Islamischen Heilsfront (FIS) abzeichnete, schritt das Militär ein. Der Westen schwieg zu dieser undemokratischen Intervention berede – aus Sorge vor einer islamistischen Machtübernahme. Es kam zum bürgerkriegsartigen Gewaltkonflikt mit der GIA (Groupe Islamique Armé), bis in den Wahlen von 1999 Präsident Bouteflika ins Amt kam. Mit Reformversprechen überstand er die Proteste des arabischen Frühlings.

Marokko

Marokko schließlich hatte sich als einziger Staat der Region die Unabhängigkeit vom osmanischen Reich bewahrt, geriet jedoch im Gefolge der französischen Eroberung Algeriens mit Frankreich in Konflikt. Diesem gelang es, konkurrierende europäische Interessen, insbesondere deutsche, die zu den beiden Marokko-Krisen (1905; 1911) führten, zurückzudrängen. Marokko wurde 1911 formal französisches Protektorat, Spanien erhielt eine nördliche Zone (deren Reste bis heute in Gestalt der Exklaven Ceuta und Melilla fortbestehen). Marokko erlangte 1956 seine Unabhängigkeit, ab 1957 regierte zunächst Mohammed V. als König, 1961 bis zu seinem Tode 1999 sein Sohn Hassan II, gefolgt seither von dessen Sohn Mohammed VI. Das Königshaus genießt im Lande traditionale Legitimität, nicht erst im Gefolge des arabischen Frühlings setzt es jedoch zugleich auf Reformen. Marokko gehört damit, mit Jordanien, zu den aufgeklärte(re)n Monarchien der Region, die im Gefolge des arabischen Frühlings vom Golfkooperationsrat zur Teilnahme an diesem ‚Klub der Monarchien' eingeladen wurden. Als einziger Staat des afrikanischen Kontinents ist das Land aufgrund seines 1982 einseitig erklärten Austritts nicht Mitglied der Afrikanischen Union. Hintergrund ist die umstrittene Besetzung des West-Sahara-Gebietes durch Marokko, die auch zu gewaltsamen Auseinandersetzungen mit der Befreiungsorganisation POLISARIO geführt hat (vgl. Boukhars/Roussellier 2013). Marokkos Antrag auf EU-Mitgliedschaft wurde 1987 zurückgewiesen, da es kein europäisches Land sei. Freilich dürften auch die Menschenrechtsverletzungen im Land eine Rolle gespielt haben. Diese haben jedoch nicht verhindert, dass die EU auch in Sachen der Rückführung illegaler Migranten in die EU mit Marokko kooperiert hat – ohne sich viel um die Menschenrechte dieser Flüchtlinge zu kümmern (vgl. Kausch 2008). Dass die EU auch in ihrer Handelspolitik mit Marokko borniert Eigeninteressen vor aufgeklärte entwicklungspolitische Interessen stellt, sei am Beispiel ihres Freihandelsabkommens mit dem Land von 1995 gezeigt.

Carl Dawson (2009; vgl. jedoch auch Brunel/Hufbauer 2013) hat hierzu eine der wenigen theoretisch fundierten und empirisch reichhaltigen Studien über solche Nord-Süd-Abkommen vorgelegt. Er nimmt theoretisch auf die Literatur zur Außenhandelspolitik Bezug. In dieser wird auf die nach Wirtschaftssektoren unterschiedlichen Interessen an Freihandel verwiesen (vgl. den ‚Klassiker' von Rogowski 1989). Heimische Produzenten, die effizienter produzierte Importe fürchten müssen, sind etwa für die Beibehaltung des Zollschutzes. Heimische Produzenten dagegen, die Importe weiterverarbeiten, sei es für heimischen Konsum oder den Export, sehen in Zollsenkungen ökonomische Chancen, senken sie doch ihre Kosten. Der zweite theoretische Bezugspunkt der Studie von Dawson besteht in den Überlegungen zu so genannten two-level games, die Robert D. Putnam (1988) angestellt hat. Danach müssen sich Regierungen, die international verhandeln, gleichsam an zwei Fronten bewähren: der im Verhältnis zu ihren Verhandlungspartnern, also auf internationaler Ebene, und gegenüber heimischen Interessen(sgruppen), also auf der nationalen Ebene. Vor diesem theoretischen Hintergrund versucht Dawson, folgendes ‚Rätsel' zu lösen. Er stellt fest, dass das (beidseitig ja freiwillig) geschlossene Abkommen sowohl marokkanische Interessen verletzte als auch solche der EU. So wurde gerade der Sektor, in dem Marokko

ein Beispiel – und eine exemplarische Studie: das EU-Marokko-Freihandelsabkommen von 1995

theoretische Bezüge: Theorie der Außenhandels-Politik und Logik von Zwei-Ebenen-Spielen

das Rätsel: ein beidseitig schlechter Vertrag

Exportchancen gehabt hätte, nämlich der landwirtschaftlicher Produkte, vom Freihandel weitgehend ausgenommen. Und die in Aussicht gestellten Hilfszahlungen der EU zur Förderung der Konkurrenz- und damit Exportfähigkeit marokkanischer Produzenten waren vage formuliert und erfolgten auch nicht rechtzeitig. Aufseiten der EU wurden dadurch nicht nur deklarierte entwicklungspolitische Ziele verfehlt (Entwicklung durch Handel), sondern auch der politisch erhoffte Beitrag zur Stabilisierung Marokkos. Wie konnte es dazu kommen?

<small>die Erklärung: mangelnde Partizipation im autoritären System schwächt Berücksichtigung von Betroffenen-Interessen und Verhandlungsposition</small>

Die Erklärung sieht Dawson in mangelnder Partizipation auf beiden Seiten. Im autoritären System Marokkos waren einige freihandels-interessierte Gruppen regierungsnah vertreten; negativ vom Abkommen betroffene Interessen, etwa die der Agrarproduzenten (denen der Freihandel, wie gesagt, weitgehend verwehrt blieb), eher nicht. Die Regierung selbst sah im Freihandels-Abkommen (FHA) mit der EU jedoch eine wichtige Chance; und da sie als autoritäre Regierung auch keine Probleme bei der Ratifikation des FHA hatte, war zugleich ihre Verhandlungsposition gegenüber der EU geschwächt, konnte sie doch nicht damit argumentieren, dass sie bestimmte Zugeständnisse ‚zuhause' nicht durchsetzen können würde. Die heimische Stärke des autoritären Systems geriet also in den internationalen Verhandlungen zur Schwäche.

<small>und in der EU: unterminiert übergeordnete Ziele</small>

Und aufseiten der EU? Dort überließ die Mehrheit der damals 15 Mitgliedsstaaten die Federführung in den FHA-Verhandlungen mit Marokko den drei Staaten Frankreich, Italien und Spanien – also genau jenen Staaten, deren heimische Agrarproduzenten Importe aus Marokko (etwa von Südfrüchten) fürchteten. Diese bestimmten die Verhandlungsposition der EU, und konsequenter Weise spiegelte die eher die Interessen einiger kleiner, aber regional konzentrierter Interessensgruppen wider (neben den landwirtschaftlichen Interessen auch solche der Fischerei) als die übergeordneten (entwicklungs-) politischen Ziele der EU.

<small>Verallgemeinerung: capture und die Logik kollektiven Handelns</small>

Was EU-seitig geschehen ist, ist also die ‚Gefangennahme' oder ‚Entführung' der EU (bzw. ihrer Verhandlungsposition) durch eine kleine, aber hoch motivierte Interessengruppe. Dieser Mechanismus ist öfter zu beobachten, und im angelsächsischen Fachjargon wurde dafür der Begriff der „capture" geprägt. Darin liegt eine erste Verallgemeinerung der Unterminierung übergeordneter EU-Interessen durch borniert Interessen auf der eigenen Seite. Eine zweite, noch weiter gehende Verallgemeinerung (und Erklärung) lässt sich daran anschließen, unter Rückgriff auf Mancur Olsons (1965) bahnbrechende Überlegungen zur Logik kollektiven Handelns. Danach ist es in der Tat oft so, dass unter demokratischen Bedingungen sich nicht große, zahlenmächtige (Interessens-)Gruppen durchsetzen, sondern, überraschender Weise, kleine Gruppen. Und zwar, so Olsen, weil diese zum Einsatz für ihre Interessen erstens hoch motiviert und zweitens leichter zu organisieren sind als große Gruppen. Warum? Olson erklärt dies dadurch, dass die politische ‚Beute', die (ökonomische oder politische) ‚Prämie', die konzentriertes Kleingruppen-Lobbying erbringt, auf weniger Beteiligte verteilt werden muss. Von daher lohnt sich in kleinen Gruppen für jeden der Einsatz für die (gruppenegoistischen) Ziele eher, während in Großgruppen das so genannte Trittbrettfahrer-Problem der free rider auftritt: jeder baut darauf, dass sich schon irgend jemand, also andere, für die Interessen der Großgruppe stark machen wird – und so tut es keiner, tun es zu wenige. Das schmälert die Erfolgsaussicht im Vergleich zu Kleingruppen.[19]

Mit diesem Blick auf eine exemplarische Studie wurde zum einen das prinzipielle politikwissenschaftliche Vorgehen illustriert: ein Rätsel, eine nicht ohne weiteres erklärbare politische Verhaltensweise (hier: freiwilliger Abschluss eines beidseitig schlechten Abkommens) wird unter Theoriebezug einer Erklärung zugeführt, indem Hypothesen (vermutete Erklärungen) aus der Theorie abgeleitet und dann empirisch überprüft werden (was bei Dawson mit beneidenswertem Zugang u. a. zu recht offen antwortenden Beteiligten an den Verhandlungen geschieht; dies konnte hier aus Platzgründen nicht im Einzelnen wiedergegeben werden – und mag ein Anreiz sein, einen Blick in die Studie zu werfen). Anschließend kann dann mit Bedacht über die Verallgemeinerbarkeit des Befundes und der Erklärung(sstrategie) nachgedacht werden. So erfreulich die politikwissenschaftliche Erklärungsleistung in diesem Fall ist, so betrüblich ist natürlich der Befund in der Sache. Auch dieser lässt sich leider verallgemeinern, auf die noch im gleichen Jahr (1995) beginnende Mittelmeer-Politik der EU.

ein gelungenes Beispiel für das prinzipielle politikwissenschaftliche Vorgehen ...

und ein in der Sache betrübliches hinsichtlich der EU-Mittelmeer-Politik

Die europäische Vor-Geschichte im Verhältnis zu den südlichen Mittelmeer-Anrainern ist, wie gezeigt, von herber kolonialer Interessenpolitik gekennzeichnet. Bilaterale Beziehungen zwischen ehemaligen Metropolen und vormaligen Kolonien sind noch immer ein wichtiger Faktor auch im multilateralen Verhältnis der EU zu ihren südlichen Nachbarn. Dieses wurde ab 1995 im Zuge des Aufbaus einer gemeinsamen EU-Außenpolitik begonnen, zunächst durch den so genannten Barcelona-Prozess, auch als Euro-Mediterrane Partnerschaft bezeichnet. Die damals 15 EU-Mitglieder trafen sich in die-

die Mittelmeer-Politik der EU: normative Macht ...

---

19 Lassen sie sich die Logik dieser ebenso einfachen wie leistungsfähigen – weil oft gültigen – Erklärung zunächst einmal durch den Kopf gehen. Sehen Sie, dass sie noch eine bisher hier unausgesprochene Voraussetzung hat? Denken Sie einmal kurz nach. Die Voraussetzung ist, dass die Erfolgsprämie des Lobbying tatsächlich nur unter den Beteiligten der Kleingruppe verteilt werden muss, dass sie, wie man sagt, ein privates Gut darstellt. Haben alle, auch jenseits der Kleingruppe etwas vom Ergebnis, stellt dieses also ein so genanntes öffentliches Gut dar, dann entfällt der Anreiz, sich am Lobbying und seinen Kosten zu beteiligen, der vom ‚Beuteanteil' ausgeht. Es greift dann wieder die Trittbrettfahrer-Überlegung (vgl. daher den Untertitel von Olsons Werk!).

sem Rahmen mit 10 nicht-europäischen Mittelmeeranrainern, darunter auch die Palästinensischen Gebiete, ergänzt um vier Nicht-EU-Staaten Europas. Sie wurde, aufgrund einer wohl auch dem heimischen Wahlkampf geschuldeten Initiative des französischen Präsidenten Sarkozy, 2008 zur Mittelmeerunion mit nunmehr 43 Mitgliedsstaaten ausgebaut. Friede und Stabilität (sic!) waren und sind primäre Ziele, neben wirtschaftlicher Kooperation und Völkerverständigung. Die hehren Ziele konnten die Bruchlinien der Kooperation, trotz des institutionellen Ausbaus, jedoch nicht wirklich überwinden. Autoritäre Systeme im Süden waren zu echter Reform kaum bereit: nicht politisch, und auch ökonomisch nur soweit, wie es Staats- und Günstlingswirtschaft zuließen (Cammett 2007). Umgekehrt nahmen die EU-Europäer ihre normativen Zielkriterien wie Demokratie(förderung) und Menschenrechte weniger ernst bzw. stellten sie hinter ökonomische Interessen wie Öl-Importe und Waren-Exporte (vgl. neben Kausch 2008 die Beiträge in Teil V von Jünemann/ Knodt 2007). Zudem herrschte unter den EU-Staaten, die auch untereinander um Einfluss und wirtschaftlichen Zugang zur Region rangen und ringen, nicht immer Einigkeit. Die vielfach beschworene normative Macht der EU in den internationalen Beziehungen (vgl. Whitman 2011; Knio 2013) fand hierin ihre Grenzen, zumal der Anreiz-Mechanismus in Aussicht gestellter Mitgliedschaft in dieser Region – wie schon der Türkei-Fall zeigte und zeigt – nur bedingt bzw., siehe Marokkos zurückgewiesenen Antrag, gar nicht greift. Auch in ihren ersten Reaktionen auf den arabischen Frühling zeigte sich die EU desorientiert und in konventionellen Kooperationsmustern mit konventionellen, aber vertrauten Autokraten befangen (vgl. die Beiträge in Peters 2012; Kraus/Youngs 2012; Cassarino/Tocci 2012; Youngs 2014).

oder business as usual der Interessenspolitik?

3.4 Zusammenfassung und ein theoretisches Zwischenfazit

Zusammenfassung

Fassen wir den Ertrag dieses Kapitels kurz zusammen:

- wir haben die MENA-Region, seit der zum Teil von ehemaligen Kolonialmächten mitbewirkten Gründung formal unabhängiger moderner Staaten, als stark von äußeren Einflüssen mit bestimmte Region kennengelernt, was aber nicht die Verursachung der (und Verantwortung für die) Konfliktträchtigkeit der Region in Gänze nach außen verlagert; interne Dynamiken der Region, die auf zwischenstaatliches Ringen um Macht, aber auch grenzüberschreitendes Ringen um innerstaatliche Herrschaft zurückgehen, sind von erheblicher Bedeutung;
- der erste behandelte Problemkomplex, der Israel/Palästina-Konflikt, wurde unter Verwendung der Kategorien der sozialwissenschaftlichen Kon-

fliktanalyse als in der Tat schwer behandelbarer Herrschaftskonflikt analysiert, und es wurde auf die komplexen Bedingungen der im Prinzip möglichen friedlich(er)en Konfliktbearbeitung hingewiesen;
- für die Golfregion als regionaler Sicherheitskomplex wurde das über Zeit in der konkreten Konstellation variierende Ringen um Vormacht herausgestellt, dem auch die Funktionalität der im Rahmen des Golf-Kooperationsrates angestrebten Zusammenarbeit weitgehend zum Opfer fällt, zumal er wichtige Akteure (wie Irak und Iran) bewusst ausschließt; auch die im Gefolge der US-Intervention im Irak und des anhaltenden Bürgerkriegs in Syrien entstandene ‚neue Unübersichtlichkeit' und das neue Bedrohungspotenzial (IS) lassen die alten Mechanismen der transnational konfliktträchtigen Stabilisierung autoritärer Herrschaft erkennen;
- was schließlich den im Rahmen der Mittelmeer-Union schwach institutionalisierten Raum zwischen Süd-Europa und Nordafrika anbelangt, so zeigten sich im Gefolge des arabischen Frühlings zwar Ansätze von demokratischer Reform (in Tunesien, Algerien und Marokko), jedoch auch autoritäre Rückfälle (Ägypten) bzw. bürgerkriegsähnliche Verhältnisse (Libyen); die EU erwies sich (ausweislich der Analyse des Freihandelsabkommens mit Marokko von 1995) nicht nur als ökonomisch borniert, sondern zur Förderung von Demokratie bei ihren südlichen Nachbarn auch kaum fähig; auch weiterhin unterminieren ihre Flüchtlings-Abwehr- und realpolitischen ‚Stabilitäts'-Interessen ihren zuweilen behaupteten Status als (besonders) moralische Macht.

Wir können dieses Kapitelfazit ergänzend aus dem im vorliegenden Kapitel über die ‚MENA'-Region (Middle East and North Africa) sowie aus dem im vorangegangenen Kapitel über die Weltregion Europa Gesagten ein erstes theoretisches Zwischenfazit ziehen. Europa erscheint heute als international hoch kooperative, z. T. – im Rahmen der EU – supranational integrierte Weltregion – und dies trotz der großen kulturellen Heterogenität an Sprachen, Religionen, historischen Erfahrungen. Unter letzteren sind es gerade die zweier Weltkriege, so wurde argumentiert, welche supranationale Integrationsbereitschaft mit ermöglichten. Die Grenzen dieser Gemeinsamkeit der Erfahrung wurden jedoch auch deutlich. Sie liegen in der tatsächlichen Unterschiedlichkeit der Erfahrung (die etwa für Deutschland als Urheber des Zweiten Weltkriegs eben anders aussieht als etwa für Großbritannien), die auch in jeder Gesellschaft auf besondere Weise verarbeitet wurden (vgl. Bauerkämper 2012). Dies schlägt sich auch in unterschiedlichen nationalen sicherheitspolitischen Kulturen nieder (vgl. Giegerich 2006; Biehl/Giegerich/Jonas 2013), was etwa gemeinsames Vorgehen nach außen erschwert. Ähnlich wirken die unterschiedlichen kolonialen Erfahrungen und Beziehungsmuster der EU-Staaten

theoretisches Zwischenfazit: Kooperation

kulturelle Homogenität trägt institutionalisierte Kooperation alleine nicht nach. Demgegenüber erscheint die MENA-Region, abgesehen von Israel, das in, aber nicht of the region ist, als kulturell homogen, herrschen doch die arabische Sprache und der Islam vor. Wie sich zeigte, ist dies jedoch keine hinreichende Grundlage für erfolgreiche institutionalisierte Kooperation. Etliche Kooperations- oder gar Integrationsprojekte (wie die VAR Ägyptens und Syriens) scheiterten, kamen nur durch Ausschluss zustande (wie der GCC unter Ausschluss nicht nur Irans, sondern auch Iraks) und erwiesen sich als wenig effektiv (wie die Arabische Liga). Kulturelle Gemeinsamkeiten mögen also eine Kooperation begünstigende Bedingung sein, eine hinreichende Bedingung sind sie nicht.

schwacher Institutionalisierungsgrad: inkompatible Herrschaftsinteressen von Eliten ...

Der vergleichsweise schwache Institutionalisierungsgrad internationaler Einrichtungen in der MENA-Region im Vergleich zur Weltregion Europa hat wesentlich auch mit den gesellschaftlichen Voraussetzungen solcher Institutionalisierung zu tun. Entsprechend unserem einfachen Eliten-Bevölkerungs-Modell können wir insbesondere auf zwei verweisen. Internationale Kooperation (oder gar supranationale Integration) muss mit den (insbesondere Herrschafts-)Interessen der jeweiligen Eliten in der Region kompatibel sein. Dies ist für autoritäre Herrscher eher nicht der Fall: sie behaupten sich intern nur durch einen Mix an Herrschaftsstrategien, der Repression mit einschließt, was ihre Legitimität unterminiert und sie für – auch transnationale – Herausforderungen ihrer Legitimationsstrategien anfällig macht. Die mühsam erreichte Macht im Innern wollen sie daher nicht nach außen abgeben. Staats- und Günstlingswirtschaft, oft ein weiterer wichtiger Baustein interner Herrschaft, sind mit Außenhandelsliberalisierung, wie sie regionale (und auch globale) Handelskooperation vorsieht, nur bedingt kompatibel; sie läuft jedenfalls ggf. auf eine Umverteilung von Macht unter Eliten hinaus bzw., wie in Ägypten unter Mubarak, auf die Entstehung neuer, internationalisierter Elitensegmente, die mit bestehenden Fraktionen (in Ägypten: dem ökonomisch klientelistischen Militär) in Konflikt geraten (vgl. Rutherford 2008/12, Kap. 5 und Einleitung aus 2012).

und schwache Rolle von (trans-)nationaler Zivilgesellschaft

Was die Bevölkerungen in autoritären Systemen anbelangt, so ist es vor allem die Abwesenheit einer – nicht vom Staat kontrollierten oder gar gesponserten – Zivilgesellschaft, welche grenzüberschreitende Verknüpfungen und damit ‚Bodenhaftung' für international institutionalisierte Kooperation erschwert, wenn auch nicht gänzlich verunmöglicht. Die erwähnte Verknüpfung transnationalen (Khaleeji-)Kapitals in den Golfstaaten ist ein Beispiel. Auch bestehen in der MENA-Region oft grenzüberschreitende Geflechte der erweiterten Familienverbände. Und es beginnt sich, unterstützt durch neue Medien, eine transnationale Öffentlichkeit herauszubilden, die nicht mehr (wie das Radio zu Nassers Zeiten) staatskontrolliert ist. Freilich zirkulieren in diesen transnationalen Netzwerken nicht nur international institutionalisierte Kooperation fördernde Gedanken, sondern auch illiberales religiös-politisches Gedankengut, oft politisch instrumentalisiert und gefördert durch autoritäre Herrscher (wie im Fall des saudischen Exports des Wahabismus und Salafismus). Allerdings, das zeigt etwa Russlands Verhalten in OSZE und Europarat, finden sich auch in Europa politische Systeme und Kulturen, die gehaltvolle internationale Kooperation etwa im Bereich des Menschenrechtsschutzes behindern.

Ungeachtet der kulturellen Heterogenität im Bereich der Religion, welche die MENA-Region kennzeichnet, in Gestalt des jüdischen Staates Israel wie unterschiedlicher Lesarten des Islam (sunnitische versus schiitische) wurde dafür plädiert, damit verbundene Konflikte nicht oder zumindest nicht primär als Religionskonflikte zu verstehen. Ihre Virulenz erlangen diese Konflikte regelmäßig durch die politische Aufladung religiöser Unterschiede. Und dies, so wurde argumentiert, hat wesentlich mit dem Konflikt um (Fremd-)Herrschaft (im Israel/Palästina-Konflikt) bzw. mit der transnational interne Herrschaftsstrategien unterminierenden Wirkung divergierender offizieller Lesarten von Religion (etwa im Verhältnis Iran/Saudi-Arabien) zu tun. Auch hier lässt sich eine Analogie herstellen zu frühneuzeitlichem Konfliktgeschehen in Europa, in dem politisierte Religion bis zur Unkenntlichkeit mit Herrschaftskonflikten verwoben war (vgl. Nexon 2009, Philips 2010).

<small>regionale Konflikte: nicht primär Religionskonflikte, sondern Herrschaftskonflikte auf Grundlage politisierter Religion</small>

Neben der politisierten Religion wurde vor allem der Konflikt zwischen zunächst revolutionären, bald jedoch oft zu Autoritarismus (und sogar quasi-dynastischer Vererbung der Führungsposition; vgl. Vater und Sohn Assad in Syrien und den geplanten Machttransfer von Vater an Sohn Mubarak in Ägypten) neigenden Präsidialsystemen und autokratischen Monarchien als Konfliktlinie ausgemacht. Im Hinblick auf das inter- und transnationale Ringen v. a. zwischen Ägypten (unter Nasser) und Saudi-Arabien hat man geradezu von einem ‚arabischen Kalten Krieg' gesprochen (Kerr 1971).

<small>‚arabischer Kalter Krieg' zwischen Republiken und Monarchien</small>

Beide großen Konfliktlinien der MENA-Region haben also mit Ringen um Macht zu tun. Was sich im äußeren Ablauf oft wie klassisch realistische Machtpolitik ausnimmt, wird jedoch erst bei Einbeziehung der internen Herrschaftsverhältnisse und ihrer transnationalen Anfechtung voll verständlich. Der nur die anarchische Systemstruktur betrachtende Neorealismus erweist sich als zu sparsames Erklärungsprogramm. Ein theoretisch bewusst ausgearbeiteter neoklassischer Realismus dagegen (vgl. Lobell/Ripsman/Taliaferro 2009) ist durchaus in der Lage, diese Verbindung von innerer und äußerer Machtpolitik zu analysieren. Er trifft sich darin mit einem Ansatz der gesellschaftlichen Kräfteverhältnisse, der darüber hinaus unter Vermeidung einer ökonomistischen Engführung auch solche (trans-)nationalen Machtstrukturen thematisiert und analysiert, die nicht aus politischer Herrschaft, sondern etwa über Markt- und Machtstrukturen privater Kapitalbeziehungen resultie-

<small>Ringen um Macht – und Herrschaft: Berührungspunkte von neoklassischem Realismus und Ansatz der gesellschaftlichen Kräfteverhältnisse</small>

ren. Märkte kommen damit nicht nur, wie in eher naiven Ansätzen internationaler Governance, als eine effizienzsteigernde Steuerungsform in den Blick, sondern auch als (trans-)nationale Herrschaftsstrukturen. Beides ist wichtig, wie nicht zuletzt die fortbestehende ökonomische Abhängigkeit der MENA-Region im globalen Kontext belegt.

Literatur

Abulafia, David 2012: The Great Sea. A Human History of the Mediterranean, Oxford (dt.: Das Mittelmeer. Eine Biographie, Frankfurt a. M. 2013).

Andrew, Christopher 2013: British official perceptions of Muammar Gaddafi, 1969–2011, in: Freedman/Michaels, 195–212.

Angrist, Michele Penner (Hrsg.) 2013: Politics and Society in the Contemporary Middle East, 2. Aufl., Boulder/London.

Askari, Hossein 2013: Conflicts in the Persian Gulf. Origins and Evolution, New York/Basingstoke.

Barnett, Michael/Soplingen, Etel 2007: Designed to fail or failure of design? The origins and legacy of the Arab League, in: Amitav Acharya/Alastair Iain Johnston (Hrsg.): Crafting Cooperation. Regional International Institutions in Comparative Perspective, Cambridge, 180–220.

Bauerkämper, Arnd 2012: Das umstrittene Gedächtnis. Die Erinnerung an Nationalsozialismus, Faschismus und Krieg in Europa seit 1945, Paderborn u. a.

Benvenisti, Eyal E. 2012: The International Law of Occupation, Oxford.

Biehl, Heiko/Giegerich, Bastian/Jonas, Alexandra (Hrsg.) 2013: Strategic Cultures in Europe. Security and Defence Policies Across the Continent, Wiesbaden.

Boot, Max 2013: Invisible Armies. An Epic History of Guerrilla Warfare from Ancient Times to the Present, New York.

Boukhars, Anouar/Roussellier, Jacques (Hrsg.) 2013: Perspectives On Western Sahara. Myths, Nationalisms, and Geopolitics, Lanham u. a.

Brunel, Claire/Hufbauer, Gary 2013: Trade agreements in the MENA region: Contributions to better governance, in: Abbas Khadim (Hrsg.): Governance in the Middle East and North Africa. A Handbook, London/New York, 63–84.

Brynen, Rex 2013: Palestinian refugees, in: Joel Peters/David Newman (Hrsg.): The Routledge Handbook on the Israeli-Palestinian Conflict, London/New York, 109–120.

Brynen, Rex u. a. 2012: Beyond the Arab Spring. Authoritarianism and Democratization in the Arab World, Boulder.

Bunton, Martin 2013: The Palestinian-Israeli Conflict. A Very Short Introduction, Oxford.

Buzan, Barry/Wæver, Ole 2003: Regions and Powers. The Structure of International Security, Cambridge.
Byman, Daniel 2011: A High Price. The Triumphs and Failures of Israeli Counterterrorism, Oxford/New York.
Cammett, Melani Claire 2007: Globalization and Business Politics in Arab North Africa. A Comparative Perspective, Cambridge.
Cassarino, Jean-Pierre/Tocci, Nathalie 2012: The European Union's Mediterranean Policies after the Arab Revolts: From Crisis to a New Order? in: Lorenzo Fioramonti (Hrsg.): Regions and Crises. New Challenges for Contemporary Regionalism, Basingstoke/New York.
Chivvis, Christopher S. 2013: Toppling Qaddafi. Libya and the Limits of Liberal Intervention, Cambridge.
Coticchia, Fabrizio/Giacomello, Giampiero/Sartori, Nicolò 2011: Securing Italy's Energy Supply and Privat Oil Companies, in: Giampiero Giacomello/Bertjan Verbeek (Hrsg.): Italy's Foreign Policy in the Twenty-First Century. The New Assertiveness of an Aspiring Middle Power, Lanham u. a., 175–195.
Dawson, Carl 2009: EU Integration with North Africa. Trade Negotiations and Democracy Deficits in Morocco, London/New York.
Dodge, Toby 2013: Saddam Hussein and US foreign policy: Diabolical enemy images, policy failure and the administrations of Bush Senior and Junior, in: Freedman/Michaels, 117–137.
Dowty, Alan 2012: Israel/Palestine, 3rd revised and fully updated ed., Cambridge/Malden.
Durac, Vincent/Cavatorte, Francesco 2015: Politics and Governance in the Middle East, Basingstoke/New York.
Ehteshami, Anoushiravan 2011: The Middle East. Regional Security Institutions and Their Capacities, in: Chester A. Crocker/Fen Osler Hampson/Pamela Aall (Hrsg.): Rewiring Regional Security in a Fragmented World, Washington, DC, 171–197.
Evans, Martin 2011: Algeria. France's Undeclared War, Oxford/New York.
Fawcett, Louise 2013: International Relations of the Middle East, 3. Aufl., Oxford/New York.
Ferris, Jesse 2013: Nasser's Gamble. How Intervention in Yemen Caused the Six-Day War and the Decline of Egyptian Power, Princeton.
Filiu, Jean-Pierre 2015: From Deep State to Islamic State. The Arab Counter-Revolution and Its Jihadi Legacy, London.
Forte, Maximilian 2012: Slouching Towards Sirte. NATO's War on Libya and Africa, Montreal.
Freedman, Lawrence/Michaels, Jeffrey H. (Hrsg.) 2013: Scripting Middle East Leaders. The Impact of Leadership Perceptions on US and UK Foreign Policy, New York/London.

Galtung, Johan 1978: Conflict as a Way of Life, in: ders.: Peace and Social Structure, Kopenhagen, 484–507.
Gause, Gregory F. 2010: The International Relations of the Persian Gulf, Cambridge.
Gelvin, James L. 2012: The Arab Urprisings. What Everyone Needs to Know, Oxford/New York.
Gerolymatos, André 2010: Castles Made of Sand. A Century of Anglo-American Espionage and Intervention in the Middle East, New York.
Giegerich, Bastian 2006: European Security and Strategic Culture. National Responses to the EU's Security and Defence Policy, Baden-Baden.
Gray, Matthew 2010: Conspiracy Theories in the Arab World. Sources and Politics, Abingdon/New York.
Haas, Mark L./Lesch, David W. (Hrsg.) 2013: The Arab Spring. Change and REsistance in the Middle East, Boulder.
Hanieh, Adam 2011: Capitalism and Class in the Gulf Arab States, New York/Basingstoke.
Hinnebusch, Raymond A. 2015: The International Politics of the Middle East, Manchester.
Hinnebusch, Raymond A./Ehteshami, Anoushiravan (Hrsg.) 2014: The Foreign Policies of Middle East States, Boulder/London.
Howard, Philip N./Hussain, Muzzamil M. 2013: Democracy's Fourth Wave? Digital Media and the Arab Spring, Oxford/New York.
Jansen, Jan C./Osterhammel, Jürgen 2013. Dekolonialisation. Geschichte, Formen, Folgen, München.
Johannsen, Margret 2011: Der Nahost-Konflikt, 3., akt. Aufl., Wiesbaden.
Jünemann, Annette/Knodt, Michèle (Hrsg.) 2007: Externe Demokratieförderung durch die Europäische Union/European External Democracy Promotion, Baden-Baden.
Kadhim, Abbas (Hrsg.) 2013: Governance in the Middle East and North Africa. A Handbook, Abingdon/New York.
Kahana, Ephraim/Suwaed, Mohammad 2009: The A to Z of Middle Eastern Intelligence, Lanham/Toronto/Plymouth, UK.
Kausch, Kristina 2008: How serious is the EU about supporting democracy and human rights in Morocco? Verfügbar unter: http://www.fride.org/publication/431/how-serious-is-the-eu-about-supporting-democracy-and-human-rights-in-morocco? [28.02.2013]
Kausch, Kristina/Youngs, Richard (Hrsg.) 2012: Europe in the Reshaped Middle East, Madrid, verfügbar unter: http://www.fride.org/publication/1056/europe-in-the-reshaped-middle-east [28.02.2013].
Kaya, Taylan Özgür 2013: The Middle East Peace Process and the EU. Foreign Policy and Security Strategy in International Politics, London.

Kaye, Dalia Dassa/Nader, Alireza/Roshan, Parisa 2011: Israel and Iran. A Dangerous Rivalry, Santa Monica.

Kennedy, Hugh 2007: The Great Arab Conquests. How the Spread of Islam Changed the World We Live In, London.

Kerr, Malcolm H. 1971: The Arab Cold War. Gamal abd al-Nasir and his Rivals, 1958–1970, London.

Khalidi, Rashid 2013: Brokers of Deceit. How the U.S. Has Undermined Peace in the Middle East, Boston.

Kinzer, Stephen 2003: All the Shah's Men. An American Coop and the Roots of Middle East Terror, Hoboken, NJ.

Knio, Karim 2013: The European Union's Mediterranean Policy. Model or Muddle? Basingstoke/New York.

Korany, Bahgat 2011: Middle East Regionalism: Can an Institution Bridge Geo-Culture to Geo-Economics? In: Timothy M. Shaw/J. Andrew Grant/Scarlett Cornelissen (Hrsg.): The Ashgate Research Companion to Regionalisms, Farnham/Burlington, 273–293.

Kreutz, Andrej 2006: Russia in the Middle East. Friend of Foe? Westport, CT.

Kupchan, Charles A. 2010: How Enemies Become Friends. The Sources of Stable Peace, Princeton/Oxford.

Large, David Clay 2012: Munich 1972. Tragedy, Terror, and Triumph at the Olympic Games, Lanham u. a.

Latte Abdallah, Stéphanie/Parizot, Cédric (Hrsg.) 2015: Israelis and Palestinians in the Shadows of Separation and Occupation, Farnham/Burlington.

List, Martin 2007: Im Kern gespalten: Zur Lage des internationalen Nichtverbreitungsregimes für Kernwaffen, in: Andreas Hasenclever/Klaus Dieter Wolf/Michael Zürn (Hrsg.): Macht und Ohnmacht internationaler Institutionen, Frankfurt a. M./New York, 252–282.

Lobell, Steven E./Ripsman, Norrin M./Taliaferro, Jeffrey W. 2009: Neoclassical Realism, the State, and Foreign Policy, Cambridge.

Louer, Laurence 2009: Transnational Shia Politics. Religious and Political Networks in the Gulf, New York.

Mabon, Simon 2013: Saudi Arabia and Iran, London.

Mellor, Noha u. a. 2011: Arab Media, Cambridge.

Morris, Benny 2001: Righteous Victims. A History of the Zionist-Arab Conflict, 1881–2001, New York.

Nasr, Vali 2006: The Shia Revival. How Conflicts Within Islam Will Shape the Future, New York.

Naylor, Philip C. 2009: North Africa. A History from Antiquity to the Present, Austin.

Nexon, Daniel H. 2009: Struggle for Power in Early Modern Europe. Religious Conflict, Dynastic Empires, and International Change, Princeton.

Nizameddin, Talal 2013: Putin's New Order in the Middle East, London.
Olson, Mancur 1965: The Logic of Collective Action. Public Goods and the Theory of Groups, Cambridge, Mass.
Paoletti, Emanuela 2010: The Migration of Power and North-South Inequalities. The Case of Italy and Libya, Basingstoke/New York.
Pedazur, Ami 2012: The Triumph of Israel's Radical Right, Oxford/New York.
Pedersen, Susan 2015: The Guardians. The League of Nations and the Crisis of Empire, Oxford.
Peled-Ehanan, Nurit 2012: Palestine in Israeli Schoolbooks. Ideology and Propaganda in Education, London/New York.
Perthes, Volker 2015: Das Ende des Nahen Ostens, wie wir ihn kennen, Berlin.
Peters, Joel (Hrsg.) 2012: The European Union and the Arab Spring. Promoting Democracy and Human Rights in the Middle East, Lanham u. a.
Philips, Andrew 2010: War, Religion, and Empire. The Transformation of International Orders, Cambridge.
Phillips, David L. 2015: The Kurdish Spring. A New Map of the Middle East, New Brunswick/London.
Potter, Lawrence G. (Hrsg.) 2010: The Persian Gulf in History, Basingstoke/New York.
Prashad, Vijay 2012: Arab Spring, Libyan Winter, Edinburg/Oakland.
Putnam, Robert D. 1988: Diplomacy and Domestic Politics. The logic of two-level games, in: International Organization 42, 427–460.
Quandt, William B. 2013: Skewed perceptions: Yasir Arafat in the eyes of American officials, 1969–2004, in: Freedman/Michaels, 101–116.
Raviv, Dan/Melman, Yossi 2012: Spies Against Armageddon. Inside Israel's Secret Wars, Sea Cliff, NY.
Reuter, Christoph 2015: Die Schwarze Macht. Der „Islamische Staat" und die Strategie des Terrors, München.
Robinson, Chase F. 2013: The First Islamic Empire, in: Peter Fibiger Bang/Walter Scheidel (Hrsg.): The Oxford Handbook of the State in the Ancient Near East and Mediterranean, Oxford/New York, 518–537.
Rogowski, Ronald 1989: Commerce and Coalitions. How Trade Affects Domestic Political Alignments, Princeton.
Rubenberg, Cheryl A. (Hrsg.) 2010: Encyclopedia of the Isreali-Palestinian Conflict, 3 Bd.e, Boulder/London.
Rutherford, Bruce K. 2008/12: Egypt after Mubarak. Liberalism, Islam, and Democracy in the Arab World, Paperback-Ausgabe mit neuer Einleitung von 2012, Princeton.
Satia, Priva 2008: Spies in Arabia. The Great War and the Cultural Foundations of Britain's Covert Empire in the Middle East, Oxford/New York.

Schiller, Kay/Young, Christopher 2010: The 1972 Munich Olympics and the Making of Modern Germany, Los Angeles/London (dt.: München 1972. Olympische Spiele im Zeichen des modernen Deutschland, Göttingen 2012).

Schirra, Bruno 2015: ISIS – Der globale Dschihad. Wie der „Islamische Staat" den Terror nach Europa trägt, Berlin.

Siniver, Asaf 2012: The EU and the Israeli-Palestinian conflict, in: Richard G. Whitman/Stefan Wolff (Hrsg.): The European Union as a Global Conflict Manager, London/New York, 80–91.

Sonne, Werner 2013: Staatsräson. Wie Deutschland für Israels Sicherheit haftet, Berlin.

Thomas, Martin 2007: Empires of Intelligence. Security Services and Colonial Disorder After 1914, Berkeley.

Tibi, Bassam 1993: Die Verschwörung. Das Trauma arabischer Politik, Hamburg.

Valbjørn, Morton 2009: Arab Nationalism(s) in Transformation: From Arab Interstate Societies to an Arab-Islamic World Society, in: Barry Buzan/Ana Gonzalez-Pelaez (Hrsg.): International Society and the Middle East. English School Theory at the Regional Level, Basingstoke/New York, 140–169.

Vitalis, Robert/Heydemann, Steven 2000: War, Keynesianism, and Colonialism. Explaining State-Market Relations in the Postwar Middle East, in: St. Heydemann (Hrsg.): War, Institutions, and Social Change in the Middle East, Berkeley: University of California Press, Kap.4; online verfügbar unter: http://ark.cdlib.org/ark:/13030/ft6c6006x6/ [07.02.2013].

Whitman, Richard G. (Hrsg.) 2011: Normative Power Europe. Empirical and Theoretical Perspectives, Basingstoke/New York.

Willis, Michael J. 2012: Politics and Power in the Maghreb. Algeria, Tunisia and Morocco from Independence to the Arab Spring, London.

Worringer, Renée 2014: Ottomans Imagining Japan. East, Middle East, and Non-Western Modernity at the Turn of the Twentieth Century, New York/Basingstoke.

Youngs, Richard 2014: Europe in the New Middle East. Opportunity or Exclusion? Oxford.

Zarakol, Ayşe 2011: After Defeat. How the East Learned to Live with the West, Cambridge.

Zorob, Anja 2015: Arabische Liga, in: Andreas Grimmel/Cord Jakobeit (Hrsg.): Regionale Integration. Erklärungsansätze und Analysen zu den wichtigsten Integrationszusammenschlüssen in der Welt, Baden-Baden, 209–233.

Zoubir, Yahia H./White, Gregory (Hrsg.) 2015: North African Politics. Continuity and Change, Abingdon/new York.

Afrika südlich der Sahara 4

Afrika in seiner Gesamtheit zerfällt in fünf Teile. Mit leichtem Augenzwinkern leihe ich mir den Kapitelanfang von einem Klassiker imperialistischer Geschichtsschreibung[1]. Das ist insofern angemessen, als die Unterscheidung dieser fünf Teile: Nord-, West-, Zentral-, Ost- und Süd-Afrika nicht nur geografische Fakten widerspiegelt, sondern auch die koloniale Geschichte des Kontinents. Zu den geografischen Fakten gehört die trennende Rolle, welche von der Wüste Sahara ausgeht – ungeachtet der Tatsache, dass sie über Karawanentransporte auch ein Jahrhunderte alter Verbindungsraum ist (Austen 2010). Dennoch liefert sie die übliche Trennlinie zwischen dem nördlichen Afrika der südlichen Mittelmeer-Anrainer, die auch im vorliegenden Buch im vorausgehenden Kapitel zur MENA-Region behandelt wurden, und dem ‚Afrika südlich der Sahara' (Sub-Saharan Africa), wie es dann heißt, das die verbleibenden vier Teile ausmachen. Ihnen sowie der makroregionalen Organisation Gesamtafrikas gilt das vorliegende Kapitel. Dabei folgt die Abgrenzung der Teile (vgl. Übersicht 4.1) hier üblichen, wenn auch nicht einheitlich vorgenommenen Konventionen, welche sich zum Teil inzwischen auch in (sub-)regionaler Selbstorganisation niedergeschlagen haben.

,4/5-Afrika' und Gesamtafrika

---

1 Angespielt wird auf den Anfang von Julius Cäsars „Gallischem Krieg", gemäß dem Gallien in seiner Gesamtheit in drei Teile zerfällt.

Übersicht 4.1 Die Staaten der Region

Westafrika

Benin	1960F	CEN-SAD	ECOWAS
Burkina Faso	1960F	CEN-SAD	ECOWAS
Cap Verde	1975P	ECOWAS	
Côte d'Ivoire	1960F	CEN-SAD	ECOWAS
Gambia	1965GB	CEN-SAD	ECOWAS
Ghana	1957GB	CEN-SAD	ECOWAS
Guinea	1958F	CEN-SAD	ECOWAS
Guinea-Bissau	1974P	CEN-SAD	ECOWAS
Liberia	1847	CEN-SAD	ECOWAS
Mali	1960F	CEN-SAD	ECOWAS
Mauretanien	1960F		
Niger	1960F	CEN-SAD	ECOWAS
Nigeria	1960GB	CEN-SAD	ECOWAS
Senegal	1960F	CEN-SAD	ECOWAS
Sierra Leone	1961GB	CEN-SAD	ECOWAS
Togo	1960 D; GB u F ab 1919	CEN-SAD	ECOWAS

Zentralafrika

Äquat. Guinea	1968E	ECCAS
Gabun	1960F	ECCAS
Kamerun	1960D, ab 1918 GB/F	ECCAS
Kongo, Republik	1960F	ECCAS
Kongo, DR	1960B	COMESA SADC
São Tomé & Principe	1975P	CEN-SAD
Tschad	1960F	CEN-SAD ECCAS
Zentralafr. Republik	1960F	CEN-SAD ECCAS

Ostafrika

– Osten:

Burundi	1962D, ab 1916B	EAC COMESA
Kenia	1963GB	CEN-SAD COMESA EAC IGAD
Ruanda	1962D, ab 1916B	COMESA EAC
Uganda	1962GB	COMESA EAC IGAD
Tansania	1964 s. Anm.	EAC SADC

– Nordosten:		
Äthiopien		COMESA IGAD
Dschibuti	1977F	CEN-SAD COMESA IGAD
Eritrea	1993I s.Anm.	CEN-SAD COMESA IGAD
Somalia	1960GB u I	CEN-SAD IGAD

– Zentrum:		
Sudan	1956GB	CEN-SAD COMESA IGAD
Südsudan	2011	IGAD

Südliches Afrika		
Angola	1975P	SADC
Botswana	1966GB	SADC
Lesotho	1966GB	SADC
Madagaskar	1960F	COMESA SADC (susp. seit 2009)
Malawi	1964GB	COMESA SADC
Mauritius	1968GB	COMESA SADC
Mozambik	1975P	SADC
Namibia	1990D, ab 1920 Mandat Südafrikas	SADC
Sambia	1964GB	COMESA SADC
Seychellen	1976GB	COMESA SADC
Simbabwe	1980 (eins. Unabh. erkl. 1965)	COMESA SADC
Südafrika	1910 (Mehrheitsherrschaft seit 1994)	SADC
Swasiland	1968GB	COMESA SADC

Anm.:
Jahr der Unabhängigkeit gefolgt von ehemaliger Kolonialmacht; Tansania 1964 Fusion von Tanganjika (1961D, ab 1919 GB) u. Sansibar (1964GB); Eritrea: ital. Kolonie, 1952 mit Äthiopien föderiert, 1993 unabhängig.
CEN-SAD = Community of Sahel-Saharan States
COMESA = Common Market for Eastern and Southern Africa
EAC = East African Community
ECCAS = Economic Community of Central African States
ECOWAS = Economic Community of West African States
IGAD = Intergovernmental Authority on Development
SADC = Southern African Development Community
Afrika insgesamt umfasst 54 anerkannte Staaten; die fünf Staaten des nördlichen Afrika: Ägypten (CEN-SAD, COMESA), Algerien, Libyen (CEN-SAD, COMESA), Marokko (CEN-SAD), Tunesien (CEN-SAD) wurden in Kap.3 behandelt; dazu kommen die Komoren (CEN-SAD, COMESA); Westsahara ist von Marokko besetzt.

4.1 Konfliktstrukturen in Afrika

Afro-Optimismus und Afro-Pessimismus: zyklische – und zu vermeidende – Extreme

Afrika galt lange Zeit als ‚Kontinent der Krisen und Kriege'. Schraeder (2004, 14) macht auf die zyklische Natur dieses Afro-Pessimismus und -Optimismus aufmerksam und warnt vor beiden Extremen. Gegenwärtig scheint eine optimistischere Sicht, vor allem in ökonomischer Hinsicht, vorzuherrschen (vgl. den Special Report „Emerging Africa" des britischen Economist vom 2. 3. 2013 oder auch den African Economic Outlook 2013 der OECD[2], der von „vielversprechenden Wirtschaftsaussichten" für den Kontinent spricht). Auch in politischer Hinsicht haben die vergangenen Jahre seit Ende des Ost-West-Konflikts Fortschritte hin zu mehr Demokratie auf dem Kontinent gebracht. Noch 1988 dominierten Einparteien-Systeme (29) und Militärherrschaften (10), während es nur neun Staaten mit Mehrparteiensystem gab. Deren Zahl lag 1999 bei 45, die Militärherrschaften waren auf drei und die Einparteiensysteme auf eines zurückgegangen (Thomson 2010, 245; vgl. auch Cheeseman 2015 zur afrikanischen Demokratie-Entwicklung).

afrikanischer Friede?

Dennoch mag es überraschen, wenn als politikwissenschaftlicher Befund zur internationalen Politik des Kontinents der Befund verkündet wird, Afrika sei im Vergleich zu anderen Weltregionen (Fernost, Nahost, Südamerika und Großmächte untereinander) die friedlichste Weltregion (Lemke 2002, Kap.5 und 7).[3] Muss man ein Politikwissenschaftler sein, um auf so etwas zu kommen? Soweit die Frage polemisch gemeint ist, darf man sie zurückweisen. Als sachliche Frage ist sie berechtigt und zielt darauf, wie man zu einer solchen Feststellung gelangt. Die Antwort lautet: durch sachliche Differenzierung und methodisch nachvollzieh-, aber auch kritisierbares Vorgehen. Die Differenzierung wird in einer zweiten einschlägigen Studie (Kacowicz 1998, Kap.4; vgl. ergänzend und z. T. darauf bezogen Thies 2010), die sich speziell auf die westafrikanische Subregion bezieht, gleich im Titel angedeutet: „West Africa, 1957–1996. International Peace and Domestic Wars". Afrika insgesamt und speziell Westafrika sind also nicht allgemein friedlich.[4] Was sie auszeich-

---

2   http://www.oecd-ilibrary.org/development/african-economic-outlook-2013_aeo-2013-en; vgl. ergänzend zur wirtschaftlichen Entwicklung Afrikas kritisch Jerven 2015 und umfassend Monga/Lin 2015.
3   Zur sicherheitspolitischen Lage Afrikas umfassend Hentz 2014; zur internationalen Politik der Makroregion allgemein Murithi 2014.
4   Auch das vorkoloniale Afrika war keinesfalls völlig friedlich was die Verhältnisse zwischen den damaligen politischen Systemen anbelangt (vgl. Reid 2012). Schon und gerade dies spricht gegen eine stark kulturalistische Deutung des Befundes der seltenen zwischenstaatlichen Kriege Afrikas, die sie durch (allenfalls langfristig änderbare) kulturell tradierte Muster erklären will. Auch die äußerst gewaltsame Natur etlicher innergesellschaftlicher Konflikte Afrikas sollte jedoch nicht kulturalistisch auf ‚traditionelle afrikanische Grausam-

net, ist das relativ seltene Auftreten ‚klassischer' *zwischenstaatlicher* Konflikte, wohingegen es zahlreiche innerstaatliche Gewaltkonflikte gibt, in die z. T. auch von außen, von Staaten der Region und externen Großmächten, eingegriffen wird (zu Letzterem vgl. den Überblick von Schmidt 2013).

Dennoch ist der Befund des relativen internationalen Friedens von Belang – und überraschend. Er wirft freilich zunächst die Frage auf: relativ wozu, im Vergleich womit? Hier kommt man nicht um kontrafaktische Überlegungen und methodische Konstrukte aus. Diese beziehen sich darauf, wie viel Krieg man denn erwarten würde. Das wiederum wird in der einschlägigen Forschung unter Bezug auf die Ergebnisse der quantitativen Kriegs(ursachen)-Forschung veranschlagt. Diese legt einerseits fest, was in der Geschichte der internationalen Beziehungen, soweit sie historisch belegt ist, als Krieg zählen soll. Typischerweise wird die Beteiligung staatlicher Akteure auf beiden Seiten (oder mindestens einer) und eine quantitative Mindestzahl an Opfern festgelegt (etwa: 1000 Tote). Dies liefert die Basis des empirisch ermittelten Kriegsgeschehens. Davon ausgehend wird die Zahl der bilateralen Kriegsjahre errechnet. Die Untersuchungseinheit sind also die „dyadischen Kriegsjahre". Deren Zahl für die Großmächte bzw. die Staaten der jeweiligen Region wird verglichen. Und danach wirkt es sich im Vergleich kriegshäufigkeitsmindernd aus, ein (west)afrikanischer Staat zu sein. Ohne dies hier im Detail darstellen zu können, sollte deutlich werden, dass solche Aussagen methodisch aufwendig und voraussetzungsvoll sind. Angefangen bei den Rohdaten (etwa hinsichtlich der Kriegstoten; hierauf macht gerade für Afrika Williams [2011, Kap.1: Counting Africa's Conflicts (and their Casualties)] aufmerksam) ist vieles weniger exakt (ermittelbar), als es einem zu Forschungszwecken lieb wäre. Und auch bei der Zählung der ‚dyadischen Kriegsjahre' lässt sich fragen, welche Dyaden denn gezählt werden sollen: wirklich alle logisch möglichen? Oder nur solche, für die eine Rivalität der Beteiligten aufgezeigt werden kann (methodisch wie?)? Oder nur die von benachbarten Staaten (weil diese ‚gerne' und logistisch einfacher übereinander herfallen)?

Ungeachtet dieser methodischen Probleme von Aussagen über die relative (zu erwartende) Kriegshäufigkeit bleibt der Befund, dass klassisch-zwischenstaatliche Kriege in Afrika selten sind, dass das gleichwohl sehr gewaltträchtige Konfliktgeschehen auf dem Kontinent eher inner- als zwischengesellschaftliche Ursachen hat. Das kann immer noch überraschen, insbesondere im Hinblick darauf, dass Afrika eine Reihe von kriegsförderlichen Bedingungen aufweist und eine Reihe an kriegsverhindernden Bedingungen nicht. Zu

methodische Fragen

kriegsfördende und abwesende kriegshinderne Faktoren

---

keit' zurückgeführt werden. Nicht nur wäre das rassistisch. Es übersieht auch die sozialen und strategischen Ursachen von und für Grausamkeit, welche die Logik des Gruppenkonflikts bestimmen (vgl. Kalyvas 2006, Weinstein 2007).

ersteren könnte man die in Afrika geradezu paradigmatisch willkürlich gezogenen Staatsgrenzen rechnen. Sie, so könnte man vermuten, hätten doch Anlass zu gewaltsamer Revision sein können (müssen). Das freilich ist fast gänzlich ausgeblieben. Nur zwei Staaten des heutigen Afrika entstanden durch Abspaltung von Staaten, die traditionell unabhängig waren oder aus der Kolonialzeit in die Unabhängigkeit entlassen wurden: Eritrea (1993 als Abspaltung von Äthiopien entstanden) und Südsudan (2011 von Sudan unabhängig geworden). An (Zugang zu) Waffen fehlte es in Afrika seit seiner Unabhängigkeit auch kaum (die Wege ihrer Beschaffung freilich sind zwielichtig, reichen von politisch oder geostrategisch motivierter Unterstützung durch Ex-Kolonial- und Supermächte bis hin zu auf Raubökonomie und illegalem Rohstoffexport basierender Beschaffung auf globalen Märkten), ebenso wenig an kämpfenden Truppen, wenn wir darunter nicht nur reguläre Armeen, sondern auch unterschiedliche Rebellen- oder auch Warlord-Truppen verstehen, die auch vor der (z. T. Zwangs-)Rekrutierung von Minderjährigen nicht halt mach(t)en (vgl. Rosen 2005, Kap. 5 zu Sierra Leone, allgemein Singer 2006). Schließlich herrschten lange Zeit politische Systeme vor, die autokratisch-autoritär, jedenfalls nicht demokratisch waren, womit die in der Politikwissenschaft der vergangenen 20 Jahre vielfach erörterte kriegsmindernde Wirkung der Regierungsform Demokratie (zum Überblick: Schrader 2006) ausfiel. Was also erklärt den relativen internationalen ‚kalten Frieden' Afrikas?

mögliche Erklärungen des ‚kalten' zwischenstaatlichen Friedens

In seiner Diskussion des von ihm konstatierten westafrikanischen Friedens erörtert Kacowicz insgesamt neun mögliche Ursachen. Die ersten vier stammen aus einem realistischen Theoriekontext: (1) die befriedende Wirkung von Hegemonialmächten (hier: Frankreich als extra- und Nigeria als intra-regionaler Kandidat), (2) die Herausbildung regionaler Mächtegleichgewichte (balance of power), (3) gemeinsame äußere Bedrohungen (wiederum durch Frankreich oder Nigeria), (4) schiere materielle Ohnmacht. Vier weitere mögliche Erklärungen entstammen eher einem liberalen Theoriekontext: (5) Demokratisierung (mit Wirkung im Sinne der Theorie vom Demokratischen Frieden), (6) das Streben nach ökonomischer Entwicklung bei bleibender wirtschaftlicher Abhängigkeit (was Priorität zivilen Wirtschaftens einerseits, Mangel an Mitteln andererseits impliziert), (7) wirtschaftliche Interdependenz, Integration und transnationale Beziehungen (die die Neigung zu internationalem Krieg schwächen würden) und schließlich (8) geteilte kulturelle Muster bzw. Konsens (der sich insbesondere darauf bezieht, Gebietsansprüche nach dem Grundsatz der faktischen Beherrschung zu bewerten). Nicht alle dieser Faktoren sind gleichermaßen gegeben und damit einschlägig. Als neunten Faktor führt Kacowicz daher „Zufriedenheit mit dem territorialen Status quo" an.

Was jedoch hart an der Grenze zur Tautologie ist, nach dem Motto: Warum ändern die (west)afrikanischen Staaten ihre Grenzen nicht gewaltsam? Antwort: Weil sie es nicht wollen (weil sie mit den existierenden zufrieden sind). Wenn als Maßstab und Erklärung für diese Zufriedenheit wieder nur das Ausbleiben gewaltsamer Grenzänderung angeführt würde, wäre der Zirkel geschlossen. Dies ist die generelle wissenschaftliche Problematik der in nichtwissenschaftlichen Kontexten gerne zitierten Erklärung mit dem (fehlenden) politischen Willen: Etwas wird dadurch erklärt, dass es ,dem Willen' der Akteure entspricht. Und als Ausweis des Vorhandenseins dieses Willens dient die Existenz des zu Erklärenden. Das ist nicht so sehr falsch als zirkulär, eben tautologisch – und insofern unzufriedenstellend. Der (Nicht-)Wille muss unabhängig dokumentiert und erklärt werden. Dem geht Kacowicz insofern nach, als er innere und äußere Ursachen für die Zufriedenheit mit dem territorialen Status quo erörtert. Er resümiert seine Gesamterklärung wie folgt:

Vermeidung tautologischer Scheinerklärung

> *The key to understand the twin processes of regional peace and domestic war in West Africa resides in the widespread satisfaction with the territorial status quo by the majority of the [ich füge hinzu: ruling elites of the; ML]countries. This satisfaction can be explained by the weakness of West African countries as states, with reference to their societies, and as powers, regarding their foreign relations and material capabilities. These two weaknesses have led most of the states to adopt a rational policy of respecting the norm of uti possidetis [die besagt, dass die Legitimität des Gebietsanspruchs aus dem faktischen Besitz resultiert; wörtl. lat. = so wie ihr besitzt; ML] on a reciprocal basis, despite the apparent artificiality of their borders. Hence, in the case of West Africa there seems to be a negative correlation between domestic conflict and international wars.*" (Kacowicz 1998, 174)

Ich möchte einige erläuternde und ergänzende Feststellungen zu dieser komplexen Erklärung geben. Sie ist komplex, weil sie mehrere Faktoren und politische Ebenen integriert. Insbesondere, und das entspricht ganz dem im vorliegenden Buch propagierten Ansatz der gesellschaftlichen Bedingungen der (internationalen) Politik, wird auf die Wechselwirkung zwischen heimischen (Herrschafts-)Bedingungen und Außenverhalten hingewiesen. Die (west-)afrikanischen – die Einklammerung der Vorsilbe soll auf die Verallgemeinerbarkeit der Erklärung hinweisen – Staaten sind im Verhältnis zueinander friedlich, weil sie schwach sind. Schwäche von Staaten gibt es jedoch in zwei unterschiedlichen Bedeutungen, und beide werden hier angesprochen: viele der afrikanischen Staaten sind in einem realistischen Sinne schwach (im Zitat: regarding their material capabilities): sie verfügen nur begrenzt bis gar nicht über die finanziellen, logistischen, militärischen, kurz: materiellen Mittel zur konventionell-internationalen Kriegsführung. Die Staaten sind jedoch

wichtige Erläuterungen zur komplexen Erklärung: Ansatz der gesellschaftlichen Bedingungen bestätigt

starke (schwache) Staaten in zwei unterschiedlichen Bedeutungen

auch schwach im Verhältnis zu ihren Gesellschaften, das ist die zweite, ganz andere Bedeutung von staatlicher Schwäche (Stärke). Danach sind Staaten stark (schwach), die über (keine) Folgebereitschaft in ihrer Bevölkerung bzw. in größeren Teilen davon verfügen. Solche Staaten werden also als (il)legitim angesehen, von mehr oder weniger großen Teilen der Bevölkerung. Illegitimität mindert den nationalen Zusammenhalt (wie es auch ein Realist noch thematisieren würde). Sie bedeutet für die Herrschenden jedoch auch, dass externe Kriegsführung zum Anlass für Aufstände der Opposition und/oder von Rebellen werden kann. Die zwischenstaatliche Kriegsführung ist also aus Gründen des internen Machterhalts riskant. Das macht die herrschenden Eliten (auf sie kommt es an, das sollte mein erster Einschub im Zitat betonen) geneigt, die ‚Norm uti possidetis anzuerkennen'. Ich setze dies in einfache Anführungszeichen, denn wie Kacowicz im Zitat selbst deutlich macht, ist diese Bereitschaft, der Norm zu folgen, nicht so sehr Resultat innerer Überzeugung. Vielmehr resultiert sie aus rationalem Herrschaftskalkül. Dies festzustellen ist wichtig, aus zwei Gründen. Es liegt damit eher kein Fall der von konstruktivistischen Ansätzen behaupteten Wirksamkeit von internationalen Normen aufgrund Sozialisation, innerer Überzeugung vor. Es liegt aber, und darauf weist Kacowicz selbst hin (a. a. O., 175), interessanter Weise der Fall eines ‚autokratischen Friedens' vor: auf der Basis ihres internen Herrschaftskalküls gelangen die Herrschenden dazu, zwischenstaatlichen Konfliktaustrag zu minimieren – freilich um den Preis ihrerseits extrem gewaltträchtiger illegitimer interner politischer (Herrschafts-)Verhältnisse. Deren Folgewirkungen, bis hin zum Völkermord, bestimm(t)en weitgehend das post-koloniale Konfliktgeschehen Afrikas.

In seinem vorzüglichen Überblick zur Entwicklung gewaltsamen Konfliktaustrags in Afrika seit der Unabhängigkeit unterscheidet William Reno (2011) fünf Typen von afrikanischen Rebellen, wie er sie nennt. Die Bezeichnung von Aufständischen (insurgents), ein anderer Terminus, ist im politischen Raum immer auch ein Politikum (ein konstruktivistischer Gedanke: hier wird tatsächlich mit Sprache Politik gemacht), was in dem Spruch zum Ausdruck gebracht wurde: des einen Freiheitskämpfer sind des anderen Terroristen. Die Wissenschaft kann sich dem nicht gänzlich entziehen, Reno betont jedoch (und darin wird ihm hier gefolgt), dass die Bezeichnung keine Wertung implizieren soll. Dreierlei macht seine Darstellung so aufschlussreich: erstens handelt es sich bei den Rebellen-Typen annähernd auch um eine historische Abfolge; zweitens stellt er sie in den heimischen gesellschaftlichen Kontext; und drittens auch in den inter- und transnationalen. Auch dies also verweist uns wieder auf die im vorliegenden Buch betonte Wechselwirkung zwischen heimischen und inter- bzw. transnationalen gesellschaftlichen (Kräfte-)Verhältnissen.

Gleichsam die erste Rebellen-Generation und damit der erste Typ waren die *anti-kolonialen Rebellen*. Sie kämpften in den 1950er und 1960er, z. T. bis in die 1980er Jahre primär gegen die ehemaligen kolonialen Metropolen eben für Unabhängigkeit von diesen. Gleichwohl waren ihre Führer oft von diesen und ihrer akademisch-intellektuellen Welt geprägt, hatten vielfach in den ‚Mutterländern' studiert. Eine Dritte-Welt-Ideologie und zum Teil der Marxismus inspirierte sie – und war Grundlage für ideologisch bestimmte Einparteien-Herrschaft nach erreichter Unabhängigkeit. Dies geschah in einem internationalen Umfeld, in dem mehr (Frankreich, Portugal) oder minder (Großbritannien) auf Fortschreibung der Kolonialbeziehungen setzende europäische Metropolen einerseits, andererseits die damals zumindest aus Markterschließungsgründen eher anti-kolonialen USA die westliche Seite des globalen Ost-West-Konflikts bildeten. In dessen Kontext rangen sie zunehmend mit der Sowjetunion um Einfluss auch und gerade in der Dritten Welt (McMahon 2013, speziell zu Afrika darin Byrne 2013). Die Sowjetunion profilierte sich dabei ideologisch anti-kolonial, verhielt sich faktisch jedoch oft nach herbe machtpolitischem Kalkül, etwa wenn sie Einparteienherrschaften unterstützte. Dies war auch der Kontext für eine zweite Gruppe von Rebellen, die Reno *Mehrheitsherrschafts*-Rebellen nennt. Sie rangen in den von Weißen dominierten Siedler-Autokratien Rhodesien (heute: Simbabwe), Südafrika und Namibia um die Ablösung eben der Herrschaft der Weißen zugunsten einer angemessenen politischen und sozialen Beteiligung der schwarzen Mehrheitsbevölkerung. Die darum ausgetragenen Konflikte gerieten ebenso in den Ost-West-Kontext (mit dadurch ausgelöster Stellvertreter-Kriegsführung etwa in Angola und Mozambik) wie in den der UNO, die sich unter dem Einfluss der bereits unabhängig gewordenen Ex-Kolonien zunehmend gegen weiße Vorherrschaft und Apartheid einsetzte. Die UNO wurde also durch die formal unabhängig werdenden Staaten des Südens zunehmend mit bestimmt, zumindest in ihrem Plenarorgan, der Vollversammlung, und gab durch Resolutionen wie die über die Gewährung der Unabhängigkeit an koloniale Länder und Völker von 1960[5] hierfür einen legitimierenden Kontext ab.

Damit wurde zugleich die juristische Seite dessen aufgebaut, was von Analytikern im Hinblick gerade auch auf Afrika als „Quasi-Staatlichkeit" (Jackson 1993) bezeichnet worden ist. Damit ist eine Staatlichkeit gemeint, deren Existenz wesentlich durch die internationale Anerkennung des formal-völkerrechtlichen Status, (nach außen) souverän zu sein, bestimmt wird, während es sich im Innern oft um (im schon erörterten Sinne) schwache Staaten handelt, deren Legitimität und staatliche Leistungsfähigkeit also beschränkt

---

5   Res. 1514 (XV), http://www.un.org/depts/german/gv-early/ar1514-xv.pdf

ist. Dies wird durch die politisch neokolonial genannte fortbestehende faktische äußere Abhängigkeit von großen Mächten und Weltmärkten ergänzt.

Reform-Rebellen

Genau dieser Befund schwacher, oft durch herrschende Gruppen vereinnahmter Staaten motivierte im Laufe der 1980er Jahre die von Reno so genannten *Reformrebellen*. „They were reformers of states in their recognition that independence was not enough to build strong African countries." (Reno 2011, 8/9) Gleichzeitig waren die 1980er Jahre eine Zeit ökonomischer Stagnation und des Rückgangs, was sich auch auf die Bildungsetats auswirkte. Universitäten, früher ein Milieu, in dem potenzielle Rebellen (und künftige Führungskader) heranwuchsen, mussten, auch im Kontext von außen, von Weltbank und Weltwährungsfonds, auferlegter Spar-Programme („Strukturanpassungs-Programme") Einschnitte hinnehmen; die als brain drain (wörtlich: Abfluss von Gehirnen) bezeichnete Entwicklung ließ viele höher ausgebildete Akademiker im Ausland bleiben. Der Wandel der globalen ökonomischen Philosophie hin zur propagierten De-Regulierung und Privatisierung ebenso wie der auslaufende Ost-West-Konflikt minderte einerseits die von außen kommende ‚Verteilungsmasse' für Günstlingswirtschaft, schaffte im Zuge der Privatisierung jedoch auch Gelegenheit, dass Freunde und ethische Verwandte der Präsidenten sich bereichern konnten. Die Reformimpulse der Rebellen scheiterten dadurch oft, und zugleich wurde die Grundlage für durch ethnische Gruppen- und privat Selbstbereicherungslogik bestimmte politische Verhältnisse gelegt.

Warlord-Rebellen

Die daraus in den 1990er Jahren entstehenden *Warlord-Rebellen* spielten das in diesen autoritären politischen Systemen angelegte Selbstbereicherungsspiel nur konsequent weiter, unter Ausnutzung ihrer vorigen Führungspositionen im System ebenso wie der gezielten politischen Mobilisierung ethnischer Ressentiments. Diese Rebellen waren vergleichsweise unideologisch – und skrupellos:

> „*networks of connections gave future warlord rebel leaders the means to prevail over ideologues who, under other circumstances, might have become leaders of liberation struggles, but in these circumstances were pushed aside, killed, or chased away in favor of warlord rebel leaders who had previous access to commercial and diaspora connections that provided them with resources to mobilize fighters.*" (Reno 201, 12)[6]

---

6   Auf die Ähnlichkeit dieses Vorgangs der Privatisierung von Gewalt in Afrika mit den zum Teil ebenfalls gewaltsamen Prozessen der politisch-ökonomischen Systemtransformation in der Sowjetunion (Selbstbereicherung alter, vernetzter Kader in der Phase der ‚wilden' Privatisierung der Jelzin-Zeit, in Gestalt der sog. Oligarchen) und im ehemaligen Jugoslawien sei hingewiesen; im ersteren Fall wurde das ‚wilde Macht- und Selbstbereicherungs-Ringen'

Dieser Hinweis auf die grenzüberschreitenden, transnationalen Vernetzungen der Warlords ist für die Ökonomie der neuen (Bürger-)Kriege von Belang. Globale Märkte für aus Warlord-Gebieten stammende Rohstoffe stellen jedoch nur eine der regionalen und globalen trans- und internationalen Dimensionen des afrikanischen Kriegsgeschehens im globalisierten Kontext dar. Regional sind oft Nachbarstaaten durch grenzüberschreitende Flüchtlingsströme betroffen; zum Teil nutzten deren politische Führungen selektiv unterstützte Flüchtlinge als ‚fünfte Kolonnen' zur Intervention in Nachbarstaaten, zum Teil wiegeln sie aus Gründen der Machtsicherung eigene Bevölkerungen gegen die Flüchtlinge auf (Onoma 2013); schließlich unternehmen afrikanische Regionalorganisationen, auf sich gestellt oder zunehmend im Verbund mit den Vereinten Nationen, Versuche, befriedend in lokales Konfliktgeschehen einzugreifen (vgl. Bach 2003). Im globalen Medienzeitalter ist es für Rebellen wichtig, ihr medial vermitteltes Bild zu beeinflussen (Bob 2005). Schließlich liegt es in der (Macht-)Logik nicht nur von Warlord-Rebellen, sich durch grenzüberschreitende Nutzung von Ressourcen (wie rekrutierbaren Flüchtlingen oder Rückzugsräumen, von Unterstützung durch Nachbarstaaten ganz zu schweigen) strategische Vorteile zu verschaffen (vgl. Salehyan 2009, am Beispiel des Bürgerkriegs in Ruanda: Kap.5). Wo jedoch Staatlichkeit gänzlich verloren geht, intervenieren auch – wieder – ehemalige Kolonial- und heutige Großmächte, aus humanitären Gründen, die jedoch offen bekundet auch mit sicherheitspolitischen Eigeninteressen verknüpft sind (etwa, wenn es um Bekämpfung von Piraterie oder sichere Häfen für transnationale Terroristen geht) und, weniger offen bekundet, auch mit dem Ringen um Einfluss auf dem afrikanischen Kontinent (innerwestlich, etwa zwischen Frankreich und den USA; zwischen globalen Mächten und regionalen Mächten mit Führungsanspruch – wie etwa zwischen den USA und Libyens Gaddafi; oder auch im Kontext des neuen Ost-West-Verhältnisses, wenn es um die Eindämmung chinesischen Einflusses in Afrika geht).

trans- und internationale Verknüpfungen

Als Reaktion auf diese zum Teil extrem gewaltsame ‚neue Unübersichtlichkeit' der politischen und inner- und zwischenstaatlichen Machtverhältnisse in Afrika bildeten sich schließlich , so Reno, „parochiale" Rebellen heraus, die hier als *lokale Selbstverteidigungs-Rebellen* bezeichnet werden sollen. Da es ihnen oft ‚um das nackte Überleben' geht, das gewaltsam bedroht wird und ergo gewaltsam zu schützen versucht wird, spielt oft kleinteilige politische und ethnische Identität eine große Rolle, weniger politische Ideologien. Auch in diesen extremen Formen der Logik des Gruppenkonfliktes ist jedoch

lokale Selbstverteidigungs-Rebellen

---

durch Etablierung des ‚Systems Putin' überwunden; im letzteren Falle durch Intervention der ‚internationalen Gemeinschaft' in Gestalt von NATO und EU. Beide Mechanismen sind so in Afrika nicht verfügbar.

eine primordialistische Interpretation, welche ethnische Konflikte auf uralte oder ‚ewige' Erbfeindschaften zurückführt, unzulänglich. Es mag ältere, bis in vor-koloniale Zeiten zurückreichende ethnische Identitäten geben und auch konfliktreiche Vorgeschichten. Diese werden jedoch aus heutigen politisch-strategischen Gründen und unter heutigen Bedingungen mobilisiert. Ihre politische Bedeutung ist also einerseits (politisch motiviertes) Konstrukt, ist andererseits der herben Machtlogik des Gruppenkonflikts geschuldet, die Gruppenidentifikation fordert und fördert (wer sich nicht ‚seiner' Gruppe anschließt – auch wenn er sie zuvor gar nicht als seine oder so wichtig angesehen hat –, steht womöglich allein zwischen allen Fronten).

dschihadistische Rebellen – eine sechste Variante?

Der politisch motivierte Konstrukt-Charakter gilt schließlich auch für jene Gruppierungen, die als dschihadistische Rebellen vielleicht die sechste und jüngste Variante des Phänomens bilden. Ihnen dient der politisierte Islam als Mittel der Selbst-Identifikation, der Mobilisierung und auch zum Versuch der transnationalen Verknüpfung. Dschihadistische Gruppierungen sind mittlerweile in mehr als einem Duzend Staaten Nord- und Subsahara-Afrikas aktiv (vgl. Jihafrica, in: The Economist 18. 7. 2015, 30 f.). Auch ihre Ursprünge liegen, ungeachtet ihrer zum Teil auch nur behaupteten transnationalen Verbindungen, jedoch in Problemen der internen Herrschaft begründet, wie z. B. Smith (2015; ungeachtet des albern dramatisierenden Titels der deutschen Übersetzung eine seriöse Darstellung eines Autors mit Ortskunde) am prominenten Beispiel der nigerianischen Boko Haram betont.

Es wird also zweierlei deutlich: das gewaltsame Konfliktgeschehen im subsaharischen Afrika hat wesentlich mit der Wechselwirkung innerer Herrschaftsverhältnisse und deren inter- und transnationalen (Aus-)Wirkungen zu tun. Insofern verlangt die Analyse dieses Geschehens regelmäßig den Rückgriff auch auf Überlegungen über heimische Herrschafts- und Macht-Logiken. Schon in der Zeit der anti-kolonialen Rebellen und des Ost-West-Konflikts wurden diese internen Konflikte jedoch, wie Douglas Lemke (2011) jüngst am Beispiel des Konfliktgeschehens in der Republik Kongo von der Unabhängigkeit 1960 bis 1966 gezeigt hat, von einer Logik der territorial basierten Machtrivalität zwischen, wie er sie nennt, autonomen politischen Einheiten bestimmt, auf die sich durchaus die im realistischen Forschungsprogramm der Analyse internationaler Politik entwickelten Kategorien anwenden lassen. In der Tat sind dessen Überlegungen nicht auf das Verhalten formal anerkannter Staaten beschränkt. Vielmehr ist der Realismus auch so zu verstehen, dass er die Machtlogik zwischen territorial basierten Herrschaftszentren jeglicher Couleur zu modellieren und damit erklärbar zu machen versucht. Ein so, weit, verstandener Realismus ist dann auch durchaus verknüpfbar mit einer an zusätzlicher Information reicheren historisch-soziologischen Analyse, welche die innere Konstitution (und Konstruktion) der beteiligten Herrschaftszenten mit thematisiert (vgl. Henderson 2015). Dies geschieht, wie hier nur angedeutet werden konnte (ein Anreiz soll und muss bleiben, einen Blick in die Originalarbeit zu werfen) etwa in der oben skizzierten Darstellung Renos über die Entwicklung der fünf Rebellentypen.[7]

4.2 Kooperationsstrukturen in Afrika

Während uns bisher die Konfliktstrukturen Afrikas beschäftigt haben, wollen wir uns nun den kooperativ-integrativen Strukturen zuwenden. Sie finden sich sowohl auf der Ebene der Makro-Region des Gesamtkontinents wie in Gestalt regionaler Zusammenschlüsse. Tatsächlich sind es (inklusive gescheiterter historischer Anläufe und begrenzter, vor allem wirtschaftspolitischer Kooperationsansätze) so viele, dass hier nur eine Auswahl der wichtigsten vorgestellt werden kann. Einige Initiativen zu regionaler Integration entstammten noch dem kolonialen Kontext (wie etwa französische Pläne zur Organisation west- und zentralafrikanischer Kolonialgebiete). Der entscheidende makroregionale Schritt war jedoch die am 25. Mai 1963 in Addis Abeba durch 32 afrikanischen Staaten erfolgte Gründung der Organisation für Afrikanische Einheit (Organization of African Unity, OAU). Sie wuchs im Lauf der Jahre auf 53 Mitglieder an. Ihre seit 2002 operierende Nachfolgerin, die Afrikanische Union (AU) umfasst heute alle Staaten des Kontinents außer Marokko (das 1984 über den Streit um die Westsahara[8] die OAU verließ). Im Vergleich zur Gründungsgeschichte der Europäischen Union, deren zeithistorische und politikwissenschaftliche Aufarbeitung ganze Bibliotheken füllt, ist die Vorgeschichte der OAU wenig erforscht. Hingewiesen wird auf die Existenz zweier großer Strömungen. Unter Führung des ghanaischen Präsidenten Kwame Nkrumah befürwortete der sogenannte Casablanca Block (dem auch Ägypten, Algerien, Guinea, Libyen, Mali und Marokko zugerechnet werden als sogenannte „fortschrittliche Staaten") eine gesamtafrikanische Föderation, welche die Unabhängigkeit des Kontinents von den ehemaligen kolonialen Metropolen, insbesondere Frankreich, stärken sollte. Dem stand unter Führung Leopold Senghors aus Senegal der sog. Monrovia Block gegenüber (der auch Äthiopien, Liberia, Nigeria und die meisten frankophonen Staaten umfasste), der auf schrittweises Vorgehen und eher auf subregionale Organisation setzte.

OAU und ihre Vorgeschichte

---

7   Dass solch bürgerkriegsartige interne Konflikte sogar – paradoxer Weise – Staatsbildungsprozesse fördern können versucht Gerdes (2013) am Beispiel Liberias aufzuzeigen.
8   Zur West-Sahara Problematik vgl. Boukhars/Roussellier 2013.

Dominanz überwiegend autoritärer Eliten: Beharren auf Souveränität und Kampf gegen Apartheid

In Gestalt der OAU setzte sich die zwischenstaatliche Linie durch; sie wurde durch subregionale, jedoch gleichfalls intergouvernementale Institutionen vor allem der wirtschaftlichen Zusammenarbeit ergänzt. Gleich eingangs der OAU-Charta[9] wird die schwer errungene Unabhängigkeit und Souveränität der Mitgliedstaaten betont, was einerseits die Vorgeschichte von Kolonialismus und Dekolonisation reflektiert, jedoch auch das Beharren der neuen staatlichen Führungen auf ihrer Position. Tatsächlich verallgemeinert Jeffrey Herbst diesen Befund:

> „regional cooperation is largely initiated and designed in Africa to promote the security and interests of rulers, rather than the more generally assumed goals of increasing the size of economic markets, ensuring the rights of citizens, or overcoming capricious national boundaries." (2007, 129)

Dementsprechend landet auch die OAU in einer vergleichenden Betrachtung der demokratischen Natur internationaler Organisationen auf dem letzten Platz (Zweifel 2005). Der in dieser ersten Phase afrikanischer regionaler Integration, die von 1960 bis in die 1990er Jahre dauerte, meist undemokratischen Natur der beteiligten politischen Systeme entspricht diese Dominanz der einzelstaatlichen Herrschaftsinteressen auch im Rahmen der Integrationsprojekte. Sie dienten oft eher der Statuserhöhung von Staatsführern (die sich mit ‚repräsentativen', extrem verschwenderischen Tagungsbauten in Szene setzten – auf Kosten ihrer Bevölkerungen). Allein in der Unterstützung des Kampfes gegen die weiße Vorherrschaft im südlichen Afrika fand auch die Solidarität der Autokraten ein progressives Ziel, und hierbei leistete die OAU sowohl durch delegitimierende Kritik am Rassismus wie durch Unterstützung der schwarzen Rebellen einen Beitrag. Er wurde 1994 nach Überwindung der Apartheid mit dem Beitritt der Republik Südafrika als 53. Mitgliedsstaat belohnt.

Afrikraten – neues Denken in neuen Köpfen?

Die mit dem Ende des Ost-West-Konflikts anbrechende neue Phase auch der afrikanischen politischen Entwicklung sah nicht nur einen Wandel in den politischen Verhältnissen vieler der Mitgliedstaaten hin zu mehr Pluralismus. Die externe Förderung von Autokratie im Kontext des Ost-West-Konfliktes entfiel, und ökonomisch wurde die Philosophie des Marktes dominant. Tatsächlich war die wirtschaftliche Zersplitterung und Nicht-Kooperation der afrikanischen Staaten schon lange ein Hindernis ihrer ökonomischen Entwicklung. Dieser Gedanke lag sowohl sub-regionalen Projekten der Marktintegration zugrunde wie auch der 1994 begründeten Afrikanischen Wirtschaftsgemeinschaft (African Economic Community), die parallel zur OAU

---

9   http://www.au.int/en/sites/default/files/OAU_Charter_1963_0.pdf

gegründet wurde, heute jedoch unter dem Dach der AU angesiedelt ist. Im Rahmen dieser Organisationen wuchs auch eine neue Generation von international orientierten Mitarbeiter(inne)n der afrikanischen Regionalorganisationen heran, die mit der Rechtfertigung wirtschaftlicher und politischer Missstände in Afrika mit kolonialer Vorgeschichte nicht mehr zufrieden war und die Probleme auch international-kooperativ angehen wollte. Thomas Kwasi Tieku (2011) hat die Rolle dieser von ihm suggestiv als „Afrikraten" bezeichneten Mitarbeiter(innen) internationaler Organisationen in einem Beitrag über die Rolle der AU-Kommission hervorgehoben. Die oft negativ konnotierte Endung „-kraten" (vgl. etwa: Bürokraten, Eurokraten) ist hier also nicht abwertend gemeint. Vielmehr wird die progressive Rolle dieser neuen internationalen Kader gesehen. Insbesondere bei der Initiierung von Politiken in einzelnen Politikfeldern schreibt Tieku ihnen eine führende und zum Teil von heimischen Regierungen unabhängige Rolle zu, zumal Letztere oft auf Leistungen internationaler Organisationen angewiesen seien. Hier besteht also eine Parallelität zur Rolle von EU-Personal, dem eine stärker pro-integrative Orientierung nachgesagt wird, was aber aufgrund der geringeren Stärke der afrikanischen Staaten (im Vergleich zumindest zu den EU-‚Altmitgliedsstaaten') sich noch deutlicher auswirken kann.

Gleichwohl war es einer der ‚alten Autokraten', Libyens Staatschef Gaddafi, der wohl eher aus macht- und prestigepolitischen Gründen zum Verfechter einer Umwandlung der OAU in eine Union wurde. Er hatte 1999 die OAU-Chefs zu einem Sondergipfel nach Sirte geladen, auf dem eine Erklärung über das Ziel einer Afrikanischen Union angenommen wurde. Zehn Jahre nach der Sirte-Erklärung, im Jahr 2009, versammelte Gaddafi erneut als AU-Vorsitzender die AU-Mitglieder. In den Worten von Khadiagala (2013, 384) *und treibende Rolle eines Autokraten*

> „he used the opportunity to harangue and cajole African leaders to agree to a central AU authority with powers over foreign affairs, economy, and defence. At the July 2009 summit in Sirte, this pressure yielded an announcement on the transformation of the AU Commission into an AU Authority. Facing objections from South Africa and Nigeria, Gaddafi pulled back from immediate implementation of the transformation and, instead, requested the AU Commission to study the modalities of implementation."

Die Konkurrenz um die Vorherrschaft in Afrika oder zumindest die Führerschaft in der AU zwischen den afrikanischen Großmächten kommt darin zum Ausdruck.[10]

---

10   Zur Haltung ausgewählter einzelner afrikanischer Staaten zum AU-Projekt vgl. Welz 2013a.

Gründung der AU – ihre Organe

Die Afrikanische Union wurde am 26.5.2001 wieder in Addis Abeba begründet und nahm 2002 als Nachfolgerin der OAU ihre Arbeit auf. Zu ihren Hauptorganen zählt die Versammlung der AU, die als höchstes Entscheidungsorgan jährlich als Gipfeltreffen der Staats- und Regierungschefs tagt und, immerhin, ihre Entscheidungen mit Zwei-Drittel-Mehrheit fällt. Ihre Beschlüsse setzt der Exekutivrat der Außenminister um, der halbjährlich tagt und einstimmig entscheidet. Als Sekretariat, aber wie erwähnt informell auch als Policy-Initiator, fungiert die AU-Kommission, deren auf vier Jahre gewählte Mitglieder aus jeweils zwei Mitgliedern aus den fünf afrikanischen Regionen bestehen. Schließlich gibt es das aus 235 von 47 nationalen Parlamenten gewählten Vertreter(inn)en bestehende Panafrikanische Parlament, das jedoch nur beratende Funktion hat (mithin eine klassische parlamentarische Versammlung ist und – noch – kein mitentscheidendes Parlament wie das EP) und den Afrikanischen Gerichtshof für Menschen- und Völkerrechte zur Auslegung der Afrikanischen Charta der Menschen- und Völkerrechte. Die vielleicht innovativste AU-Einrichtung ist jedoch der 2003 geschaffene Friedens- und Sicherheitsrat, der das Herzstück der neuen „afrikanischen Friedens- und Sicherheitsarchitektur" ist. Insgesamt ist der Aufbau der AU jedoch ein work in progress – und nicht unumstritten.

erstaunliche friedenspolitische Innovation: humanitäres Interventionsrecht und Aufbau einer afrikanischen Friedens- und Sicherheitsarchitektur

Gleichwohl stellt die AU-Gründung einen deutlichen Fortschritt dar. Die am 11.7.2000 angenommene Gründungsakte (Constitutive Act) der AU[11] hält vor allem im sicherheitspolitischen Bereich eine Überraschung bereit. Nicht nur bekennt sie sich (in Art. 3 (g)) zur Förderung von Demokratie und Good Governance, was noch als Aufnahme des zeitgemäßen globalen Politik-Jargons gedeutet werden könnte. In Art.4 (h) enthält sie auch ein humanitäres Interventionsrecht der Union (im Unterschied zum fortbestehenden Interventionsverbot von Einzelstaaten, Art. 4 (g)), statuiert sie doch

> „the right of the Union to intervene in a Member State pursuant to a decision of the Assembly in respect of grave circumstances, namely: war crimes, genocide and crimes against humanity" (CA Art. 4 (h))

Für einen nicht nur auf nationale Souveränität, sondern auch die Autonomie der jeweils herrschenden Eliten bedachten Kreis ist dies eine erstaunliche Festschreibung. Zynisch-realistisch ist sie wohl nur so zu erklären, dass potenziell Betroffene hofften, dass solche Beschlüsse nicht zustande kommen werden (obwohl der Beschluss gemäß Art. 7 (1) mit Zwei-Drittel-Mehrheit der AU-Mitglieder möglich ist). Der Auf- und Ausbau der „afrikanischen Friedens- und Sicherheitsarchitektur" (African Peace and Security Architecture,

---

11 http://www.au.int/en/sites/default/files/Constitutive_Act_en_0.htm

APSA) im Rahmen der AU ist seither ein Hauptthema – auch der Forschung über afrikanische internationale Politik.[12]

Eine der Fragen, die sich dabei stellt, ist die nach dem Verhältnis der gesamtafrikanischen AU/APSA zu den zahlreichen regionalen Integrationsprojekten. Derzeit kennt die AU offiziell acht solcher regionaler Wirtschaftsgemeinschaften (Regional Economic Communities, REC; vgl. Übersicht 4.1 für die jeweiligen Mitgliedsstaaten):

subregionale zwischenstaatliche Kooperation

- die Arab Maghreb Union (UMA) (derzeit inaktiv);
- den Common Market for Eastern and Southern Africa (COMESA) (19 Mitglieder);
- die Community of Sahel-Saharan States (CEN-SAD) (21 Staaten);
- die East African Community (EAC) (5 Staaten);
- die Economic Community of Central African States (ECCAS) (6 Staaten);
- die Economic Community of West African States (ECOWAS) (15 Staaten);
- die Intergovernmental Authority on Development (IGAD) (8 Staaten Ostafrikas);
- und die Southern Africa Development Community (SADC) (15 Staaten).[13]

Ihren jeweiligen Aufbau im Einzelnen zu beschreiben ist hier nicht der Ort, zumal selbstbeschreibende Information über die jeweiligen Homepages verfügbar ist. Die afrikanischen REC wurden meist zunächst als Unterfangen regionaler Wirtschaftsintegration begründet – auch wenn sie dabei oft nur bedingt erfolgreich waren: der Anteil des Handels zwischen den jeweiligen Mitgliedstaaten konnte zwar gesteigert werden, bleibt jedoch im Vergleich zu fortgeschrittenen Marktintegrationsprojekten gering (vgl. Übersicht 4.2).

Übersicht 4.2	Prozentsatz des intraregionalen Handels ausgewählter REC			
Jahr	COMESA	SADC	ASEAN	EU
1980	1,8 %	0,4 %	17,3 %	62,2 %
2009	6.8 %	11,0 %	24,3 %	66,5 %
ASEAN = Association of South East Asian Nations (vgl. Kap. 5) Quelle: Matambalya 2012, 208 (Auszug)				

---

12 Vgl. Besada 2010, Engel/Gomes Porto 2010; 2013; zur Praxis auch Engel 2012.
13 Für einführende Überblicke mit Hinweisen auf neuere Literatur vgl. Iheduru 2011 (zur ECOWAS), Bereketeab 2012 (zur IGAD) und Lorenz/Cornelissen 2011 (zur SADC).

REC mit wachsenden Aufgaben

Darüber hinaus haben die REC im afrikanischen Kontext jedoch entwicklungspolitische Funktion (was sich in zahlreichen technischen Unterorganisationen zeigt). Und die afrikanischen REC haben sich im Verlauf der 1990er Jahre zunehmend im regionalen Konfliktmanagement engagiert und dabei jeweils eine ähnliche regionale Sicherheitsarchitektur entwickelt wie die AU auf gesamtkontinentaler Ebene (vgl. van Nieuwkerk 2013). Dokken (2008, Kap.4) bringt diese Entwicklung in ihren Zwischenkapitelüberschriften zum Ausdruck: „ECOWAS: Established for Economic Development, Reformed for Peace and Security; SADC: Established to Fight Apartheid, Reformed for Economic Development (und, kann man hinzufügen, inzwischen auch regionales Konfliktmanagement – mit begrenztem Erfolg [vgl. Nathan 2012]); IDAG: Established to Fight Drought, Reformed for Peace and Development" (vgl. zu den Regionalorganisationen auch Plenk 2015, zum Nachschlagen Mays 2015).

und diversen Funktionsproblemen

Der Aufgabenfülle entspricht freilich nicht die Mittelausstattung. Knappe Ressourcen sind einer der meist angeführten Gründe für die begrenzte Wirksamkeit vieler zwischenstaatlicher Einrichtungen. Iheduru (2011, 216) führt eine ganze Reihe von Faktoren auf, die für das weitgehende Scheitern der frühen REC verantwortlich waren:

> „*overlapping memberships in competing arrangements within the same subregion, lack of complementarity of trade goods (...) and inward-looking and protectionist macroeconomic environments. They also confronted budgetary constraints and non-payment of dues by members, rivalries among political leaders and competition among member countries for investment opportunities, weak institutional capacity, lack of popular and private sector participation, and lack of political will to implement policies.*"

gewandelte Bedingungen – und gebliebene

Einmal abgesehen vom oben (4.1) problematisierten „fehlenden politischen Willen": Einige dieser Bedingungen haben sich inzwischen gewandelt. Die ökonomische Philosophie ist – auch vermittelt, um nicht zu sagen auferlegt durch die Instanzen der globalen Entwicklungspolitik – inzwischen stärker marktorientiert, und es beteiligen sich auch zunehmend private Akteure am regionalen Austausch. Geblieben ist jedoch das ökonomische Konkurrenzverhältnis – und auch die Konkurrenz der Staat(sführung)en um politischen Einfluss in der jeweiligen Region. Schließlich läuft nicht nur ein erheblicher Teil der afrikanischen Politik, national wie mit grenzüberschreitender Wirkung, in informellen Netzwerken zwischen ‚großen Männern' (big men; vgl. Utas 2012); auch viele grenzüberschreitende ökonomischen Beziehungen laufen in Afrika informell, sei es im Wege des Schmuggels von Waren, sei es durch Finanztransfers in ethnischen Netzwerken. Die neuere Regionalismusforschung spricht hier von „informellem Regionalismus" (Söderbaum 2011,

informelle Ökonomie – informelle Politik

zu Afrika: 58 ff.) bzw. hinsichtlich des ‚kleinen informellen Grenzverkehrs' von Mikro-Regionalismus (Grant/Mitchell/Nyame 2011). Iheduru (2011) weist jedoch darauf hin, dass die Forschung zu ausschließlich die negativen Seiten dieser transnational-privaten Aktivität in den Blick genommen hat. Am Beispiel der ECOWAS-Region zeigt er auf, dass eine sich entwickelnde einheimische afrikanische Geschäftswelt sich sowohl im grenzüberschreitenden Lobbying gegenüber ECOWAS und anderen internationalen Einrichtungen betätigt, als auch transnationale Geschäftsbereiche (Telekommunikation, Banken, Versicherungen) aufbaut, z. T. im Wege der private-public partnership. Dies korrespondiert mit der eingangs zitierten afro-optimistischen Einschätzung ebenso wie mit der Herausbildung einer neuen afrikanischen Mittelschicht (Radelet 2010; Rotberg 2013). Wie so oft geht es jedoch auch mit schichten-bezogen und regional ungleicher Entwicklung einher. So weist etwa Moss (2013, 43) darauf hin, dass die zehn größten Empfängerstaaten ausländischer Direktinvestitionen 84% dieses Kapitals auf sich lenken. Andere Staaten Afrikas gehören zu den least developed countries bzw., wie man auch sagt, zur ‚vierten Welt'.

informeller Regionalismus und Mikro-Regionalismus

Wir werden einigen der erwähnten Entwicklungen und formellen Institutionen im Rahmen eines Blicks in ausgewählte Aspekte verschiedener afrikanischer (Sub-)Regionen wiederbegegnen.

4.3 Ein Blick in die Regionen

Die ostafrikanische Region (engl. Eastern Africa) besteht seit der Trennung Süd-Sudans vom Sudan (2011) aus elf Staaten. Sie lässt sich in Ostafrika im engeren Sinne (engl. East Africa) und die auch als Horn von Afrika bezeichnete nordöstliche Subregion unterteilen (vgl. Übersicht 4.1 oben). Die gesamte Region umfasst rund 175 Mio. Menschen. Landwirtschaft dominiert die Wirtschaft. Außer Kenia gehören alle Staaten zu den am wenigsten entwickelten (Least Developed Countries, [L]LDC) nach der Einteilung, die in der internationalen Entwicklungspolitik üblich ist. Mineralische Rohstoffe sind kaum vorhanden, Sudan und jetzt Süd-Sudan verfügen über Ölvorkommen. Nahrungsmittel sind knapp, insbesondere in Somalia, Uganda, Äthiopien und Eritrea. Die Region war Schauplatz der beiden größten Kriege Afrikas seit Ende des Zweiten Weltkriegs, und an beiden war Äthiopien beteiligt.[14] Den Angriff Somalias im Ogaden-Konflikt 1977/78 (um die heutige östliche Grenzregion Äthiopiens) konnte Äthiopien dank sowjetischer Unterstützung zurück-

Ost- und Nord-Ost- (Horn von) Afrika: ökonomische Probleme und Konfliktgeschehen

---

14 Zum Konfliktgeschehen am Horn von Afrika vgl. Bereketeab 2013, Woodward 2013 und de Waal 2015.

geschlagen und damit den Konflikt für sich entscheiden. 1998 kam es zum Grenzkonflikt mit Eritrea, der jedoch auch mit den ökonomischen Problemen beider Staaten zu tun hatte (Äthiopien ist seit der Unabhängigkeit Eritreas der größte Staat ohne Meereszugang und war auf Eritreas Hafen Assab angewiesen, durch den 80 Prozent seines Handels abgewickelt wurden; seit seiner Sperrung 2000 ist Äthiopien insofern auf Dschibuti angewiesen). Der Konflikt beider Staaten geriet mit dem in und um Somalia in Verbindung nach Äthiopiens Intervention dort im Jahr 2006. Äthiopien stützte dort die auch international anerkannte Übergangsregierung im internen Konflikt mit der Union der Islamischen Gerichtshöfe (Äthiopien zog sich 2009 zurück).[15] Somalia ist nach dem Sturz des autoritären Herrschers Siad Barre 1991 im Verlauf des noch andauernden Bürgerkriegs zum paradigmatischen Fall eines gescheiterten Staates (failed state[16]) geworden, der trotz zweifachen Eingreifens der UNO (UNOSOM ab 1992; 1993 UNOSOM II, Abzug 1995) und ihrer Autorisierung einer Friedenstruppe der AU (AMISOM, 2006/7) zur Stützung der gebildeten Übergangsregierung nicht stabilisiert werden konnte. Bestrebungen nach regionaler Unabhängigkeit (Somaliland) bzw. Autonomie (Puntland u.a.) bestimmen seither das Bild ebenso wie, insbesondere wegen der Auswirkungen auf den internationalen Seeverkehr, lokal verortete Piraterie.[17] Die nunmehr im Rahmen der 2012 angenommenen föderalen Verfassung amtierende Föderale Übergangsregierung (TFG) ringt noch immer mit der al-Shabaab-Miliz (Hansen 2013). Im Sudan schließlich liefen zeitweilig zwei interne Konflikte parallel: in der westsudanesischen Region Darfur[18] ringen in einem seit 2003 äußerst gewaltsam ausgetragenen Konflikt die Zentralregierung in Khartum und regionale Rebellengruppen (mit Auswirkungen in grenznahen Gebieten des Tschad und Flüchtlingsströmen in die Zentralafrikanische Republik); seit 2008 soll die gemeinsam von UNO und AU getragene („hybride") Friedenstruppe UNAMID für den Schutz der Zivilbevölkerung sorgen. Der Konflikt zwischen der Zentralregierung und der (Süd-)Sudanesischen Befreiungsarmee (SPLA) konnte durch Unabhängigkeit des Südens 2011 befriedet werden (Natsios 2012; Fitz-Gerald 2013), freilich nicht die Verhältnisse im neuen Staat selbst.

---

15 Zum regionalen Einfluss Äthiopiens vgl. Tadesse 2015.
16 Die Literatur zum Thema failed states ist kaum noch überschaubar; stellvertretend sei verwiesen auf Rotberg 2004, Fukuyama 2004, Schneckener 2006, Ghani 2009 und Ndulo/ Grieco 2010. Speziell zu Somalia vgl. Bakonyi 2011; Fergusson 2013; zum internationalen Krisenmanagement Williams 2013.
17 Zur Piraterie ausgehend von Somalia vgl. Bahadur 2011; zur internationalen Reaktion darauf kritisch Bueger/Stockbrügger/Werthes 2011, auf das Phänomen allgemein Haywood/ Spivak 2012.
18 Zu den Ursachen des Darfur-Konfliktes Bassil 2013, zum Konfliktaustrag Brosché/Rothbart 2012, zum internationalen Konfliktmanagement de Waal 2013.

Zwei regionale Organisationen insbesondere sind im regionalen Konfliktmanagement und in der regionalen Wirtschaftsentwicklung engagiert: Die Inter-Governmental Authority on Development (IGAD) und die East African Community (EAC).

Die IGAD war ursprünglich 1986 auf Betreiben der Vereinten Nationen als IGADD gegründet worden, wobei das erste „D" für ein drängendes Problem der Region: Dürre (drought) stand, mithin auf eine ökologische und entwicklungspolitische Zielrichtung verwies. 1996 erfolgte die Neugründung als IGAD. In Art. 7 (g) des IGAD-Gründungsdokuments[19] setzt sie sich auch die Zielsetzung:

IGAD – ökonomische und sicherheitspolitische Ziele

„*Promote peace and stability in the sub-region and create mechanisms within the sub-region for the prevention, management and resolution of inter and intra-State conflicts through dialogue*".

Die Konflikte der Region waren jedoch nicht nur eine friedenspolitische Herausforderung für die Organisation. Sie haben auch die Verwirklichung ihrer wirtschafts- und entwicklungspolitischen Ziele weitgehend verhindert. Wie Woodward (2013, 149) feststellt:

„*IGAD lacks the resources or capabilities to achieve anything on its own in the area of economic cooperation and has to turn instead to the international community and especially the IGAD Partners' Forum (IPF, often known as the ‚Friends' of IGAD).*"

Darüber hinaus werden die Probleme der (wie bereits ihr Name andeutet) strikt intergouvernementalen Einrichtung „exacerbated by the confinement of the public sphere to political leaders." (Bereketeab 2012, 175)

Dennoch hat IGAD sich im Konfliktmanagement der drei großen Konflikte der Region engagiert (vgl. auch Malito/Ylönen 2013). Im Sudan erwirkte IGAD ab 1994, vertreten durch einen kenianischen Vermittler und unterstützt von der Troika USA, Großbritannien und Norwegen, das 2005 zustande gekommene umfassende Friedensabkommen (Comprehensive Peace Agreement, CPA). Über die Frage der Unabhängigkeit Süd-Sudans herrschte freilich unter den IGAD-Mitgliedern Uneinigkeit: Kenia und Uganda waren dafür, Äthiopien und Eritrea eher dagegen. Diese Uneinigkeit setzt sich nach der Unabhängigkeit Süd-Sudans fort. Das jüngst von der IDAG zur Befriedung des Gewaltkonflikts zwischen Regierung und Rebellen entworfene Abkommen zeichnete Präsident Kiir erst unter Druck vor allem der USA. Die IDAG-

IGADs Rolle im Konfliktmanagement

---

19 http://igad.int/etc/agreement_establishing_igad.pdf

Staaten verfolgen je eigene unterschiedliche Interessen im Süd-Sudan.[20] Und auch im Norden Sudans wurde die Rolle der IGAD oft kritisch gesehen. Wie Woodward (2013, 183) schreibt war dort die Ansicht weit verbreitet, „that IGAD was simply used as a tool to fulfil the concern of the international community, particularly that of [the] USA". Auch in Somalia engagierte sich IGAD im Friedensprozess. Die im Januar 2005 zugesagte Friedensmission kam jedoch nicht zustande, stattdessen griff im Dezember 2006 Äthiopien einseitig im Sudan ein und rang die Islam Court Union nieder. Die nachträgliche Billigung dieser US-gestützten Aktion durch IGAD und AU erzürnte etliche Somalis. 2010 erklärte der IGAD-Ministerrat, dass in Somalia internationale Terroristen gegen das somalische Volk kämpften, auch hierin der US-Sicht folgend (statt der bisherigen Sicht des Konflikts als inner-somalisches Ringen). Was schließlich den Konflikt zwischen Äthiopien und Eritrea anbelangt, so vermochte IGAD gar nichts auszurichten. Vielmehr gelang es Äthiopien als größtem Mitglied, IGAD zur Verurteilung Eritreas wegen der angeblichen Unterstützung der al-Shabaab zu verurteilen. Eritrea verlies daher 2007 die IGAD mit der Begründung, dass diese ein Instrument Äthiopiens geworden sei. Alles in allem zeigt IGAD also, trotz seiner Erfolge im Sudan, eher das Bild einer schwachen Regionalorganisation, die nicht nur an internen Konflikten und Ressourcenmangel leidet, sondern dadurch auch Gefahr läuft, von außen, etwa im Kontext des „Global War on Terror", instrumentalisiert zu werden.

EAC – koloniale Vorgeschichte regionaler Integration

Im Vergleich zur IGAD ist die Ostafrikanische Gemeinschaft (East African Community, EAC) die ältere Organisation. Tatsächlich reicht ihre Vorgeschichte bis in die Kolonialzeit zurück. Denn schon die britischen Kolonialherren hatten die Sinnhaftigkeit der Kooperation zwischen einzelnen Kolonialgebieten erkannt. So diente der Bau einer Bahnstrecke von Mombasa, Kenia, an der Ostküste Afrikas zum Victoria-See in Uganda nicht nur als wichtige Export-Verbindung für Uganda, sie erhöhte auch den Anreiz für europäische Siedler, sich in Kenia nieder zu lassen. Zwischen beiden Gebieten wurde daher 1917 eine Zollunion eingerichtet, der nach Deutschlands Verlust Tanganjikas dieses als Mandatsgebiet des Völkerbunds beitrat. Ab 1920 wurde mit dem East Africa Shilling eine gemeinsame Währung eingeführt (Kimbugwe u. a. 2012, 61). Im Lauf der Jahre wurde eine regionale Fluggesellschaft (East African Airways Corporation) begründet und zum Vorzeigestück regionaler Kooperation, daneben wurde eine gemeinsame Eisenbahn- und Hafenbehörde gegründet und Kenias, Ugandas und Taganjikas Post- und Telegraphen-Behörden zusammengelegt. Kenias zunehmende Dominanz im Bereich gewerblicher Produktion und der Dienstleistung löste jedoch den Ruf nach Schutzpolitik auf Seiten der anderen Partner aus.

---

20 Vgl. Thomas Scheen: Ein Krieg mit vielen Interessen, FAZ 19. 8. 2015, S. 4.

Die EAC war daher vor allem ein Kind der drei großen Männer der (ost-) afrikanischen Unabhängigkeit: Jomo Kenyatta (Kenia), Julius Nyerere (Tansania) und Milton A. Obote (Uganda). In der sog. Nairobi-Deklaration von 1963 bekannten sie sich zwar ursprünglich zu einer ostafrikanischen Föderation. Doch war die Gründung eines Bundesstaates dann doch mit dem Unabhängigkeitsstreben der neuen Nationen (und dem Autonomiebedarf ihrer großen Führer) unvereinbar. Vielmehr erfolgte 1967 die Unterzeichnung eines ostafrikanischen Kooperationsvertrags, womit die EAC in ihrer ursprünglichen Form gegründet war. Wie viele dieser Wirtschaftskooperations-Projekte litt sie jedoch darunter, dass die Gründung zwar ein politisch spektakulärer Akt war; ihr fehlte jedoch weitgehend ein zivilgesellschaftlicher und privatwirtschaftlicher Unterbau, und die Umsetzung in die Praxis erwies sich als schwierig. Immerhin kam es zur Gründung der East African Development Bank, deren entwicklungspolitische Gelder zu 87,5 Prozent an Uganda und Tansania gingen. Hier erfolgte also ein ökonomischer Ausgleich, freilich zu Lasten Kenias. Die vorgesehene gemeinsame Zentralbank scheiterte dagegen gleich im ersten Jahr. Auf den externen Schock der ersten Ölpreiskrise 1973 reagierten die drei Mitglieder ebenfalls sehr unterschiedlich, wie sie überhaupt in ihrer politischen und ökonomischen Grundausrichtung differierten:

die EAC – ein politisches Projekt

„*Kenya sought to strengthen its economic position while Uganda and Tanzania wanted protection against competition from their more developed neighbour. The socialist Nyerere had a very different vision of the desired social and economic order from the pragmatic capitalist Kenyatta. The Kenyan and Tanzanian Governments, for all their faults, did rest on some constitutional base, and after 1971 they faced a government in Uganda based on the whims of an unpredictable autocrat.*" *(Pinkney 2001, 202)*

Dies alles führte zur Auflösung der EAC 1977. Aus den Verhandlungen über ihre Abwicklung erwuchs im Laufe der 1970er Jahre jedoch die Überlegung zu einer Neubegründung der Organisation. Sie erfolgte 1999 durch Vertragsschluss zwischen den Präsidenten Daniel arap Moi (Kenia), Yoweri Museveni (Uganda; vgl. Welz 2013b) und Benjamin Mkapa (Tansania). Die ab Juli 2000 aktive EAC stand unter besseren Vorzeichen, insofern die politischen Systeme eine Öffnung erfahren hatten. Zugleich begann international wirtschaftspolitisch die Zeit der Vorherrschaft (neo-)liberalen Denkens, was zumindest die Einbeziehung auch der Kräfte der Wirtschaft nahelegte (vgl. auch Nixdorf 2013). Die Zollunion der drei beteiligten Staaten trat zum Januar 2005 in Kraft, das Protokoll zur Begründung eines gemeinsamen Marktes trat 2010 in Kraft. Seit 2007 sind Ruanda und Burundi der EAC beigetreten. Damit umfasst der Gemeinsame Markt der EAC 133,5 Mio. Menschen. Institutionell

Neugründung der EAC – unter besseren Vorzeichen

wird die EAC zwar nach wie vor von den intergouvernementalen Foren des Gipfeltreffens und des Ministerrats dominiert, die beide auch gesetzgebende Funktion haben. Immerhin jedoch wurden eine regionale parlamentarische Versammlung, die East African Legislative Assembly (EALA, mit je neun Mitgliedern pro Mitgliedstaat, von deren Parlamenten gewählt), und der East African Court of Justice eingerichtet. Zwischen Rat und EALA kam es jüngst zu Konflikten um die Gesetzgebungsinitiative, die beiden zusteht (Gastorn 2015). Die Arbeitsebene stellen das Koordinationskomitee der Kooperationsministerien sowie sektorale Ausschüsse dar. Freilich hat auch die EAC noch ihre Funktionsprobleme. Neben der Überlappung in der Mitgliedschaft mit anderen Regionalorganisationen (wie COMESA und SADC, mit denen im Rahmen dreiseitiger Treffen nach Koordination und Kooperation gestrebt wird), sind es gerade neue Ölfunde in mehreren der EAC-Staaten, über deren gemeinsame Nutzung sie sich nicht einigen können. Wie der Economist (25.5.2013, S. 37/38, hier: 38) feststellt: „Pipeline politics makes a mockery of the East African Community". Und dabei ist Öl nicht der einzige – und vielleicht nicht einmal der wichtigste – umstrittene Rohstoff der Region.

Probleme am Nil

Neun der zehn Mitglieder der 1999 gegründeten Nile Basin Initiative[21], einer Einrichtung zur kooperativen Regelung der Probleme bei der Nutzung der Wasserressourcen des Flusses, sind ostafrikanische Staaten. Ihr nordafrikanischer Partner ist Ägypten, und über den im Mai 2013 begonnenen Bau des Renaissance-Staudamms in Äthiopien kam es jüngst zum Streit mit Ägypten, dessen Präsident Mursi, wohl auch aus innenpolitischen Gründen, scharfe öffentliche Kritik daran übte, gekoppelt mit unterschwelligen Drohungen. Bereits im Mai 2010 war der Versuch gescheitert, die Wasserentnahmerechte gütlich zu regeln, woraufhin Äthiopien, Tansania, Ruanda und Uganda beschlossen, die alten Kolonialverträge zu ignorieren und das Wasser neu aufzuteilen; Burundi und Kenia schlossen sich an (Bickel/Scheen 2013; vgl. auch Milas 2013). Dies ist nur ein Hinweis auf inter-regionale Verknüpfungen und ihr Konfliktpotenzial. Solches zeigt sich auch im Verhältnis zu Zentralafrika.

Zentralafrika: reich an Rohstoffen – und Konflikten

Die acht Staaten Zentralafrikas (s. Übersicht 4.1) umfassen eine Bevölkerung von rund 106 Mio. Menschen, darunter jedoch nur 160 000 im Klein- und Inselstaat São Tomé und Principe, dagegen 66 Mio. in der DR Kongo und 19,5 Mio. in Kamerun. Ähnlich heterogen ist auch die natürliche Ausstattung. In der Region finden sich jedoch reiche Öl- und Gasvorkommen, Erze und Diamanten. Auch Wasserkraft spielt eine Rolle. Im verarbeitenden Gewerbe sind von Bedeutung das Brauereiwesen, die Herstellung von Zigaretten, die Fleischverarbeitung, die Seifen- und Textilindustrie. Trotz ihrer zum Teil reichen Ausstattung mit natürlichen Ressourcen bzw. gerade wegen diesen ha-

---

21 Vgl. deren Homepage http://www.nilebasin.org/ sowie Amollo 2013

ben und hatten die Staaten einen schweren Entwicklungsweg: die Ressourcen machten sie, über die formale Unabhängigkeit hinaus, zum Ziel externer Einflussnahme; sie waren auch Gegenstand internen Streits um ihre Verteilung (vgl. Ngodi 2010). Und die Staaten wurden recht unvorbereitet aus ihrem Kolonialstatus entlassen (nach Abzug der portugiesischen Experten blieb etwa nur ein Arzt auf den beiden Inseln von São Tomé und Principe). Ähnlich waren die Verhältnisse im Kongo nach Abzug der belgischen Kolonialmacht.

In der jungen Demokratischen Republik Kongo[22] brach binnen Monaten nach der Unabhängigkeit politischer Konflikt aus: der erste Premierminister, Patrice Lumumba, war marxistisch, Präsident Joseph Kasavubu westlich orientiert. Die südliche rohstoffreiche Provinz Katanga erklärte sich nach einem Militärcoup am 11. Juli 1960 unter anti-kommunistischer Führung unabhängig, unterstützt von belgischen Kräften. Die UNO entsandte Friedenstruppen, was der Regierung die Wiedergewinnung der Kontrolle erlaubte, während die USA und die Sowjetunion jeweils ‚ihre' Seite unterstützten. Die Regierung Lumumba wurde gestürzt, er selbst später ermordet. Präsident Kasavubu wurde 1965 vom eigenen Militär gestürzt, der neue Machthaber wurde Joseph Mobutu, der das Land in Zaire umbenannte. Seine Einmischung in den Bürgerkrieg im benachbarten Ruanda führte zum Einmarsch ruandischer und ugandischer Truppen (erster Kongo-Krieg, 1996/97) sowie zur Allianz zwischen den von ihm verfolgten Tutsi und zairischen Rebellen unter Laurent-Desiré Kabila, der nach Mobutus Flucht 1997 die Hauptstadt einnahm und das Land wieder in DR Kongo umbenannte. Die Kämpfe hielten jedoch an, Kabila wurde im Januar 2001 getötet, und sein Sohn Joseph folgte ihm im Amt. Dies war der zweite Kongo-Krieg, der 1998 über die weitgehend selben Konflikte ausgebrochen war und in dem neun afrikanische Staaten und rund 20 bewaffnete Gruppen kämpften. In ihm kamen 5,4 Mio. Menschen um, meist aufgrund von Hunger und Seuchen, was ihn zum tödlichsten Konflikt weltweit seit Ende des Zweiten Weltkriegs macht. An seinem Ende verließen 2003 alle ausländischen Truppen das Land. Streitigkeiten über den Wahlausgang 2006 führten zur Stationierung der UNO-Truppe MONUC und zur Wiederholung der Wahl, die Kabila gewann. Mehrere weitere Konflikte im Lande schwelten jedoch weiter. Im Februar 2013 wurde ein von der UNO vermitteltes Peace, Security and Cooperation Framework für die DK Kongo von nicht weniger als elf Staaten unterzeichnet.

Krisenherd DR Kongo (Zaire)

Die Ereignisse in der DR Kongo in den beiden Kongokriegen der 1990er Jahre waren wie erwähnt Teil eines ganzen Bündels subregionaler Konflik-

---

22 Zu den „conflict systems" in der DR Kongo vgl. Gebrewold 2009, Kap.4; zur Geschichte des Landes allgemein van Reybrouk 2012; zu den zwei Kongo-Kriegen Reyntjens 2011, Stearns 2012. Kritisch zur nördlichen Friedensstiftung seit 2002 Marriage 2013.

Völkermord in Ruanda, Versagen der ‚internationalen Gemeinschaft' und Ansätze des Wiederaufbaus

te mit grenzüberschreitenden Verwicklungen, die sich im Gebiet der großen Seen abspielten (Mcdoom 2010; Omeje/Redeker Hepner 2013). Dazu gehören auch die Ereignisse in Ruanda[23], die deshalb hier kurz mit angesprochen seien. Die deutsche Kolonialmacht ab 1884, gefolgt von Belgien ab 1916, stützten sich hier vorwiegend auf die Vertreter der Minderheit der Tutsi. Dagegen kam es 1959 zur Revolte der mehrheitlichen Hutu, die 1962 einen von ihnen dominierten unabhängigen Staat begründeten. Gegen diesen begehrte ab 1990 die von Tutsis geführte Rwandan Patriotic Front auf, woraufhin es 1994 zum von langer Hand vorbereiteten Völkermord kam: von Hutu-Milizen und auch von ganz normalen aufgewiegelten Bürgern wurden 500 000 bis 1 Mio. Menschen, Tutsi und moderate Hutu, ermordet. Die internationale Gemeinschaft, vertreten durch die UN-Friedenstruppe UNAMIR, war unfähig, dem Einhalt zu gebieten. Die RPF nahm ihre Offensive wieder auf. Nachdem sie die Macht im Land übernahm, flohen rund 2 Mio. Hutu in die Nachbarstaaten, insbesondere Zaire. Die RPF war eine der wichtigen Kriegsparteien in den beiden Kriegen der DR Kongo. Angesichts dieser grausamen Geschichte ist die seitherige Entwicklung in Ruanda eher erfreulich (Straus/Waldorf 2011). Auch wenn es im politischen Prozess noch immer Klagen über die Behinderung der Opposition gibt, so konnte die Armut im Lande gemildert und Korruption erfolgreich bekämpft werden. Frauen haben dabei wie bei der Versöhnungsarbeit im Lande eine ganz wesentliche Rolle gespielt (Uwineza/Brown 2011).

Institutionen der Kooperation: ECCAS und CEMAC

Dieser hier nur in grob gezeichneten Ausschnitten dargestellten Konfliktlandschaft Zentralafrikas und der großen Seen-Region stehen durchaus entwickelte Foren internationaler Kooperation gegenüber, deren Wirksamkeit freilich durch das Konfliktgeschehen und die damit verbundenen grenzüberschreitenden politischen Kämpfe gemindert wird. Beide großen regionalen Wirtschaftsorganisationen, die 1983 gegründete Economic Community of Central African States (ECCAS, bzw. französisch CEEAC) und die 1994 gegründete Communauté Economique et Monétaire d'Afrique Centrale (CEMAC) gingen aus der 1964 gegründeten zentralafrikanischen Zoll- und Wirtschaftsunion (UDEAC) hervor. CEMAC umfasst sechs Staaten (Äquatorialial Guinea, Gabun, Kamerun, die Republik Kongo, Tschad und die Zentralafrikanische Republik), ECCAS zusätzlich noch Angola, Burundi, die DR Kongo, Ruanda (bis 2007; es trat zur Vermeidung überlappender Mitgliedschaften aus, verblieb jedoch in COMESA und EAC) und São Tomé & Principe. Die im Rahmen der CEMAC vorgesehene Zollunion funktioniert jedoch noch nicht wirklich, und trotz erreichtem Wirtschaftswachstum konnte die Armut in den beteiligten Staaten nicht wirklich gemildert werden. Auch

---

23 Vgl. Gourevitch 2000, Prunier 2011; zur Rolle von UNO und UNAMIR Barnett 2003 und Plauchut 2012

die ECCAS musste zwischen 1992 und 98 aufgrund der gewaltsam ausgetragenen Konflikte in der Region ihre Tätigkeit einstellen. Die EU legte 2003 beiden Einrichtungen die Fusion nahe. ECCAS hat sich seit 2002 auch im Bereich der Friedensstiftung engagiert (Meyer 2011) mit Gründung des Council for Peace and Security in Central Africa (COPAX) mit einer vorgesehenen Multilateral Force of Central Africa (FOMAC) und einem Early Warning Mechanism of Central Africa (MARAC). Schließlich ist ECCAS eine zentrale Umsetzungsorganisation der im Jahre 2000 von den AU-Führern angenommenen NEPAD-Initiative (New Economic Partnership for Africa's Development).

Auch Westafrika mit seinen 16 Staaten (vgl. Übersicht 4.1) und rund 300 Mio. Einwohnern ist trotz über fünfhundert Jahre andauernden Kontakten mit Europa und dem Rest der Welt noch immer eine der am schwächsten entwickelten Regionen. Das feucht-heiße Tropenklima erschwert das Wirtschaften, die Bevölkerungsdichte ist zwar gering, jedoch ist ein Großteil des Bodens nicht fruchtbar. Neben Öl und Gas (die etwa im Falle Nigerias, das mit rund 155 Mio. Einwohnern der dominante Staat der Region ist, fast 90 Prozent des Exports ausmachen) sind Mineralien und landwirtschaftliche Produkte wie Kaffee, Kakau und Mais noch immer wichtige Exportgüter. Das verarbeitende Gewerbe ist noch immer schwach entwickelt. Der wirtschaftlichen Logik grenzüberschreitender Kooperation folgend wie zur Stärkung ihrer kollektiven Position haben sich die Staaten der Region 1975 zur Wirtschaftsgemeinschaft der Westafrikanischen Staaten (ECOWAS) zusammengeschlossen, ein Unterfangen, das jedoch durch die Trennlinie zwischen einstigen britischen und französischen Kolonialgebieten ebenso erschwert wurde wie durch die dominante Stellung Nigerias, das zuweilen als wohlmeinend-kooperationsstiftender Hegemon wahrgenommen wird, zuweilen als weniger wohlmeinend und eigeninteressiert. Immerhin wurde 2006 die Aufwertung des bisherigen Sekretariats zur Kommission beschlossen und damit auch das bisherige Rechtssetzungsverfahren über von den Mitgliedsstaaten zu ratifizierende Verträge und Protokolle umgestellt auf die Möglichkeit supranationaler Rechtssetzung durch den Ministerrat. Die ECOWAS ist aktiv sowohl in der regionalen Marktentwicklung (und wird dabei, s. oben 4.2, von der transnationalen regionalen Geschäftswelt unterstützt) als auch in der regionalen Entwicklungspolitik (etwa beim Ausbau regionaler Energieversorgungsnetze; vgl. Elayo 2013).

Im Verlauf der 1990er Jahre begann die ECOWAS auch damit, sich friedenspolitisch zu engagieren und war mit ihrer 1990 von den anglophonen ECOWAS-Staaten eingerichteten Eingreiftruppe ECOMOG (der ECOWAS Monitoring Group) der Vorreiter der Regionalisierung von Sicherheitspolitik in Afrika. Sie kam erstmals im Bürgerkrieg in Liberia (1989–96) zum Einsatz, später auch in Sierra Leone (1997) und Guinea-Bissau (1999) und jüngst enga-

Marginalia:
- Westafrika: tropische Region, Vorreiter der regionalen Selbstorganisation – mit Schwierigkeiten
- ECOWAS
- und ECOMOG

giert sich die ECOWAS im Rahmen der vom UNO-Sicherheitsrat im Dezember 2012 autorisierten afrikanisch geführten internationalen Unterstützungsmission in Mali (AFISMA).

Liberia – vom Bürgerkrieg zu neuer Hoffnung

Der Bürgerkrieg in Liberia zerfällt in zwei Teile. 1980 übernahm Samuel Doe in einem Staatsstreich die Macht. 1989 fiel der ehemalige Minister Charles Taylor von Cote d'Ivoire aus ins Land ein um Doe zu stürzen. Er führte die National Patriotic Front of Liberia an. 1990 wurde Monrovia eingenommen und Doe getötet. Die Rebellen kämpften nun auch untereinander und die ECOWAS griff mit ihrer ECOMOG ein. Über 200 000 Menschen kamen im Bürgerkrieg um. Nachdem 1995 ein Friedensabkommen erreicht wurde, wurde Taylor 1997 zum Präsidenten gewählt. Unter Taylor griff Liberia, finanziert durch Blutdiamanten und illegalen Holzexport, in den Bürgerkrieg in Sierra Leone ein. Im Lande selbst erfolgte ab 1999, dem Beginn der zweiten Phase des Bürgerkriegs, ein Aufstand gegen Taylor im Nordwesten, dem 2003 ein weiterer im Südosten folgte. Taylor verließ unter internationalem Druck im August das Land, und es erfolgte ein Friedensschluss. Die Vereinten Nationen überwachten diesen mit ihrer Mission UNMIL. Aus den bisher fairsten Wahlen 2005 ging Ellen Johnson Sirleaf als erste Premierministerin Afrikas siegreich hervor. Die Entsendung der ECOMOG wurde von mehreren frankophonen ECOWAS-Staaten abgelehnt. Es mangelte an interner Koordination, an Geld – und unter den beteiligten englischsprachigen Staaten war die eigentliche Aufgabe der ECOMOG umstritten: Ghana sah sie als den Status quo wahrende Kraft zwischen den Bürgerkriegsparteien, Nigeria als Unterstützung Does, um Taylors Machtergreifung zu verhindern (Dokken 2008, 87).

Sierra Leone – Bürgerkrieg mit britischem Ende

Der Bürgerkrieg in Sierra Leone von 1991 bis 2002 kostete über 50 000 Menschen das Leben. Die Revolutionary United Front kämpfte, mit Unterstützung Taylors aus Liberia, gegen die Regierung. Die Regierung wurde im April 1992 durch einen Militärputsch ersetzt, 1995 wurde die südafrikanische Söldnerfirma Executive Outcomes zur Bekämpfung der RUF angeheuert. 1996 kamen eine Zivilregierung ins Amt und ein Friedensschluss zustande, der jedoch nicht hielt. Im Mai 1997 übernahm erneut die Armee die Macht. Die ECOMOG griff unter nigerianischer Führung zugunsten der Zivilregierung ein, konnte aber nur die Hauptstadt wirklich sichern. Unter internationaler Vermittlung wurde 1999 der Lomé Peace Accord zwischen Regierung und RUF geschlossen, deren Führer Vizepräsident wurde. Trotz UNO-Überwachung hielt der Friede nicht, und als die Rebellen im Mai 2000 wieder auf die Hauptstadt vorrückten, griffen die Briten ein. Sie besiegten die RUF und im Januar 2002 wurde der Bürgerkrieg für beendet erklärt. Taylor griff in Sierra Leone auch ein, um die ECOMOG von Liberia abzulenken. Wieder führte die starke Rolle Nigerias zu Befürchtungen aufseiten der französischsprachigen ECOWAS-Mitglieder. Auch wurde ECOMOG-Angehörigen vorgeworfen, dass sie aus Gründen persönlicher Bereicherung in Sierra Leone blieben. Und am Ende war es nicht das Eingreifen der Truppen aus der Region, sondern das Großbritanniens, das entscheidend war.

Auch das Eingreifen der ECOWAS in Guinea-Bissau 1998 wurde durch einen Militärputsch gegen den Präsidenten veranlasst. „As with the ECOMOG intervention in Sierra Leone, there was some confusion as to when and how the force actually became an operation of the group", stellt Doken (2008, 92) fest, und macht damit auf ein weiteres Problem der ECOWAS-Engagements aufmerksam. Wie sie selbst formuliert, besteht dies in der Gefahr, „that ECOMOG could be ‚hijacked' by any country willing and able to finance an operation for its own purposes." (ebd.) Immerhin konnte ein längerer Bürgerkrieg verhindert warden, zuerst durch ein im November geschlossenes Abkommen zwischen beiden Parteien, woraufhin ECOMOG mit nur 712 Soldaten und französischer finanzieller Unterstützung stationiert warden konnte. Nach erneutem Aufflackern des Konflikts im Mai 1999 gelang den Rebellen ein Staatsstreich – ein Rückschlag für ECOMOG. Die ECOWAS verurteilte zwar den Sturz des Präsidenten, sorgte aber nurmehr dafür, dass er ins Exil gehen konnte und zog im Juni aus dem Land ab. Aus den Präsidentschaftswahlen im November/Januar 2000 ging der Kandidat der Oppositionspartei siegreich hervor, so dass immerhin ein friedlicher Machtwechsel erreicht werden konnte.

Guinea-Bissau – kleiner Einsatz und Rückschlag

Wie diese Fall-Skizzen der ECOWAS-Friedenspolitik zeigen, ist sie nicht ohne Probleme, auf der Umsetzungsebene, aber auch auf der politischen Ebene. Letztere schließt regional unterschiedliche Sichtweisen und Interessen der Mitgliedstaaten ein, aber auch die fortbestehende Abhängigkeit von externer Unterstützung, die noch immer auch von den ehemaligen Kolonialmächten kommt – im Rahmen deren Interessen.

Wechseln wir zum Abschluss unserer Beschäftigung mit Westafrika noch einmal die Perspektive: inhaltlich weg von der Sicherheitspolitik und hin zu Fragen internationaler politischer Ökonomie; und fachlich zu einer Perspektive, die sich einer eher ethnographischen Herangehensweise bedient. Dabei wird Bezug genommen auf die ethnographische Arbeit von Brenda Chalfin (2010), die freilich nicht in Gänze referiert sei, nicht nur wegen des Umfangs, sondern auch wegen der eher schwer zugänglichen Sprache ihrer theoretischen Passagen. Ihr Grundgedanke jedoch ist bestechend: In mehrmonatiger Vorort-Beobachtung Anfang der 2000er Jahre hat sie einen Blick geworfen auf eine seit biblischen Zeiten schlecht beleumundete Gruppe, die jedoch eine Scharnierstelle in der Globalisierung auch afrikanischer Staaten einnimmt. Es geht um Zöllner in Ghana. Im Kontext des vorliegenden Kapitels kommen damit nach den supranationalen Afrikraten der AU-Kommission nun nationale Behördenmitarbeiter in den Blick, bei Chalfin auch ganz

Perspektivwechsel: Zöllner in Ghana – Wandel afrikanischer Staatlichkeit in Zeiten der Globalisierung

konkret in ihrem alltäglichen, auch mikropolitischen Verhalten. Man könnte die Studie daher auch als Beitrag zur außereuropäischen empirischen Verwaltungswissenschaft sehen. Und aus dieser Perspektive überrascht es nicht, wenn Chalfin zeigt, dass die im Rahmen von Weltbank- und IWF-Programmen seit den 1980er Jahren auferlegten und seit 1995 auch im Rahmen der WTO propagierten Reformen im Staatssektor, unter anderem unter der Leitidee von Good Governance und Korruptionsbekämpfung propagiert, speziell im Zollbereich jedoch auch mit der Übernahme internationaler Standards verbunden, zum Teil ganz anders als intendiert oder zumindest propagiert wirkten.

neoliberale Reformen – intendierte und unintendierte Wirkungen im nationalen und transnationalen Kontext

Es geht also, so die offizielle Bezeichnung, um Ghanas Customs, Excise and Preventive Service (CEPS). Nicht nur war er 1957 bei der Erlangung der Unabhängigkeit eine der größten und ältesten Bürokratien des Landes (seine Ursprünge reichen in die frühe Kolonialzeit und damit die Mitte des 19. Jahrhunderts zurück). In Staaten wie Ghana machen Zölle auch rund 40 Prozent der Staatseinnahmen aus. Zugleich hatte CEPS einen Ruf der Korruptheit, so dass er sich als Good Governance-Reformobjekt anbot. Tatsächlich wurde Ghana Vorreiter der Zoll(technik)reform und zum Ziel von über 40 Weltbank-Projekten (weltweit führte sie zwischen 1982 und 2002 120 solcher Programme durch). Der neu gewählte CEPS-Commissioner (mit dessen Zustimmung Chalfins Forschung überhaupt erst möglich wurde) war jahrelang im Ausland, den USA tätig, hatte dort studiert und im Bereich Firmenfinanzen und Steuerrecht auch gearbeitet. Er hatte also den nötigen ‚neoliberalen Stallgeruch' – und keine eigenen Netzwerke in Ghana, was ihn von J. J. Rawlings, dem damaligen Präsidenten Ghanas, abhängig machte. Zu ihm wie zu seiner Frau, die er aus gemeinsamer Schulzeit kannte, hatte er gute Verbindungen. Was dann doch wieder an das afrikanische Big Men- und Patronagesystem erinnert. Die Umsetzung der Reformpolitik betrachtet Chalfin an mehreren konkreten Orten, darunter die Landgrenzstation Aflao und Ghanas größter Seehafen Tema. In Ersterer beobachtet sie, wie die ‚neue Besen kehren gut'-Attitüde des Commissioners von den lokalen Grenzbeamten, die mit unangekündigten Vorortkontrollen inklusive Kleiderkontrolle rechnen müssen, als neuer Autoritarismus und Zentralisierung empfunden wird. Letzteres auch, weil die neue WTO-vermittelte Berechnungsweise der Zolltarife nur noch in der Hauptstadt Accra – und dort von einer privaten ausländischen Firma – umgesetzt warden kann. Eine ähnliche Privatisierung von Staatsfunktionen beobachtet sie im Hafen von Tema, wo der neue Container-Scanner, eine der ersten dieser Großmaschinen auf dem afrikanischen Kontinent, ebenfalls von einer ausländischen Firma betrieben wird. Neben der Mikropolitik von Reformen – Wirkung nur im bisherigen politischen Kontext, hinhaltender Widerstand, Gefühle der Entfremdung bei Betroffenen (was auch in entwickelten politischen Systemen nicht untypisch ist) – sind es zwei Ergebnisse, die wir hier festhalten wollen. Von Ideen der Good Governance inspirierte Reformprogramme, die auch auf Demokratisierung zielen, können im Staatsapparat – wohl unbeabsichtigt – auch eher autoritäre Strukturen fördern. Und sie führen – wohl nicht ganz unbeabsichtigt – zur Privatisierung auch elementarer Staatsfunktionen, was sich mit der neoliberal propagierten grenzüberschreitenden Lieferung von Dienstleistungen durchaus trifft. Infrastrukturell schwache Staaten geraten hierdurch leicht in neue Abhängigkeiten.

Werfen wir abschließend noch einen kurzen Blick ins südliche Afrika. Auch hier werden durchaus unterschiedlich viele Staaten zur Region gerechnet (s. Übersicht 4.1). Die heutige regionale Hauptorganisation SADC umfasst 15 Staaten (neben den in Übersicht 4.1 genannten auch die DR Kongo und Tansania) mit rund 257 Mio. Einwohnern. In vieler Hinsicht ist die Region sehr heterogen. Eine Vielzahl von Sprachen und Ethnien ist anzutreffen; die politischen Systeme reichen von geschlossen autoritär (Swasiland) und autoritär mit Wahlen (DR Kongo, Madagaskar, Simbabwe) über elektorale Demokratien (Angola, Lesotho, Malawi, Mosambik, Sambia, Tansania) bis zu Liberaldemokratien (Botswana, Mauritius, Namibia, Seychellen und Südafrika) (Matlosa 2012, 79). Drei Staaten sind Inselstaaten im indischen Ozean (Madagaskar, Mauritius und die Seychellen), sechs Staaten haben keinen eigenen Meereszugang (Botswana, Lesotho, Malawi, Sambia, Simbabwe und Swasiland) und sind daher in Sachen Transport vor allem auf die Republik Südafrika angewiesen. Sie ist mit drei Vierteln der Wirtschaftskraft der Region in jeder Hinsicht der dominante Staat der Region. Vor allem in Zeiten der Apartheidspolitik suchte Südafrika diese Dominanz auch zur gezielten Schwächung seiner Nachbarn zu nutzen.

südliches Afrika – heterogene Staatengruppe

Gegen diese Abhängigkeit wie zum Kampf gegen die Apartheid schlossen sich seit Mitte der 1970er Jahre die unabhängigen Staaten des südlichen Afrika als Gruppe der so genannten Frontline States (FLS) zusammen. Nach der Unabhängigkeit Simbabwes bildeten diese neun Staaten zusammen die Southern African Development Coordination Conference (SADCC). Neben der wirtschaftlichen und politischen Stärkung der eigenen Position diente sie auch der Unterminierung des Apartheids-Regimes in Südafrika, das sich seinerseits militärisch wehrte. Den dadurch bedingten Konflikten fielen im Laufe der 1980er Jahre geschätzt eine Million Menschen zum Opfer; der ökonomische Schaden wird auf 60 Mrd. Dollar geschätzt (Introduction, S. 5, in: Saunders/Dzinesa/Nagar 2012). Nachdem seit 1990 in Südafrika Reformen einsetzten, wandelte sich die SADCC 1992 in die SADC um, der Südafrika nach Beendigung der Apartheid und den ersten freien Wahlen 1994 beitrat. SADC wurde 1997 durch Beitritt der DR Kongo erheblich erweitert, war dadurch freilich auch durch das Konfliktgeschehen im Lande mit betroffen.

SADCC und der Kampf gegen die Apartheid

SADC – Entwicklungsprogrammatik und begrenzte Marktintegration

Die Entwicklungsgemeinschaft des südlichen Afrika (SADC) legte also von Beginn an den Akzent auf entwicklungspolitischen, nicht nur auf markterschließenden Regionalismus. Schon SADDC hatte ein Aktionsprogramm angenommen, in dessen Rahmen in den 1990ern 380 Projekte geplant waren in 19 Wirtschaftssektoren. Die Mitgliedsstaaten waren jedoch, wie Mbuende, selbst von 1994–99 Exekutivsekretär der SADC, schreibt (2012, 41), „unable to provide adequate resources and sufficient staffing for the Secretariat, which limited the capacity of SADCC and later SADC to deliver effectively on its mandate." Ebenfalls in den 1990ern, zwischen 1993 und 96, nahm SADC vier so genannte Spatial Development Initiatives (vgl. Taylor 2011) in den Bereichen Energie, Öl- und Gasförderung, Stromerzeugung sowie Wasser und Transport in Angriff. Im Bereich elektrischer Energie etwa versuchten die Mitglieder die Zusammenlegung der großen nationalen Erzeuger zu einem Southern African Power Pool, der 12 Staaten umfasst. Trotz mancher Erfolge leiden etliche Vorhaben jedoch unter der immer noch riesigen Asymmetrie zwischen der dominanten Ökonomie Südafrikas und der seiner Nachbarn.

Süd-Süd-Vernetzung – in Afrika begrenzt, über Afrika hinaus

Aber auch im Bereich der Marktintegration gibt es Probleme. Die für 2010 vorgesehene Zollunion wurde bisher nicht verwirklicht, die Handelsliberalisierung innerhalb der SADC ist auch nicht wirklich vorangenommen – und wenn, dann aufgrund bilateraler Abkommen zwischen einzelnen Mitgliedern und der Republik Südafrika. Diese hat mit ihrer Aufnahme in die Gruppe der aufsteigenden (Wirtschafts-)Mächte der BRICS-Staaten (Brasilien, Russland, Indien, China und eben Südafrika) zudem eine neue Außenorientierung gefunden, etwas was sich auch in der Verteilung des Außenhandels der SADC-Region zeigt: zwischen 2000 und 2010 gingen die Exporte der Region zu 45 Prozent in die APEC-Region (Asia-Pacific Economic Cooperation; vgl. Kap.5), 27 Prozent gingen in die EU, 15 Prozent in den Rest der Welt; der Handel innerhalb der SADC dagegen machte nur 10 Prozent des Exportes der Gruppe aus, ihr Handel mit dem übrigen Afrika gar nur 3 Prozent (alle Angaben nach der Homepage der SADC). So erfreulich die in diesen Zahlen auch zum Ausdruck kommende Süd-Süd-Vernetzung im Handelsbereich ist – innerhalb der südafrikanischen Subregion wie des afrikanischen Kontinents bleibt sie noch immer zurück, auch wenn die SADC seit 2011 mit der COMESA und der EAC eine Freihandelszone plant.

OPDSC und (sicherheits-)politische Agenda

Schließlich hat die SADC 1996 auch ihr so genanntes Organ on Politics, Defence and Security Cooperation (OPDSC) eingerichtet, um sich Fragen der politischen Entwicklung und der Sicherheit anzunehmen. Interne Konflikte behinderten jedoch sein Aktivwerden bis 2001. 2004 wurde von ihm der Strategic Indicative Plan of the Organ (SIPO) verabschiedet. Er benennt als Prioritäten u. a. die Förderung von Demokratie und Rechtsstaatlichkeit und die Stärkung regionaler Kapazitäten zur Konfliktprävention. Jedoch: „Between

2004 and 2009 (...) SIPO developed no fewer than 130 objectives, but never produced a proper implementation plan to accompany these ambitios goals." (Landsberg 2012, 66). Die SADC konnte daher etwa 2008 nicht durchsetzen, dass ihre Richtlinien für demokratische Wahlen in Simbabwe befolgt wurden. Als 2010 der SADC-Gerichtshof ein Urteil gegen dieses Land fällte, wurde die Tätigkeit des Gerichtshofs faktisch suspendiert. Und auch in der Konfliktbearbeitung blieb die Rolle der SADC begrenzt (Nathan 2012). Landsberg (2012, 75) resümiert daher insgesamt die Probleme der Politikentwicklung in der SADC:

> „SADC politics are driven by a governmental style in which a number of deeply politicized models of operation prevail: tensions between various regional governmental delegations, coalition and bloc formations, at times infighting and jealousies, and the pushing of crude national-interest agendas. Ultimately, the decision-making architecture of SADC reveals a culture in which interstate politics and perpetual vying for influence and prominence trump implementation and execution."

4.4 Zusammenfassung und Zwischenfazit

Wie wir gesehen haben, wäre es doch eine Übertreibung, das subsaharische Afrika als Region des Friedens zu apostrophieren. Allerdings ist das Konfliktgeschehen von innerstaatlichen Konflikten mit grenzüberschreitenden Auswirkungen geprägt, nicht von zwischenstaatlichen Kriegen. Die afrikanischen Quasi-Staaten haben so etwas wie eine Existenzgarantie. Wir hatten dies auf zwei Ebenen erklärt. Auf internationaler Ebene haben dominante externe Akteure nach der Dekolonialisierung zwar ein Interesse an Einfluss in den afrikanischen Staaten, aber gerade auch deshalb an ihrer Stabilität. Diese erlaubt, die jeweiligen Geschäfte (ökonomischer und/oder politischer Art) zu betreiben. Oder, wie es in den 1960ern formuliert worden wäre: der Neokolonialismus ist auf koloniale Landnahme eben nicht mehr angewiesen. Dies ist die gleichsam realistische, weil auf Machtüberlegungen basierende internationale Erklärung. Sie lässt sich ergänzen durch eine etwas freundlichere institutionalistisch-konstruktivistische Erklärung. Diese verweist (darin ist sie konstruktivistisch) auf einen stattgefundenen Wandel der inter- bzw. transnationalen Einstellung zur kolonialen bzw. gewaltsamen Eroberung. Diese ist delegitimiert. Die UNO (und das ist der institutionalistische Anteil) ist Ausdruck wie Motor dieses Prozesses des Einstellungswandels. Allein hierauf würde man jedoch vielleicht nicht bauen wollen (denn in anderen Regionen wurde zwischenstaatlicher gewaltsamer Konfliktaustrag dadurch nicht verhindert), weder realiter, noch im Hinblick auf die Erklärung. Von daher bedarf es der er-

Macht- und Herrschaftslogik des Konfliktgeschehens in der Region

gänzenden Erklärung auf staatlich-gesellschaftlicher Ebene. Sie kann nicht, kulturalistisch, in einer besonderen Friedensgeneigtheit afrikanischer Kultur bestehen. Denn zum einen dürfte es schwer sein, die Existenz *einer* afrikanischen Kultur zu belegen. Zum andern könnte sie nicht erklären, warum zwischenstaatlich kalter Friede herrscht, während innergesellschaftlich oft mit massivster Gewalt gerungen wird. Dies verweist auf eine Erklärung, die mit den innergesellschaftlichen Herrschaftsbedingungen zu tun hat. Die herrschenden Eliten in den infrastrukturell schwachen afrikanischen Staaten, so wurde argumentiert, gehen lieber nicht das Risiko des zwischenstaatlichen (Eroberungs-)Kriegs ein. Denn es könnte ihnen insbesondere in Grenzprovinzen Gegenmachtbildung durch Aufständische drohen, die dann eventuell auch noch durch Nachbarn unterstützt werden. Genau das ist, wie wir sahen, oft der Fall. Von daher werden zwar politische Großgruppen mobilisiert, aber nicht international Nationen gegeneinander, wie es z. B. die Ablenkungsthese nahelegt, gemäß der internationaler Konflikt zur Stabilisierung interner Herrschaft gesucht wird. Stattdessen erfolgt die Mobilisierung von Großgruppen *innerhalb* der Staaten. Zugrunde liegt dem ein Herrschaftssystem, das den Staat, neo-patrimonial, wie man fachlich sagt, als ‚Beute' einer politischen Wir-Gruppe sieht, die aber gerade nicht die ganze Nation ausmacht, sondern nur einen Teil von ihr. Als ‚marker' (Identifikationskriterium) dieser Bildung politischer Großgruppen dienen dabei oft ethnische Kriterien. Aber wiederum: entgegen primordialistischen Vorstellungen von der ewig konflikträchtigen Natur ethnischer Unterschiede ist diese nicht per se gegeben, sondern variiert, selbst in so dramatischen Fällen wie dem Tutsi-Hutu-Verhältnis. Ethnische Unterschiede werden aus politischen Motiven zu bestimmten Zeiten aktiviert – um Ungleichheit an Lebenschancen zwischen Großgruppen durchzusetzen. *Dass* ethnische Marker sich hierfür offenbar besonders eignen, ist freilich erklärungsbedürftig.[24] Es erfolgt also eine, auch gewaltsame, Machtausübung zwischen politischen Großgruppen, die durchaus realistischer Machtlogik folgt, aber nicht zwischenstaatlich-international, sondern innergesellschaftlich subnational. Die Rede von ‚ethnischen Konflikten' verschleiert jedoch deren Herrschaftsdimension. Auf diese hinzuweisen ist Anliegen der hier propagierten Sicht.

> die z. T. erfreuliche Institutionalisierung von Kooperation in ihrer Wirksamkeit beeinträchtigt

Erfreulicher Weise bestimmt jedoch nicht Konfliktgeschehen allein die internationale Politik der Region. Aus anti-kolonialer Solidarität (auch von Autokraten) ebenso wie aus der ökonomischen Logik von der Nützlichkeit regionalen Austauschs und der politischen Logik des ‚Gemeinsam-sind-wir-stärker' heraus kam es zur Bildung nicht nur der OAU und ihrer Nachfolgerin, der AU; sondern auch zu zahlreichen regionalen Kooperationsformen

---

24 Für zwei evolutionspsychologische Versuche hierzu vgl. Shaw/Wong 1989 und Gat 2012.

und -foren. Freilich sind auch diese von der ‚subsystemischen', das heißt innergesellschaftlichen Herrschaftslogik geprägt – und von externen Einflüssen. Erstere zeigen sich in der politischen Propaganda-Funktion, die spektakulären Neugründungen regionaler Kooperationsforen oder auch einzelnen ihrer (Gipfel-)Treffen für die afrikanischen Big Men, die mächtigen Herrscher, zukommt. Um die Weiterentwicklung und faktische Umsetzung wird sich oft weniger gekümmert. So versandeten nicht nur etliche der Erstgründungen. Auch die im neuen Kontext seit den 1980er und 90er Jahren erfolgte Neugründung bleibt oft noch in alten Kooperationshindernissen befangen: mangelnde Ressourcen, politische und ökonomische Konkurrenz unter den Beteiligten, Unvereinbarkeit effektiver Umsetzung mit Herrschaftsinteressen, seien es ökonomische der Günstlingswirtschaft, die vor der Konkurrenz des freien Handels geschützt werden soll, seien es politische, die gegen Anforderungen der ‚Good Governance' geschützt werden.

Dennoch ist ein Fortschritt darin zu sehen, dass mit der ökonomischen und politischen Entwicklung zumindest in einigen der afrikanischen Staaten eine Beteiligung privater Akteure an regionaler Kooperation einhergeht, sei es in Gestalt von Business Roundtables oder organisierten Kontakten mit der Welt der Nicht-Regierungsorganisationen. Aufgeklärte ‚Afrikraten' in den Regionalorganisationen können sich für progressive Programme einsetzen. Denn programmatisch, auch dies ein Fortschritt, ist allenthalben die Forderung nach und Förderung von Demokratie inzwischen Bestandteil der revidierten Gründungsdokumente – bis hin zu institutionalisiertem Interventionsrecht (was freilich die faktische Möglichkeit hierzu nicht garantiert).

Fortschritte im Denken und in der gesellschaftlichen Einbettung

Diese Good Governance-Rhetorik ist freilich auch der jüngste Ausdruck dessen, was für das subsaharische Afrika über weite Strecken bestimmend war und ist: ein hohes Ausmaß an externer Beeinflussung. Diese bestand und besteht z. T. bis heute in ex-metropolitanem Einfluss (etwa Frankreichs im frankophonen Afrika[25]). Sie bestand zu Zeiten des Ost-West-Konflikts im Ringen um Einfluss auf dem Kontinent zwischen den Blöcken, bis hin zur Stellvertreter-Kriegsführung (vgl. Mumford 2013). Und sie besteht bis heute im ökonomischen Bereich, in dem das subsaharische Afrika noch immer weitgehend

externe Einflüsse bleiben stark

---

25 Der Grundthematik des vorliegenden Buches folgend haben wir uns primär mit intra-regionalen internationalen Beziehungen beschäftigt; gerade aufgrund des hohen Außenprägungsanteils im Falle Afrikas ist die Ausblendung der extra-regionalen Akteure jedoch kaum sinnvoll. Stellvertretend sei auf folgende Literatur verwiesen: Afrika und nördliche Staaten allgemein behandeln die Beiträge in Engel/Olsen 2005; darin Kap. 7 zu **D-Afrika**; **GB-Afrika:** Porteous 2008, Taylor 2010, Kap. 2, Gallagher 2011; **F-Afrika:** Charbonneau 2008, Taylor 2010, Kap. 3; **EU-Afrika:** ebd. Kap.6, Sicurelli 2010, Brocza 2013, Carbone 2013, Haastrup 2013, Vogl 2015, speziell im Verhältnis zum südlichen Afrika: Muntschick 2013; **USA-Afrika:** Patman 2008, Francis 2010; für alle genannten: Chafer/Cumming 2011.

abhängig in Weltmärkte eingebunden und auf Unterstützungsleistungen, auch zur Verwirklichung regionaler Entwicklungs- und Kooperationsprojekte, angewiesen ist. Die in jüngster Zeit viel diskutierte Wirkung Chinas ist dabei durchaus ambivalent: sie bietet Afrika zumindest politisch-taktisch und als Abnehmer auf Märkten eine Alternative (zum Westen); sie stützt jedoch auch Autokraten (wie zuvor der Westen) und erobert afrikanische Märkte mit chinesischen Billigimporten, z. T. zu Lasten heimischer Produzenten.[26] Schließlich haben von außen nahe- oder auferlegte Ideen wie neoliberale Umgestaltung der Wirtschaft oder auch Kampf gegen den internationalen Terrorismus (vgl. z. B. Kieh/Kalu 2012) noch immer großen Einfluss.

und auch interne Asymmetrien

Die ökonomische Entwicklung, die in der Region stattgefunden hat und gerade jüngst stattfindet, geht auch, wie so oft, mit neuer Ungleichheit einher, innerhalb der Staaten wie zwischen ihnen. Z. T. werden dadurch bereits bestehende Asymmetrien wie die zwischen regionalen Hegemonen wie Nigeria in West- und der Republik Südafrika im südlichen Afrika[27] noch verstärkt, was vorhandene Skepsis über ihre regionalpolitischen Motive stärken und dadurch Kooperation auch wieder behindern kann.

zunehmende Süd-Süd-Vernetzung

Immerhin jedoch, so konnte festgestellt werden, beginnen sich auch in Afrika südlich der Sahara neue Süd-Süd-Vernetzungen herauszubilden, z. T. im Rahmen der Region bzw. in einzelnen Subregionen und zwischen diesen; z. T. jedoch auch transkontinental, zwischen ausgewählten Partnern wie Indien und Afrika (Mc Cann 2012; Cheru/Obi 2010) und China und Afrika insgesamt (im Rahmen des Forum on China-Africa Cooperation, FOCAC; vgl. Taylor 2011a) bzw. China und Südafrika im Rahmen der BRICS.[28] Generell steigt damit auch für Afrika die Bedeutung (Süd-)Ost-Asiens – der Weltregion, der wir uns als Nächstes zuwenden.

Literatur

Alden, Chris 2007: China in Africa, London.
Amollo, Caroline Anne 2013: Assessing the Nile Basin Commission as a Peace Building Instrument in the Nile Basin Region.
Austen, Ralph A. 2010: Trans-Saharan Africa in World History, Oxford.

---

26 Aus der immer noch steigenden Flut der Literatur zu ‚China in Afrika' sei verwiesen auf Alden 2007, Brautigam 2011, Xing/Farah 2013 und Gadzala 2015.
27 Zu beider Außenpolitik vgl. einführend zu Nigeria Babarinde/Wright 2013 bzw. zu Südafrika Becker 2013 und Martin 2013.
28 Zu den BRICS und Afrika vgl. Carmody 2013.

Babarinde, OLufemi A./Wright, Stephen 2013: Nigerian Foreign Policy: Unfulfilled Promise, Ryan K. Beasley u. a. (Hrsg.): Foreign Policy in Comparative Perspective. Domestic and International Influences on State Behavior, 2nd ed., Los Angeles u. a., 223–245.

Bach, Daniel C. 2003: Regionalization through Trans-State Networks, in: Andrew Grant/Fredrik Söderbaum (Hrsg.): The New Regionalism in Africa, Aldershot, 21–30.

Bahadur, Jay 2011: Deadly Waters. Inside the Hidden World of Somalia's Pirates, London.

Bakonyi, Jutta 2011: Land ohne Staat. Wirtschaft und Gesellschaft im Krieg am Beispiel Somalias, Frankfurt a. M./New York.

Barnett, Michael 2003: Eyewitness to Genocide. The United Nations and Rwanda, Ithaca/London.

Bassil, Noah R. 2013: The Post-Colonial State and Civil War in Sudan. The Origins of Conflict in Darfur, London/New York.

Becker, Derick 2013: South African Foreign Policy: Power and Post-Apartheid Identity, in: Ryan K. Beasley u. a. (Hrsg.): Foreign Policy in Comparative Perspective. Domestic and International Influences on State Behavior, 2nd ed., Los Angeles u. a., 246–264.

Bereketeab, Redie 2012: Inter-Governmental Authority on Development (IDAG): A Critical Analysis, in: Kidane Mengisteab/Redie Bereketeab (Hrsg.): Regional Integration, Identity and Citizenship in the Greater Horn of Africa, Woodbridge/Rochester, 173–194.

Bereketeab, Redie (Hrsg.) 2013: The Horn of Africa. Intra-State and Inter-State Conflicts and Security, London.

Besada, Hany (Hrsg.) 2010: Crafting an African Security Architecture. Addressing Regional Peace and Conflict in the 21st Century, Farnham/Burlington.

Bickel, Markus/Scheen, Thomas 2013: Blut für Wasser, FAZ 13. 6. 2013, S. 6.

Bob, Clifford 2005: The Marketing of Rebellion. Insurgents, Media, and International Activism, Cambridge.

Boukhars, Anouar/Roussellier, Jacques (Hrsg.) 2013: Perspectives On Western Sahara. Myths, Nationalisms, and Geopolitics, Lanham u. a.

Brautigam, Deborah 2011: The Dragon's Gift. The Real Story of China in Africa, Oxford/New York.

Brocza, Stefan 2013: Die EU-Afrikapolitik, Wiesbaden.

Brosché, Johan/Rothbart, Daniel 2012: Violent Conflict and Peacebuilding. The Continuing Crisis in Darfur, Abingdon/New York.

Bueger, Christian/Stockbrügger, Jan/Werthes, Sascha 2011: Strategische Fehler der Pirateriebekämpfung. Somalia, Peacebuilding und die Notwendigkeit einer umfassenden Strategie, Institut für Entwicklung und Frieden, Universität

Duisburg-Essen, INEF-Report 104/2011, http://inef.uni-due.de/cms/files/report104.pdf [01. 07. 2013]

Byrne, Jeffrey James 2013: Africa's Cold War, in: Robert J. McMahon: The Cold War in the Third World, Oxford/New York, 101–123.

Carbone, Maurizio (Hrsg.) 2013: The European Union in Africa. Incoherent Policies, Asymmetrical Partnership, Declining Relevance? Manchester.

Carmody, Pádraig 2013: The Rise of the BRICS in Africa. The Geopolitics of South-South RElations, London/New York.

Chafer, Tony/Cumming, Gordon (Hrsg.) 2011: From Rivalry to Partnership? New Approaches to the Challenges of Africa, Farnham/Burlington.

Chalfin, Brenda 2010: Neoliberal Frontiers. An Ethnography of Sovereignty in West Africa, Chicago/London.

Charbonneau, Bruno 2008: France and the New Imperialism. Security Policy in Sub-Saharan Africa, Aldershot/Burlington.

Cheeseman, Nic 2015: Democracy in Africa. Successes, Failures, and the Struggle for Political Reform, Cambridge.

Cheru, Fantu/Obi, Cyril (Hrsg.) 2010: The Rise of China and India in Africa, London/New York.

de Waal, Alex 2013: Sudan: Darfur, in: Jane Boulden (Hrsg.): Responding to Conflict in Africa. The United Nations and Regional Organizations, New York, 283–306.

Dokken, Karin 2008: African Security Politics Redefined, New York/Basingstoke.

Elayo, Hyacinth 2013: Regional Energy Integration in West Africa. The journey so far, Foreign Voices 3/2013, Stiftung Entwicklung und Frieden, http://www.sef-bonn.org/fileadmin/Die_SEF/Publikationen/Foreign_Voices/fv_2013-03_elayo_en.pdf [01. 07. 2013]

Engel, Ulf (Hrsg.) 2012: New Mediation Practices in African Conflicts, Leipzig.

Engel, Ulf/Gomes Porto, João (Hrsg.) 2010: Africa's New Peace and Security Architecture. Promoting Norms, Institutionalizing Solutions, Farnham/Burlington.

Engel, Ulf/Gomes Porto, João (Hrsg.) 2013: Towards an African Peace and Security Regime. Continental Embeddedness, Transnational Linkages, Strategic Relevance, Farnham/Burlington.

Engel, Ulf/Olsen, Gorm Rye (Hrsg.) 2005: Africa and the North. Between Globalization and Marginalization, Abingdon/New York.

Fergusson, James 2013: The World's Most Dangerous Place. Inside the Outlaw State of Somalia, Boston.

Fitz-Gerald, Ann M. 2013: South Sudan, in: Jane Boulden (Hrsg.): Responding to Conflict in Africa. The United Nations and Regional Organizations, New York, 307–325.

Francis, David J. 2010: US Strategy in Africa. AFRICOM, terrorism and security challenges, Abingdon/New York.
Fukuyama, Francis 2004: Staaten bauen. Die neue Herausforderung internationaler Politik, Berlin.
Gadzala, Aleksandra W. (Hrsg.) 2015: Africa and China. How Africans and Their Governments are Shaping Relations with China, Lanham u. a.
Gallagher, Julia 2011: Britain and Africa Under Blair. In Pursuit of the Good State, Manchester.
Gastorn, Kennedy 2015: The struggle for legislative powers, Völkerrechtsblog, verfügbar unter: http://voelkerrechtsblog.com/category/kennedy-gastorn/ (25. 8. 2015).
Gat, Azar 2012: Nations. The Long History and Deep Roots of Political Ethnicity and Nationalism, Cambridge.
Gebrewold, Belachew 2009: Anatomy of Violence. Understanding the Systems of Conflict and Violence in Africa, Farnham/Burlington.
Gerdes, Felix 2013: Civil War and State Formation. The Political Economy of War and Peace in Liberia, Frankfurt a. M./New York.
Ghani, Ashraf 2010: Fixing Failed States. A Framework for Rebuilding a Fractured World, Oxford.
Gourevitch, Philip 2000: We Wish to Inform You that Tomorrow We Will Be Killed With Our Families. Stories from Rwanda, London.
Grant, J. Andrew/Mitchell, Matthew I./Nyame, Frank K. 2011: New Regionalisms, Micro-Regionalisms, and the Migration-Conflict Nexus: Evidence from Natural Resource Sectors in West Africa, in: Timothy M. Shaw/J. Andrew Grant/Scarlett Cornelissen (Hrsg.): The Ashgate Research Companion to Regionalisms, Farnham/Burlington, 375–396.
Haastrup, Toni 2013: Charting Transformation through Security. Contemporary EU-Africa Relations, Basingstoke/New York.
Hansen, Stig Jarle 2013: Al-Shabaab in Somalia. The History and Ideology of a Militant Islamic Group, 2005–2012, London.
Haywood, Robert/Spivak, Roberta 2012: Maritime Piracy, Abingdon/New York.
Henderson, Errol Anthony 2015: African Realism? International Relations Theory and Africa's Wars in the Postcolonial Era, Lanham u. a.
Herbst, Jeffrey 2007: Crafting regional cooperation in Africa, in: Amitav Acharya/Alastair Iain Johnston (Hrsg.): Crafting Cooperation. Regional International Institutions in Comparative Perspective, Cambridge, 129–144.
Hertz, James J. (Hrsg.) 2014: Routledge Handbook of African Security, Abingdon/New York.
Iheduru, Okechukwu 2011: The ‚New' ECOWAS: Implications for the Study of Regional Integration, in: Timothy M. Shaw/J. Andrew Grant/Scarlett Corne-

lissen (Hrsg.): The Ashgate Research Companion to Regionalisms, Farnham/Burlington, 213–239.

Jackson, Robert H. 1993: Quasi-States. Sovereignty, International Relations and the Third World, Cambridge.

Jerven, Morten 2015: Africa. Why Economists Get It Wrong, London.

Kacowicz, Arje M. 1998: Zones of Peace in the Third World. South America and West Africa in Comparative Perspective, Albany.

Kalyvas, Stathis N. 2006: The Logic of Violence in Civil War, Cambridge.

Khadiagala, Gilbert M. 2013: Pan-Africanism and Regional Integration, in: Nic Cheeseman/David M. Anderson/Andrea Scheibler (Hrsg.): Routledge Handbook of African Politics, London/New York, 375–389.

Kieh, George Klay/Kalu, Kelechi (Hrsg.) 2012: West Africa and the U.S. War on Terror, Abingdon/New York.

Kimbugwe, Kato/Perdikis, Nicholas/Yeung, May T./Kerr, William A. 2012: Economic Development Through Regional Trade. A Role for the New East African Community? Basingstoke/New York.

Landsberg, Chris 2012: The Southern African Development Community's decision-making architecture, in: Chris Saunders/Gwinyayi A. Dzinesa/Dawn Nagar (Hrsg.): Region-Building in Southern Africa. Progress, Problems and Prospects, London/New York, 63–77.

Lemke, Douglas 2002: Regions of War and Peace, Cambridge.

Lemke, Douglas 2011: Intra-national IR in Africa, in: Review of International Studies, 37, 49–70.

Lorenz, Ulrike/Cornelissen, Scarlett 2011: Regional Organisation, Regional Arena: The SADC in Southern Africa, in: Timothy M. Shaw/J. Andrew Grant/Scarlett Cornelissen (Hrsg.): The Ashgate Research Companion to Regionalisms, Farnham/Burlington, 241–254.

Malito, Debora Valentina/Ylönen, Aleksi 2013: Bypassing the Regional? International Protagonism in the IDAG Peace Processes in Sudan and Somalia, in: Ulrike Lorenz-Carl/Martin Rampe (Hrsg.): Mapping Agency. Comparing Regionalisms in Africa, Farnham/Burlington, 35–58.

Marriage, Zoë 2013: Formal Peace and Informal War. Security and Development in Congo, Abingdon/New York.

Martin, William G. 2013: South Africa and the World Economy. Remaking Race, State, and Region, Rochester.

Matambalya, Francis A.S.T. 2012: The East African Community: Can it be a Model for Africa's Integration Process? in: Kidane Mengisteab/Redie Bereketeab (Hrsg.): Regional Integration, Identity and Citizenship in the Greater Horn of Africa, Woodbridge/Rochester, 195–235.

Matlosa, Khabele 2012: Elections and conflict management, in: Chris Saunders/ Gwinyayi A. Dzinesa/Dawn Nagar (Hrsg.): Region-Building in Southern Africa. Progress, Problems and Prospects, London/New York, 78–91.

Mays, Terry M. 2015: Historical Dictionary of International Organizations in Africa and the Middle East, Lanham/Toronto/Plymouth.

Mbuende, Kaire M. 2012: The SADC: between cooperation and development – an insider perspective, in: Chris Saunders/Gwinyayi A. Dzinesa/Dawn Nagar (Hrsg.): Region-Building in Southern Africa. Progress, Problems and Prospects, London/New York, 39–60.

McCann, Gerard 2012: India and Africa. Old Friends, New Game, London.

Mcdoom, Omar 2010: War and Genocide in Africa's Great Lakes since INdependence, in: Donald Bloxham/A. Dirk Moses (Hrsg.): The Oxford Handbook of Genocide Studies, Oxford, 550–575.

McMahon, Robert J. (Hrsg.) 2013: The Cold War in the Third World, Oxford/New York.

Meyer, Angela 2011: Peace and Security Cooperation in Central Africa. Developments, Challenges and Prospects, Nordiska Afrikainstitutet Discussion Paper 56, Uppsala <mercury.ethz.ch/serviceengine/Files/ISN/133091/ipu>; 24.6.2013

Monga, Célestine/Lin, Justin Yifu (Hrsg.) 2015: The Oxford Handbook of Africa and Economics, 2 Bd.e, Oxford.

Moss, Todd 2013: Reflections on Africa's Rocky Love-Hate Relationship with International Capital, in: John W. Harbeson/Donald Rothchild (Hrsg.): Africa in World Politics. Engaging a Changing Global Order, Boulder, 35–51.

Mumford, Andrew 2013: Proxy Warfare, Cambridge.

Muntschick, Johannes 2013: Explaining the Influence of Extra-Regional Actors on Regional Economic Integration in Southern Africa: The EU's Interfering Impact on SADC and SACU, in: Ulrike Lorenz-Carl/Martin Rampe (Hrsg.): Mapping Agency. Comparing Regionalisms in Africa, Farnham/Burlington, 77–96.

Murithi, Tim (Hrsg.) 2014: Handbook of Africa's International Relations, Abingdon/New York.

Natsios, 2012: Sudan, South Sudan and Darfur. What Everyone Needs to Know, Oxford/New York.

Nathan, Laurie 2012: Community of Insecurity. SADC's Struggle for Peace and Security in Southern Africa, Farnham/Burlington.

Ndulo, Muna/Grieco, Margaret (Hrsg.) 2010: Failed and Failing States. The Challenges to African Reconstruction, Newcastle upon Tyne.

Ngodi, Etanislas 2010: L'Afrique central face à la convoitise des puissances. De la conférence de Berlin à la Crise de la region des Grands Lacs, Paris.

Nixdorf, Lisa 2013: Regional Integration and Informal Cross-Border Trade in the East African Community, in: Ulrike Lorenz-Carl/Martin Rampe (Hrsg.):

Mapping Agency. Comparing Regionalisms in Africa, Farnham/Burlington, 133–147.
Omeje, Kenneth/Redeker Hepner, Tricia (Hrsg.) 2013: Conflict and Peacebuilding in the African Great Lakes Region, Bloomington.
Onoma, Afo Kwamena 2013: Anti-Refugee Violence in African States, Cambridge.
Patman, Robert G. 2008: US foreign policy in Africa, in: Michael Cox/Doug Stokes (Hrsg.): US Foreign Policy, Oxford/New York, 315–331.
Plauchut, Agathe 2012: L'ONU face au genocide rwandais. Le silence des machette, Paris.
Plenk, Stefan 2015: Regionale Integration im sub-saharischen Afrika. Eine Analyse von EAC, SADC und ECOWAS, Wiesbaden.
Porteous, Tom 2008: Britain in Africa, London.
Prunier, Gerard 2011: Africa's World War. Congo, the Rwandan Genocide, and the Making of a Continental Catastrophe, Oxford/New York.
Radelet, 2010: Emerging Africa. How 17 Countries Are Leading the Way, Washington, DC.
Reid, Richard J. 2012: Warfare in African History, Cambridge.
Reno, William 2011: Warfare in Independent Africa, Cambridge.
Reyntjens, Filip 2011: The Great African War. Congo and Regional Geopolitics, 1996–2006, Cambridge.
Rosen, David M. 2005: Armies of the Young. Child Soldiers in War and Terrorism, New Brunswick, NJ/London.
Rotberg, Robert 2013: Africa Emerges, New York.
Rotberg, Robert I. (Hrsg.) 2004: When States Fail. Causes and Conequences, Princeton/Oxford.
Salehyan, Idean 2009: Rebels Without Borders. Transnational Insurgencies in World Politics, Ithaca/London.
Saunders, Chris/Dzinesa, Gwinyayi A./Nagar, Dawn (Hrsg.) 2012: Region-Building in Southern Africa. Progress, Problems and Prospects, London/New York.
Schmidt, Elizabeth 2013: Foreign Intervention in Africa. From the Cold War to the War on Terror, Cambridge.
Schneckener, Ulrich 2006: Fragile Staatlichkeit. „States at Risk" zwischen Stabilität und Scheitern, Baden-Baden.
Schrader, Lutz 2006: Frieden und Demokratie, Fernstudienkurs der FernUniversität in Hagen, Hagen (= Buchhandelsfassung: Die Theorie des ‚demokratischen Friedens'. Innenansichten einer wissenschaftlichen Debatte, Wiesbaden 2008).
Schraeder, Peter J. 2004: African Politics and Society. Mosaic in Transformation, Belmont.
Shaw, R. Paul/Wong, Yuwa 1989: Genetic Seeds of Warfare. Evolution, Nationalism, and Patriotism, Boston.

Sicurelli, Daniela 2010: The European Union's Africa Policies. Norms, Interests and Impact, Farnham/Burlington.
Singer, P. W. 2006: Children at War, Berkeley/Los Angeles.
Smith, Mike 2015: Boko Haram. Der Vormarsch des Terror-Kalifats, München.
Söderbaum, Fredrik 2011: Formal and Informal Regionalism, in: Timothy M. Shaw/J. Andrew Grant/Scarlett Cornelissen (Hrsg.): The Ashgate Research Companion to Regionalisms, Farnham/Burlington, 51–67.
Stearns, Jason K. 2012: Dancing in the Glory of Monsters. The Collapse of the Congo and the Great War of Africa, New York.
Straus, Scott/Waldorf, Lars (Hrsg.) 2011: Remaking Rwanda. State Building and Human Rights After Mass Violence, London.
Tadesse, Medhane 2015: Making Sense of Ethiopia's Regional Influence, in: Gérard Prunier/Éloi Ficquet (Hrsg.): Understanding Contemporary Ethiopia. Monarchy, Revolution, and the Legacy of Meles Zenawi, London, 333–356.
Taylor, Ian C. 2011: Spatial Development Initiatives: Two Case Studies from Southern Africa, in: Timothy M. Shaw/J. Andrew Grant/Scarlett Cornelissen (Hrsg.): The Ashgate Research Companion to Regionalisms, Farnham/Burlington, 325–338.
Taylor, Ian 2011a: The Forum on China-Africa Cooperation (FOCAC), Abingdon/New York.
Thies, Cameron G. 2010: Explaining zones of negativ peace in interstate relations: The construction of a West African Lockean culture of anarchy, in: European Journal of International Relations 16 (3), 391–415.
Tieku, Thomas Kwasi 2011: The Evolution of the African Union Commission and Africrats: Drivers of African Regionalisms, in: Timothy M. Shaw/J. Andrew Grant/Scarlett Cornelissen (Hrsg.): The Ashgate Research Companion to Regionalisms, Farnham/Burlington, 193–212.
Thomson, Alex 2010: An Introduction to African Politics, 3rd edition, London/New York.
Utas, Mats (Hrsg.) 2012: African Conflicts and Informal Power. Big Men and Networks, London.
Uwineza, Peace/Brown, Vanessa Noël 2011: Engendering Recovery: Rwanda, in: Sarah Cheldelin/Maneshka Eliatambi (Hrsg.): Women Waging War and Peace. International Perspectives on Women's Roles in Conflict and Post-Conflict Reconsruction, New York/London, 139–161.
van Nieuwkerk, Anthoni 2013: The Peace and Security Architecture of African Subregional Organizations, in: Jane Boulden (Hrsg.): Responding to Conflict in Africa. The United Nations and Regional Organizations, New York, 51–75.
van Reybrouk, David 2012: Kongo. Eine Geschichte, Berlin.
Vogl, Mathias 2015: Europäische Sicherheitspolitik in Afrika im Wandel. Von Machtpolitik zum aufgeklärten Eigeninteresse? Baden-Baden.

Waal, Alex de 2015: The Real Politics of the Horn of Africa. Money, War and the Business of Power, Cambridge.

Weinstein, Jeremy M. 2007: Inside Rebellion. The Politics of Insurgent Violence, Cambridge.

Welz, Martin 2013a: Integrating Africa. Decolonization's Legacies, sovereignty and the African Union, Abingdon/New York.

Welz, Martin 2013b: Uganda and the East African Community: Economic Imperatives, President Museveni and His Ambitions, in: Ulrike Lorenz-Carl/Martin Rampe (Hrsg.): Mapping Agency. Comparing Regionalisms in Africa, Farnham/Burlington, 97–111.

Williams, Paul D. 2013: Somalia, in: Jane Boulden (Hrsg.): Responding to Conflict in Africa. The United Nations and Regional Organizations, New York, 257–281.

Woodward, Peter 2013: Crisis in the Horn of Africa. Politics, Piracy and the Threat of Terror, London/New York.

Xing, Li/Farah, Abdulkadir Osman (Hrsg.) 2013: China-Africa Relations in an Era of Great Transformations, Farnham/Burlington.

Zweifel, Thomas D. 2005: International Organizations and Democracy. Accountability, Politics, and Power, Boulder.

Ost- und Südost-Asien 5

In diesem Kapitel wenden wir uns der internationalen Konflikt- und Kooperationslandschaft derjenigen Weltregion zu, die gelegentlich als pazifisches Asien bezeichnet wird und aus den – vielfach miteinander wechselwirkenden – Teilregionen (Nord-)Ost- und Südost-Asien besteht.[1] Zusammen umfassen sie rund ein Drittel der Weltbevölkerung, verteilt auf 16 Staaten und Territorien (vgl. Übersicht 5.1). Mit der VR China und Japan gehören dazu die heute zweit- und drittgrößte Wirtschaftsnation der Welt, die ökonomische Dynamik der Region war und ist Gegenstand sowohl der globalen Berichterstattung wie der wissenschaftlichen Analyse (und Kontroverse über ihre Erklärung[2]). Dies sind jedoch Fragestellungen der international vergleichenden politischen Ökonomie bzw. der Entwicklungsforschung, die uns hier nur insoweit beschäftigen werden, wie sie mit intraregionalen Beziehungen zu tun haben. Wie in den vorausgegangenen Kapiteln sind solche, konflikthafter Natur wie kooperativ, der zentrale Gegenstand des vorliegenden Kapitels.

---

[1] Zu den politischen Systemen der Region anregend Ferdinand 2012 und Gilley 2014; zu den internationalen Beziehungen im umfassenden Überblick Pekkanen/Ravenhill/Foot 2014, aus Perspektive der sog. Englischen Schule – zu dieser s. Kap. 5.2 unten – Buzan/Zhang 2014; zum asiatischen Regionalismus den handbuchartigen Überblick bei Beeson/Stubbs 2012.

[2] Klar und anschaulich dazu jüngst Studwell 2013; vgl. auch Stubbs 2005.

5.1 Das ostasiatische Dreieck

frühe vormoderne Staatlichkeit – eigener Art und in ein eigenes internationales System geordnet

Ostasien oder, wie es in Abgrenzung zu Südost-Asien genauer heißen müsste: Nordost-Asien, wird auch in seiner langen historischen Entwicklung von drei politischen Einheiten bestimmt: China, Japan und Korea (vgl. Ebrey/Walthall/Palais 2009; Holcombe 2011). Sie sind seit Jahrhunderten als eigene Staaten nachweisbar, auch ihre politische Beziehungsgeschichte reicht also in vormoderne Zeit zurück. Dabei liefert die Region nicht nur Beispiele für vormoderne transnationale Beziehungen wie sie der Ausbreitung des Buddhismus und auch des konfuzianischen Denkens zugrunde lagen, durch die ein transnationaler Kulturraum aufgespannt wurde. Die Region liefert auch ein Beispiel für ein im Vergleich zum modernen europäischen Staatensystem, das (nach dem Ort der Friedensschlüsse von 1648 am Ende des Dreißigjährigen Krieges) auch als westfälisches Staatensystem bezeichnet wird, ganz anders strukturiertes internationales System. Das westfälische System ist durch die souveräne Gleichrangigkeit der zentralen Akteure, der Staaten, gekennzeichnet, die Staaten selbst sind Territorialstaaten mit klar markiertem Gebietsanspruch. Zwar war auch in Europa die infrastrukturelle Macht der Staaten, ihre Möglichkeit, beanspruchte Territorien tatsächlich, z. B. administrativ, zu durchdringen, anfangs begrenzt und entwickelte sich erst bis ins 20. Jahrhundert hinein (und in manchen Staaten der außereuropäischen Welt, denen dieses politische Format auferlegt wurde, sogar noch bis heute). Der Unterschied zum vormodernen Ostasien jedoch ist deutlich und ein zweifacher. Die dortigen damaligen Staaten waren (Kaiser-)Reiche, deren zentralstaatliche Macht konzentrisch nach außen abnahm. Und im Verhältnis untereinander galt gerade die Annahme der souveränen Gleichheit nicht. Vielmehr bestand eine hierarchische internationale Ordnung, die weniger formal-juristisch als rituell geordnet war.

Übersicht 5.1	Die Staaten und Territorien der Region
Ostasien	
China, Volksrepublik	1949 (Volksrepublik)
Japan	
Nord-Korea	1948 (Republik)
Süd-Korea	1948 (Republik)
Taiwan	Fortführung der 1912 in Beijing ausgerufenen Republik; 1971 von UNO zugunsten der VR China ausgeschlossen

Südost-Asien

– Festland

Kambodscha	Unabh. proklamiert 1934, endgültig 1953 (von F)
Laos	1954 (von F)
Myanmar (Burma)	1948 (von GB; bis 1989 Burma)
Thailand	
Vietnam	Unabh. des Nordteils erklärt 1945 (von F), Vereinigung mit Süd-Vietnam 1976

– maritimes

Brunei	1984 (von GB)
Indonesien	Unabh. proklamiert 1945, endg. 1949 (von NL)
Malaysia	1957 (von GB)
Osttimor	2002 (vormals portugies. Kolonie, nach geplanter Entlassung in Unabh. 1975 von Indonesien besetzt; 1999 Volksabstimmung (für Unabh.); UN-Übergangsverwaltung)
Philippinen	1946 (bis 1898 span. Kolonie, dann US-Dominion)
Singapur	1965 (ehem. Brit. Kronkolonie, 1963–65 Teil der Föderation von Malaysia)

Anm.: Im Hinblick auf Taiwan und seinen umstrittenen Status ist hier nur von Territorium die Rede. Malaysia gehört mit seinen zwei Landesteilen, der malaiischen Halbinsel im Westen und Teilen der Insel Borneo im Osten sowohl zum Festland wie zum maritimen Südostasien; aufgrund der zwischen der Halbinsel und Sumatra verlaufenden Straße von Malakka, einer der wichtigsten internationalen Seewege, der den indischen Ozean (die Andamanensee) mit dem südchinesischen Meer verbindet, wird es hier zum maritimen Südost-Asien gerechnet. Alle südost-asiatischen Staaten außer Osttimor sind Mitglied der ASEAN.

der lange ostasiatische Frieden: Hegemonie im nicht (nur) realistischen Sinne auf Basis von Handel und Tribut

David C. Kang (2010) gehört zu den wenigen Politikwissenschaftlern, die sich analytisch mit diesem vormodernen ostasiatischen Staatensystem befasst haben (wobei er Vietnam mit einbezieht).[3] Einer seiner erstaunlichen Befunde ist die Friedlichkeit der dortigen Staatenbeziehungen. Im ostasiatischen Staatensystem gab es im von Kang untersuchten Zeitraum von der Gründung der chinesischen Ming-Dynastie (1368) bis zum Opium-Krieg der Briten gegen China (1841) nur zwei größere Kriege. Neben der chinesischen Invasion Vietnams (1407/08) war die als Vorstufe zum Angriff auf China gedachte japanische Invasion Koreas unter General Hideyoshi im Jahr 1592 (mit 700 Schiffen und einer Truppenstärke von 160 000, was etwa das Fünffache der spanischen Armada ist, die 1588 gegen England aufbrach), der so genannte Imjin Krieg, der einzige Krieg zwischen den ostasiatischen Staaten in beinahe fünfhundert Jahren. Wie erklärt sich dieser lange Frieden? Die Antwort liegt für Kang in den im Vergleich zum westfälisch-europäischen internationalen System ganz anders gelagerten internationalen Verhältnissen Ostasiens. Nicht formale Gleichberechtigung und – immer prekäres, also kriegsträchtiges – Streben nach einem Gleichgewicht der Kräfte war hier prägend, sondern anerkannte Vorherrschaft oder, wie man politikwissenschaftlich-analytisch sagen könnte, Hegemonie in einem Sinne, der mehr meint als Vormacht aufgrund realistisch erfassbarer Machtfaktoren. Es war das chinesische Kaiserreich, das aufgrund seiner kulturellen Prägekraft wie seiner schieren Größe diese Stellung der Vorherrschaft innehatte, und Japan und mehr noch Korea und Vietnam wurden hierdurch stark kulturell geprägt und zeigten dadurch auch Folgebereitschaft (oder Akzeptanz) gegenüber China. Wie der Untertitel von Kangs Studie bereits andeutet, waren die zugrunde liegenden Beziehungsmuster solche des Handels und des Tributes. Dabei dürfen wir uns diese vormoderne Beziehungswelt noch nicht so stark funktional ausdifferenziert vorstellen, wie es die Welt des 20. und 21. Jahrhunderts ist. Der Handel ist noch keiner von Massenwaren, und er ist auch nicht als ‚rein' ökonomischer Verkehr gänzlich aus anderen sozialen Bezügen herausgelöst. Neben legalem privaten Handel und illegalem Schmuggelhandel wird ein kleiner Teil des Handels im Rahmen des Tributsystems quasi rituell abgewickelt: jährliche Delegationsbesuche am chinesischen Kaiserhof dienen auch dem Austausch von Gütern. Wobei, das macht zugleich deutlich, dass Tribut nicht eine einseitige Pflicht war, es sich tatsächlich um Austausch von Gütern handelte, auch der chinesische Kaiser war gehalten, seine Großzügigkeit durch Überreichung von Gaben zu demonstrieren, ja in der Fähigkeit, wertvolle Geschenke zu verleihen, bestand

---

3   Zur „East Asian International Society" vor dem Eingreifen der europäischen Mächte vgl. auch das gleichnamige Kapitel 2 bei Suzuki 2009 sowie Zhang 2014.

geradezu der rituelle Ausdruck seiner Macht. Er konnte sich das leisten – eine Form demonstrativer, Macht demonstrierender Verausgabung. Zugleich wurden nicht nur Waren getauscht, sondern auch Anerkennung: Chinas in seiner vorrangigen Stellung gegen die chinesisch-kaiserliche Anerkennung der übrigen Herrscher als solche in ihren Reichen, was deren Stellung stärkte. Die Verhältnisse sollten also nicht zu rosig gezeichnet werden, denn letztlich ging es nicht um Symbolik und Rituale um ihrer selbst willen, sondern unter deren Nutzung immer noch um die – wechselseitige – Bekräftigung eines Vorherrschafts-, also strukturellen Machtverhältnisses. Das bedeutete zugleich eine Begrenzung unilateraler Machtausübung im wechselseitigen Interesse des (insbesondere für die Herrscher der Tributstaaten auch innenpolitischen) Machterhalts. Zweierlei ist zu diesem (im Vergleich zum westfälischen) offenbar völlig anders gearteten internationalen System des vormodernen Ostasiens noch anzumerken. Es basierte auf chinesischer Vorherrschaft – ein Zustand, der sich unter den freilich veränderten Bedingungen des beginnenden 21. Jahrhunderts erneut, zumindest in Bezug auf die Region, abzuzeichnen beginnt. Wir kommen im dritten Teil dieses Kapitels darauf zurück. Für viele Beobachter handelt es sich dabei quasi um einen welthistorischen Rückschwung des Pendels (der Dominanz) gen Asien bzw. China (vgl. etwa Frank 1998; Jacques 2009).

Die zweite Anmerkung betrifft den Einbruch der europäischen Moderne in die ostasiatische Welt. Er erfolgte mit der durch Kanonenbootspolitik der USA erzwungenen Öffnung des japanischen Marktes (1853/54) und im Zuge der so genannten Meiji-Restauration (1868 ff.), einer durchaus revolutionär zu nennenden Selbstmodernisierung Japans, die so erfolgreich war, dass sich die Machtverhältnisse in Ostasien umkehrten: Japan wurde dominant, ihm gelang 1905 erstmals der Sieg einer außereuropäischen Macht über eine europäische Großmacht, Russland (vgl. Huffman 2010, Kap. 5 und 6; Totman 2005, Teil IV). Und es konnte dem durch westliche Einflussnahme (in Gestalt ungleicher Verträge und exterritorialer westlicher Enklaven) geschwächten China 1895 Taiwan abnehmen und 1910 Korea annektieren. Die dort jeweils ausgeübte japanische Kolonialherrschaft setzte einerseits einen spezifisch ostasiatischen Weg der Modernisierung in Gang (vgl. Raud 2012), bedeutete in ihrer Grausamkeit jedoch auch einen Vorgriff auf die im Rahmen des japanisch-chinesischen Krieges seit 1937 (vgl. jüngst Mitter 2013) und seiner Fortsetzung im Rahmen des pazifischen 2. Weltkriegs begangenen Gräuel- und Untaten (darunter das berüchtigte Massaker von Nanjing, das japanische Truppen 1937 bei Einnahme der Stadt veranstalteten, und die Heranziehung koreanischer Frauen als Zwangsprostituierte, sog. Comfort women; vgl. Chang 1998 bzw. Hicks 1997). Die japanische Niederlage 1945, der Sieg der Kommunisten in China und die Gründung der Volksrepublik China 1949

Umkehrung der ostasiatischen Machtverhältnisse im Gefolge des Einbruchs westlicher Moderne und deren zunächst japanischer Verarbeitung führten schließlich in die zweite Phase der Prägung der internationalen Beziehungen der Region durch ein westliches Muster – das des Ost-West-Konflikts.

S. C. M. Paine (2012) hat die Ursprünge dieser Einbeziehung (Süd-)Ost-Asiens in den Ost-West-Konflikt jüngst in seiner brillanten Studie (unter anderem auf Basis von Quellen in chinesischer, japanischer, russischer und englischer Sprache – was wichtig ist, um den üblichen angelsächsischen ‚Bias' in der Betrachtung des pazifischen Krieges zu überwinden) zu den internationalen Beziehungen Ostasiens in der ersten Hälfte des 20. Jahrhunderts in der in mehrfacher Hinsicht tragischen Verknüpfung dreier Konflikte gesehen:

die tragische Verknüpfung dreier Konflikte

> „the long Chinese civil war precipitated a regional war between China and Japan so that by the time the conflict became global in 1941, the Chinese were fighting a civil war within a regional war within an overarching global war. [...] Japan's operational focus on the regional war produced the opposite of intended outcomes in the civil and global wars [nämlich den Sieg der Kommunisten in China und Japans Niederlage im 2. Weltkrieg, ML]. The U. S. attempt to focus exclusively on the global war left postwar U. S. China policy in shambles. Russia's comparatively astute Asia policy rested on an appreciation of all three layers of warfare: it brokered a truce in the civil war to promote a Sino-Japanese war to save itself from a two-front global war on the correct assumption that Japan would fight either China or Russia, but not both. [...] Paradoxically, the Communists greatly benefited from Japan's intervention in the long Chinese civil war because the Japanese focused on annihilating Nationalist conventional forces". (Paine 2012, 5)

unintendierte Folgen und die tragische Dimension internationaler Politik

Diese resümierende Passage ist in mehrfacher Hinsicht interessant. Zum einen zeigt sie die komplexe, mehrseitige (zwei chinesische Bürgerkriegsparteien, Japan, Russland, USA) Verflechtung strategischer Kalküle. Zum zweiten verweist sie auf unintendierte Handlungsfolgen – ein in der allgemeinen Sozialtheorie gewürdigtes zentrales Phänomen der sozialen Welt, das im Rahmen der neueren Theorien der internationalen Politik jedoch (zu) wenig thematisiert wird. Und zum dritten spricht Paine davon, dass einige Akteure geradezu das Gegenteil dessen erreichen, was sie wollten. In diesen beiden letzten Punkten: unintendierte Handlungsfolgen oder gar das Herbeiführen des Gegenteils dessen, was beabsichtigt war, besteht die eine tragische Dimension internationaler Politik (und nicht nur internationaler, möchte man hinzufügen). Die andere besteht in dem unendlichen Leid, dass durch diese Entwicklungen über Millionen von Menschen gekommen ist und kommt. Es ist vielleicht das Privileg guter Geschichtsschreibung, jedenfalls gegenwärtig – anders als im klassischen Realismus – kaum Praxis in der theorie-orientierten Analyse internationaler Politik, uns auf diese tragische Dimension von (internationaler) Politik aufmerksam zu machen, einen Sinn dafür zu vermitteln.[4] Dies ist der eine wichtige Beitrag, den gute Geschichtsschreibung internationaler Beziehungen für deren gehaltvolle Erfassung leistet. Der andere besteht natürlich in der quellenbasierten Aufarbeitung vergangener Ereignisse als solcher, denn nur auf dieser Basis kann auch politikwissenschaftliche Analyse zurückliegender Ereignisse und Strukturen (wie etwa im Rahmen der zitierten Arbeit von Kang zum vormodernen ostasiatischen Staatensystem) erfolgen. Kenntnisse der Ergebnisse solcher Forschung, zu europäischen wie außereuropäischen Verhältnissen, sind also immer auch eine sinnvolle Ergänzung politikwissenschaftlicher (Aus-)Bildung, auch wenn der Erwerb zeitaufwendig ist. Den realen Akteuren sind, wie wir noch sehen werden, vergangene Ereignisse bzw. gesellschaftlich konstruierte Erinnerungen an sie immer präsent – und prägen auch ihr gegenwärtiges internationales Verhalten mit. Dieses lässt sich also ohne (Vor-)Geschichte kaum verstehen.

und die Bedeutung der Geschichtsschreibung der internationalen Beziehungen

Übersicht 5.2   Die großen Konflikte der Region

1911–49 chinesischer Bürgerkrieg
Sturz der Qing-Dynastie (1911); Ausrufung der Republik (1912); 1914 Sun Yatsen gründet Vorläufer der Kuomintang-Partei (KMT, seit 1919); 1921 Gründung der KP Chinas; Zeit bürgerlicher Regierungen und der Warlords; 1927–49 gewaltsamer Konflikt KMT-KPCh; 1949 Abzug der KMT nach Taiwan

1931 (37)–45 japanisch-chinesischer Krieg
Nachdem Japan im 1. Japanisch-chinesischen Krieg (1894/95) Taiwan annektiert hatte, besetzte es 1931 die Mandschurei und errichtete dort 1932 den Marionettenstaat Mandschukuo; 1937 umfassende japanische Invasion Chinas; Angriff Japans auf USA (Pearl Harbor 7.12.1941) macht diesen Krieg zum Teil des pazifischen Schauplatzes des 2. Weltkriegs

1941–45 pazifischer Teil des Zweiten Weltkriegs
weite Teile Süd- und Südost-Asiens kommen unter japanische Herrschaft; Alliierte erobern sie langsam zurück; Ende beider Kriege (J/China und 2. Weltkrieg) wird mit Abwurf der Atombomben durch die USA auf Hiroshima (6.8.1945) und Nagasaki (9.8.1945) eingeleitet; japanische Kapitulation 15.8.1945

1946–54 Indochina-Krieg
Nach dem Ende der japanischen Besatzung proklamiert Ho Chi Minh am 2.9.1945 die Unabhängigkeit Vietnams, das zuvor Teil Französisch-Indochinas war, zuletzt unter Verwaltung des (mit NS-Deutschland kooperierenden)

---

4   Für einen der wenigen Versuche aus dem Kreis der Theoretiker internationaler Politik, deren tragische Dimension zu thematisieren, vgl. Lebow 2003 und die Beiträge in Erskine/Lebow 2012.

französischen Vichy-Regimes; Frankreich versucht, seine Kolonialherrschaft wieder herzustellen; darüber kommt es 1946 zum Krieg, der erst nach der französischen Niederlage in der Schlacht von Dien Bien Phu (7. Mai 1954) im Rahmen der Genfer Indochina-Konferenz beendet werden kann (1954, de facto Teilung des Landes, vorgesehene gesamtvietnamesische Wahlen werden nicht abgehalten); die USA treten an die Seite Süd-Vietnams

1950–53 Korea-Krieg
Der mit dem Angriff des kommunistischen Nordkorea auf Südkorea am 25.6.1950 beginnende Korea-Krieg wird wegen des Überraschungsangriffs und der ausgesprochen grausamen Kriegsführung beider Seiten aus westlicher Sicht zum paradigmatischen worst case des Ost-West-Konflikts, zu dessen Verschärfung er beitrug. Die US-geführte internationale Allianz im (durch Abwesenheit der Sowjetunion im Sicherheitsrat ermöglichten UN-Auftrag) wird zunächst ganz in den Süden abgedrängt, kann dann ihrerseits nach Norden bis an die chinesische Grenze vorrücken, was das Eingreifen chinesischer Verbände auslöst; der Konflikt wird mit Waffenstillstand (kein Friedensschluss – bis heute!) am 27.7.1953 beendet, wo er begann: am Korea bis heute teilenden 38. Breitengrad

frühe 1960er–1975 Vietnam-Krieg (Fortsetzung des Indochina-Kriegs)
Zunächst mit Militärberatern, ab 1965 auch massiv mit eigenen Truppen unterstützen die USA Süd-Vietnam im Ringen mit dem von China und der Sowjetunion unterstützten Nord-Vietnam; der Konflikt wird zum Stellvertreterkrieg im Rahmen des Ost-West-Konflikts; er endet nach erfolgter Ausweitung des US-Einsatzes (auch auf nordvietnamesische Nachschublinien in Laos und Kambodscha) und Abzug der US-Truppen 1973 mit der Einnahme Saigons durch nordvietnamesische Truppen am 30. April 1975; 1976 werden beide Landesteile offiziell vereinigt

1975–1989 kambodschanisch-vietnamesischer Krieg
Nach kleineren Grenzscharmützeln in den Jahren 1975 bis 77 griff am 25.12.1978 das sozialistische Vietnam das von den – einstmals, im Vietnam-Konflikt, unterstützten – Roten Khmer geführte Kampuchea (wie sie Kambodscha umgetauft hatten) an; Hintergrund war die aus vietnamesischer Sicht pro-chinesische Neigung der kambodschanischen Führung; angeführt wurde jedoch der unter dem durch die Invasion 1979 gestürzten Pol Pot-Regime in Kambodscha durchgeführte Völkermord an der eigenen Bevölkerung, prozentual der größte Völkermord jemals; gleichwohl verurteilte sowohl die internationale Gemeinschaft wie die ASEAN das Eingreifen Vietnams, das jedoch über zehn Jahre in Lande verblieb; unter internationalem Druck kam es zu Friedensverhandlungen zwischen den Bürgerkriegsparteien in Kambodscha und zum Abzug der vietnamesischen Truppen im September 1989.

Die internationalen Verhältnisse in (Süd-)Ostasien nach dem Zweiten Weltkrieg wurden also durch folgende Entwicklungen geprägt (vgl. auch Berger 2004):

- die Niederlage Japans im Zweiten Weltkrieg – und seine Einbeziehung in ein von den USA geprägtes anti-kommunistisches Bündnissystem in Asien (bilateraler Sicherheitsvertrag von 1951, erneuert 1960);
- die Entstehung des kommunistischen China in Gestalt der Volksrepublik 1949 und damit nach Russland einer zweiten kommunistischen Macht in der Region – beider Verhältnis sollte sich von sowjetischer Förderung der Kommunisten in China und deren Orientierung am ‚sowjetischen großen Bruder' im Verlauf der Zeit zu ideologischer Feindschaft und Machtrivalität entwickeln;
- der Übernahme der Macht auf Taiwan durch die vom Festland vertriebenen Kräfte der Kuomintang unter Chiang Kai-shek, 1947 unter gewaltsamer Unterdrückung der lokalen Nationalisten, womit das ‚Taiwan-Problem' entstand: die VR China sieht das einstige Formosa bis heute als Teil Chinas an, während faktisch die Republik China auf Taiwan einen eigenen Entwicklungsweg durchmachte, der sie ökonomisch erfolgreich und seit den 1990er Jahren auch politisch demokratisch werden ließ, und die USA seit einer Erklärung Präsident Trumans im Koreakrieg sich für eine friedliche Klärung des Status der Insel einsetzten und damit eine Art de facto Garantiefunktion für die Republik übernahmen (vgl. Kan/Morrison 2013);
- und damit die für die internationale Politik der Region bis heute wesentliche Rolle der USA als westliche Vormacht, zunächst im Ost-West-Konflikt; die USA traten seit ihrem Sieg im spanisch-US-amerikanischen Krieg 1898 faktisch als Kolonialmacht in den Philippinen auf, welche nach dem Zwischenspiel der japanischen Besatzung 1946 ihre Unabhängigkeit erlangten; seither versuchten die USA, die Ausbreitung des Kommunismus in Asien zu verhindern, und agieren auf Basis bilateraler Sicherheitsabkommen bis heute als Gegenmacht zum wachsenden Einfluss der VR China;
- die Systemkonkurrenz der 1945 entstandenen beiden Koreas, die als zentrales Element des Kalten Krieges erstmals im Korea-Krieg 1950–53 virulent wurde und seitdem am 38. Breitengrad quasi eingefroren ist; das kommunistische Nord-Korea hat sich seine Unabhängigkeit durch militärische, inzwischen auch nukleare, Aufrüstung bewahrt, zu Lasten der Entwicklung des Landes; Südkorea gilt nach einer Phase der autoritären Selbstmodernisierung heute wirtschaftlich als Musterfall selbstbestimmt-weltmarktintegrativer Entwicklung und ist zudem demokratisch geworden.

prägende Faktoren der internationalen Politik der Region in Zeiten des Ost-West-Konflikts

Aus der klassischen ostasiatischen Dreiecks-Konstellation (China-Japan-Korea) wurde somit in der Nachkriegszeit eine von vier Staaten (VR China, Japan, die beiden Koreas) und einer Entität mit nicht geklärtem Status (Taiwan) bzw. aufgrund der wesentlichen Rolle des externen Akteurs USA eine hoch komplexe Sechser-Konstellation mit Ringen um Einfluss und, zumindest in

mit Nachwirkung bis heute: politische Krisenanfälligkeit und globale ökonomische ‚Systemrelevanz'

der Zeit des Ost-West-Konflikts bis 1990, auch einer Systemkonkurrenz, wodurch der realistische Machtkonflikt um Einfluss symbolisch aufgeladen wurde. Zugleich wirkt die vergangenheitspolitisch weitgehend unaufgearbeitete Besatzerrolle Japans nach, die es in China seit 1931 spielte (wo im Nordosten der Marionettenstaat Mandschukuo gegründet wurde, bevor Japan 1937 zur Eroberung weiterer Landesteile Chinas schritt) sowie in nahezu ganz (Süd-)Ost-Asien, das Japan im Verlauf des pazifischen Krieges in seine ‚großasiatische Wohlstandssphäre' (Greater East Asia Co-Prosperity Sphere) einbeziehen wollte. Realistisch interpretierbares Ringen um (Vor-)Macht und konstruktivistisch zu verstehende Wechselwirkungen zwischen Selbst- und Fremdbildern machen die Region somit bis heute krisenanfällig. Gleichzeitig hat die Region aufgrund des ökonomischen Erfolges zuerst Japans, dann und zum Teil in seinem Gefolge der ostasiatischen Schwellenländer (Südkorea, Taiwan, zusammen mit Singapur und Hongkong auch als ‚Tigerstaaten' bezeichnet; später auch teilweise Thailand, Indonesien, Malaysia und die Philippinen) und schließlich der VR China (seit ihrer Reform und Öffnung zur Marktwirtschaft 1976 ff.) und neuerdings, ebenfalls unter nominell noch kommunistischer Führung, Vietnams (im Rahmen seiner wirtschaftlichen Doi moi = Erneuerung-Reformen, 1986 ff.) für die Weltwirtschaft solche Bedeutung erlangt, dass jede krisenhafte Entwicklung dort ‚systemrelevant' für die Weltwirtschaft geworden ist. Wir wollen diese summarische Betrachtung mit einem kurzen Blick auf wichtige einzelne Entwicklungen in den drei Winkeln des ostasiatischen Dreiecks ergänzen.

Japan: verfassungsmäßiger Antimilitarismus

Beginnen wir dabei mit Japan, das am Ende des pazifischen Zweiten Weltkriegs besiegt und besetzt dastand, unter der Verwaltung des U.S.-Generals Douglas Mac Arthur als Supreme Commander for the Allied Powers (SCAP; vgl. dazu den historiographischen Klassiker von Dower 1999). Politik der USA gegenüber Japan war einerseits die Ausmerzung des Militarismus und Feudalismus (u. a. durch eine verordnete Landreform); andererseits sollte Japan in die westliche Welt integriert werden und mit zunehmender Verschärfung des Ost-West-Konflikts auch als ostasiatisches Bollwerk gegen den Kommunismus fungieren. Seinen zentralen Ausdruck fand der Antimilitarismus im berühmten Artikel 9 der bis heute gültigen japanischen Verfassung, die eine von MacArthur eingesetzte Arbeitsgruppe seines Stabes in knapp einer Woche entwarf. Er lautet (in deutscher Übersetzung)[5]:

Art. 9. (1) Im aufrichtigen Streben nach einem auf Gerechtigkeit und Ordnung gegründeten internationalen Frieden verzichtet das japanische Volk für immer auf den

---

5   Zitiert nach: http://www.verfassungen.net/jp/verf47-i.htm; vgl. auch: http://www.fernunihagen.de/japanrecht/verfassung/verzicht_auf_krieg

Krieg als ein souveränes Recht der Nation und auf die Androhung oder Anwendung von Gewalt als Mittel, internationale Streitigkeiten zu regeln.

(2) Um das im vorangehenden Absatz bezeichnete Ziel zu erreichen, werden niemals mehr Land-, See- und Luftstreitkräfte sowie andere Mittel zur Kriegsführung unterhalten werden. Das Recht des Staates auf Kriegführung wird nicht anerkannt.

Der beginnende Kalte Krieg und vor allem der Korea-Krieg führten jedoch dazu, dass nach Abschluss des Friedensvertrags mit Japan am 8. 9. 1951 in San Francisco (den weder die Sowjetunion noch die VR China unterzeichneten) und dem am selben Tag erfolgten Abschluss des Sicherheitsvertrags zwischen den USA und Japan 1954 japanische Selbstverteidigungsstreitkräfte (Japanese Self-Defence Forces) aufgebaut wurden. Die Verfassung wurde in weiten Kreisen der japanischen Bevölkerung angenommen und, ausweislich von Umfragen, bis heute auch der Art. 9, obwohl im Lauf der Jahre konservativ-reaktionäre Kräfte die Verfassung als Oktroi denunzierten und konservative Sicherheitspolitiker auf eine Änderung des Art.9 gedrängt haben. Diese ist jedoch ungeachtet des Aufbaus der japanischen SDF zu einer durchaus modernen Streitkraft nicht erfolgt und aufgrund der verfassungsrechtlichen Hürden auch nicht wahrscheinlich (vgl. Kingston 2011, Kap. 7; Soeya/Tadokaro/Welch 2011). Diese inoffizielle japanische Aufrüstung, die seit den 2000er Jahren auch Auslandseinsätze im Rahmen der UNO umfasst (offiziell jedoch eben nicht als Beteiligung an kollektiver Selbstverteidigung bezeichnet, sondern als individuelle Verteidigung), hat zweierlei Konsequenzen: sie bewirkt eine gewisse Unaufrichtigkeit der japanischen Sicherheitspolitik nach innen, wie ein Analytiker jüngst festgestellt hat:

> „*the inner-Japanese debate on what exactly Japanese soldiers are allowed to do abroad [...] remains disingenuous, prone to contradictions deceiving the Japanese public on the nature and quality of Japanese missions abroad.*" (Berkofsky 2013, 103)

Außerhalb Japans dagegen liefert seine Aufrüstung vor allem der VR China einen propagandistischen Vorwand, eine Bedrohung durch Japan zu beschwören.

Wichtiger als die militärische Wiedererstarkung Japans war für die ostasiatische Region (und dann auch global) jedoch der ökonomische Wiederaufstieg Japans. Er erfolgte seit den 1960er Jahren auf der Grundlage einerseits eines industriepolitisch aktiven Staates, verkörpert im berühmten Ministry of International Trade and Industry (vgl. den Klassiker von Johnson 1983), das die Zusammenarbeit zwischen Staat und unterstützter, aber zur Behauptung in internationaler Konkurrenz gezwungener Industrie organisierte, was

---
Seitenkommentare:
- bei faktischer Aufrüstung im Bündnis mit den USA
- ökonomische Vorreiterrolle: flying geese, Japan Inc. und das Modell des developmental state

gelegentlich als „Japan Inc." bezeichnet wurde; und andererseits eben auf einer weltmarkt-integrativen Entwicklung, wobei vor allem der offene US-Markt zum Hauptabnehmer japanischer Waren wurde, bis in den 1980ern sich dort (ein sich etwa in der demonstrativen Zertrümmerung japanischer Videorekorder auf den Stufen des Kapitols durch Abgeordnete artikulierender) Widerstand regte – und Japan in den 1990ern in ein Krisenjahrzehnt geriet. Doch bis dahin hatte der japanische ökonomische Aufstieg zweierlei Wirkungen: zum einen zog die japanische Wirtschaft durch Auslagerung ihrer Produktion in (süd)ost-asiatische Nachbarstaaten (wie Südkorea, später auch ASEAN-Staaten und heute auch die VR China) zunehmende Bereiche der Region in den wirtschaftlichen Aufschwung mit ein. Bildhaft wurde dies als Gänseschwarm-(flying geese-)Formation bezeichnet, in der Japan, metaphorisch gesprochen, als Leitvogel voran flog und die anderen mitzog. Zum andern lieferte Japan mit seiner industrie- und handelspolitisch interventionsfreudigen Spielart des Kapitalismus gleichsam das Modell dessen, was als developmental state bezeichnet worden ist. Um diese Rolle erfolgreich zu spielen, muss der Staat jedoch nicht nur interventionsfreudig und selektiv protektionistisch sein (zum Schutz der im Aufbau begriffenen eigenen Industrie, der infant industry), sondern er muss auch politisch nicht korrupt sein (um die Erträge ökonomischen Erfolgs fruchtbar zu reinvestieren statt sie auf Auslandskonten der Machthaber umzuleiten oder für Luxuskonsum zu verpulvern wie es etwa in den Philippinen unter Ferdinand Marcos geschah) und er muss sich der Vereinnahmung durch (Zoll-)Schutz- und Subventionsinteressen der Industrie entziehen können, also dem so genannten rent seeking, sobald die infant industry sich am Weltmarkt behaupten kann. Die Industrie auf internationale Konkurrenzfähigkeit auszurichten und sie dann auch tatsächlich dieser Konkurrenz auszusetzen, indem sie sich auf Exportmärkten behaupten muss, gehört also wesentlich mit zu den Erfolgsbedingungen des Modells. Dass der Staat dabei als aktiver eine Rolle zu spielen hat, die Entwicklung also zwar weltmarktintegrativ, aber nicht durch Marktkräfte allein hervorgebracht wird, war Kern des Modells – und es wurde in Zeiten der Dominanz des Neoliberalismus, der in den 1990ern keine Rolle für den Staat gelten lassen wollte (außer der des ‚Nachtwächters'), wichtig, dass Japan diese Position vertrat – und zum Konfliktstoff in globalen Foren wie der Weltbank (etwa bei der Publikation des „East Asian Miracle"-Berichtes 1993[6]).

China: Sieg des Kommunismus 1949

Die Machtübernahme in China durch die Kommunisten und die Gründung der Volksrepublik China war der eine wesentliche Wendepunkt in der

---

6   Fundstelle des Reports: http://documents.worldbank.org/curated/en/1993/09/698870/east-asian-miracle-economic-growth-public-policy-vol-1-2-main-report; zur Kontroverse um die Publikation vgl. Wade 1996.

chinesischen Geschichte nach Ende des Zweiten Weltkriegs mit regional- und weltpolitischer Auswirkung. Sie stärkte, trotz des stets bestehenden Misstrauens zwischen Sowjetunion und VR China (und auch zwischen Stalin und Mao), das sich im Verlauf der ideologischen Rivalität der 1960er Jahre bis an den Rand eines Krieges ausweiten sollte (Grenzkonflikt am Ussuri 1969), das ‚kommunistische Lager' im Rahmen des Ost-West-Konflikts. Die von Mao in der ideologischen Rivalität mit Moskau (wie aus innenpolitischen Gründen des Machterhalts) an den Tag gelegte zumindest (aber, wie die chinesische Unterstützung Nord-Koreas im Korea-Krieg zeigte, nicht nur) verbal ‚revolutionäre' Außenpolitik verstärkte die Bedrohung, zumindest in der Wahrnehmung der konservativen Machthaber in Ostasien – und in den USA. Dort hatte die Gründung der VR China das innenpolitisch motivierte blaming game des „Who lost China?" ausgelöst, wie vor allem konservative Republikaner ihren antikommunistisch wie wahltaktisch motivierten Vorwurf an die demokratische (Truman-)Administration formulierten. Diese ebenso arrogante – man kann nicht verlieren, was man nicht besessen hat – wie ideologisch aufgeladene US-Wahrnehmung wurde durch den Korea-Krieg ebenso unterstützt wie, das gehört zur ‚Feinmechanik' US-amerikanischer China-Politik der 1950er und 60er Jahre, durch die Dominanz einer Chiang Kai-shek und seine Kuomintang unterstützenden China-Lobby (in der seine in den USA ausgebildete zweite Frau, Song Meiling, ebenso eine Rolle spielte wie der konservative Verleger William Randolph Hearst). Die US-Haltung gegenüber China wurde dadurch über rund zwei Jahrzehnte geprägt, und die Furcht vor der weiteren Ausbreitung des Kommunismus in Asien trug mit zum US-Engagement im Vietnam-Krieg bei. Erst die realistischen Überlegungen US-Präsident Nixons und seines Sicherheitsberaters und späteren Außenministers Kissinger führten 1972 zur machttaktisch motivierten Öffnung der USA gegenüber der VR China, womit Beijing (Peking, wie es damals in westliche Sprachen umgeschrieben wurde) und Moskau gegeneinander ausgespielt werden sollten.

Der zweite Wendepunkt in der chinesischen Nachkriegsgeschichte erfolgte nach Maos Tod 1976 durch die von Deng Xiaoping eingeleitete Reformpolitik (vgl. Evans 1997; Vogel 2011; ten Brink 2013). Sie verband ökonomischen Pragmatismus („Schwarze Katze, weiße Katze – Hauptsache sie fängt die Mäuse" war eine Formulierung, auf die er die Bereitschaft brachte, Marktelemente in die chinesische Wirtschaft einzuführen) mit dem Fortbestand der politischen Führung des Landes durch die Kommunistische Partei. Außenpolitisch resultierte hieraus vor allem ein Interesse an einem friedlichen Umfeld, um den ökonomischen Aufbauprozess nicht zu stören, und dann auch die Bereitschaft, sich in die kapitalistische Weltwirtschaft einzubinden (institutionellen Ausdruck fand dies im Beitritt der VR China zur Welthandelsorganisation im Jahre 2001). Beides, die ökonomische Reform wie auch die Welt-

Rivalität mit Moskau

US-China-Politik

ökonomisch fundierter Aufstieg der VR China und neue internationale Rolle

marktintegration, insbesondere im Verhältnis zu den USA, die zum größten Exportmarkt Chinas wurden (18 % des Exports gehen dorthin, 20 % in die EU als Ganze, jedoch etwa nur 4 % nach Deutschland; 9 % in die ASEAN-Staaten Südost-Asiens), während die VR China zum größten öffentlichen Gläubiger des verschuldeten US-Staates aufgestiegen ist, war von durchschlagendem Erfolg gekennzeichnet und bestimmt Chinas Position in der globalen Politik des beginnenden 21. Jahrhunderts wie auch in der ostasiatischen Region. Beide sind vor die Aufgabe gestellt, mit dem Aufstieg Chinas umzugehen – während China sich in die mit seinem größeren ökonomischen Gewicht einhergehende neue Rolle einfinden muss.

chinesischer Nationalismus und Verhältnis zu Japan – im Lichte der Vergangenheit

Für die Führung der KP stellt sich damit auch die Aufgabe, das Verhältnis von intern Herrschaft sichernder Politik und Außenpolitik neu zu tarieren. Während nominell am Kommunismus festgehalten wird (und faktisch insbesondere an der Vormacht der Partei), hat die Breitenwirkung dieser Ideologie im Innern merklich abgenommen, und auch die Integrationswirkung der außenpolitisch revolutionären Rhetorik ist hinfällig. Als Ersatz- oder zumindest Ergänzungs-Ideologie steht nun einerseits ein im Sinne einer Hierarchie legitimierenden Tradition gedeuteter Konfuzianismus zur Verfügung, andererseits der chinesische Nationalismus[7]. Er stützt sich positiv auf die erreichte ökonomische Bedeutung und die Beschwörung langer chinesischer Geschichte; er betont jedoch, auch ganz bewusst im offiziell propagierten Geschichtsbild, die ‚historischen Kränkungen', die China seit den Opium-Kriegen durch westliche Dominanz und Intervention erfahren hat, aber auch durch den östlichen Nachbarn Japan.[8] Dessen Okkupation chinesischen Territoriums wie auch die Verbrechen des Zweiten Weltkriegs werden erschwert durch den in Japan seinerseits oft innenpolitisch motiviert uneindeutigen Umgang mit seiner dunklen Vergangenheit. Ein effektives Schuldbekenntnis und eine ausreichende Entschuldigung Japans für diese Taten haben auch aus chinesischer Sicht bisher nicht stattgefunden. Dies belegen auch jüngste Umfrage-Ergebnisse des Pew Research Center.[9] Von den sieben erfassten asiatischen und pazifischen Ländern wird Japan nur in der VR China und in Süd-Korea mehrheitlich, und zwar deutlich, negativ gesehen (von 90 bzw. 77 Prozent der Befragten). Dass Japan sich für seine militärischen Taten der 1930er und 40er

---

7   Zum chinesischen Nationalismus vgl. Zhao 2004, in seiner Außenpolitik Edney/He 2012.
8   Zur strategischen Nutzung seiner Geschichte durch China vgl. Hess 2010, zur politischen Steuerung der historischen Erinnerung Wang 2012.
9   Vgl. http://www.pewglobal.org/2013/07/11/japanese-publics-mood-rebounding-abe-strongly-popular/; zu Japans Vergangenheitspolitik, auch im Vergleich mit der (West-)Deutschlands vgl. Buruma 1995, zur Aussöhnungspolitik im japanisch-chinesischen Verhältnis He 2009; dass und wie populäre Sichtweisen Japans in China zunehmend Bedeutung haben und von der KP zu kontrollieren versucht werden untersucht Reilly 2012.

Jahre nicht ausreichend entschuldigt habe, wird von 98 Prozent in Süd-Korea bejaht und von 78 Prozent in China (in den übrigen Staaten von knapp der Hälfte – 47 Prozent in den Philippinen – bis knapp einem Drittel, etwa 30 Prozent in Malaysia). Die erinnerte und auch politisch bewusst konstruierte Vergangenheit einerseits, ein bisher unzulänglicher vergangenheitspolitischer Umgang mit der eigenen Geschichte andererseits stehen also noch immer zwischen den ostasiatischen Staaten.

Schließlich muss im Kontext der Bemerkungen zu China auch kurz auf das Sonderproblem Taiwan eingegangen werden. Wie erwähnt hat sich dort nach Flucht Chiang Kai-sheks unter seiner Kuomintang eine eigene Regierung etabliert, dem Selbstverständnis nach als Fortsetzung der 1912 auf dem Festland gegründeten Republik China. Tatsächlich nahm diese bis 1971 den chinesischen Sitz im UNO-Sicherheitsrat ein, erst dann ging er an die VR China über. Die diplomatische Anerkennung der Republik China hat seither international abgenommen, für die VR China ist Taiwan Teil des einen China. Wie erwähnt haben die USA zwar keine offizielle Allianz mit Taiwan, haben in Krisenzeiten jedoch seine Position durch gezielte Rüstungslieferungen und auch eigene Flottenpräsenz unterstützt. Ungeachtet seiner also nur de facto gegebenen Staatlichkeit hat Taiwan jedoch entsprechend dem ostasiatischen Entwicklungsmodell seit den späten 1960er Jahren einen erstaunlichen ökonomischen Aufstieg erlebt. Seit den frühen 1990er Jahren haben sich auch, über den fortbestehenden ideologischen Graben hinweg, die wirtschaftlichen Beziehungen zu Festlandschina entwickelt. Ökonomische Interdependenz, unterfüttert durch jeweils an deren Erhalt interessierte innenpolitische Akteure auf beiden Seiten, hat bisher eine Eskalation des fortbestehenden Konflikts zum Krieg verhindert (so die Analyse von Kastner 2009; vgl. auch Guo/Teng 2012). Gleichwohl ist klar, dass die Kombination von wechselseitig inkompatiblen Staatlichkeitsansprüchen mit womöglich politisch aufgeladenem Festlands-Nationalismus und eventuell gespannten global- wie regionalpolitischen Beziehungen der VR China zu den USA das Taiwan-Problem zu einem potenziell sehr gefährlichen Krisenherd machen.

Sonderproblem Taiwan

Korea war am Ende des Zweiten Weltkriegs in seinem nördlichen Teil von sowjetischen Truppen besetzt, im südlichen Teil von US-amerikanischen. Die Trennlinie folgte im Wesentlichen dem 38. Breitengrad.[10] Die beiden Siegermächte konnten sich nicht auf eine gemeinsame Verwaltung des ganzen Landes einigen, und so erwirkten die USA einen UNO-Beschluss, der freie Wahlen im ganzen Land und eine UNO-Verwaltung vorsah. Die Wahlen konnten jedoch nur im südlichen Landesteil durchgeführt werden und wurden dort

die beiden Koreas: Korea-Krieg

---

10 Zur Konfliktgeschichte der beiden Koreas, insbesondere dem Korea-Krieg, jedoch auch darüber hinaus vgl. Jager 2013.

von den linken Parteien boykottiert. Dennoch übernahm der Wahlsieger, Syngman Rhee, die Regierungsgeschäfte von den Amerikanern in der am 15.8.1948 gegründeten Republik Korea, wie Südkorea fortan heißen sollte. Die Demokratische Volksrepublik Korea im Norden wurde am 9.9.1948 gegründet. Die Teilung des Landes war damit erfolgt. Beide Seiten führten jedoch auch weiterhin militärische Operationen im jeweils anderen Landesteil aus. Der kommunistische Präsident Nordkoreas Kim Il-sung ersuchte Stalins Zustimmung zu einer Invasion Südkoreas. Dieser war jedoch zunächst vorsichtig. Nachdem jedoch in China Mao 1949 erfolgreich an die Macht gekommen war, geriet Stalin in Zugzwang, nicht eine weitere Gelegenheit zur Ausbreitung des Kommunismus zu verpassen – und er fand den Ausweg, Kim für wesentliche militärische Unterstützung auf die Chinesen zu verweisen, während die Sowjetunion zunächst nur einige Berater stellen würde. So kam es am 25.6.1950 zum Angriff des Nordens auf Südkorea. Angesichts des raschen Vordringens der nördlichen Kräfte riefen die USA wiederum die UNO an. Im Sicherheitsrat, den die Sowjets gerade wegen der Nicht-Aufnahme der VR China boykottierten (China war noch immer durch Taiwan vertreten), erfolgte der Beschluss zur Aufstellung von UN-Truppen zum bewaffneten Eingriff in Korea. Diese internationale Truppe wurde von den USA geführt, die auch 88 Prozent der Truppen stellten, unter Führung General MacArthurs. Diese Truppen wurden zunächst ganz in den Süden abgedrängt; im Gegenangriff gelang ihnen jedoch der Vorstoß bis an den nordkoreanisch-chinesischen Grenzfluss Yalu. Dies führte zum Eingreifen chinesischer ‚Freiwilligenverbände', was wiederum MacArthur veranlasste, den Einsatz von Atomwaffen gegen China zu fordern. Dies trug zu seiner Ablösung durch US-Präsident Truman im April 1951 bei. Bis dahin war der Frontverlauf wieder in die Nähe des 38. Breitengrads gerückt, wo er für weitere zwei Jahre bleiben sollte. Der am 27.7.1953 geschlossene Waffenstillstand führte dazu, dass die dortige demilitarisierte Zone bis heute eine der bestbewachten Grenzen geblieben ist, ohne dass es bisher zu einem Frieden zwischen beiden Koreas gekommen wäre.

globale und regionale Auswirkungen des Korea-Kriegs

Der Korea-Krieg war sowohl aufgrund seiner globalen Auswirkungen wie weltregional von eminenter Bedeutung. Global war er sowohl Ausdruck des beginnenden Kalten Krieges wie ihn mit verschärfender Faktor. Er führte allgemein im Westen zu verschärften Bedrohungswahrnehmungen, der nordkoreanische ‚Angriff aus heiterem Himmel' (auch wenn, wie festgestellt, der koreanische Himmel so heiter nicht gewesen war; tatsächlich war der Beginn des Koreakriegs von vorangegangenen Scharmützeln zunächst kaum zu unterscheiden) wurde zum paradigmatischen befürchteten Fall. In Westdeutschland etwa wurde der Korea-Krieg Bestandteil der Legitimation eines eigenen Wehrbeitrags im Rahmen der NATO. In Bezug auf die ostasiatische Region zementierte der resultierende kalte Nicht-Friede bis heute die inner-koreanischen Beziehungen als Sonderproblem (vgl. Swenson-Wright 2013), das durch die Umkehr des Entwicklungsgefälles – der einstmals, unter Vorzeichen der japanischen Kolonialherrschaft stärker industrialisierte Norden fiel gegenüber dem sich seit den 1960er Jahren erfolgreich entwickelnden Süden völlig zurück – noch verschärft wurde. In Südkorea führte der eigene wirtschaftliche Erfolg zu Versuchen der ökonomischen Annäherung durch grenznahe Kooperation (im Rahmen der so genannten „Sonnenschein-Politik" Präsident Kim Dae-jungs seit 1997; sie wurde im Jahre 2000 mit dem Friedensnobelpreis gewürdigt), im Wechsel mit durch Enttäuschung dabei wie durch parteipolitische Konkurrenz motivierte Distanzierung, und schließlich zur langfristigen Sorge um die ökonomischen Folgen einer möglichen Wiedervereinigung (vor allem im Kontext der deutschen Erfahrung, die aufmerksam beobachtet wurde). Nordkoreas kommunistische Herrscher dagegen sahen in immer wieder unternommener Konfrontationspolitik und beschworener ‚Klassenfeindschaft' gegenüber Südkorea ein Instrument zur Legitimation ihrer Herrschaft. Ökonomisch verfolgten sie eine Autarkie-Politik, z. T. mit Unterstützung durch die VR China – und die ‚internationale Gemeinschaft', der Hilfslieferungen für die vor allem seit den 1990er Jahren zunehmend schlecht versorgte, ja hungernde eigene Bevölkerung abgepresst wurden. In diesem Kontext sind auch das nordkoreanische Nuklearprogramm und die dadurch ausgelöste internationale Kontroverse zu sehen.

und weitere Entwicklung des Verhältnisses beider Koreas

Es war freilich nicht Nordkorea, sondern die USA, die 1958 als erste durch einseitigen Beschluss nukleare Munition (zur Verteidigung Südkoreas) auf der Halbinsel stationierten. Für Nordkorea begann mit dem Ende der Sowjetunion und der Aufnahme diplomatischer Beziehungen zwischen Moskau und Seoul 1991 eine Phase der sicherheitspolitischen Neuorientierung (Smith 2013, 124 ff.). Da zudem die USA den Abschluss eines bilateralen Friedensvertrages ablehnten, begann die nordkoreanische Regierung über Möglichkeiten der einseitigen Stärkung ihrer Position nachzudenken. Vermutlich in diesem Kontext reifte die Idee, die seit den späten 1950er Jahren mit sowjetischer Unterstützung betriebene Kernenergieforschung und auch die Forschung über Trägerraketen fortzuentwickeln. Ein erster Raketentest 1993, pikanterweise mit einer Flugbahn Richtung Japan ausgeführt, und der angedrohte, zunächst aber nicht vollzogene Ausstieg Nord-Koreas aus dem Nicht-Verbreitungsvertrag (NPT, dem es 1985 beigetreten war), brachten sein Nuklearprogramm auf die Tagesordnung der internationalen Politik – auf der es seither geblieben ist. Mehrere, auch innovative, Anläufe wurden seither zur friedlichen Regelung der Angelegenheit unternommen. Dazu gehört das 1994 von US-Präsident Clinton unter großen innenpolitischer Kritik (sich überhaupt auf Verhandlungen mit Nord-Korea einzulassen) ausgehandelte sogenannte Agreed Framework, das ein Einfrieren des nordkoreanischen Nuklearprogramms und inter-

das nordkoreanische Nuklearprogramm als internationale Herausforderung

nationale Kontrolle im Austausch gegen Energielieferungen und den Aufbau militärisch nicht nutzbarer Leichtwasserreaktoren vorsah (wofür eine eigene internationale Organisation, die Korean Peninsula Energy Development Organization, KEDO, eingerichtet wurde). In der Umsetzung jedoch scheiterte das Abkommen an gegenseitigem Misstrauen und Vorhalten, jeweils die Bedingungen nicht erfüllt zu haben, was 2003 schließlich zum Abbruch dieses Unternehmens führte. Nordkorea erklärte daraufhin seinen Austritt aus dem NPT. 2006 gab Nordkorea den ersten erfolgreichen Nuklearexplosionstest bekannt und Anfang 2007 annoncierte es den Besitz von Nuklearwaffen. Dies führte am 14. 10. 2006 zur Verhängung von Wirtschaftssanktionen gegen Nordkorea durch den UN-Sicherheitsrat (Res. 1718), die 2009 verschärft wurden (Res. 1874) und, im Gefolge eines erneuten Nukleartests am 12. Februar 2013 und, trotz Drohungen Nordkoreas, erneut am 7. März 2013 (Res. 2094; sie wurde einstimmig angenommen). Parallel wird seit 2003 in den sogenannten Sechs-Parteien-Gesprächen (beide Koreas, USA, Russland, VR China und Japan; vgl. Bajoria 2013; Buszynski 2013) in multilateralem Rahmen an einer Lösung des Problems gearbeitet – bisher jedoch ohne Erfolg. Nordkorea erweist sich also bisher als besonders harter Fall für die internationalen Bemühungen um die Eindämmung nuklearer Weiterverbreitung – sowohl die mit positiven Anreizen arbeitenden, als auch die auf Sanktionen rekurrierenden (vgl. Haggard/Noland 2012).

Ostasien – keine internationalen Gewaltkonflikte, aber schwierige internationale Kooperation

Die ostasiatische Region ist also reich an Konflikten, auch solchen mit erheblichem Gewaltpotential. Gleichwohl ist seit dem Koreakrieg die Region von internationalen Gewaltkonflikten verschont geblieben (vgl. Weissmann 2012 und Kivimäki 2014 zur Erklärung dieses ostasiatischen Friedens). Internationale Kooperation in der ostasiatischen Region hat sich jedoch vor diesem Hintergrund als schwierig erwiesen. So das Ergebnis der einschlägigen Studie von Joel Rathus (2011), in der er vier ostasiatische Kooperationsbereiche untersucht hat: Handelsliberalisierung in Ostasien, geldpolitische Kooperation (im Rahmen der so genannten Chiang Mai-Initiative, CMI), sicherheitspolitische Kooperation im Rahmen des ASEAN Regional Forum, ARF – s. unten 5.2) und die Zusammenarbeit im Rahmen der Asian Development Bank. In allen Bereichen, die hier nicht en Detail nachgezeichnet werden können, erweist sich das gespannte chinesisch-japanische Verhältnis als Ursache für den begrenzten Erfolg der Institutionalisierung bzw. dafür, dass er in den Worten von Rathus die Gestalt von bilateral-vernetztem Regionalismus annimmt. Angesichts des ökonomischen Aufstiegs Chinas reagiert Japan, um seinen Einfluss in der Region zu wahren. Es reagiert mit begrenzter Kooperation bzw. beide Pole stehen im Wettbewerb um die regionale Führungsposition. Verschärft wird dies durch die unaufgearbeitete Vergangenheit (s. o.), die von chinesischer Seite auch instrumentell eingesetzt wird, und vor allem durch das

chinesisch-japanisches Ringen um Einfluss

unterschiedliche Verhältnis beider zu den USA. Sie sind sicherheitspolitisch mit Japan verbündet und potenziell im Konflikt mit China (etwa auch im Falle eines gewaltsamen Konflikts über Taiwan). Japan versucht, gleichgesinnte Staaten (wie etwa Australien) in ostasiatische Kooperationszusammenhänge einzubinden, während China gerne mit den unmittelbaren Regionalstaaten ‚allein im Raum' wäre, insbesondere die US-Präsenz kritisch sieht.[11]

So kam es bisher nicht zu einer einheitlichen Liberalisierung des Handels in Ost-Asien, einer ostasiatischen Freihandelszone. Vielmehr haben sowohl China als auch Japan bilaterale Freihandelsabkommen geschlossen, sowohl mit dem Staatenverbund ASEAN als auch mit etlichen einzelnen Staaten Ost- und Südost-Asiens. Im Bereich der Finanzkooperation, „the CMI is a story of China dragging down Japanese efforts to institutionalize Japan's position and influence in the region and the inability of these two to cooperate leading to a bilaterally-networked solution for regional financial cooperation (Rathus 2011, 196). Freilich konvergieren in diesem Bereich auch die Interessen aller asiatischen Staaten, im Falle künftiger Finanzkrisen von der Auflagenpolitik des Internationalen Währungsfonds IWF nicht mehr so abhängig zu sein wie in der Krise von 1997. Im Bereich der Sicherheitspolitik kam es im Rahmen des ARF zu wechselseitigen Vorwürfen und Enttäuschungen. Japan forderte größere Transparenz der chinesischen Militärausgaben, China prangerte die japanische Allianz mit den USA an. Jedoch, so Rathus, übertreibe der Realismus die Auswirkungen der sich verschiebenden Machtverhältnisse in Ostasien. Der Aufstieg Chinas habe die ADB weder zerstört noch dort den Einfluss Japans gemindert, was er auf die institutionelle Eigenlogik der ADB zurückführt – mithin institutionalistisch erklärt. Insgesamt sieht er die ostasiatische Institutionenlandschaft somit als eher schwach entwickelt. Dies erlaube jedoch zum einen die Kalibrierung der jeweiligen von den Staaten übernommenen Verpflichtungen (was man im EU-Kontext einen à la carte-Ansatz nennen würde) und es führe dazu, dass die vorhandenen Institutionen angesichts der chinesisch-japanischen Blockade ihre Bedeutung durch thematische Ausweitung (statt regulative Vertiefung) suchen. Während somit der grundlegende Konflikt zwischen China und Japan im Rahmen der Institutio-

---

11 Die durch den heimischen haushaltspolitischen Konflikt in den USA bedingte Abwesenheit US-Präsident Obamas vom APEC-Gipfel auf Bali (7./8.10.2013) gab insofern dem chinesischen Präsidenten Xi die Gelegenheit zum symbolischen Allein-Auftritt (vgl. „Obama's Absence Leaves China as Dominant Force at Asia-Pacific Meeting", http://www.nytimes.com/2013/10/08/world/asia/asia-pacific-economic-cooperation-summit.html?_r=0; vgl. auch Till Fähnders: Folgen einer abgesagten Reise. China nutzt Obamas Abwesenheit auf den Asien-Gipfeln, um den eigenen Führungsanspruch zu bekräftigen – die Nachbarn sind besorgt, FAZ 10.10.2013, S. 3). Zum Ringen um die sog. soft power (Einfluss) in Ostasien vgl. auch Lee/Melissen 2011.

nen – wenn auch friedlich – eher ausgetragen denn gelöst wird, profitiert zumindest eine Institution vom werbenden Ringen der ‚ostasiatischen Riesen' (vgl. Sun 2012): die südost-asiatische ASEAN.

5.2 Südostasien

junge Staaten einer jungen Region

Sowohl die elf Staaten der südostasiatischen Region als auch ihre Wahrnehmung als eine Region sind vergleichsweise jung.[12] Bei Ausbruch des 2. Weltkriegs hatte sich einzig Thailand seine Unabhängigkeit bewahrt, die übrigen Staaten waren kolonialisiert und erlangten erst nach Ende des Kriegs ihre Unabhängigkeit wieder, z. T. gegen den heftigen Widerstand der westlichen Kolonialmächte, die allenthalben nach Auflösung der japanischen Besatzung wieder einzogen (vgl. Kratoska 2014). Und auch Südost-Asien als Region ist ein Konzept des 2. Weltkriegs: in ihrem Kampf gegen Japan gründeten die Alliierten 1943 ein South-East Asia Command, was erstmals diese Staatengruppe zusammenfasste. Allerdings weisen einige der Staaten weit zurückreichende vormoderne politische Wurzeln auf, die in den heutigen Nationalgeschichten auch gebührend hervorgehoben werden (wie etwa das Reich von Angkor in Kambodscha oder Ayutthaya in Thailand). Die junge und z. T., so etwa im Falle der indonesischen Opposition (in Gestalt der so genannten konfrontasi-Politik) gegen die Bildung Malaysias, auch im Verhältnis unter einander konfliktreiche Entwicklung der heutigen Staaten ist eine Wurzel für

diplomatische Kultur als eine Konsequenz

gleich zwei wesentliche Elemente der südostasiatischen diplomatischen und sicherheitspolitischen Kultur (Haacke 2003): die Hochschätzung der Souveränität und des Prinzips der Nicht-Einmischung. Das hat freilich bis heute nicht alle Konflikte zwischen diesen Staaten beseitigt (z. B. immer wieder auch gewaltsam ausgetragene Grenzkonflikte zwischen Thailand und Kambodscha). Gleichwohl darf die sowohl international wie in der Region zunehmend erfolgende Wahrnehmung der Region als *eine* als wichtiger Erfolg der Institutionalisierung zwischenstaatlicher Kooperation unter derzeit zehn Staaten gelten, die am 8. 8. 1967 als Association of Southeast Asian Nations gegründet wurde, weithin bekannt unter ihrem Akronym ASEAN.

ASEAN: Gründung und Grundprinzipien

Gründungsmitglieder der ASEAN waren die fünf Staaten Indonesien, Malaysia, die Philippinen, Singapur und Thailand. Im Lauf der Jahre wurden

---

12 Zu den politischen Verhältnissen in den ASEAN-Staaten vgl. Kuhonta/Slater 2008, Slater 2011, Robinson 2014 (darin insbesondere den exzellenten Beitrag von Jones 2014, der aus kritischer Perspektive die Zusammenhänge zwischen [autoritärer] Herrschaft und internationaler Politik der Region beleuchtet) und Croissant 2015; zu den internationalen Beziehungen in der Region Weatherbee 2015; zum Regionalismus Tarling 2011.

fünf weitere Staaten aufgenommen: Brunei (1984), Vietnam (1995), Laos und Myanmar (Burma) (1997) und Kambodscha (1999). Die Außenminister der Gründungssaaten trafen sich 1967 in Bangkok und verabschiedeten dabei die nach dem Gründungsort benannte Erklärung von Bangkok.[13] Sie benennt als zentrale Ziele zum einen die Beschleunigung des Wachstums sowie soziale und kulturelle Entwicklung der Region, zum andern die Förderung von Frieden und Stabilität in der Region. Unausgesprochen bleibt die im Hintergrund stehende wahrgenommene Bedrohung durch den Kommunismus in Asien. Die Organisation ist strikt intergouvernemental, die Entscheidungsfindung erfolgt einstimmig, und die dabei meist gewählte Form ist die der gemeinsamen Erklärung (declaration), die formal-juristisch nicht verbindlich ist, sondern Bindungswirkung nur aufgrund des sozialen Drucks der Staatengruppe entfaltet.

Die Gründung der ASEAN war also ein Projekt südostasiatischer Eliten, die sich in dreierlei einig waren: der Priorisierung von ökonomischem Wachstum und einer staatlichen Rolle hierbei (im Sinne des developmental state; vgl. Stubbs 2012); der Ablehnung des Kommunismus; und der Wahrung ihrer nationalen Autonomie. Abzüglich des Anti-Kommunismus, der in der heutigen Landschaft auch Ostasiens ideologisch keine Rolle mehr spielt (auch wenn nominell nicht nur die VR China und Nord-Korea, sondern auch Vietnam, Laos und Kambodscha kommunistische Länder sind; vgl. Vu 2014), ist die Wachstums-Orientierung der Eliten, die dabei (s. Vietnam) durchaus pragmatische Öffnung hin zur Marktwirtschaft mit einschließt, wohl entscheidend für den ökonomischen Erfolg etlicher, wenn auch noch nicht aller ASEAN-Staaten. Obwohl sie alle Elemente des ‚crony-capitalism' (Kang 2008), der politischen Begünstigung einzelner Elitensegmente, kennen, ist das Ausmaß der Selbstbereicherung in den erfolgreichen Staaten (wie Singapur, Indonesien, Malaysia und Thailand) doch gering genug, um breitenwirksame Entwicklung ermöglicht zu haben. Der Beitrag der ASEAN hierbei darf jedoch als begrenzt angesehen werden: auch heute noch macht der Intra-ASEAN-Handel nur knapp ein Viertel des Außenhandels der Mitgliedstaaten aus. Neben der – relativ – unkorrupten Regierungsführung waren es vor allem die weltregionale Verflechtung mit den Wachstumsmotoren Japan und später VR China sowie der Zugang zu globalen Märkten, insbesondere der USA, der hier entscheidend war (vgl. Booth 2014; die folgenden Angaben daraus, S. 185). So wuchs der Welthandel zwischen 1997 und 2007 um 150 Prozent. Chinas Anteil an diesem Zuwachs betrug rund 11 Prozent, der aller asiatischen Entwicklungsländer (einschließlich Indiens) betrug 24,4 Prozent. Am Zuwachs des Außenhandels der asiatischen Staaten betrug der Anteil Chinas 45,6 %, der

bedingte Erfolge auf Basis von Elitenkonsens:

ökonomisch

---

13 Vgl. http://www.asean.org/news/item/the-asean-declaration-bangkok-declaration .

der ASEAN-9 16,9 %. Und, was für die Art der Handels-Vernetzung in (Süd-)Ost-Asien bedeutsam ist: „trade in parts and components has been expanding more rapidly than final goods trade, and this trend has been proportionaly larger in East Asia compared to North America and Europe." (Booth 2014, 185) Vorprodukte werden also vermehrt ausgetauscht, die Produktion weltregional organisiert.

und sicherheits-politisch Sicherheitspolitisch ist zu konstatieren, dass seit 1967 zwischen den ASEAN-Staaten kein Krieg mehr geführt wurde (der vietnamesisch-kambodschanische Krieg ging beider ASEAN-Beitritt voraus): „Southeast Asia provides an eminent example of how a region can make a transition from intense warfare to relative peace." (Tønnesson 2014, 96; dort wird der Befund auch grafisch präsentiert auf Basis von Daten des Peace Research Institute Oslo, PRIO). Jedoch ist auch hierbei der Beitrag der ASEAN nicht der der aktiven Konfliktschlichtung. Schon das Grundprinzip der Nicht-Einmischung steht dem entgegen, ebenso wie der hohe Rang der Souveränität der Mitgliedstaaten. MacFarlane (2014, 436) hat die sicherheitspolitische Bilanz der ASEAN jüngst wie folgt gezogen:

> „The [ASEAN] has adopted a very cautious approach to security issues. The prevailing security norms are non-interference in internal affairs and the resolution of interstate dispute by peaceful means. The consequences are evident in the minimal role of the association in efforts to resolve the dispute in East Timor in 1999; and also in the absence of any regional response to widespread unrest with significant humanitarian consequences in Indonesia at the end of the 1990s; the conflict in Aceh and Western New Guinea; endemic insurgency in the Philippines; chronic human rights abuses and low-level conflict in Myanmar; and potential conflict with China in the South China Sea. Instead, where security issues are engaged, the focus is on informal consultation and mediation (the „ASEAN Way"). Such responses are useful and important, but they highlight the limits for a global security safety net of relying on regional solutions to regional problems in this region".

Allenfalls wird man der ASEAN die Funktion zuschreiben können, dass alle Mitglieder in ihrem Rahmen eben permanent miteinander im Gespräch sind. Andererseits waren es gerade diese Prinzipien, die die Ausdehnung der ASEAN auf eine Gruppe politisch doch eher heterogener Staaten ermöglichte. Die Toleranz undemokratischer Herrschaftssysteme in ihren Reihen (wie des bis 2011 von Militärs beherrschten Myanmar) und die dadurch ausgelöste internationale Kritik (etwa von Seiten der EU, die nach Aufnahme des Landes durch die ASEAN mehrere biregionale Treffen absagte) waren dafür der Preis. Freilich zeigt sich im Beharren der ASEAN-Mitglieder auf ihrer Linie trotz solcher externen westlichen Kritik eine weitere Gemeinsamkeit ihrer Eliten:

die Zurückweisung von allem, was nach westlicher Bevormundung aussieht, nicht zuletzt vor dem Hintergrund kolonialer Erfahrungen in der Region.

Obwohl, wie Bernhard Stahl (2010, 24) schreibt, die ersten Jahre der ASEAN „so sehr von Misstrauen und gegenseitigen Verdächtigungen geprägt [waren], dass ihr institutionelles Überleben bereits als große Leistung gelten kann", und trotz der in der Sache begrenzten Wirkung der ASEAN gilt sie gemeinhin als der erfolgreichste Fall weltregionaler Integration außerhalb Europas, also nach der EU. Dass sie mit dieser kaum vergleichbar ist, dass insbesondere im ASEAN-Fall Integration keine überstaatliche Rechtsgemeinschaft meint und auch kein Abweichen vom reinen Intergouvernementalismus, wurde schon betont. Integration ist hier im Kern begrenzt erfolgreiche Marktintegration – aber eben auch die Entfaltung symbolischen Zusammenhangs, was sich nicht nur in Symbolen (wie ASEAN-Flagge, -Emblem, -Hymne und -Tag [8. 8.]) zeigt, sondern in der internationalen, auch fachlichen[14], Aufmerksamkeit, die sie erlangt hat sowie in ihrem steten Ausbau.

Erfolgsgeschichte Strang 1: Aufmerksamkeit und Wir-Gefühl

Diese Aufmerksamkeit erlangte die Ost- und Südost-Asien umfassende Gesamtregion wohl vor allem wegen des zum Teil spektakulären ökonomischen Aufstiegs einiger ihrer Mitglieder. Über dessen Ursachen, die Anteile des developmental states, die Rolle der (selektiven) Weltmarktintegration wird, wie eingangs dieses Kapitels erwähnt, noch immer kontrovers diskutiert. Im Hinblick auf Südost-Asien ringen, wie Linda Quayle (2013) jüngst festgestellt hat, eine realistisch inspirierte „power story" und eine konstruktivistisch inspirierte „community story" um die Deutung. Erstere kann auf weiter bestehendes Misstrauen zwischen den ASEAN-Staaten und Konfliktpotenziale wie mögliche Grenzstreitigkeiten verweisen (vgl. Weatherbee 2015, 137 ff.). Letztere hebt vor allem auf die Konstruktion einer regionalen Sicherheitsgemeinschaft ab und dabei zentral auf das, was als „ASEAN way" berühmt geworden ist (vgl. Acharya 2009 a und b). Dieses Konzept weist gewissermaßen seine eigene Erfolgsstory auf, ist es doch sowohl unter Praktikern in der Region wie unter Analytikern aufgegriffen worden. Gemeint ist damit der besondere Stil im Umgang miteinander, den die ASEAN-Mitglieder pflegen. Er ist, wie gesagt, durch Vorsicht geprägt in dem Sinne, dass wechselseitig die Souveränität geachtet und im Konsens entschieden wird. Über eine im Prinzip mögliche realistische Deutung dieses Verhaltens als Autonomie-Streben hinaus wird dies oft kulturalistisch gedeutet in dem Sinne, dass das zwischenstaatliche Verhalten, das sich ja wesentlich in dem von Exekutivvertretern konkretisiert, Ver-

fachliche Aufmerksamkeit – verschiedene Deutungsperspektiven

ASEAN way

---

14 Nach der Europäischen Integration im EU-Rahmen gehört ASEAN zweifellos zu den meist erforschten weltregionalen Organisationen; so umfasst eine Sammlung wichtiger Fachartikel zur ASEAN 67 Beiträge in vier Bänden (Tan 2009). Nützlich auch das auf Französisch verfasste, ganz der ASEAN gewidmete Nachschlagewerk von Vorapheth 2011.

haltensnormen widerspiegele, die der regionalen Kultur zu eigen seien. Stahl (2010, 29) listet auf: Kompromisssuche, Konsensprinzip, Nachbarschaftshilfe, Vier-Augen-Gespräche, feeler technique (Vorfühlen nach möglichen Lösungen), nobody leads principle und agreeing first, details later. Das Ganze lässt sich verbinden mit gängigen Vorstellungen zur ostasiatischen Kultur wie der Bedeutung der Wahrung des Gesichts. Und in der Tat sei Zweierlei nicht bestritten: dass sich Elemente dieser Kultur im zwischenmenschlichen Bereich auch im Umgang diplomatischer Vertreter der Region finden lassen; und dass einige der Entwicklungen der ASEAN, insbesondere die Bedeutung deklarativer Politik, deren Details später ausgearbeitet werden (oder auch nicht …), diesem Muster entsprechen. Skepsis setzt ein, wo dies im Sinne eines starken Kulturalismus zur wesentlichen Erklärung gemacht werden soll, die politische Erwägungen des nationalen und heimischen Machterhalts überwiegen würde. Plausibler erscheint, dass die Wahrung eines bestimmten kulturellen Anscheins bis zu einem gewissen Grade zur erfolgreichen Politik gehört. Nur wer sich diesen kulturellen Mustern entsprechend verhält, erwirbt und erhält seinen Ruf in der Region. Dort freilich, wo vitale nationale oder Eliteninteressen berührt sind, ist Blockade und Konfrontation durchaus möglich. Stahl (2010, 43) verweist selbst auf das Beispiel des Umgangs mit dem Problem der grenzüberschreitenden Luftverschmutzung, des so genannten haze. Brandrodung in Indonesien führt immer wieder zu akuter Luftverschmutzung in den Nachbarstaaten, ein Problem, dessen sich die ASEAN durch eine Vereinbarung aus dem Jahr 2002 anzunehmen versucht hat – freilich ohne Erfolg, hat Indonesien sie doch weder ratifiziert noch umgesetzt, was wie Stahl sagt, „letztlich auf innenpolitische Machtstrukturen im Dunstkreis des Suharto-Regimes" verweist (vgl. auch Tay 2008).

Quayle weist angesichts dieser theoretischen Ambiguität des ASEAN-Befundes, der realistische wie konstruktivistische Deutungen zulässt, auf den Ansatz der so genannten Englischen Schule hin. Er verbindet sich vor allem mit den Namen Hedley Bull und Adam Watson. Beide hoben in ihren zu Klassikern der Disziplin gewordenen Werken (Bull 1977; Watson 1992) darauf ab, dass sich zwischen Staaten (zwischen staatlichen Eliten, wie ich sagen würde) trotz fortbestehender formaler Herrschaftsfreiheit (Anarchie) Grundverständnisse über Regeln des Umgangs und internationale Institutionen herausbilden können. Sie nennen das eine Gesellschaft von Staaten (society of states). Und das scheint auf die Binnenverhältnisse der ASEAN ganz gut zuzutreffen: während am Grundprinzip der souveränen Gleichheit und auch der Nicht-Intervention festgehalten wird, hat sich doch eine Verhaltenserwartung herausgebildet, sich an den ‚Gesprächsrunden' der ASEAN zu beteiligen. Die Kosten (Reiseaufwand etc.) dafür sind, so auch Stahl (2010), vergleichsweise gering. Alle Beteiligten können dadurch das kulturelle Gesicht wahren, an sie (in der Region) gestellte Erwartungen hinsichtlich des Umgangs erfüllen, ohne – aufgrund des Einstimmigkeitsprinzips – Beschlüsse fürchten zu müssen, die gegen ihre wesentlichen Interessen ausfallen (zumal sie aufgrund des formal nicht bindenden Charakters auch einmal nicht umgesetzt werden können, ohne dass dies formale Sanktionen zur Folge hätte). Allein diese Beschreibung lässt jedoch Zweifel aufkommen, ob solches Verhalten denn so spezifisch für die südost-asiatische Region ist – oder nicht vielmehr auf weiten Strecken der internationalen Diplomatie anzutreffen ist. Regional und auch kulturell spezifisch mögen jeweils nur bestimmte Formen und Gründe hinsichtlich bestimmter Erwartungen sein (etwa, wie in Kapitel 2 erwähnt, ein pro-integratives Gebaren im Nachkriegs-Westeuropa aufgrund gefühlsmäßigen Europäertums, wie Jeffrey Vanke es genannt hat). Und eben auch die Ablehnung eines rigorosen Legalismus' in (Süd-)Ost-Asien, wie er für die europäische „integration through law" so bedeutsam ist.

Neben der auch die fachliche Diskussion um die ASEAN anregenden erfolgreichen Propagierung der Wahrnehmung eines ASEAN way und des dadurch ausgelösten Wir-Gefühls, an das sich auch zivilgesellschaftliche Institutionen unter Aufgreifen des ASEAN-Akronyms gerne anschließen (wie etwa die ASEAN Chamber of Commerce and Industry), ist es vor allem ihre institutionelle Ausweitung (nicht, wie gesagt, Vertiefung, etwa durch erhöhte Bindungswirkung oder Formalisierung), welche ASEAN als Erfolgsgeschichte erscheinen lässt. Ein erster symbolischer Schritt war die 1971 erfolgte Ausrufung einer Zone des Friedens, der Freiheit und Neutralität (ZOPFAN). In ihr wandte sich die ASEAN gegen die Einmischung externer Mächte und bekräftigten ihr Kooperationsstreben. Die nächsten Schritte erfolgten 1976. In diesem Jahr, also erst neun Jahre nach Gründung der ASEAN, wurden die Gipfeltreffen der Regierungschefs (bis dahin tagten allein die Außenminister) begründet, die mittlerweile zweimal jährlich stattfinden. Aufgrund des hohen Grades der Personalisierung und Zentralisierung der Politik in den Mitgliedstaaten war dieser Schritt entscheidend, um weiteren institutionellen Ausbau zu ermöglichen. Zugleich wurde ein ASEAN-Sekretariat eingerichtet mit dem symbolisch wichtigen Generalsekretär an der Spitze. Ebenfalls 1976 wurde zwischen den ASEAN-Mitgliedern der Treaty on Amity and Cooperation in Southeast Asia geschlossen. In ihm wurden die Grundsätze der Souveränität, Unabhängigkeit, territorialen Integrität und Nicht-Einmischung bekräftigt, aber auch die friedliche Streitschlichtung und der Verzicht auf Androhung und Anwendung von Gewalt aufgenommen. Der TAC wurde später, 1987, für die Unterzeichnung durch Außenstehende geöffnet und u. a. unterzeichnet von der VR China, Indien, Japan, Russland, den USA und der EU. Hier zeigt sich erstmals, wie inzwischen alle Großen geneigt sind, auf die symbolische Politik der ASEAN einzugehen. Außerhalb der ASEAN, aber etliche de-

> Erfolgsgeschichte Strang 2: institutionelle Ausweitung

rer Mitglieder umfassend, wurde 1989 auf australische Initiative hin die Asia-Pacific Economic Cooperation (APEC) gegründet, die als Dialogforum der wichtigsten Industriestaaten (21) unter den Pazifikanrainern dient (vgl. Maull 2010b; Bisley 2012). Die APEC-Gründung war zugleich symbolische Anerkennung der zunehmenden Bedeutung der Pazifikstaaten im Rahmen der globalen Wirtschaft. ASEAN konnte von diesem Glanz mit profitieren. Sie beschloss 1992, bis 2003 eine ASEAN Free Trade Area (AFTA) einzurichten, was jedoch nicht in vollem Umfang gelungen ist. Binnenzölle wurden bisher nur gesenkt und vereinheitlicht, nicht abgeschafft. 1994 wurde wieder im sicherheitspolitischen Bereich das ASEAN Regional Forum (ARF) begründet (vgl. Katsumata 2010; Sakaeda 2010; Yuzawa 2012), mit 27 Mitgliedern, darunter neben den ASEAN-Mitgliedern wiederum die Großen (VR China, Indien, Japan, USA, EU). Mit der EU wurde zwei Jahre später auch der bi-regionale Dialog aufgenommen in Gestalt des Asia-Europe Meeting (ASEM; vgl. Maull 2010a; Gilson 2012), das alle zwei Jahre als Gipfeltreffen stattfindet und neben allen EU-Mitgliedern (plus der EU-Kommission) alle ASEAN-Mitglieder (plus das Sekretariat) umfasst sowie insgesamt elf weitere Staaten (darunter wieder China, Indien, Japan, Russland, nicht jedoch die USA – offenbar für alle Beteiligten ein wichtiger und aus je eigenen Motiven geteilter Punkt). Als Klammer speziell mit Ost-Asien wurde 1997 APT begründet, ASEAN Plus Three (nämlich China, Japan und Süd-Korea; vgl. Srikiow 2010; Terada 2012). Auf dem 9. ASEAN-Gipfel 2003 wurde die Drei-Säulen-Struktur dessen eingeführt, was künftig ASEAN Community genannt wurde. Sie umfasst die Politische und Sicherheits-Gemeinschaft (worunter die ASEAN-Ministertreffen, AMM, fallen, das ARF und Fragen der Verteidigung und Kriminalitätsbekämpfung), die ASEAN-Wirtschaftsgemeinschaft (mit AFTA und diversen Sektoral-Initiativen), und die leicht vage bleibende ASEAN Sozio-Kulturelle Gemeinschaft. Schließlich wurde auf dem ASEAN-Gipfel 2007 die Ende 2008 in Kraft getretene ASEAN-Charta angenommen.[15] Sie bekräftigte nicht nur erneut die Gründungs- und TAC-Prinzipien. Sie führte auch, in Art. 1 (7), die Selbstverpflichtung der ASEAN-Mitglieder auf Demokratie, Good Governance, Rule of Law und Menschenrechte ein, allerdings qualifiziert durch den Zusatz „with due regard to the rights and responsibilities of Member States." Damit hat sich die ASEAN einerseits dem (s. Kap. 3, 4 und 6) auch in anderen Weltregionen deklarativ effektiven politischen Zeitgeist angepasst. Sie hat sich jedoch zugleich auch das Problem eingehandelt, wie sie die weiter bestehende Mitgliedschaft undemokratischer Staaten mit dem Nicht-Einmischungs-

---

15 Text der Charta unter: http://www.aseansec.org/wp-content/uploads/2013/06/ASEAN-Charter-1.pdf

prinzip und dem menschenrechtlichen und demokratischen Selbstanspruch vereinen will (vgl. Jones 2012). Institutionell hat die ASEAN reagiert durch die 2009 erfolgte Einrichtung einer ASEAN Intergovernmental Commission on Human Rights (AICHR; vgl. Tan 2011; Langlois 2012). Darüber hinaus jedoch wird sie sich – und werden sich ihre Mitgliedsstaaten – mit den Kräften der sich entwickelnden transnationalen Zivilgesellschaft in der Region konstruktiver einlassen müssen, als dies die politischen Verhältnisse in vielen von ihnen bisher zulassen (vgl. die Beiträge in Emmerson 2008; Nesadurai 2012). Die (bestenfalls) von Entwicklungs-Eliten getragenen society of states der ASEAN muss eine transnationale Zivilgesellschaft hinzugefügt werden. Es wird spannend bleiben, ob und wie Reform insofern auf nationaler und international-regionaler Ebene in Südostasien miteinander einhergehen.[16]

5.3 Zwischenfazit über weltregionale Verbindungen

Wir wollen zum Abschluss dieses Kapitels über Verbindungen sprechen bzw. einige herstellen. Reale Verbindungen, wie sie zwischen den Teilregionen des pazifischen Asiens, also Ost- und Südost-Asien bestehen, aber auch zwischen diesem und anderen Polen der Weltwirtschaft bzw. des internationalen Systems, insbesondere der EU und den USA. Sodann wollen wir, gedanklich-analytisch, die Verbindung herstellen zu den vorausgegangenen Kapiteln über die Europäische Integration einerseits, zum Nahen Osten andererseits.

<small>Verbindungen – reale der Weltregionen und analytische ihres Verständnisses</small>

Als dritten Strang des ASEAN-Erfolges kann man gleichsam sehen, dass die Organisation sich selbst erfolgreich ins Gespräch gebracht hat, also alle für sie wesentlichen externen Akteure dazu gebracht hat, sich an ihren Dialogforen (wie APT, ARF, ASEM) zu beteiligen. Wie lässt sich dies erklären?

<small>der 3. Strang des ASEAN-Erfolgs: sich ins Gespräch bringen</small>

Vier Faktoren scheinen dabei eine Rolle zu spielen. Grundlegend ist zunächst die Konstellation in Ostasien noch zu Zeiten des Ost-West-Konflikts. Sie führte zwar einerseits zu verhängnisvollen internen Entwicklungen (wie den Millionen Opfern etwa der forcierten Industrialisierungskampagne, dem sog. „großen Sprung vorwärts", die Mao 1958 bis 62 durchführte und der 30 bis 45 Mio. Menschen zum Opfer fielen – die größte menschengemachte Katastrophe der Geschichte [vgl. Dikötter 2010]; oder dem Völkermord der roten Khmer in Kambodscha, wie gesagt dem relativ opferreichsten der Geschichte) und externen Tragödien (wie dem Vietnamkrieg mit dem von den USA zu verantwortenden Einsatz von Entlaubungsmitteln wie das sog. agent

<small>vier erklärende Faktoren:</small>

---

16 Vgl. Dayley/Neher 2013 und Bertrand 2013 zur politischen Entwicklung in den ASEAN-Staaten.

orange, deren langzeitig erbschädigende Wirkung bis heute anhält, und dem Einsatz von Napalm). Andererseits öffnete das japanisch-US-amerikanische Bündnis den Weg für Japans Abkehr von der militärisch begründeten Großraumwirtschaft hin zu seiner Rolle als Vorreiter weltmarkt-integrativer Entwicklung unter Anleitung durch den Entwicklungsstaat. Dies wiederum regte den wirtschaftlichen Erfolg in weiteren (süd)ost-asiatischen Staaten an (flying geese-Formation), was den ökonomischen Erfolg der Region bedingte.

<small>ökonomischer Erfolg lenkt Aufmerksamkeit</small>

Die USA hielten sich nach dem Vietnam-Schock mit weiterem Militärengagement in der Region deutlich zurück, blieben als „off-shore-balancer", also durch ihre Flottenpräsenz (und auch ihre, z. T. umstrittenen, Militärpräsenz zu Lande in Süd-Korea und Japan, etwa auf Okinawa) jedoch als sicherheitspolitisches Gegengewicht zu einem China präsent, das sich seit den Deng'schen Reformen selbst auf den erfolgreichen ostasiatischen Entwicklungsweg gemacht hat. China ist zwar offiziell gegen die US-Militärpräsenz in der Region, wäre die Alternative dazu jedoch eine rein nationale japanische Verteidigung (ohne US-Bündnis), käme das wohl kaum mehr Chinas Interessen entgegen.

<small>begrenzte US-Präsenz als Rückversicherung für alle Beteiligten der Region</small>

Ohne diesen Erfolg des ostasiatischen Entwicklungsmodells wäre zweifellos auch die ASEAN als Regionalorganisation nicht so erfolgreich gewesen. Denn im Ringen um regionalen Einfluss (bis hin zu regionaler Vorherrschaft/Hegemonie) zwischen Japan und China konnte es sich keiner der beiden Großen erlauben, die Profilierungschance durch Pflege der Beziehungen zu ASEAN auszulassen. Sie verhalten sich als Charme-Rivalen (Sun 2013), ringen um soft power-Einfluss in der Region – mit jeweils spezifischen Nachteilen. Japan steht dabei seine unaufgearbeitete eigene Geschichte im zweiten Weltkrieg im Wege; China konfligiert mit seinen Gebietsansprüchen im südchinesischen Meer mit konkurrierenden Ansprüchen seitens Malaysias, der Philippinen, Vietnams und Taiwans (vgl. Koo 2010, Raine/Le Mière 2013, Kaplan 2014 und Hayton 2014).

<small>Charme-Konkurrenz zwischen Japan und China</small>

Gleichwohl erzeugt das von den regional Großen bezeugte Interesse an ASEAN und an regionalem Einfluss sodann das Interesse überregional außenstehender: der USA, die aufgrund ihrer sicherheitspolitischen Garantenstellung ohnehin in der Region vertreten sind (und sich, im Verbund mit Australien, über das ARF und APEC einzubringen versuchen), sodann aber auch der EU, die sich am ASEM-Prozess beteiligt (vgl. die Beiträge in Christiansen/Kirchner/Murray 2013; speziell Manea 2013 und Yeo 2013). Freilich verhandelt die EU nicht nur mit ASEAN als Block, und dies zuweilen lange vergeblich, etwa was ein bi-regionales Freihandelsabkommen anbelangt. Dies führte dann auch die EU – spät im Vergleich zu anderen Mitbewerbern, zum Abschluss doch wieder auf bilateraler Ebene, so jüngst mit Singapur (das Abkommen soll Anfang 2015 in Kraft treten und ist als Türöffner gedacht für

<small>was regional Große interessiert, ist auch für externe Große interessant</small>

ähnliche Abkommen mit Malaysia, Thailand und Vietnam, aber auch mit Japan).[17]

Insgesamt also macht der ökonomische Erfolg der Region sie attraktiv; macht darüber hinaus die Charme-Konkurrenz um Einfluss die südostasiatische Teilregion (und damit auch ASEAN und seine Gesprächsforen) attraktiv für die Großen der Region (China und Japan); und deren Interesse verstärkt dann auch die Bereitschaft der externen Großen (EU, USA), sich auf diese Foren einzulassen (wobei die USA aufgrund ihrer sicherheitspolitischen Garantenfunktion zusätzlich eigeninteressiert sind an der Region des pazifischen Asien). Die ökonomische Heterogenität in Südostasien lässt jedoch bilaterale Beziehungen (mit Großen der Region wie Externen) neben dem Inter-Regionalismus herlaufen. Dem Inter-Regionalismus, also dem Knüpfen von Netzwerken zwischen weltregionalen Organisationen, lassen sich mit Doidge 2011, Kap. 2, 31–55) fünf Kernfunktionen zuschreiben: balancing (im realistischen Sinne von Gegenmachtbildung, etwa gegenüber China in pazifisch Asien); Institutionen-Aufbau (durch Unterstützung und eventuelle Modell-Wirkung, jedenfalls eben durch Aufbau der interregionalen Dialogforen); Rationalisierung (es könnte einfacher erscheinen, ein Abkommen mit der ganzen Partnerorganisation zu schließen statt jeweils eines mit jedem ihrer Mitglieder); agenda setting (Themen können im Rahmen der Regionalorganisationen gleich auf den Tisch der Gruppe der Mitgliedstaaten gebracht werden; eventuell können zwei Regionalorganisationen im Verbund die globale Agenda mit bestimmen); und schließlich Herausbildung kollektiver Identität (ganz gemäß der sozialpsychologischen Sicht, dass – auch kollektive – Identität und Wir-Gefühl durch Anerkennung von außen gestärkt werden). Freilich fügt auch Doidge (ebd., 34) gleich hinzu: „the precise performance of the five core functions is impacted by the constellation of regional actors involved."[18]

Die lange im EU-Kontext gehegte Vorstellung, dass der Interregionalismus einen besondere Zugang verleihe, gerade auch im Rahmen der EU-Außenbeziehungen, bricht sich dabei an der doch recht anders gearteten Natur der Regionalorganisationen in anderen Weltregionen. Sie sind, wie das Beispiel ASEAN zeigt, selbst im Erfolgsfall eben nicht supranational strukturiert, sondern eher lose intergouvernementale Verbünde. Und ihnen liegen die aus den jeweils besonderen historischen und sozialen Bedingungen der Staaten der Region resultierenden speziellen Eliteninteressen an Art und Ausmaß internationaler Kooperation zugrunde, die sich von den Verhältnissen Nachkriegs-Westeuropas, die die Begründung supranationaler Europäischer Integration ermöglichten, doch merklich unterscheiden.

---

17 Vgl. „Singapur öffnet Europa die Tür nach Asean", FAZ 25. 9. 2013, S. 10.
18 Zur vergleichenden Effektivitätsuntersuchung des Inter-Regionalismus vgl. Fehrmann 2014.

> divergierende Wahrnehmungen in Nord und Süd

Fast allenthalben stellt schon die koloniale Vorgeschichte und das opferreiche Erringen nationaler Souveränität eine Erfahrung dar, die der Bereitschaft zu ihrer raschen Aufgabe bzw. einem pooling auf supranationaler Ebene entgegensteht. Der anti-koloniale Affekt macht die Vertreter südlicher Regionalorganisationen zudem empfindlich gegenüber nord-westlichen Versuchen, sie im Rahmen interregionaler Beziehungen zu instrumentalisieren, zumal der Norden gleichzeitig auch auf bilateraler Schiene fährt, aus seiner Sicht ‚aus Verzweiflung' über die Schwierigkeit, mit Partnerorganisationen im Verbund zu verhandeln, aus deren Sicht jedoch auch als eine Taktik des divide et impera (teile und herrsche; vgl. das erwähnte EU-Singapur-Freihandelsabkommen; vgl. jedoch auch in Kapitel 4 oben die so genannten ökonomischen Partnerschaftsabkommen mit Einzelstaaten des südlichen Afrikas).

> pax asiatica vs. bella levantina – der historisch-soziologische weltregionale Vergleich

Interessant ist jedoch nicht nur der weltregionale Vergleich (EU-)Europa-Ostasien.[19] Auch der Vergleich mit dem Nahen Osten ist instruktiv. In einem der besten Fachartikel, die ich kenne, hat Etel Solingen (2007; alle Seitenangaben im Folgenden beziehen sich hierauf) diesen Vergleich unter dem Titel „Pax Asiatica versus Bella Levantina" durchgeführt. Sie bringt dabei eine historisch-soziologische Perspektive in Anschlag, die im weltregionalen Vergleich die vergleichsweise friedliche und ökonomisch erfolgreiche Entwicklung Ostasiens im Kontrast zur von gewaltsamem Konfliktaustrag gekennzeichneten und ökonomisch weit weniger erfolgreichen Entwicklung im Nahen Osten zu erklären versucht. Sie schildert zunächst noch einmal das Explanandum (das zu Erklärende): „Indochina has been at peace for two and a half decades, maritime Southeast Asia for four, and Northeast Asia for five." Die regionalen Militärausgaben sind in Ostasien gesunken (gemessen relative zum BNP von 2,6 Prozent im Jahre 1985 auf 1,8 Prozent im Jahre 2001). Dem stehen die zahlreichen nahöstlichen Kriege, darunter fünf große mit mehr als 10 000 Toten, gegenüber und Militärausgaben (wiederum gemessen am BNP-Anteil) von 17,3 bzw. 7,7 Prozent (in den Jahren 1985 bzw. 2001). Und schließlich: „Cross-border efforts to undermine neighboring regimes have been legion in the Middle East but rare in East Asia." (758) Wie kommt das?

> polit-ökonomische Erklärung: Wahl der politischen Überlebensstrategie durch Führungseliten

Solingen fasst den Kern ihrer Erklärung wie folgt zusammen:

> *„Leaders in most East Asian states pivoted their political control on economic performance and integration into the global economy whereas most Middle East leaders relied on inward-looking self-sufficiency, state and military entrepreneurship, and nationalism." (Solingen 2007, 758)*

---

19 Für weitere Vergleiche weltregionaler Integrationsprojekte vgl. die Beiträge in Börzel u.a. 2012 sowie Grimmel/Jakobeit 2015.

Es waren also grundlegend unterschiedliche politische Orientierungen der herrschenden Eliten, die den Unterschied erklären. Sie knüpften ihr politisches Überleben an unterschiedliche Strategien. Dies sollte jedoch nicht voluntaristisch verstanden werden, als ob sich die Eliten jeweils „einfach so (oder so)" entschieden hätten. Auch sie trafen ihre Entscheidungen unter spezifischen Bedingungen.

Solingen führt fünf Bedingungen an, nämlich zwei ermöglichende Bedingungen: (1) internationale Macht- und Marktbedingungen und (2) die Ausstattung mit Naturressourcen; und drei katalytische (fördernde) Bedingungen: (3) Reaktionen auf wirtschaftliche Krisen, (4) verfügbare politische Partner und (5) regionale Effekte. Sie alle entfalten ihre Wirksamkeit in einem spezifischen Wechselspiel interner und externer Bedingungen, wobei den Eliten und der von ihnen gewählte politische Überlebensstrategie eine Scharnierfunktion zukommt. In den äußeren Machtbedingungen waren die beiden Weltregionen durchaus ähnlich in der kolonialen Vorerfahrung und ihrer Lage an der Peripherie des globalen Kapitalismus. Ein wesentlicher Unterschied, der sich überraschenderweise zu Ungunsten des Nahen Ostens auswirkte, war die Verfügbarkeit von Rohstoffen (Öl und Gas): sie behinderte die wirtschaftliche Diversifizierung (Überlegungen ‚weg vom Öl' sind jüngeren Datums, nachdem seine Erschöpfung z. T. in Sicht gekommen ist), und sie behinderte die politische Entwicklung, insofern Autokraten von Öleinkommen, nicht den Steuern (und der Zustimmung) ihrer Bürger abhängig waren. Steigende Ölpreise zwangen die ostasiatischen Staaten (Importeure) zu Effizienz, während sie im Nahen Osten Erlöse brachten, die solchen Zwang vermeiden halfen. Politische Führungen fanden somit in Ostasien heimische Bundesgenossen in export-orientierten Produzenten, während die nahöstlichen Autokraten eine vor Weltmarktkonkurrenz geschützte Günstlingswirtschaft förderten. Schließlich, wie auch hier schon oben dargestellt, diffundierte in Ostasien das Modell des developmental state, während im Nahen Osten (bis heute, nach der Arabellion) öl-reiche Autokraten ihresgleichen in ölarmen Nachbarstaaten fördern. Solingen fasst diese durchaus komplexen (und hier nicht in allen Details wiedergegebenen) polit-ökonomischen Überlegungen wie folgt zusammen:

> „*Early and effective land reform, relatively brief importsubstitution, and natural resource scarcity weakend domestic political opposition to export-led growth in East Asia. Regional effects reinforced export-led strategies. By contrast, late, inefficient or nonexistent land reform, longer exposure to import-substitution underpinned by extensive statist and military entrepreneurship, and abundant oil resources empowered opponents of export-led growth throughout much of the Middle East. Regional effects reinforced inward-looking models. (ebd., 766)*

unter heimischen und internationalen Bedingungen

mit langfristigen Rückwirkungen

Und speziell zu den politischen Verhältnissen ergänzt sie:

„*models of political survival adopted by most Middle East leaders decades ago had distinct implications for the nature and evolution of states, military, and authoritarian institutions.*" *(ebd., 771)*

Die Grundlagen des politischen Autoritarismus im Nahen Osten sind also langfristig angelegt, und die gewählte politische Überlebensstrategie (etwa des nationalistischen Militärführers à la Nasser) prägt ihrerseits die Rolle des Militärs, das oft Teil der geschützten Günstlingswirtschaft ist (s. wiederum Ägypten, bis heute), was eine an Exporten orientierte Wirtschaftsstrategie erschwert. Freilich, auch das wird nochmals deutlich, ist es nicht Marktöffnung alleine, sondern diese in Verbindung mit einem auch industriepolitisch handlungsfähigen Staat, der die ostasiatischen Erfolge erklärt. Wobei sich diese Handlungsfähigkeit nicht nur aus administrativer Kompetenz ergibt. Sondern auch daraus, dass die gewählte politische Überlebensstrategie Bundesgenossen in der export-orientierten Wirtschaft sucht und findet.

Insgesamt macht diese hier nur im Ansatz referierte komplexe Erklärung Solingens für die weltregionalen politischen Unterschiede zwischen Nahem und Fernem Osten zweierlei deutlich: die Fruchtbarkeit einer historisch-soziologischen Perspektive, die polit-ökonomische Zusammenhänge thematisiert und damit im Wechselspiel heimischer (innergesellschaftlicher) und internationaler Bedingungen weltregional differierende Muster internationaler Beziehungen tatsächlich erklären, nicht nur beschreiben kann. Dies fügt sich – und das ist kein Zufall[20] – dem Anliegen des vorliegenden Buches wie des hier propagierten Ansatzes der gesellschaftlichen Bedingungen.

Und wie geht es weiter?

Was bedeutet das im vorliegenden Kapitel Gesagte nun für die künftige Entwicklung der internationalen Kräfteverhältnisse im pazifischen Asien? Eine realistische Sicht der Dinge erwartet fortgesetztes Ringen um Vormacht in der Region, verschärft durch die Einbindung der USA in die Region und damit die Konkurrenz zwischen ihnen und dem aufsteigenden China. Buchtitel wie „The Coming War with China"[21] illustrieren die alarmistische Version dieser Sicht. Erfolgreiche Gleichgewichtspolitik, immer prekär, erscheint als

---

20 Insofern meine ersten eigenen Überlegungen zu diesem Buch durch eine frühere Arbeit Solingens (1998) angeregt wurden; erst im Laufe der Erarbeitung des vorliegenden Buches entdeckte ich (einige Jahre nach seinem Erscheinen) den hier herangezogenen Aufsatz von Solingen (2007) – und dass sie ihren Ansatz ganz in meinem Sinne weiterentwickelt hatte. Ein Fall von konvergentem Denken.

21 In – für den der's mag – spannender Polit-Thriller-Form etwa bei Hawksley/Holberton 1999, die ihren fiktiven chinesischen Hardlinern unter anderem Zitate aus chinesischen Militärpublikationen in den Mund legen; unter starkem Bezug auf die neueste IT-gestütz-

die bestmögliche Option. Dem steht eine Sicht gegenüber, die Chinas Machtübernahme, erst weltregional in Asien, dann auch global voraussieht, mit nahezu geschichtsnotwendiger Folgerichtigkeit. Eine dritte, interessante Sicht hat jüngst Evelyn Goh (2013) präsentiert. Sie sieht eine fortbestehende hegemoniale Rolle der USA, gerade auch in der Region, nicht zuletzt wegen ihrer offen oder klammheimlich von zentralen Akteuren der Region begrüßten Garantenrolle: solange die USA präsent bleiben, braucht niemand Chinas militärische Stärke zu fürchten, aber auch niemand japanische Alleingänge; und – das ist der springende Punkt – für das aufsteigende China selbst wird in dieser Ordnung ein Platz geschaffen – wirtschaftlich (siehe sein WTO-Beitritt), ober auch politisch (durch Anerkennung seiner zunehmenden Bedeutung, aber zugleich ‚Hineinsozialisation' in die neue Verantwortung, die mit dieser stärkeren Stellung einhergeht). In dieser Ordnung ist Chinas friedlicher Aufstieg möglich. Und dieser hat, das versteht die chinesische Führung, auch Frieden zur Voraussetzung. Wenn alle sich vernünftig verhalten, besteht Aussicht für das pazifische Asien (und damit auch die Welt insgesamt), dass dieser Umbau der Ordnung friedlich möglich ist. Dann könnten in diesem Rahmen auch die ASEAN-Staaten sich nicht nur ökonomisch weiter entwickeln, sondern auf längere Sicht auch politische Entwicklung zu mehr Demokratie erreichen, wie in Südkorea und Taiwan vor dem Hintergrund ihres ökonomischen Erfolges geschehen. Die Alternative dazu ist, angesichts des schlummernden Nationalismus (der die Rede vom post-nationalen Zeitalter zumindest für diese Weltregion als eher unpassend erscheinen lässt), der unaufgearbeiteten Geschichte und des versammelten Gewaltpotenzials in der Region, ernüchternd. Bisher jedoch haben die Entwicklungseliten des pazifischen Asien, egal welcher nominellen politischen Couleur, ihr Heil (und ihre Legitimation) in Entwicklung gesucht – mit Erfolg.

Literatur

Acharya, Amitav 2009a: Constructing a Security Community in Southeast Asia. ASEAN and the Problem of Regional Order, 2nd ed., Abingdon/New York.
Acharya, Amitav 2009b: Whose Ideas Matter? Agency and Power in Asian Regionalism, Ithaca/London.

---

te Militärtechnik Singer/Cole 2015. Bei Carpenter (2006), der keinen Roman schreibt, aber dennoch in die Zukunft blickt, nimmt der Krieg seinen Ausgang vom Taiwan-Problem – im Jahr 2013. Zumindest das ist uns also erspart geblieben!

Bajoria, Jayshree 2013: The Six-Party Talks on North Korea's Nuclear Program, unter: http://www.cfr.org/proliferation/six-party-talks-north-koreas-nuclear-program/p13593#p2 [08.08.2013]

Beeson, Mark/Stubbs, Richard (Hrsg.) 2012: Routledge Handbook of Asian Regionalism, Abingdon/New York.

Berger, Mark T. 2004: The Battle for Asia. From Decolonization to Globalization, Abingdon/New York.

Berkofsky, Axel 2013: Japan. (More or less) normal military power, in: Andrew T. H. Tan (Hrsg.): East and South-East Asia. International relations and security perspectives, Abingdon/New York, 99–110.

Bertrand, Jacques 2013: Political Change in Southeast Asia, Cambridge.

Bisley, Nick 2012: APEC: Asia-Pacific Economic Cooperation, in: Mark Beeson/Richard Stubbs (Hrsg.): Routledge Handbook of Asian Regionalism, London/New York, 350–363.

Börzel, Tanja A./Goltermann, Lukas/Lohaus, Mathis/Striebinger, Kai (Hrsg.) 2012: Roads to Regionalism. Genesis, Design, and Effects of Regional Organizations, Farnham/Burlington.

Booth, Anne 2014: Contemporary capitalism and the rise of the „tigers", in: Norman G. Owen (Hrsg.): Routledge Handbook of Southeast Asian History, Abingdon/New York, 177–187.

Bull, Hedley 1977/2012: The Anarchical Society. A Study of Order in World Politics, 4th ed., Basingstoke/New York.

Buruma, Ian 1995: The Wages of Guilt. Memories of War in Germany and Japan, New York.

Buszynski, Leszek 2013: Negotiating with North Korea. The Six Party Talks and the Nuclear Issue, Abingdon/New York.

Buzan, Barry/Zhang, Yongjin (Hrsg.) 2014: Contesting International Society in East Asia, Cambridge.

Carpenter, Ted Galen 2006: America's Coming War with China. A Collision Course over Taiwan, Basingstoke/New York.

Chang, Iris 1998: The Rape of Nanjing. The Forgotten Holocaust of World War II, London.

Christiansen, Thomas/Kirchner, Emil/Murray, Philomena (Hrsg.) 2013: The Palgrave Handbook of EU-Asia Relations, Basingstoke/New York.

Croissant, Aurel 2015: Die politischen Systeme Südostasiens. Eine Einführung, Wiesbaden.

Dayley, Robert/Neher, Clark D. 2013: Southeast Asia in the New International Era, 6th ed., Boulder.

Dikötter, Frank 2010: Mao's Great Famine. The History of China's most devastating Catastrophe, 1958–62, London u. a.

Doidge, Mathew 2011: The European Union and Interregionalism. Patterns of Engagement, Farnham/Burlington.
Dower, John W. 1999: Embracing Defeat. Japan in the Wake of World War II, New York.
Ebrey, Patricia/Walthall, Anne/Palais, James 2009: East Asia. A Cultural, Social, and Political History, 2nd ed., Belmont.
Edney, Kingsley/He, Baogang 2012: The Rise of Nationalism and China's Foreign Policy, in: Emilian Kavalski (Hrsg.): The Ashgate Research Companion to Chinese Foreign Policy, Farnham/Burlington, 75–87.
Emerson, Donald K. (Hrsg.) 2008: Hard Choices. Security, Democracy, and Regionalism in Southeast Asia, Stanford.
Erskine, Toni/Lebow, Richard Ned (Hrsg.) 2012: Tragedy and International Relations, Basingstoke/New York.
Evans, Richard 1997: Deng Xiaoping and the Making of Modern China, London.
Fehrmann, Thomas J. 2014: Die Effektivität interregionaler Kooperation. Eine vergleichende Untersuchung der interregionalen Handlungsfähigkeit von Regionalorganisationen am Beispiel von ASEAN, EU und MERCOSUR, Baden-Baden.
Ferdinand, Peter 2012: Governance in Pacific Asia. Political Economy and Development from Japan to Burma, New York/London.
Frank, Andre Gunder 1998: ReORIENT. Global Economy in the Asian Age, Berkely/Los Angeles.
Gilley, Bruce 2014: The Nature of Asian Politics, Cambridge.
Gilson, Julie 2012: The Asia-Europe Meeting (ASEM), in: Mark Beeson/Richard Stubbs (Hrsg.): Routledge Handbook of Asian Regionalism, London/New York, 394–405.
Goh, Evelyn 2013: The Struggle for Order. Hegemony, Hierarchy, and Transition in Post-Cold War East Asia, Oxford.
Grimmel, Andreas/Jakobeit, Cord (Hrsg.) 2015: Regionale Integration. Erklärungsansätze und Analysen zu den wichtigsten Integrationszusammenschlüssen in der Welt, Baden-Baden.
Guo, Baogang/Teng, Chung Chian 2012: Taiwan and the Rise of China. Cross-Strait Relations in the Twenty-first Century, Lanham.
Haacke, Jürgen 2003: ASEAN's Diplomatic and Security Culture. Origins, Development and Prospects, London/New York.
Haggard, Stephan/Noland, Marcus 2012: Engaging North Korea: the efficacy of sanctions and inducements, in: Etel Solingen (Hrsg.): Sanctions, Statecraft, and Nuclear Proliferation, Cambridge, 232–260.
Hayton, Bill 2014: The South China Sea. The Struggle for Power in Asia, New Haven/London.
Hawksley, Humphrey/Holberton, Simon 1999: Dragon Strike, New York.

He, Yinan 2009: The Search for Reconciliation. Sino-Japanese and German-Polish Relations since World War II, Cambridge.

Hess, Christian A. 2010: Keeping the past alive. The use of history in China's foreign relations, in: Shaun Breslin (Hrsg.): Handbook of China's International Relations, London/New York, 47–54.

Hicks, George 1997: The Comfort Women. Japan's Brutal Regime of Enforced Prostitution in the Second World War, New York.

Holcombe, Charles 2011: A History of East Asia. From the Origins of Civilization to the Twenty-First Century, Cambridge.

Huffman, James L. 2010: Japan in World History, Oxford.

Jacques, Martin 2009: When China Rules the World, London.

Jager, Sheila Miyoshi 2013: Brothers at War. The Unending Conflict in Korea, London.

Johnson, Chalmers 1983: MITI and the Japanese Miracle. The Growth of Industrial Policy, 1925–1975, Stanford.

Jones, Lee 2012: ASEAN, Sovereignty and Intervention in Southeast Asia, Basingstoke/New York.

Jones, Lee 2014: State Power, Social Conflicts and Security Policy in Southeast Asia, in: Richard Robinson (Hrsg.). Routledge Handbook of Southeast Asian Politics, London/New York, 346–360.

Kan, Shirley A./Morrison, Wane M. 2013: U.S.-Taiwan Relationship: Overview of Policy Issues, CRS Report for Congress, Washington, unter: http://www.fas.org/sgp/crs/row/R41952.pdf [23.7.2013]

Kang, David C. 2008: Crony Capitalism. Corruption and Development in South Korea and the Philippines, Cambridge.

Kang, David C. 2010: East Asia Before the West. Five Centuries of Trade and Tribute, New York.

Kaplan, Robert D. 2014: Asia's Cauldron. The South China Sea and the End of a Stable Pacific, New York.

Kastner, Scott L. 2009: Political Conflict and Economic Interdependence Across the Taiwan Strait and Beyond, Stanford.

Katsumata, Hiro 2010: ASEAN's Cooperative Security Entreprise. Norms and Interests in the ASEAN Regional Forum, Basingstoke/New York.

Khong, Yuen Foong/Nesadurai, Helen E. S. 2007: Hanging together, institutional design, and cooperation in Southeast Asia: AFTA and the ARF, in: Amitav Acharya/Alastair Iain Johnston (Hrsg.): Crafting Cooperation. Regional International Institutions in Comparative Perspective, Cambridge, 32–82.

Kingston, Jeff 2011: Contemporary Japan. History, Politics, and Social Change since the 1980s, Malden/Oxford.

Kivimäki, Timo 2014: The Long Peace of East Asia, Farnham/Burlington.

Koo, Min Gyo 2010: Island Disputes and Maritime Regime Building in East Asia. Between a Rock and a Hard Place, Dordrecht u. a.

Kratoska, Paul H. 2014: Southeast Asia from the Japanese occupation to independence, in: Norman G. Owen (Hrsg.): Routledge Handbook of Southeast Asian History, Abingdon/New York, 65–74.

Kuhonta, Erik/Slater, Dan (Hrsg.) 2008: Southeast Asia in Political Science. Theory, Region, and Qualitative Analysis, Stanford.

Langlois, Anthony J. 2012: Asian regionalism and human rights: the case of the ASEAN Intergovernmental Commission on Human Rights, in: Mark Beeson/Richard Stubbs (Hrsg.): Routledge Handbook of Asian Regionalism, London/New York, 216–225.

Lebow, Richard Ned 2003: The Tragic Vision of Politics. Ethics, Interest and Orders, Cambridge.

Lee, Sook Jong/Melissen, Jan (Hrsg.) 2011: Public Diplomacy and Soft Power in East Asia, New York/Basingstoke.

MacFarlane, Neil 2014: Regional Organizations and Global Security Governance, in: Thomas G. Weiss/Rorden Wilkinson (Hrsg.): International Organization and Global Governance, London/New York, 429–441.

Manea, Maria-Gabriela 2013: The Institutional Dimension of EU-ASEAN/ASEAN Plus Three Inter-regional Relations, in: Thomas Christiansen/Emil Kirchner/Philomena Murray (Hrsg.) 2013: The Palgrave Handbook of EU-Asia Relations, Basingstoke/New York, 313–329.

Maull, Hanns W. 2010a: Das Asia-Europe Meeting (ASEM): Baustein effektiver globaler Ordnungsstrukturen? in: Dirk Nabers (Hrsg.): Multilaterale Institutionen in Ostasien-Pazifik. Genese, Strukturen, Substanz, Perspektive, Wiesbaden, 181–206.

Maull, Hanns W. 2010b: Die Asia-Pacific Economic Co-operation (APEC): Institutionelle Kontinuität trotz relative Bedeutungslosigkeit, in: Dirk Nabers (Hrsg.): Multilaterale Institutionen in Ostasien-Pazifik. Genese, Strukturen, Substanz, Perspektive, Wiesbaden, 207–232.

Mitter, Rana 2013: China's War With Japan, 1937–1945. The Struggle for Survival, London.

Nesadurai, Helen E. S. 2012: The ASEAN People's Forum (APF) as authentic social forum. Regional civil society networking for an alternative regionalism, in: Mark Beeson/Richard Stubbs (Hrsg.): Routledge Handbook of Asian Regionalism, London/New York, 166–176.

Paine, S. C. M. 2012: The Wars for Asia 1911–1949, Cambridge.

Pekkanen, Saadia M./Ravenhill, John/Foot, Rosemary (Hrsg.) 2014: The Oxford Handbook of the International Relations of Asia, Oxford.

Quayle, Linda 2013: Southeast Asia and the English School of International Relations. A Region-Theory Dialogue, Basingstoke/New York.

Raine, Sarah/Le Mière, Christian 2013: Regional Disorder. The South China Sea Disputes, Abingdon/New York.

Rathus, Joel 2011: Japan, China and Networked Regionalism in East Asia, Basingstoke/New York.

Raud, Rein (Hrsg.) 2012: Japan and Asian Modernities, Abingdon/New York.

Reilly, James 2012: Strong Society, Smart State. The Rise of Public Opinion in China's Japan Policy, New York/Chichester.

Robinson, Richard (Hrsg.) 2011: Routledge Handbook of Southeast Asian Politics, Abingdon/New York.

Sakaeda, Ryôma 2010: Das ASEAN Regional Forum (ARF): Konsultativplattform ohne Konfliktlösungskompetenz? in: Dirk Nabers (Hrsg.): Multilaterale Institutionen in Ostasien-Pazifik. Genese, Strukturen, Substanz, Perspektive, Wiesbaden, 91–131.

Singer, P. W./Cole, August 2015: Ghost Fleet. A Novel of the Next World War, New York.

Slater, Dan 2011: Ordering Power. Contentious Politics and Authoritarian Leviathans in Southeast Asia, Cambridge.

Smith, Hazel 2013: North Korea's security perspectives, in: T. H. Tan (Hrsg.): East and South-East Asia. International relations and security perspectives, 121–132.

Soeya, Yoshihide/Tadokaro, Masayuki/Welch, David A. (Hrsg.) 2011: Japan as a ‚Normal' Country? A Nation in Search of Its Place in the World, Toronto/Buffalo/London.

Solingen, Etel 1998: Regional Orders at Century's Dawn. Global and Domestic Influences on Grand Strategy, Princeton.

Solingen, Etel 2007: Pax Asiatica versus Bella Levantina: The Foundations of War and Peace in East Asia and the Middle East, in: American Political Science Review Vol. 101, Nr.4, 757–780.

Srikiow, Lisa 2010: Regionale Kooperation in Südostasien: Eine Regimeanalyse der ASEAN plus Three, in: Dirk Nabers (Hrsg.): Multilaterale Institutionen in Ostasien-Pazifik. Genese, Strukturen, Substanz, Perspektive, Wiesbaden, 55–90.

Stahl, Bernhard 2010: Die Gemeinschaft südostasiatischer Staaten (ASEAN): Erfolg und Probleme einer überforderten Institution, in: Dirk Nabers (Hrsg.): Multilaterale Institutionen in Ostasien-Pazifik. Genese, Strukturen, Substanz, Perspektive, Wiesbaden, 17–53.

Stubbs, Richard 2005: Rethinking Asia's Economic Miracle, Basingstoke/New York.

Stubbs, Richard 2012: The developmental state and Asian regionalism, in: Mark Beeson/ders. (Hrsg.): Routledge Handbook of Asian Regionalism, London/New York, 90–99.

Studwell, Joe 2013: How Asia Works. Success and Failure in the World's Most Dynamic Region, London.
Sun, Jing 2012: Japan and China as Charm Rivals. Soft Power in Regional Diplomacy, Ann Arbor.
Suzuki, Shogo 2009: Civilization and Empire. China and Japan's Encounter with European International Society, London/New York.
Swenson-Wright, John 2013: Inter-Korean relations and the challenge of North-East Asian regional security, in: T. H. Tan (Hrsg.): East and South-East Asia. International relations and security perspectives, Abingdon/New York, 143–153.
Tan, See Seng (Hrsg.) 2009: Regionalism in Asia, 4 Bd.e, New York/London.
Tan, Hsien-Li 2011: The ASEAN Inter-Governmental Commission on Human Rights. Institutionalising Human Rights in Southeast Asia, Cambridge.
Tarling, Nicholas 2011: Regionalism in Southeast Asia. To foster the political will, Abingdon/New York.
Tay, Simon S. C. 2008: Blowing Smoke: Regional Cooperation, Indonesian Democracy, and the Haze, in: Dolald K. Emmerson (Hrsg.): Hard Choices. Security, Democracy and Regionalism in Southeast Asia, Stanford, 219–239.
ten Brink, Tobias 2013: Chinas Kapitalismus. Entstehung, Verlauf, Paradoxien, Frankfurt a. M./New York.
Terada, Takashi 2012: ASEAN Plus Three: becoming more like a normal regionalism? in: Mark Beeson/Richard Stubbs (Hrsg.): Routledge Handbook of Asian Regionalism, London/New York, 364–374.
Tønnesson, Stein 2014: War and peace between nations since 1945, in: Norman G. Owen (Hrsg.): Routledge Handbook of Southeast Asian History, Abingdon/New York, 96–107.
Totman, Conrad 2005: A History of Japan. 2nd ed., Malden/Oxford/Carlton.
Vogel, Ezra F. 2011: Deng Xiaoping and the Transformation of China, Cambridge, Mass./London.
Vorapeth, Kham 2011: L'ASEAN de A à Z. Histoire, Géopolitique, Concepts, Personnages, Paris.
Vu, Tuong 2014: Socialism and underdevelopment in Southeast Asia, in: Norman G. Owen (Hrsg.): Routledge Handbook of Southeast Asian History, Abingdon/New York, 188–198.
Wade, Robert 1996: Japan, the World Bank and the Art of Paradigm Maintenance: The East Asian Miracle in Political Perspective, in: New Left Review 217, 3–36, verfügbar unter: http://newleftreview.org/I/217/robert-wade-japan-the-world-bank-and-the-art-of-paradigm-maintenance-the-east-asian-miracle-in-political-perspective [06.08.2013].
Wang, Zheng 2012: Never Forget National Humiliation. Historical Memory in Chinese Politics and Foreign Relations, New York.

Watson, Adam 1992/2009: The Evolution of International Society. A Comparative Historical Analysis, 2nd ed., Abingdon/New York.

Weatherbee, Donald E. 2015: International Relations in Southeast Asia. The Strugghle for Autonomy, 3rd ed., Lanham u. a.

Weissmann, Mikael 2012: The East Asian Peace. Conflict Prevention and Informal Peacebuilding , Basingstoke/New York.

Yeo, Lay Hwee 2013: The Asia-Europe Meeting, in: Thomas Christiansen/Emil Kirchner/Philomena Murray (Hrsg.) 2013: The Palgrave Handbook of EU-Asia Relations, Basingstoke/New York, 330–343.

Yuzawa, Takeshi 2012: The ASEAN Regional Forum: challenges and prospects, in: Mark Beeson/Richard Stubbs (Hrsg.): Routledge Handbook of Asian Regionalism, London/New York, 338–349.

Zhang, Feng 2014: International societies in pre-modern East Asia: a preliminary framework, in: Barry Buzan/Yongjin Zhang (Hrsg.): Contesting International Society in East Asia, Cambridge, 29–50.

Zhao, Suisheng 2004: A Nation-State by Construction. Dynamics of Modern Chinese Nationalism, Stanford.

Die Amerikas, insbesondere Südamerika 6

Im vorliegenden letzten Kapitel des Weltregionen-Buches wollen wir uns in gewohnter Perspektive, die Muster des (gewaltsam ausgetragenen zwischenstaatlichen) Konflikts und der Kooperation umfasst, mit den Amerikas befassen. Mit diesem Plural sind zunächst die beiden Sub-Kontinente Nord-Amerika und Süd-Amerika angesprochen, verbunden durch die Staaten der Landrücke Zentralamerikas; hinzuzufügen wären die 13 unabhängigen Staaten der Karibik (vgl. Übersicht 6.1). Allerdings werden wir, anders als im Falle Afrikas, dessen fünf Subregionen in den Kapiteln 3 (Nord-Afrika) und 4 (subsaharisches Afrika) vollständig behandelt wurden, hier im Wesentlichen auf Süd-Amerika einerseits und einige hemisphärische Beziehungen (fast) aller amerikanischer Staaten eingehen. Welt(sub)regionale Vollständigkeit war nicht Ziel dieses Buches.

die Amerikas – Nord- und Süd-Amerika, Zentral-Amerika und die Karibik

Neben der geografisch einigermaßen klaren Einteilung in Nord- und Südamerika ist Lateinamerika eine gängige Bezeichnung. Damit sind die 21 amerikanischen Staaten gemeint, in denen Spanisch oder Portugiesisch als Sprache vorherrschen; französischsprachige Staaten (wie Guayana und Surinam) werden heute meist nicht mehr dazu gerechnet. Es ist jedoch nicht nur die sprachliche Heterogenität Lateinamerikas, die hier eine Beschränkung vor allem auf Südamerika nahelegt. Vielmehr gilt gerade im Bereich der internationalen Beziehungen, dass die Staaten Süd-Amerikas einerseits im Binnen-Verhältnis und andererseits in dem zur großen Macht im Norden, den USA, ein besonderes Verhältnis aufweisen, das etwa von der interventionsreichen Geschichte des Verhältnisses der USA zu den Staaten Zentral-Amerikas und der Karibik abweicht. Gerade „Lateinamerika" war und ist durchgehend ein politisch motiviertes Konstrukt. Gebräuchlich seit den 1830er Jahren wurde die Bezeichnung in den 1860er Jahren zur Rechtfertigung des französischen

Lateinamerika

Imperialismus in Mexiko (mit Stoßrichtung gegen die angelsächsischen USA) propagiert; später diente sie aus US-Sicht zur Markierung des kulturell-politisch Anderen (Lateinamerika = Nicht-USA, womit insbesondere die Grenzziehung auch zum Nachbarn Mexiko markiert werden sollte) und ist dort auch heute noch im Bereich der (Politik-)Wissenschaft eine verbreitete Bezeichnung – einschlägige Textbooks (etwa Williams 2012) wie Forschungsvereinigungen (wie etwa die Latin American Studies Association) führen diese Bezeichnung im Titel; erst in jüngster Zeit, mit Gründung der Gemeinschaft der Lateinamerikanischen und Karibischen Staaten (CECAL; 2010, vgl. Übersicht 6.2) wird die Bezeichnung nun auch im umgekehrter Richtung abgrenzend wieder aufgegriffen.

Hier jedoch soll es, wie gesagt, schwerpunktmäßig um Südamerika gehen, und zwar um die Muster zwischenstaatlichen Krieges (6.1) und der regionalen Kooperation (6.2), bevor wir einen Blick auf die hemisphärischen Beziehungen zwischen Nord und Süd in den Amerikas werfen (6.3).

Übersicht 6.1   Die Staaten und der Region

Südamerika

Argentinien	1816	OAS	UNASUR	Mercosur	
Bolivien	1825	OAS	UNASUR	CAN	ALBA
Brasilien	1822 P	OAS	UNASUR	Mercosur	
Chile	1818	OAS	UNASUR	Pazif. Allianz	
Ecuador	1809/30	OAS	UNASUR	CAN	ALBA
Guayana	1966 GB	OAS	UNASUR		
Kolumbien	1810/19	OAS	UNASUR	CAN	Pazif. Allianz
Paraguay	1811	OAS	UNASUR	Mercosur	
Peru	1821	OAS	UNASUR	CAN	Pazif. Allianz
Suriname	1975 NL	OAS	UNASUR		
Uruguay	1828	OAS	UNASUR	Mercosur	
Venezuela	1811/21	OAS	UNASUR	Mersosur	ALBA

Die Amerikas, insbesondere Südamerika

Zentralamerika
Belize, Costa Rica, El Salvador, Guatemala, Honduras, Nicaragua, Panama

Karibik
Antigua und Barbuda, Bahamas, Barbados, Dominica, Dominikanische Republik, Grenada, Haiti, Jamaika, Kuba, St. Kitts und Nevis, St. Lucia, St. Vincent und die Grenadinen, Trinidad und Tobago

Nordamerika
Mexiko, USA, Kanada

Übersicht 6.2 Die Amerikas – internationale Organisationen (Auswahl)

Organisation Amerikanischer Staaten (OAS)
www.oas.org
gegründet 1948
Mitglieder: alle 35 amerikanischen Staaten

Andengemeinschaft (Communidad Andina de Naciones, CAN)
www.comunidadandina.org/
gegründet 1969 (bis 1996: Andenpakt)
Mitglieder: Bolivien, Ecuador, Kolumbien, Peru

MERCOSUR
www.mercosur.int
gegründet 1991
Mitglieder: Argentinien, Brasilien, Paraguay, Uruguay, Venezuela
Assoziiert: Bolivien, Chile, Ecuador, Guyana, Kolumbien, Peru und Suriname

Bolivarische Allianz (für die Völker unseres Amerika) (ALBA)
www.alianzabolivariana.org
gegründet 2004
Mitglieder: Antigua und Barbuda, Bolivien, Dominika, Ecuador, Kuba, Nicaragua, St. Lucia, St. Vincent und die Grenadinen, Venezuela

UNASUR (Union Südamerikanischer Nationen)
www.unasursg.org/
gegründet 2008
Mitglieder: alle 12 Staaten Südamerikas

Gemeinschaft der Lateinamerikanischen und Karibischen Staaten (CELAC)
www.celac.gob.ve/
gegründet 2010
Mitglieder: alle amerikanischen Staaten außer den USA und Kanada (33 Staaten).

> **Pazifische Allianz (Allianza del Pacífico)**
> alianzapacifico.net
> gegründet 2011
> Mitglieder: Chile, Peru, Kolumbien, Mexiko
> Ziele: freier Waren-, Dienstleistungs-, Kapital- und Personenverkehr; politische Plattform

6.1 Südamerika – eine Region des Friedens?

Südamerika – relativer internationaler Friede seit 1883

Ähnlich wie im Falle (West-)Afrikas (vgl. Kapitel 4.1) mag diese Überschrift überraschen, entspricht es doch nicht unserer alltäglichen Wahrnehmung, die Gesellschaften Südamerikas für besonders friedlich zu halten. Und so allgemein formuliert sind sie es auch nicht. Worum es hier jedoch primär geht, sind zwischenstaatliche Kriege. Und obwohl die Staaten Südamerikas aus Unabhängigkeitskriegen (1809–29; vgl. Fletcher 2013) hervorgegangen sind und auch im 19. Jahrhundert zwischen ihnen noch Kriege geführt wurden (etwa 1825–28 zwischen Argentinien, Brasilien und Uruguay, 1836–39 zwischen Bolivien, Chile und Peru, 1864–70 der sog. Tripelallianz-Krieg zwischen Paraguay und Argentinien, Brasilien und Uruguay und 1879–83 der Pazifische Krieg zwischen Bolivien, Chile und Peru; vgl. die Tabelle 2.1 bei Centeno 2002, 44), haben doch mehrere Forscher festgestellt, dass seit 1883 die Zahl der internationalen Kriege in Südamerika gering war (Kacowicz 1998, 68, kommt für das 20. Jahrhundert auf nur zwei Kriege zwischen südamerikanischen Staaten: den Chaco-Krieg 1932–35 zwischen Bolivien und Paraguay sowie den kurzen Krieg zwischen Ecuador und Peru 1941). Zumindest seit Ausgang des 19. Jahrhunderts kann der südamerikanische Subkontinent also als eine Zone des relativen zwischenstaatlichen Friedens bezeichnet werden. Wie ist das zu erklären? Hierfür haben verschiedene Forscher unterschiedliche Erklärungen vorgelegt – während andere auf die allenfalls *relative* Friedlichkeit abheben und auch international Muster der Drohung mit Gewalt sehen.

ein geografisch und zeitlich differenzierter Befund

Einigkeit besteht unter den Beobachtern, dass die abnehmende Häufigkeit zwischenstaatlicher Kriege und zunehmende Stabilisierung dieses Zustandes nicht mit genereller Gewaltlosigkeit in der Region verwechselt werden darf, sei es in Form innergesellschaftlichen gewaltsamen Konfliktaustrags oder der Gewaltanwendung durch (diktatorische) Staaten. Doch resultiert diese zum Teil gerade aus der Schwäche der Staaten, was z. B. ihre sozialstaatliche Problemlösungsfähigkeit anbelangt, oder deren Vereinnahmung durch gesellschaftlich mächtige Gruppen (etwa Großgrundbesitzer). Wie Centeno (2002, 8) formuliert: „it has been the *absence* of a state that has been largely responsible for deaths among the greater population." Auch verweist er darauf (ebd., 9), dass „Latin America stands out for the general absence of organized slaughter", also Massentod im Krieg oder durch Völkermord. Und schließlich „no politically recognized state has disappeared through conquest." Vielmehr haben insbesondere die südamerikanischen Staaten seit Mitte der 1830er Jahre den völkerrechtlichen Grundsatz uti possidetis (der Wahrung bestehender Gebietsansprüche) anerkannt (Kacowicz 1998, 71). Ab den 1870er Jahren sieht Kacowicz zudem die Entstehung einer kontinent-weiten balance of power, die jedoch erst nach dem Chilenischen Sieg 1883 eine größere Zahl südamerikanischer Staaten umfasst habe, und bis 1919 auch ein Konzert, also eine Dominanz einer regionalen Großmächte-Gruppe, Argentiniens, Brasiliens und Chiles (ABC-Konzert). Insbesondere die Zeit nach 1945 dann verzeichnet keine internationalen Kriege mehr zwischen Staaten der Region (abgesehen vom 100-stündigen sog. Fußball-Krieg zwischen El Salvador und Honduras und Grenzstreitigkeiten zwischen Ecuador und Peru 1981 und 1995). Der Friedlichkeits-Befund ist also nicht naiv, geografisch und über Zeit differenziert, markiert jedoch im weltregionalen Vergleich einen deutlichen Unterschied.

Im Gesagten wird auch schon deutlich, dass es unterschiedliche, einander zum Teil ergänzende Erklärungsstrategien gibt. Eher materialistische Erklärungen stehen neben eher idealistischen. Zu ersteren gehört die zumindest zeitweilig befriedende Wirkung der Machtbalance (1883–1919). Sie entspricht realistischen Erwartungen hinsichtlich der befriedenden Wirkung des Gleichgewichts – freilich ist dieses immer prekär. Wie auch Kacowicz (1998, 80) einräumt, kehrten die südamerikanischen Streitkräfte nach Niederringung ihrer innergesellschaftlichen Gegner, also nach Konsolidierung der Diktaturen, in den 1970er Jahren durchaus zu einem Denken in geopolitischen Kategorien zurück, und „(t)his was a particularly dangerous period in which the regional peace was at best precarious." Dieses geopolitische Denken setzte sich jedoch nicht primär in intra-regionale Kriegsführung um, sondern 1982 in den Konflikt zwischen der Militärdiktatur Argentiniens und dem Großbritannien Margaret Thatchers um die Inselgruppe der Malvinen/Falklands. Die argentinische Niederlage trug mit zur Delegitimierung der Militärherrschaft im Lande bei und damit zum Übergang zur Demokratie in Südamerika im Verlauf der 1980er Jahre. Doch lassen sich auch für die diktatorische Phase noch weitere militär-bezogene Erklärungsansätze für die relative zwischenstaatliche Friedlichkeit Südamerikas finden.

Eine erste knüpft an die Bemerkungen zur Schwäche des Staates an und verbindet sie mit der des nationalen Zusammengehörigkeitsgefühls. Danach waren südamerikanische Staaten vor allem deshalb nach außen friedlich, weil die herrschenden Eliten intern das Militär zur Unterdrückung brauchten und

realistische Erklärung: (prekäres) Gleichgewicht

weitere materialistische Erklärungen: infrastrukturell und herrschaftsbedingt schwache Staaten

dieses damit quasi beschäftigt war. In den Worten von Centeno 2002, 263: „There were simply too many conflicts occuring within each Latin American State for these countries to have much energy to fight one another." Zum andern konnten Herrschende und/oder Militärs externe Kriegsführung nicht riskieren, da sie mit interner Opposition rechnen mussten, und auch infrastrukturell zunächst nicht durchsetzen, da der Zentralstaat ohnehin bis ins erste Drittel des zwanzigsten Jahrhunderts grenznahes Hinterland oft nicht effektiv beherrschte, sich also dort auch mit Kriegsführung schwertat. Während Letzteres eine Erklärung mit (mangelnder) infrastruktureller Macht (im Sinne der Macht-Soziologie von Michael Mann) des Staates ist, bezieht sich Ersteres auf die interne Herrschaftsmechanik in ethnisch pluralen Gesellschaften: sie erkennen einen (unterschiedlich großen) Teil der eigenen (zum Beispiel indigenen) Bevölkerung nicht als gleichberechtigte Bürger an, was umgekehrt deren nationale Identifikation schwächt. Gleichzeitig trägt solch ethnische Herrschaft in Verbindung mit Klassenherrschaft zu sozialer Spaltung bei, was die Mobilisierung der ganzen Gesellschaft für externe Kriegsführung erschwert. Intern infrastrukturell und von der Herrschaftslegitimität schwache Staaten sind also zur Führung großer externer Kriege kaum in der Lage. Und, so das zentrale Argument von Centeno, die relative äußere Sicherheit der südamerikanischen Staaten (vor ihren Nachbarn), das geopolitisch nicht-kompetitive Umfeld, führt wiederum dazu, dass die im frühneuzeitlichen Europa stattgefundene Staatenbildung durch (Vorbereitung auf großen) Krieg in Südamerika weitgehend ausblieb. Dort sitzen kleine, privilegierte Armeen an der Macht infrastrukturell schwacher und sozial geteilter (Ausschließung der Indigenen und Unterklassen) Staaten. Der relative internationale Friede resultiert aus staatlicher Schwäche. Oder genauer gesagt: aus mittelgroßer Staatsstärke, wie Kacowicz (1998, 107) weltregional vergleichend formuliert:

> *„the state in South America seems to occupy a middle way in the weak/strong state continuum: it has been strong enough not to fall apart as in other postcolonial situations (like those in Africa). At the same time, it has been weak enough to find it hard to mobilize its society for war and conquest."*

realistisch interpretierbares Verhalten

Stärker realistisch orientierte Autoren jedoch verweisen nicht nur auf die Wirkung des Gleichgewichts der Macht. Sie sehen, so etwa Kelly (1997), durchaus realistische Regelmäßigkeiten des Konfliktaustrags. So folgten die Konfliktkonstellationen in Südamerika oft dem Motto „Der Feind meines Feindes ist mein Freund", woraus sich eine schachbrettartige Freund-Feind-Konstellation ergeben habe. Doch sieht auch Kelly Faktoren, die die zwischenstaatliche Gewaltsamkeit begrenzen:

> *Escalation of violence caused by the checkerboard structure seems less natural to the geopolitics of South America, even though certain diplomatic disputes continue. Distances and topography, weak economies, the high cost of maintaining the armed forces, similar national cultures, the buffer states' role in cushioning violence, among other factors, contribute to the avoidance of widespread warfare."* (Kelly 1997, 151)

Auch hier wird also auf materielle wie immaterielle Faktoren verwiesen, die die Wahrscheinlichkeit zwischenstaatlichen Krieges in Südamerika mindern. Am skeptischsten hinsichtlich des Friedlichkeits-Befundes ist jedoch David R. Mares. Er stellt, allerdings in Bezug eben nicht auf Süd-, sondern auf das ganze Lateinamerika fest: „While not as war or violence prone as some regions (notably Europe) it does use force more than others do (mainly North America, Africa, and Northeast Asia)." (2001, 51) Doch auch er sieht, „(t)hat conflict rarely escalates to full-scale war and cooperation often wins out" (ebd.). Jedoch erscheint ihm, nicht nur für Lateinamerika, ein Modell erklärungskräftiger, in dem die Entscheidungsträger sich in einem militarized interstate bargaining befinden, also in einem internationalen Ringen um (Interessens-)Durchsetzung unter Einbeziehung militärischer Drohungen, deren Umsetzung jedoch von einem rationalen Kalkül der Entscheidungsträger bestimmt wird, das strategische Kräfteverhältnisse ebenso berücksichtigt wie die Reaktion der heimischen Gesellschaft. Die „willingness of constituencies to absorb costs" und der „degree of accountability of the policymakers" gehen als solche innergesellschaftlichen Faktoren in dieses Kalkül ein – und Mares damit über rein realistische Erklärungsfaktoren hinaus, im Sinne eines durch Eliten vermittelten Wechselspiels externer und interner Erklärungsfaktoren. Für Lateinamerika resultiert daraus aus seiner Sicht ein „violent peace". Auch nach der meist noch begrenzten Demokratisierung der Staaten Lateinamerikas bestehen weiterhin zwischenstaatliche Konfliktpotenziale, bei denen es zur Drohung mit oder Anwendung von Gewalt kommen kann, also fachlich so genannter militarized interstate diputes, sei es hinsichtlich von Grenzverläufen oder auch der Grenzüberschreitung bei der internen Bekämpfung von Guerillas bzw. organisierter Kriminalität (wie der Luft- und Bodenangriffe auf Lager der FARC, die Kolumbien im März 2008 auf ecuadorianischem Gebiet durchführte). In einem neueren Überblick spricht Mares (2012) deshalb von der „illusion of peace" in Lateinamerika.

[Marginalie: militarized interstate bargaining und interstate disputes]

Während also stärker realistisch orientierte Forscher dem süd- oder zumindest lateinamerikanischen Frieden nicht trauen und durchaus eine auch in anderen Weltregionen anzutreffende militarisierte Mechanik zwischenstaatlichen Ringens am Werke sehen, stehen für andere Autoren nicht-materialistische Faktoren im Vordergrund, um die Begrenztheit zwischenstaatlichen Krieges in Südamerika zu erklären. Sie sind idealistisch in dem Sinne,

[Marginalie: idealistische Erklärungen]

dass es auf – von unterschiedlichen Trägergruppen getragene – gedankliche Inhalte, Einstellungen, Sichtweisen, Überzeugungen ankommt.

,militaristischer Friede': das Militär als transnationale Kaste

Eine der für Fragen von Krieg und Frieden wichtige Gruppe sind die führenden Militärs. Und tatsächlich schreibt Félix E. Martín (2006) in einer aufwendigen Studie deren Ideen eine friedensstiftende Wirkung in Südamerika zu. Er spricht deshalb von „militarist peace". Die geringe Häufigkeit größerer intra-regionaler Kriege (nur fünf in den 189 Jahren zwischen 1816 und 2005) bzw. deren Abwesenheit (seit 1935) lässt sich für ihn weder realistisch noch liberalistisch (durch Handelsverflechtung oder internationale Organisationen) hinreichend erklären: „the causes of war presupposed in realism were present in South America, yet interstate war did not erupt. Conversely, the causes of peace assumed in liberalism were absent, but interstate peace has prevailed in this subregion." (Martín 2006, 2) Vielmehr verweist Martín auf die Rolle und die Einstellungen des Militärs. Seine Rolle ist, zumal in Zeiten der Militärdiktaturen, von großer Autonomie geprägt. Hätte das Militär Krieg führen wollen, wäre es dazu in der Lage gewesen: „the regional militaries would have been unhampered internally to use force in order to seek any external objective that they deemed strategically important." (5) Wenn sie dies nicht wollten und taten, dann, weil die historische Entwicklung

> „has progressively led the military establishments in the region to view one another as members of a supranational regional organization who have more threatening political enemies within their own individual polities than across interstate lines."
> (Martín 2006, 6)

Man könnte von der Herausbildung einer transnationalen militärischen Kaste sprechen (Martín nennt sie eine „transnational military confraternity", 163 ff.), die einerseits in den Militärs der anderen Länder ihresgleichen erkennt und sich andererseits wechselseitig verbunden fühlt in der Aufgabe der Bekämpfung interner Feinde, was zumal in Zeiten des Ost-West-Konfliktes[1] tendenziell als ‚kommunistische Bedrohung' gesehen wurde und als Perspektive auch vom großen Bruder im Norden, den USA, unterstützt wurde (ideologisch wie materiell durch Rüstungs- und Ausbildungsunterstützung, etwa im Rahmen der berüchtigten „School of the Americas"[2]). Um dies zu belegen, hat Martín einerseits Information über das hohe Ausmaß der grenzüberschrei-

---

1   Zu Lateinamerika in Zeiten des Ost-West-Konflikts vgl. Rabe 2011 und Brands 2012.
2   An der 1946 vom US-Verteidigungsministerium eingerichteten School (2000 umbenannt in Western Hemisphere Institute of Security Cooperation) wurden seit 1961 lateinamerikanische Militärs insbesondere in Aufstandsbekämpfung (counter-insurgency) ausgebildet (vgl. Gill 2004).

tenden militärischen Zusammenarbeit gesammelt, welche die Gelegenheit bot zur Sozialisation hinein in die transnationale Kaste. So nehmen Spitzentreffen der Militärs im Zeitraum 1935 bis 2005 im Verhältnis zu solchen ziviler Politiker stetig zu und sind schließlich sieben Mal so häufig. Andere Indikatoren sind gemeinsame Manöver und die Ausbildung an regionalen und internationalen Militärakademien. Als gemeinsam wahrgenommene Erlebnisse wie der Chaco-Krieg zwischen Bolivien und Paraguay mit der Folge interner Aufstände zwei Jahre nach Kriegsende ließen das Risiko externer Kriegsführung für die innere Sicherheit deutlich hervortreten. Diese wurde zum dominanten Ziel der Kaste, bis hin zur verschwörerischen Kooperation der Militärregime und ihrer Geheimdienste im Rahmen der so genannten Operation Condor der 1970er Jahre[3].

Gedankliche Inhalte ganz anderer Art, nämlich friedensfördernde Normen in der Region Südamerika, hebt schließlich Arie M. Kacowicz (2005) in einer jüngeren Arbeit als Beitrag zur relativen Friedlichkeit im südlichen Amerika hervor. Auch er will dies freilich nicht im Sinne maximalen Idealismus verstanden wissen, gemäß dem Ideen selbst, als solche, Frieden bewirken. Vielmehr seien sie im Kontext von „other economic, political, and international factors, usually collapsed under the rubric of ‚interests'" (7) zu sehen. Dennoch schreibt er ihnen eine unabhängige Wirkung zu, sieht sie als „independent variable". Man interpretiert dies vielleicht am besten in dem Sinne, wie es auch der Konstruktivismus im Bereich der Analyse internationaler Politik tut, dass nämlich Einstellungen und Sichtweisen (oft auch mit dem inflationär gebrauchten Begriff „Identitäten" belegt) mitbestimmen, was Akteure als ihre Interessen ansehen. Wir haben dies oben bei Martín gesehen, der im Grunde von einem Selbstverständnis der südamerikanischen Militärs ausgeht, das die Wahrung der inneren Sicherheit als ihr primäres Interesse erscheinen lässt. Demgegenüber kann man die lateinamerikanische juristische und diplomatische Gemeinde als Trägergruppe der von Kacowicz angeführten Normen annehmen. Als Opfer zahlreicher externer Interventionen vor allem im 19. Jahrhundert bildete sie frühzeitig eine Betonung des Souveränitäts- und Nicht-Einmischungsprinzips heraus. Der gebietsrechtliche Grundsatz uti possidetis wurde bereits angesprochen. Generell ist ein gewisser Legalismus, ein Hochhalten juristischer Formen Kennzeichen der lateinamerikanischen Kultur. Insbesondere diente die Betonung des völkerrechtlichen Grundsatzes der Nicht-Intervention dem Schutz der lateinamerikanischen Staaten vor äußerer Einmischung, auch und gerade durch die USA. Sie ist festgehalten in

friedensfördernde internationale Normen

---

3   Ziel dieser Kooperation der Geheimdienste von sechs Staaten (Argentinien, Chile, Paraguay, Uruguay, Bolivien und Brasilien) war die Bekämpfung linker politischer Kräfte, bis hin zur Ermordung (vgl. Dinges 2005).

der nach dem argentinischen Juristen und Diplomaten Carlos Calvo benannten Calvo-Doktrin von 1900 und wurde in der zwei Jahre später vom argentinischen Außenminister artikulierten Drago-Doktrin bekräftigt. Schließlich wurden, für den Bereich der Sicherheitspolitik relevant, Normen der Vertrauensbildung und Rüstungskontrolle entwickelt (etwa in Gestalt des Vertrags von Tlatelolco von 1967, der Lateinamerika zur nuklearwaffenfreien Zone erklärt). Kacowicz zeigt für elf ausgewählte Fälle zwischen 1881 und 2005, wie die Berufung auf solche Normen in der Region einen friedensförderlichen Effekt hatte. So konnten einige Territorialstreitigkeiten friedlich beigelegt werden, z. T. durch externe Vermittlung (wie 1984 der Beagle-Kanal-Konflikt zwischen Argentinien und Chile durch Vermittlung des Papstes). In anderen Fällen freilich kam es zum Krieg (etwa dem Chaco-Krieg). Kacowicz arbeitet auch die Bedingungen heraus, unter denen solche Normen Wirksamkeit entfalten können. Förderlich ist, wenn sich zentrale heimische Akteure auf solche Normen beziehen, diese Normen gut auf den konkreten Fall anwendbar sind, externe hegemoniale Mächte normbasierte Streitschlichtung fördern und die beteiligten politischen Systeme offen und demokratisch sind. Kacowicz diagnostiziert also insgesamt, in den Kategorien der sog. Englischen Schule, eine besondere latein- oder südamerikanische ‚internationale Gesellschaft', einen Staatenkreis, dessen führende juristisch-diplomatische Eliten einer bestimmten normativen Kultur verpflichtet sind.

Zusammenfassend lässt sich festhalten, dass die meisten Beobachter für die Region Südamerika seit den 1880er Jahren eine besondere Friedfertigkeit im Sinne der geringen Häufigkeit (bzw. seit 1935 Abwesenheit) großer internationaler Kriege sehen. Dies bedeutet nicht, dass es keine Konflikte zwischen den Staaten gibt. Diese werden jedoch durch gelingende Abschreckung (militarised interstate bargaining) und die Anwendung regional institutionalisierter Normen so gemanaged, dass Gewalteskalation zwischen den Staaten ausbleibt. In diesem ‚nicht-kompetitiven' Umfeld greift einerseits der Mechanismus der frühneuzeitlichen europäischen Ausscheidungswettkämpfe nicht. Kein Staat verliert seine Existenz. Freilich trägt damit auch der Krieg nicht zur Staatsbildung bei. Die Staaten bleiben relativ schwach. Oft schließen sie Bevölkerungsteile aus. Das Militär gewinnt eine gewichtige Stellung, sieht seine Aufgabe als transnational vernetzte Kaste jedoch eher in der Wahrung ‚innerer Ordnung', der Verteidigung der Stellung der Privilegierten – darunter das Militär – in von großer Ungleichheit gekennzeichneten Gesellschaften. Zumindest in den 1950er und 60er Jahren, vor dem Hintergrund des virulenten Ost-West-Konflikts, wird es in dieser Sicht vom extra-regionalen Hegemon im Norden, den USA, unterstützt. Materielle und immateriell-gedankliche Faktoren, gekoppelt an soziale Trägerschichten, die interne und externe Anforderungen des Herrschaftserhalts ausbalancieren, erklären also den Befund der relativen Friedfertigkeit Südamerikas. Mit dem Übergang zu demokratischeren Herrschaftsformen ergab sich die Chance, weitere, eher liberal-institutionalistischen Vorstellungen entsprechende Kooperationschancen zu nutzen. Ihnen wollen wir uns im Folgenden Teilkapitel widmen.

6.2 Internationale Kooperation in Südamerika

Nachdem die unterschiedlichen Pläne unter anderem des Unabhängigkeitskämpfers Simón Bolívar für einen Zusammenschluss der neuen unabhängigen Staaten Südamerikas im ersten Drittel des 19. Jahrhunderts gescheitert waren, kam es im Verlauf der 1960er Jahre zu einer ersten Runde wirtschaftlicher Integrationsprojekte in Latein- bzw. Südamerika: die Lateinamerikanische Freihandelszone (ALALC, mit sechs Mitgliedern) wurde 1960 gegründet und 1980 in die Lateinamerikanische Integrationsvereinigung (ALADI) umgewandelt; 1969 wurde der Andenpakt gegründet, der sich 1996 in Gemeinschaft der Anden-Nationen (Andengemeinschaft, CAN) umbenannte. Der entscheidende Schritt jedoch erfolgte erst in einer zweiten Integrationsrunde mit Grünung des Gemeinsamen Marktes des Südens (Mercosur) 1991. Das Überraschende an der zweiten Runde der Institutionalisierung internationaler Kooperation in Südamerika und insbesondere im Bereich seiner Südspitze, dem so genannten cono de sur, bestehend aus Argentinien, Chile, Paraguay und Uruguay und, zuweilen dazugerechnet, Brasilien und Bolivien, ist, dass sie in den 1980er Jahren binnen kurzer Zeit entstand. Wie Kelly (1997, 2) feststellt, war der zugrundeliegende Annäherungsprozess vor dem Hintergrund der lang anhaltenden brasilianisch-argentinischen Konkurrenz um regionale Führung „a monumental reversal of traditional geopolitics"; und das Ganze begann, als in beiden Staaten noch das Militär herrschte (in Argentinien bis 1983, in Brasilien bis Anfang 1985). Jedoch gilt auch: „Bilateral rapprochement had started under the military rule, but only the civilian democratic regimes could undertake an extensive and consistant program of security confidence-building." (Gardini 2010, mit Bezug auf Schmitter 1991). Der zwischen Brasilien und Paraguay seit 1966 geplante und 1973 vereinbarte Bau des Itaipú-Damms am Fluss Paraná hatte zu Befürchtungen auf argentinischer Seite hinsichtlich seiner Wassernutzungsmöglichkeiten geführt. Am 17. Oktober 1979 kam es zwischen allen drei Staaten darüber zu einer friedlichen Einigung. Im Mai und August 1980 besuchte erst General Figueiredo Argentinien, dann General Videla Brasilien. Bei ersterer Gelegenheit wurde ein nukleartechnisches Kooperationsabkommen geschlossen (mit Stoßrichtung gegen den von beiden Regimen als einschränkend empfundenen Nuklearwaffen-Sperrvertrag). Erst nach dem verlorenen Falkland/Malwinen-Krieg

Anfänge der Verständigung noch während der Diktatur, Ausbau im Zeichen der Demokratisierung

(April 1982) jedoch kam es zunächst in Argentinien zur Demokratisierung mit Antritt Raul Alfonsíns als erstem demokratisch gewählten Präsidenten am 10. Dezember 1983.

von bilateraler Verständigung zu multilateraler Integration: Gründung des Mercosur 1991

Ab 1984 wurden daraufhin erste bilaterale Gespräche über wirtschaftliche Integration geführt, die nach der Wahl Tancredo Neves' zum ersten demokratischen Präsidenten Brasiliens im Januar 1985 weiter vorankamen. Der Verhandlungsprozess führte über mehrere bilaterale Abkommen (u. a. unterzeichneten die Präsidenten Alfonsín und Sarney am 29. Juli 1986 das bilaterale Programa de Integración y Cooperación). Am 26. März 1991 wurde schließlich unter den Präsidenten Carlos Menem und Fernando Collor de Mello der multilaterale Vertrag von Asunción unterzeichnet. Mit ihm wurde der Gemeinsame Markt des Südens (Mercado Común del Sur/Sul, Mercosur) zwischen Argentinien, Brasilien, Uruguay und Paraguay begründet. Gardini (2010) betont in seiner umfassenden Analyse des Verhandlungsprozesses insbesondere die Rolle der Präsidenten. Außenpolitik war und ist in Südamerika in hohem Maße eine gouvernementale und insbesondere präsidiale Angelegenheit. Insofern kommt es auf deren Sichtweisen besonders an. Neben dem geteilten Interesse an der Überwindung der wirtschaftlichen Krise, die die Endzeit der Diktaturen kennzeichnete, verband sie das Interesse an der wechselseitigen Stabilisierung der jungen Demokratien: „Mercosur was born as a strategic ,development alliance' with clear political and economic goals: institutional (democratic) and economic stabilization, economic growth, and increase of political leverage in international affairs." (Oelsner 2005, 13)

ökonomische Erfolge – und ihre Grenzen

Der Mercosur wurde 1991 also als intergouvernementale Einrichtung begründet und ist es bis heute auch geblieben. Wirtschaftlich war er in seiner ersten Dekade auch recht erfolgreich. Der Anteil des Handels zwischen den Mitgliedern an ihrem gesamten Außenhandel stieg bis 1998 auf 25 Prozent, die Mitgliedsstaaten zogen vermehrt ausländische Direktinvestitionen an und es entstanden vermehrt regionale Produktionsnetzwerke (Schelhase 2011, 179). Allerdings konnte der geplante gemeinsame Außenzoll bis heute nicht vollständig umgesetzt werden. Unterschiedliche Währungsregime in den zentralen Mitgliedsstaaten Argentinien und Brasilien sorgten für Handelsungleichgewichte zwischen ihnen in der zweiten Hälfte der 1990er Jahre, und internationale Wirtschaftskrisen wie die Krise des mexikanischen Peso 1994, die asiatische Finanzkrise 1997 und die Russlands 1998 betrafen die Mercosur-Ökonomien negativ. Die wirtschaftliche Integration stagnierte, der Intra-Block-Handel ging zurück. Er hat sich mittlerweile auf rund 15 Prozent des Gesamthandels erholt. Auch die globale Finanzkrise von 2007 hat erneut zu Handelsrestriktionen auch im Binnenverhältnis geführt, etwa zur Anwendung nicht-tarifärer Handelshemmnisse. Die zum Teil in der schieren ungleichen Größe der Ökonomien der Mitgliedsstaaten – Brasiliens Bruttoinlandsprodukt beträgt mit rund 2400 Mrd. USD 2012 fast das Einhundertfache von Paraguays 26 Mrd. und immer noch mehr als das Fünffache von Argentiniens 475 Mrd. – begründeten Ungleichgewichte prägen auch weiterhin das Bild (vgl. Baumann 2011 für eine aus der Region stammende Einschätzung der ökonomischen Wirkung des Mercosur).

Ungeachtet seiner ökonomisch gemischten Bilanz hat sich das politische Projekt Mercosur im Lauf der Jahre zum wichtigsten Integrationsprojekt Südamerikas weiterentwickelt. Im Protokoll von Ouro Preto legten die Mitgliedstaaten die institutionelle Struktur des Mercosur fest. Danach ist der Rat des Gemeinsamen Marktes (Consejo del Mercado Comun, CMC), bestehend aus den Außen- und Wirtschaftsministern, das höchste Beschlussgremium. Er tagt mindestens einmal jährlich, wenn möglich auch unter Beteiligung der Präsidenten. Das Exekutivorgan ist der Grupo Mercado Comun, bestehend aus je vier Mitgliedern pro Staat, die die Außen- und Wirtschaftsministerien sowie die Zentralbanken vertreten. Er soll die Einhaltung der Beschlüsse des CMC überwachen. Beiden Einrichtungen arbeiten zahlreiche Arbeitsgruppen zu. 2002 wurde im Protokoll von Olivos ein Streitschlichtungsmechanismus und in dessen Rahmen 2006 ein Revisionsgericht eingerichtet. Im Dezember 2006 fand die erste Sitzung des Mercosur-Parlamentes statt. Es hat jedoch im Wesentlichen beratende und vorschlagende, nicht wirklich gesetzgeberische Funktion. Die Direktwahl der Mitglieder wird bis 2014 angestrebt (Mallmann/Dri 2011, 217). 2011 wurde das Montevideo-Protokoll angenommen, das demokratische Verhältnisse in den Mitgliedstaaten festschreibt und im Artikel 6 bei Rückfällen in undemokratische Verhältnisse die Aussetzung der Mitgliedschaft vorsieht. Dies wurde erstmals angewandt nach der umstrittenen Amtsenthebung Präsident Lugos von Paraguay: am 29.6.2012 wurde Paraguays Mitgliedschaft im Mercosur suspendiert. Inzwischen hat Paraguay nach erfolgter Neuwahl seines Präsidenten im April 2013 die Wiederaufnahme beantragt. Da der Kongress von Paraguay die Ratifikation des schon 2006 beschlossenen Mercosur-Beitritts Venezuelas blockiert hatte (vgl. Gutiérez 2011), konnte dieser Ende 2012 erfolgen. Ob dies angesichts der auch nicht immer lupenrein demokratischen Herrschaftsmechanik in Venezuela dem Geist des Montevideo-Protokolls entspricht, ist umstritten. Auch wurde mit dem Beitritt Venezuelas die Heterogenität der Mercosur-Mitgliedschaft erhöht, auch was ihre ökonomische Philosophie anbelangt. Dies wie auch die nach wie vor intergouvernementale Natur des Mercosur, der keine der EU-Kommission vergleichbare supranationale Antreiber-Instanz kennt, dürfte auch weiterhin die Vertiefung der Integration erschweren.

<small>institutionelle Entwicklung</small>

Die stärker neoliberal ausgerichteten Anrainerstaaten des Pazifik wie Chile und Peru sind dem Mercosur ohnehin bisher nur assoziiert und haben, zusammen mit Kolumbien und Mexiko, 2011 die Pazifische Allianz begründet,

<small>und unterschiedliche Perspektiven der südamerikanischen Staaten</small>

deren geoökonomische Ausrichtung bereits in ihrem Namen steckt. Tatsächlich werden die Beziehungen insbesondere zur Volksrepublik China zunehmend für die lateinamerikanischen Staaten von Bedeutung[4], und umgekehrt steht Brasilien seit seinem wirtschaftlichen Aufstieg – symbolisch ausgedrückt in seiner Zugehörigkeit zu den BRIC-Staaten – vor der Frage, wie das Verhältnis zwischen regionaler und globaler Integration aussehen soll. Die südamerikanischen Staaten verfolgen durchaus unterschiedliche Perspektiven in der Integrationspolitik (vgl. die Beiträge in Tussie/Trucco 2010 sowie in Gardini/Lambert 2011 zu ihren Außenpolitiken allgemein). Merke (2010, 554 ff.) resümiert diese unterschiedlichen Perspektiven (die Kapitelüberschriften in Tussie/Trucco 2010 aufnehmend) für sieben der Staaten wie folgt:

Argentinien: das globale Szenario ergänzt das regionale;

Brasilien: das regionale ergänzt das globale;

Chile: das regionale Szenario ergänzt die Freihandelsverträge;

Ecuador: das regionale Szenario ersetzt das bilaterale;

Kolumbien: das regionale Szenario ergänzt bilaterale;

Peru: das regionale Szenario ergänzt das bilaterale;

Venezuela: das regionale Szenario als (dem Wunsch nach) einziges.

Unterschiedliche Staaten setzen also in unterschiedlichem Ausmaß auf regionale Integration und sehen dazu unterschiedliche ergänzende oder alternative Möglichkeiten außenwirtschaftlicher Orientierung. Dies motiviert auch die weiteren regionalen Verbünde wie die ALBA und die UNASUR. Bevor wir diese kurz in den Blick nehmen, sei jedoch noch auf die politische Alltagsmechanik des Mercosur eingegangen.

alltägliche Interessenspolitik im Mercosur: eine neoklassisch-realistische Deutung

Diese „politics of Mercosur" ist Gegenstand einer neueren Arbeit von Gómez-Mera (2013), in der sie dem „contradictory mix of conflict *and* cooperation" (a. a. O., 3, Herv. im Org.) im Mercosur nachgeht. Sie nimmt dabei eine neoklassisch-realistische Perspektive ein, der jüngste Neuzugang in der realistischen Theoriefamilie, der zur Analyse außenpolitischen Verhaltens den systemischen Handlungszwang – Selbstbehauptung unter Anarchie-

---

4 Das Thema wurde in letzter Zeit viel behandelt, vgl. etwa Ellis 2009, Fernández Jilberto/Hegenboom 2010, Hearn/León-Manriquez 2011 und Fornés/Philip 2012.

bedingungen –, mit dem der Neo- oder systemische Realismus à la Kenneth Waltz argumentiert, für nicht ausreichend hält. Wie auf solche Handlungszwänge reagiert und wie also außenpolitisch agiert wird – das hängt aus neoklassisch-realistischer Sicht vom internen Wechselspiel zwischen staatlichen Akteuren und wichtigen gesellschaftlichen Interessensgruppen ab. Auch in diesem Forschungsprogramm wird somit auf die Bedeutung innergesellschaftlicher Verhältnisse für die Erklärung von Außenpolitik hingewiesen. Konkret untersucht Gómez-Mera das wirtschaftspolitische Integrationsverhalten der beiden großen Mercosur-Staaten Brasilien und Argentinien. Beide teilen das Interesse am Mercosur, durch Integration(serträge) dessen (und ihre) Stellung im internationalen System und insbesondere im Verhältnis zu den USA zu stärken. In dieser machtpolitischen Tiefenmotivation liegt der realistische Anteil der Erklärung begründet. Gómez-Mera stellt jedoch im bilateralen Verhältnis Argentinien-Brasilien eine asymmetrische strategische Interdependenz fest: beide sind auf den Mercosur, auf kooperatives Verhalten in seinem Rahmen, angewiesen zur Stärkung ihres Einflusses, jedoch „Brasil's *strategic* commitment to MERCOSUR has been stronger and more consistent than Argentina's." (213) Damit kann sie erklären, warum in den handelspolitischen Konflikten zwischen beiden Staaten Brasilien kompromissbereiter war und die Ergebnisse, entgegen gängigen machtpolitischen Erwartungen, nicht dominierte. Innerhalb dieser international-machtpolitischen Konstellation haben die staatlichen Akteure beider Länder, die Gómez-Mera für die entscheidenden Akteure hält[5], Spielraum, auf innergesellschaftlich artikulierte ökonomische Interessen zu reagieren. Die Staatenvertreter vermitteln also zwischen internationalen Handlungserfordernissen und gesellschaftlichem (Interessen-)Druck, gegenüber dem sie jedoch relativ autonom sind: staatliche Akteure können eigene Interessen(sdefinitionen) durchsetzen, sie sind weder reine Marionetten gesellschaftlicher Interessen noch reichen sie deren Sichtweise automatisch auf die internationale Ebene durch. Dies entspricht im Grunde genau dem hier propagierten Ansatz der gesellschaftlichen Bedingungen außenpolitischen Handels.

Empirisch untersucht Gómez-Mera für den Zeitraum von 1995 bis 2006 das außenwirtschaftspolitische Konfliktverhalten zwischen Argentinien und

Gegenstand und Ergebnisse der empirischen Untersuchung

---

5 Auch in der angenommenen Dominanz staatlicher Akteure steckt ein ‚Rest-Realismus', halten doch alle realistischen Ansätze Staaten für die entscheidenden Akteure der internationalen Politik; interessanterweise wird „der Staat" jedoch in neoklassisch-realistischer Perspektive analytisch zerlegt in einzelne staatliche Instanzen als Akteure (etwa Vertreter der Außen- und Wirtschaftsministerien) und gesellschaftliche Akteure (Interessensgruppen); m. a. W.: der neoklassische Realismus lässt sich auf die Analyse der heimischen Verhältnisse ein – genau das, was sich der strukturalistische Neorealismus glaubte ersparen zu können.

Brasilien in unterschiedlichen Sektoren (Automobilwirtschaft, Schuh- und Textilindustrie) und hinsichtlich unterschiedlicher Aspekte (Drohung mit bzw. Anwendung von nicht-tarifären Handelshemmnissen, Änderungen des gemeinsamen Außenzolls) und stellt fest, dass sich Argentinien in mehr als der Hälfte der Fälle eher durchgesetzt hat. Beide Staaten haben also zeitweilig zu Maßnahmen gegriffen, die nicht wirklich mit den Bestimmungen des Mercosur konform waren. Dies zeigt die Begrenztheit der Normbindung und auch, dass die führenden Mercosur-Staaten weiterhin nationaler Autonomie („Souveränität", wie oft formuliert wird) den Vorrang geben. Dabei reagieren die staatlichen Instanzen auf innenpolitischen Druck von Interessensgruppen, jedoch in einem von ihren eigenen wahrgenommenen Interessen bestimmten Ausmaß:

> „in both countries state actors' incentives for defection were more relevant than societal pressure in explaining the outbreak of conflict.[...] [T]he instrumental calculus of state actors was clearly the most important in explaining the breakup of cooperation in MERCOSUR." *(Gómez-Mera 2013, 201/202)*

Auf den Druck aus einzelnen Branchen wird nur dann und soweit mit – auf internationaler Ebene konfliktträchtigen – Konzessionen (wie vereinbarten Exportbeschränkungen) reagiert, wie es mit der gesamtwirtschaftlichen Sichtweise des Staates vereinbar ist. Um diese Sichtweise des Staates wird jedoch auch in ihm selbst, zwischen unterschiedlichen staatlichen Instanzen, gerungen. Zweierlei wird damit deutlich: Zum einen das hohe Ausmaß, in dem das Ringen um Interessen(sdefinition) zwischen einzelnen staatlichen Instanzen verknüpft ist mit dem Verhältnis dieser staatlichen Instanzen zu gesellschaftlichen Interessensgruppen einerseits und mit der bilateralen, weltregionalen und globalen internationalen Ebene andererseits, hinsichtlich derer sich die staatlichen Entscheidungsträger Gedanken über die Auswirkungen einzelner ‚Schachzüge' im weltregionalen Wirtschaftsintegrationsspiel machen.[6] Zum andern jedoch wird deutlich, welch hoher Aufwand an Erhebung von (und also auch Zugang zu) Information von Forscherinnen und Forschern betrieben werden muss, die diese verketteten Spiele empirisch nachzeichnen wollen.

Wir können nun diese Überlegungen zum Interessensringen innerhalb des Mercosur wieder verknüpfen mit den vorausgehenden Überlegungen zu den Haltungen, die einzelne südamerikanische Staaten zu Fragen der weltregiona-

---

6   Wie Gómez-Mera (2013, 202/3) schreibt: „the use of VERs [Voluntary Export Restraints] and escape clauses must be understood as attempts by national leaders to respond to domestic demands without undermining the continuity and stability of regional cooperation."

len Organisation einnehmen. Aus brasilianischer Sicht spielte und spielt der Mercosur eine wichtige Rolle als Grundlage einer brasilianisch geführten südamerikanischen Union, ohne dass Brasilien deshalb als wohlmeinender Hegemon einen überproportionalen Kostenanteil zu tragen bereit ist:

> *Brasil has maintained quite a self-serving position toward MERCOSUR, seeking to benefit from the reputational and legitimacy effects of being recognized as a regional power, but refusing to face the costs of a more active leadership in constructing and maintaining regional order." (Gómez-Mera 2013, 201)*

Genau diese Rolle jedoch hat in jüngster Zeit, gestützt auf seine Erdöl-Einnahmen, Venezuela zu spielen versucht. Beide Staaten ringen um die Führung in Südamerika[7], teilen jedoch das Interesse, dieses stärker unabhängig gegenüber den USA zu positionieren.

Ausdruck dieses Ringens um Einfluss in und Streben nach Einfluss für Südamerika sind die politischen Projekte der ALBA und der UNASUR.[8] Die Alianza bolivariana, wie das Projekt nach mehreren Umbenennungen heute genannt wird[9], ist das erste und ideologisch deutlichste Unterfangen im Rahmen dessen, was als post-(neo-)liberaler (Sanahuja 2010) bzw. post-hegemonialer (Riggirozzi/Tussie 2012) Regionalismus bezeichnet worden ist. Die ALBA ist im Ursprung ein venezolanisches Projekt, und zwar in einem solchen Ausmaß, „dass eine Unterscheidung zwischen venezolanischer Außenpolitik und tatsächlichen ALBA-Projekten nicht leicht fällt." (Detsch 2010) Näherhin war ALBA mit dem venezolanischen Präsidenten Hugo Chávez verbunden – so eng, dass nach seinem Tod 2013 kritisch gefragt wurde, ob das ALBA-Projekt ihn überleben werde. Venezuela unter Chávez (vgl. einführend Tinker-Salas 2014) ist dabei Teil dessen, was als „rosa Flutwelle" (pink tide) bezeichnet wurde, der Einflussgewinn eher linker politischer Kräfte in Lateinamerika (neben Chávez in Venezuela etwa durch Ricardo Lagos und Michelle Bachelet in Chile, die Kirchners in Argentinien, Lula da Silva und Dilma Roussef in Brasilien und Evo Morales in Bolivien, neben ‚Altlinken' wie Daniel Ortega in Nicaragua).[10] Trotz Unterschieden im Einzelnen teilen sie eine stärker an sozialen Zielen orientierte Vorstellung von Entwicklung,

post-(neo-)liberale und post-hegemoniale Projekte: ALBA

---

7   Während, in den Worten von Gómez-Mera (2013, 211), „Argentina has also viewed its political and economic alliance with Venezuela as directly contributing to counterweight Brazil's role within [Mercosur]".
8   Vgl. zu diesem neuen südamerikanischen Regionalismus auch die Beiträge in Vivarez 2014
9   Zuvor wurde das erste „A" in ALBA auch mit „alternativa" erklärt.
10 Vgl. Philip/Panizza 2011 zur Erläuterung von Herkunft und Bedeutung des Phänomens am Beispiel von Venezuela, Bolivien und Ecuador.

stehen also eher für ‚solidarischen' Regionalismus als einen solchen, der sich in Marktöffnung erschöpft. Zugleich vereint sie das Streben nach mehr Unabhängigkeit des Südens, insbesondere gegenüber den zeitweilig global und regional hegemonial auftretenden USA. Von daher liegen die Ursprünge der ALBA auch in der Ablehnung des US-propagierten Projekts, die 1994 gegründete Nordamerikanische Freihandelszone (NAFTA) zu einer beide Amerikas umfassenden Free Trade Area of the Americas (FTAA) auszubauen: „Indeed President Chávez emphatically declared that the goal of ALBA is ‚to bury the FTAA and the imperialist, capitalist economic model'" (Gardini 2011, 240). Hieran (wie auch an etlichen anderen ALBA-Formulierungen) wird auch der populistische Charakter des Projektes deutlich, eine Bezeichnung, die seine (und Chávez') Kritiker abwertend meinen, die von den Anhängern jedoch im Sinne von volksnah und am Wohl der Völker orientiert verstanden wird.

Ziele und Mittel

Dies spiegelt sich auch in den Hauptzielen der ALBA (vgl. Altmann 2011). Mit ihr soll eine größere Unabhängigkeit der beteiligten Staaten vom kapitalistischen Norden erreicht werden, der Politik das Primat gegenüber der Ökonomie zurückgegeben werden, der Handel soll nicht zur Markterschließung und Wirtschaftsintegration dienen, sondern den Völkern. Von daher wurde nach dem ersten Abkommen zwischen Venezuela und Kuba von 2004 beim Beitritt Boliviens 2006 der Handelsvertrag der Völker (Tratado de Comercio de los Pueblos, TCP) geschlossen. Vorgesehen sind begünstigte Belieferung der anderen ALBA-Staaten mit venezolanischem Öl (im Rahmen des Petro-Caribe-Abkommens erhalten 18 Staaten rund ein Viertel der venezolanischen Produktion zu Vorzugsbedingungen), die solidarische Unterstützung sozialer Projekte und die Abwicklung des Handels auch auf nicht-monetärer Basis als Güter-Tauschhandel bzw. seit 2010 unter Einsatz der Regionalwährung Sucre. Als Strukturen wurden hierzu 2007 neben dem Präsidialrat, dem der Außenminister und speziellen Arbeitsgruppen auch eine Versammlung der sozialen Bewegungen eingerichtet. Die basisdemokratische Ausrichtung des Projekts soll damit betont werden. Weitere Projekte sind der Aufbau des regionalen Satelliten-Senders teleSUR (auf Sendung seit 2005) sowie die 2007 erfolgte Einrichtung der Bank des Südens (Banco del Sur) zur Finanzierung regionaler Entwicklung unabhängig von den großen multilateralen Geldgebern wie der Weltbank. So verdienstvoll die ALBA-Politik im Einzelnen sein mag (vgl. die Beiträge in Mohr 2013 für Analysen aus sympathisierender Perspektive), so wird doch deutlich, dass sie ganz wesentlich von der Finanzierung durch Venezuela abhängig sind. Und diese wiederum beruht auf den Erlösen, die Venezuela durch Verkauf von Öl erzielt – wobei die USA zu den größten Abnehmern zählen (neben China). Man mag beurteilen, ob damit der Kapitalismus dialektisch mit seinen eigenen Mitteln bekämpft wird – oder ob die Abhängigkeit der Peripherie hier nicht nur neue Gestalt annimmt.

Das Projekt einer Union der Südamerikanischen Staaten (UNASUR) ist gleichsam das eines Dachverbands der Staaten der Andengemeinschaft (CAN) und des Mercosur, ergänzt um Chile, Guyana und Surinam, umfasst also alle zwölf Staaten Südamerikas. In vieler Hinsicht baut UNASUR auf Vorhaben der ALBA auf: „la mayor parte de las propuestas planteadas por Venezuela y sus socios en la ALBA han sido reelaboradas en el marco, más amplio, de UNASUR"[11] (Sanahuja 2010, 121). Als weniger stark ideologisch geprägtes Projekt hat sie jedoch eher eine Chance, als einigendes Projekt Südamerikas zu fungieren, auch wenn unter den Mitgliedstaaten Differenzen und Konkurrenz, auch um Einfluss, bleiben. UNASUR wurde auf einem Sondergipfeltreffen der südamerikanischen Staatschefs 2008 in Brasilia gegründet, mit Inkrafttreten des Gründungsvertrags 2011 erhielt sie formal Rechtspersönlichkeit. Gleichwohl steckt die Entwicklung noch in den Anfängen. Grundlegendes Kennzeichen ist wieder der Intergouvernementalismus der Einrichtung, die Beschlüsse nur mit Zustimmung aller fassen kann. Dies setzt der beschworenen Einheit von vorne herein Grenzen. Zu den künftigen Zielen gehören eine die Ozeane Atlantik und Pazifik verbindenden Autobahn, Freihandel in ganz Südamerika und sogar eine Währungsunion. Insgesamt enthält der Gründungsvertrag in Artikel 3 nicht weniger als sechzehn „spezifisch" genannte Ziele, die jedoch noch immer sehr allgemein formuliert sind und die soziale Entwicklung ebenso wie den Erhalt der Artenvielfalt umfassen.

UNASUR

UNASUR kann also zunächst nach innen als institutionalisiertes Dialogforum fungieren, diversifiziert nach einzelnen Sachbereichen, wozu die neun Ministerräte (von Infrastruktur über Erziehung sowie Gesundheit bis zu Wirtschaft und Finanzen) dienen. Dazu gehört auch der auf brasilianischen Vorschlag erstmals im März 2009 tagende Südamerikanische Verteidigungsrat (Consejo de Defensa Suramericano). Schon im August dieses Jahres zeigte sich jedoch die Uneinigkeit der Mitglieder, als die kolumbianische Regierung von Álvaro Uribe mit den USA ein Abkommen über die Nutzung von Militärbasen im Lande schloss, aus ihrer Sicht gedacht als Kooperationsmaßnahme im gemeinsamen Kampf gegen den Terrorismus, von vielen anderen in Südamerika jedoch (auch aufgrund der Reichweite der zu stationierenden US-Flugzeuge) als Sprungbrett für gerade jenen US-Einfluss, den einzudämmen doch ein Hauptzweck der UNASUR ist. Gleichwohl kann die UNASUR für alle Beteiligten Vorteile bringen: die Erschließung neuer Märkte für Brasilien, für Chile und Bolivien ein Forum zur Regelung ihrer Konflikte, für Kolumbien eine Möglichkeit, seine einseitige außenpolitische Ausrichtung auf die USA

mögliche Wirkungen

---

11 „Die Mehrheit der von Venezuela und seinen Bundesgenossen im Rahmen der ALBA unterbreiteten Vorschläge ist im erweiterten Rahmen der UNASUR weiter ausgearbeitet worden."

zu diversifizieren und schließlich für die kleineren Staaten eine internationale Aufwertung durch Mitgliedschaft im Verbund (vgl. Sanahuja 2010, 104 f.). International hat UNASUR Gipfeltreffen mit den arabischen Staaten und der AU abgehalten, setzt also auf den Ausbau der Süd-Süd-Beziehungen. Gleichwohl wird ihre Entwicklung von der Überwindung interner Differenzen abhängen, insbesondere zwischen der eher kapitalismus-kritischen Orientierung Venezuelas und der durchaus auf einen, sozial abgefederten, Markt setzenden Politik Brasiliens. Das Ausmaß, in dem ihm eine Führungsrolle gelingt, das heißt wieweit es sie zu spielen bereit ist und wieweit die übrigen Staaten Südamerikas dies akzeptieren, wird auch für die Bedeutung der UNASUR entscheidend sein. Dass Brasilien marktwirtschaftliches Engagement mit Signalen einer Unabhängigkeit des Südens zu verbinden weiß, zeigt jüngst ein Doppelereignis. Am 28./29.1. 2014 fand das 2. Gipfeltreffens der CELAC statt, also der Gemeinschaft aller amerikanischer Staaten – außer den USA und Kanada. Und zwar in Havanna auf Kuba, das zu diesem Zeitpunkt noch unter Wirtschaftsblockade der USA stand (erst am 20. Juli 2015 erfolgte zwischen beiden die Wiederaufnahme diplomatischer und damit auch wirtschaftlicher Beziehungen). Und am Rande des Gipfels wurde von der brasilianischen Präsidentin Rousseff und ihrem kubanischen Kollegen Raúl Castro die Einweihung des ersten Bauabschnitts des Containerhafens in der kubanischen Hafenstadt Mariel begangen. Der Hafen wird von brasilianischen Firmen gebaut (die Investitionssumme des Joint Ventures liegt bisher bei 957 Mio. USD) und soll einmal der größte Containerhafen der Karibik werden (vgl. Matthias Rüb: Blockadebrecher, FAZ 28.1.14, S. 8). Die symbolische Bedeutung dieser Ereignisse für die hemisphärischen Beziehungen beider Amerikas liegt zutage. Diesen Beziehungen wollen wir uns abschließend kurz zuwenden.

6.3 Hemisphärische Beziehungen

‚Ursünde' Monroe-Doktrin und US-Interventionismus

Im Zentrum der hemisphärischen Beziehungen zwischen den beiden Amerikas, Nord und Süd, stehen die zwischen den USA und den amerikanischen Staaten in ihrem Süden (vgl. O'Brien 2007). Für sie stellt die sog. Monroe-Doktrin in vieler Hinsicht den Beginn der Spannungen in diesen Beziehungen dar. Diese Doktrin wurde von US-Präsident James Monroe (1758–1831, Präsident 1817–25) 1823 als einseitige Erklärung gegenüber dem Kongress formuliert.[12] Sie wandte sich gegen europäische Einmischung in der westlichen Hemisphäre und machte diese damit, entgegen dem Wortlaut, dass die USA ihre „südlichen Brüder" sich selbst überlassen würden, gleichsam

---

12 Text der Monroe-Doktrin z. B. unter http://www.ushistory.org/documents/monroe.htm.

zu einer US-amerikanischen Einflusssphäre. Dies zeigte sich, nach den erheblichen Gebietsgewinnen im US-amerikanisch-mexikanischen Krieg von 1846–48, vor allem nach dem spanisch-US-amerikanischen Krieg von 1898, mit dem die USA selbst als globale Macht in die internationale Politik eintraten (durch quasi-koloniale Übernahme der spanischen Philippinen und Besetzung Kubas). In den folgenden Jahren, bis in die 1930er Jahre, intervenierten die USA zahlreich in den Staaten rings um die Karibik[13], oft zum Schutz privater US-Interessen (vgl. jüngst Maurer 2013).

Andererseits fand 1889/90 die erste Internationale Konferenz der amerikanischen Staaten in Washington statt und eine Internationale Union Amerikanischer Republiken wurde gegründet, deren Sekretariat 1910 in Pan-Amerikanische Union umgetauft wurde. Dies war Ausdruck des so genannten Pan-Amerikanismus. Zusammen mit weiteren Organisationen und rechtlichen Prinzipien (wie dem der Nicht-Intervention der Calvo- und Drago-Doktrin) erwuchs hieraus das sog. Inter-Amerikanische System.[14] In dessen Zentrum steht die auf der neunten Internationalen Konferenz der Amerikanischen Staaten 1948 in Bogotá gegründete Organisation Amerikanischer Staaten (OAS; zu dieser: Horwitz 2011; Herz 2011). Deren Charta[15] setzt in Art. 2 als Ziele der Organisation die Stärkung von Frieden und Sicherheit, gemeinsames Vorgehen gegen Aggression (wofür bereits 1947 der sog. Rio-Vertrag über wechselseitigen Beistand geschlossen worden war) und internationale Zusammenarbeit. Sie bekennt sich in Art. 3 zu den Prinzipien des Völkerrechts, der souveränen Unabhängigkeit und der Solidarität unter den amerikanischen Staaten, des Verbots der Aggression und des gemeinsamen Vorgehens gegen solche. Ausdrücklich bekräftigt wurde auch, in Art. 19, das Interventionsverbot.

Pan-Amerikanismus und OAS

Dennoch, und dies trug zum Ansehensverlust der OAS im südlichen Amerika bei, kam es im Zeichen des Kalten Krieges doch zu weiteren US-Interventionen: 1954 in Guatemala zum Sturz des demokratisch gewählten Präsidenten Arbenz in Guatemala, 1961 zur gescheiterten Invasion Kubas, 1973 zum Sturz Präsident Allendes in Chile und nach Sturz der Somoza-Diktatur in Nicaragua 1979 zu Destabilisierungsversuchen gegen die sandinistische Regierung unter US-Präsident Reagan (gipfelnd im sog. Iran-Contra-Skandal von 1986, in dem die geheimen Machenschaften zur Finanzierung des Aufstands der anti-sandinistischen Contras offenbar wurden). Die OAS selbst spielte hierbei zum Teil mit. So wurde auf Drängen US-Außenministers John Foster

die OAS im Kalten Krieg: US-Interventionen trotz Verbot

---

13 Enzyklopädischer Überblick bei McPherson 2013.
14 Als Nachschlagewerk zu den inter-amerikanischen Organisationen: Dent/Wilson 2014.
15 Text der OAS-Charta unter: http://www.oas.org/dil/treaties_A-41_Charter_of_the_Organization_of_American_States.htm

Dulles auf der zehnten Inter-Amerikanischen Konferenz 1954 die „Declaration of Solidarity for the Preservation of Political Integrity of the American States against International Communist Intervention" angenommen[16]. Sie definierte eine ‚kommunistische' Regierung in einem amerikanischen Land als hemisphärische Bedrohung und lieferte somit den USA die Rechtfertigung für ihre Intervention in Guatemala. Kubas Mitgliedschaft in der OAS wurde 1962 ausgesetzt (erst 1975 erlaubte eine Resolution den OAS-Staaten individuell die Wiederaufnahme diplomatischer Beziehungen zu Kuba, dessen Wiedereintritt wurde 2009 als Ergebnis eines von Kuba zu beantragenden Prozesses vorgesehen). Insgesamt stellt Herz (2011, 14) fest: „The 1960s can be characterized as the period when the OAS was most clearly used as an instrument of US foreign policy". Erst mit der Demokratisierung der Staaten Mittel- und Südamerikas im Verlauf der 1980er Jahre gelang es der OAS zeitweilig, etwas aus dem Schatten der USA herauszutreten und zu einem Forum zur Förderung der Demokratie in der Region zu werden. Freilich sollten auch darüber bald wieder Positionsdifferenzen zwischen Nord und Süd deutlich werden.

Menschenrechtsschutz im Rahmen der OAS: Interamerikanische Kommission und Interamerikanischer Gerichtshof für Menschenrechte

1959 wurde die Inter-Amerikanische Kommission für Menschenrechte (IACHR) begründet, die Petitionen von Staaten, Nicht-Regierungsorganisationen und Individuen annimmt. Sie kann, mit Zustimmung der betreffenden Regierung, die Mitgliedsstaaten aufsuchen. Sie untersuchte etwa 1965 die Behandlung von Gefangenen im Bürgerkrieg in der Dominikanischen Republik und in einem Bericht von 2011 auch den Umgang der USA mit illegalen Einwanderern. Über ihre Untersuchung der ALBA-Mitglieder Venezuela, Bolivien und Ecuador und kam es jüngst zum Streit. Vertreter der drei Staaten und Nicaraguas kritisierten die OAS, und Nicaragua drohte damit, die Kommission zu verlassen. Auch dass die Kommission sich jüngst um die Rechte von Homosexuellen, Arbeitnehmern und indigener Bevölkerungsgruppen kümmert, hat zu Kontroversen geführt. Durch die Amerikanische Menschenrechtskonvention von 1969 wurde neben der IACHR der Inter-Amerikanische Gerichtshof für Menschenrechte (IACtHR) eingerichtet, der in Streitfällen von Unterzeichnerstaaten (zu denen die USA und Kanada jedoch nicht gehören) angerufen werden kann. Zweierlei wird deutlich: das einzelfall-bezogene interamerikanische Schutzsystem für Menschenrechte kennt nicht die individuelle Klage (auch gegen den eigenen Staat), wie sie im Rahmen des einschlägigen Zusatzprotokolls des Europäischen Gerichtshofs für Menschenrechte besteht, der im Rahmen des Europarates eingerichtet worden ist. So weit reicht in den Amerikas bisher die Bereitschaft zur Souveränitätseinschränkung nicht. Und schon die internationale Begutachtung der Menschenrechtslage birgt das Potenzial eines Nord-Süd-Konflikts in den Amerikas.

---

16 Text unter: http://avalon.law.yale.edu/20th_century/intam10.asp

Dies zeigt sich erst recht im Bereich der Demokratieförderung, einem Bereich zunehmender OAS-Aktivität in den vergangenen 25 Jahren (vgl. Herz 2011, Kap. 3). Bereits in ihrer Gründungs-Charta führt die OAS repräsentative Demokratie als eines ihrer Grundprinzipien auf. Jedoch kam es erstmals 1979 aufgrund eines Berichts der IACHR zur Menschenrechtslage in Nicaragua unter der Somoza-Diktatur zur Delegitimierung der Regierung eines Mitgliedstaates durch die OAS, ein Beschluss, dem freilich auch die nichtdemokratischen Regierungen einiger anderer Staaten zustimmten. 1985 wurde das Cartagena-Protokoll angenommen (in Kraft seit 1988), das die Förderung und Konsolidierung repräsentativer Demokratie zu einem Hauptzweck erklärt. Dies führte 1989, nach dem Coup General Noriegas in Panama, zu einer OAS-Resolution, in der der friedliche Übergang zu einer demokratisch gewählten Regierung gefordert wurde. 1991 wurde die Santiago-Erklärung über die kollektive Verteidigung der Demokratie verabschiedet und in der parallelen Resolution 1080 wurde beschlossen, dass der Ständige Rat der OAS binnen zehn Tagen zusammentreten soll im Falle einer Unterbrechung demokratischer Prozesse in einem Mitgliedstaat. Angewandt wurde dies im Falle des Staatsstreichs in Haiti im September 1991 und im Fall der zunehmend autoritären Regierung Präsident Fujimoris in Peru, zu dessen Delegitimierung die OAS beitrug. 1992 wurde durch das Washington-Protokoll (in Kraft 1997) Art.9 der OAS-Charta dahingehend geändert, dass die Mitgliedschaft eines OAS-Staates in den Gremien der Organisation im Fall eines undemokratischen Rückfalls suspendiert werden kann. 2001 schließlich wurde die Inter-Amerikanische Demokratie-Charta angenommen, deren Verfahren für Störfälle in der Demokratie erstmals 2002 beim versuchten Staatsstreich gegen Präsident Chávez von Venezuela angewandt wurden. Darüber hinaus engagiert sich die OAS in der Wahlbeobachtung in ihren Mitgliedstaaten.

Demokratieförderung im Rahmen der OAS

Mit dem Machtgewinn linker, populistischer Kräfte in Mittel- und Südamerika sind jedoch die Konflikte über das Grundverständnis der Demokratie, die in den Amerikas vorausgesetzt bzw. gefördert werden soll, vermehrt zutage getreten. Auch die analytischen Stellungnahmen dazu sind häufig vom jeweiligen Grundverständnis geprägt. Dieses kann entweder ein stärker liberales sein, das unter Demokratie primär repräsentative Demokratie aufgrund freier Wahlen und im Rahmen geachteter Grundrechte versteht, oder ein stärker auf Partizipation abhebendes Verständnis, das auch auf die soziale Dimension von Demokratie und soziale Grundrechte pocht. Dementsprechend lauten die Kritiken an der OAS-Praxis auch ganz unterschiedlich: dass sie sich schwer damit tue, autoritärem Gebaren demokratisch gewählter Regierungen Einhalt zu gebieten (so die eher ‚konservative' Sicht) bzw. dass sie reinem Elektoralismus huldige und in Wirklichkeit nicht primär Demokratie, sondern neoliberale Politik schützen wolle und damit den Markt

unterschiedliche Demokratie-Auffassungen

über demokratische Politik stelle (so die ‚progressive' Sicht). Was von den Kritikern wiederum gerne abwertend als populistisch bezeichnet wird. Tatsächlich weist das inter-amerikanische Demokratieförderungs-Regime einen Akzent auf einen „élitist style of sovereignty" auf, nämlich „executive sovereignty" (Legler 2011, 115). Wie gesagt sind Untersuchungen in den Mitgliedsstaaten nur mit deren Zustimmung möglich und die Klage gegen den eigenen Staat ist den Bürger(innen) verwehrt. Dies ist im Falle autoritärer Neigungen gewählter Präsidenten ein Problem. Und es ist für Außenstehende schwierig angemessen zu reagieren, wenn interne Konflikte sich zwischen Exekutive (Präsidenten) und dem Parlament (Kongress) abspielen, was jüngst häufiger vorkommt. Die Perspektive der eher linken Kritik wird in Neil A. Burrons (2012) Analyse der US-amerikanischen und kanadischen Demokratieförderungspolitik eingenommen. Kanada ist selbst erst 1991 der OAS beigetreten, und die Einbeziehung seiner Politik macht diese Studie wertvoll. Burron argumentiert, „that democracy promotion is typically formulated to advance commercial, geopolitical and security objectives that conflict with a genuine commitment to democratic development." (2) Zu diesen kommerziellen Interessen gehören etwa die kanadischer Bergbaufirmen, die im südlichen Amerika tätig sind, die Sicherheitsinteressen betreffen etwa den Kampf gegen organisierte Kriminalität im Drogenbereich, der besonders von den USA, die den Hauptabnehmermarkt stellen, propagiert wird. Die USA und Kanada sähen ihre Interessen daher gut aufgehoben bei Regimen, die Burron als „security-state polyarchies" (4) bezeichnet, wobei mit dem von dem Demokratieforscher Robert Dahl geprägten Begriff der Polyarchie eine Schrumpfform von Demokratie bezeichnet wird, in der Elitenherrschaft elektoral abgesegnet wird. Dies freilich ist auch der umgekehrte Vorhalt des Populismus: durch ihn wird aus Sicht seiner Kritiker mittels manipulativer Akklamation die Grundrechtsbindung exekutiver Gewalt aufgehoben. Zwei Zitate der hier zitierten Vertreter beider analytischen (und, das dürfte deutlich geworden sein und ist beim Thema Demokratie wohl auch unausweichlich, auch normativ-bewertenden) Positionen mögen dazu dienen, abschließend die Pole der Debatte zu markieren. Legler (2011, 123) formuliert als Vorwurf, was jedenfalls ein bedenkenswerter Gesichtspunkt ist: „Sadly, Chávez and ALBA have succeeded in presenting representative and participatory democracy as antithetical." In der Tat ist es ein Fehler, beide Formen der Demokratie gegeneinander auszuspielen. Und Burron weist zu Recht auf Grenzen der Demokratie im amerikanischen Norden (und nicht nur dort) hin, wenn er schreibt:

> *„The monopolization of political power by a plutocracy in the United States, the outrageous barriers to political participation in political life imposed by campaign finance laws and the inability of the party system to channel the interests of the poor*

and excluded suggest that the focus on democratic backsliding in the hemisphere could just as easily be reoriented northward." (Burron 2012, 148)

In der Tat: Grenzen der Demokratie finden sich auch im Norden, was eine Umkehr der üblichen Blick- (und Kritik-)Richtung nahelegt. Insgesamt macht dies auf die Nord-Süd-Dimension der internationalen Beziehungen in den Amerikas aufmerksam, auf die wir abschließend kurz eingehen wollen.

Dabei ist mit „Nord" und „Süd" jedoch nicht mehr primär oder allein eine geografische Bezeichnung gemeint. Genauso schwingt hier jenes Nord/Süd mit, das in der Rede vom globalen Nord-Süd-Konflikt üblich ist und das analytisch auch als das Verhältnis von Zentrum und Peripherie im Rahmen einer transnationalen kapitalistischen Ökonomie bezeichnet wird – auch in den Amerikas, neben der unterschiedlich aufgefassten Demokratie, ‚the only game in town' (wenn auch, wie der varietes-of-capitalism-Ansatz hervorhebt, in unterschiedlichen Spiel-Arten). Konkret geht es um das Verhältnis der USA (denen sich, so Burron, jedoch etwa Kanada unter den konservativen Regierungen der letzten Jahre in Sachen Demokratisierungspolitik weitgehend angepasst habe) zu ihren südlichen Nachbarn. Als dem Selbstverständnis nach noch immer angelsächsische Nation dient ‚Lateinamerika' den USA, konstruktivistisch gesprochen, noch immer gerne als das kulturell Andere (andere Amerika), in Bezug zu und Abgrenzung von dem man sich selbst definiert. Das ist schon deshalb verwunderlich, weil, wie die transnationale Geschichte lehrt, der hispanische Anteil an der US-Geschichte hoch ist (vgl. jüngst Fernández-Armesto 2014) und weil aufgrund der Einwanderung aus dem Süden und der Geburtenraten nicht nur der Anteil der Hispanics an Bedeutung zunimmt, sondern auch ihre Rolle im politischen Spiel (nicht nur für die Demokraten; vgl. z. B. Nuño 2014[17]). Dennoch markiert die Grenze zwischen den USA und Mexiko noch immer eine Wohlstandsgrenze (darin den östlichen und südlichen Außengrenzen der EU vergleichbar) – und eine zunehmend scharf bewachte (vgl. Andreas 2009; Maril 2012; Eichstaedt 2014; auch hierin bestehen Parallelen zur EU). Der Versuch, die Tiefe der hier verlaufenden ökonomischen Kluft durch vereinbarten Freihandel zu mildern, scheint bisher nur bedingt erfolgreich.[18]

Damit ist natürlich das 1994 in Kraft getretene North American Free Trade Agreement (NAFTA) angesprochen, mit dem die bilaterale Freihandelszone

> Nord und Süd in den Amerikas, Lateinamerika als das kulturell Andere der USA und die Südgrenze der USA zu Mexiko

> NAFTA

---

17 Dabei ist jedoch fraglich ist, ob unter den politisch aktiven Aufsteigern die lateinamerikanische Herkunft stärker wiegt als der class vote-Faktor. Das Ausmaß transnationaler Solidarität mit den südlichen Herkunftsländern hängt auch ab von den Prozessen der (neuen) Identitätsbildung der Einwanderer (und ihrer Kinder); vgl. Vila 2000.
18 Zu nordamerikanischen Kooperations-Chancen über NAFTA hinaus vgl. die Beiträge in Genna/Mayer-Foulkes 2013; für den Sicherheitsbereich Kilroy/Sumano/Hataley 2012.

zwischen Kanada und den USA auf Mexiko ausgeweitet wurde (die unter US-Präsident Bush jr. geplante Ausweitung zur gesamtamerikanischen FTAA ist wie gesagt am südamerikanischen Widerstand gescheitert). Es war seinerzeit hoch umstritten, auf beiden Seiten der Grenze. Die Abwanderung von Arbeitsplätzen gen Süden war die Furcht im Norden, die ‚Verlängerung der Billiglohn-Werkbank' ohne Entwicklungswirkung die Sorge im Süden. Beide Befürchtungen waren wohl überzogen, der Effekt des Abkommens, der freilich auch ökonometrisch schwer zu ermitteln ist (vgl. Hussain 2012; Villarreal/Fergusson 2013), wurde wohl überschätzt. O'Neil (2013) kommt für das US-mexikanische Verhältnis insgesamt zu einer vergleichsweise optimistischen Einschätzung, gestützt vor allem auf die Entwicklung einer mexikanischen Mittelschicht – die freilich nicht allein auf NAFTA zurückzuführen ist. Mansfield (2013) hält NAFTA für einen qualifizierten Erfolg, hätten sich doch die Importe Mexikos aus den USA zwischen 1993 und 2008 fast verdrei-, die Exporte in umgekehrte Richtung fast vervierfacht. Kritiker weisen jedoch auf die geringe Zunahme an Arbeitsplätzen in Mexiko hin und auf verbleibende Ungleichheit im Land. Auch hängen die Auswirkungen solcher internationaler Abkommen wiederum davon ab, wie sie von welchen politischen Kräften im jeweiligen Land aufgenommen werden. Dies zeigt Mark Aspinwall (2013) in seiner Studie zur Umsetzung der beiden NAFTA-Nebenabkommen zu Umweltschutz und Arbeitsbedingungen (zu letzterem auch Winter 2007). Dezentralität der Umsetzung und Partizipation habe die Umsetzung im Umweltbereich befördert; verkrustete Gewerkschaftsstrukturen und Korruption dagegen hätten sie im Arbeitsbereich behindert. Die Wirkung internationaler (hier: Freihandels-)Abkommen wird also durch gesellschaftliche Kräftekonstellationen geprägt. Auch dies bestätigt die Bedeutung des hier propagierten Ansatzes, der genau auf die Bedeutung solcher gesellschaftlichen Kräfteverhältnisse hinweist, für die Entstehung und Umsetzung internationaler Abkommen, auf regionaler und auch globaler Ebene.

6.4 Zusammenfassung

Resümee: Konflikt und Kooperation in den Amerikas, Sonderstellung Süd-Amerikas, Rolle Brasiliens

Es zeigt sich also, dass die regionalen Konfliktmuster und auch die der Kooperation in den Amerikas in doppeltem Sinne von Nord-Süd-Verhältnissen geprägt sind. Traditionell sind die USA der dominante Akteur der Hemisphäre, und sie haben davon auch im Wege der Intervention bei den südlichen Nachbarn Gebrauch gemacht. Allerdings waren diese auch in ihren Hoch-Zeiten, im ersten Drittel des 20. Jahrhunderts, weitgehend auf die circum-karibische Region beschränkt. Südamerika blieb davon weitgehend verschont. Das ist, wie Teixeira (2012; vgl. auch Crandall 2011) in einer anregenden Langzeit-Studie argumentiert, nicht allein, was nahe läge, durch geografische Distanz zu erklären. Schließlich haben die USA, beginnend 1898 auf den Philippinen bis zum Vietnamkrieg und Afghanistan, auch am anderen Ende der Welt interveniert, wenn es in ihrem Interesse zu liegen schien. Als Erklärung für die US-Interventionsabstinenz in Südamerika bringt Teixeira vielmehr die (in unterschiedlichen historischen Phasen jeweils unterschiedliche) Rolle Brasiliens ins Spiel. In Phasen seiner Orientierung an den USA (etwa zu Zeiten der Militärdiktatur) fungierte es als lokaler Statthalter der US-Interessen und machte so unmittelbare US-Intervention unnötig. Seit seiner Demokratisierung dagegen strebt Brasilien einerseits nach mehr Unabhängigkeit des südlichen Amerika und andererseits nach einer eigenen Führungsrolle dabei. Diese kommt ihm aufgrund des ökonomischen Gewichts im Rahmen des Mercosur quasi automatisch zu, was zu Gegenreaktionen auf Seiten Argentiniens und auch Venezuelas geführt hat. Dieses hat unter Chávez die Rolle des prominenten Anwalts der Einheit des ‚bolivarischen' Südamerika übernommen, auch und gerade gegen die USA – freilich gestützt auf die Erlöse seiner Ölgeschäfte mit ihnen. Das erklärt auch das Aufblühen der neuen Kooperationsprojekte des Südens – im Vergleich zur klamm-heimlichen, sicherheitspolitisch motivierten Kooperation auch schon zu Zeiten der südamerikanischen Diktaturen. Neben dem um Venezuela erweiterten Mercosur zeigt sich dies an der ALBA, der UNSASUR und der CELAC, auch wenn hier vieles deklarativen Charakter hat und der Grad der Institutionalisierung schwach ist. Wenn es dennoch mit UNASUR im Verhältnis zur OAS zu inhaltlich weitgehend überlappender institutionalisierter Kooperation kommt (vgl. Weiffen/Wehner/Nolte 2013), so liegt die Erklärung gerade dort, wo die Mitgliedschaft nicht überlappt: Wie auch noch deutlicher im Fall der CELAC (die nur die USA und Kanada ausschließt) zeigt sich darin der Wille des Südens, sich unabhängig zu organisieren. Tatsächlich ist die Wahrung weltregionaler Unabhängigkeit ein durchgehendes Motiv des neuen Regionalismus im Zeitalter der Globalisierung, wobei sich die Unabhängigkeit auf weltregionale und/oder regionale Hegemone ebenso bezieht wie auf eigenständige Gestaltungsmöglichkeiten im herrschenden globalen Kapitalismus.

Literatur

Altmann, Josette 2011: New Forms of Integration: ALBA Institutions and Mechanisms, in: Gordon Mace/Andrew F. Cooper/Timothy M. Shaw (Hrsg.): Inter-American Cooperation at a Crossroads, Basingstoke/New York, 204–221.

Andreas, Peter 2009: Border Games. Policing the U.S.-Mexico Divide, 2. Aufl., Ithaca.

Aspinwall, Mark 2013: Side Effects. Mexican Governance Under NAFTA's Labor and Environmental Agreements, Stanford.

Baumann, Renato 2011: El Mercosur a los veinte años. Una evaluación económica, in: José Brinceño Ruiz (Hrsg.): El Mercosur y las complejidades de la integración regional, Buenos Aires, 165–201.

Brands, Hal 2012: Latin America's Cold War, Cambridge, Mass.

Burron, Neil A. 2012: The New Democracy Wars. The Politics of North American Democracy Promotion in the Americas, Farnham/Burlington.

Centeno, Miguel Angel 2002: Blood and Debt. War and the Nation-State in Latin America, University Park, Pennsylvania.

Crandall, Britta H. 2011: Hemispheric Giants. The Misunderstood History of U.S.-Brasilian Relations, Lanham.

Dent, David W./Wilson, Larman C. 2014: Historical Dictionary of Inter-American Organizations, Lanham/Toronto/Plymouth.

Detsch, Claudia 2010: ALBA – Ein alternatives Integrationsmodell zwischen Schein und Sein, http://library.fes.de/pdf-files/iez/07301.pdf [28.01.2014]

Dinges, John 2005: The Condor Years. How Pinochet anis Allies Brought Terrorism to Three Continents, New York.

Eichstaedt, Peter H. 2014: The Dangerous Divide. Peril and Promise on the US-Mexico Border, Chicago.

Ellis, R. Evan 2009: China in Latin America. The Whats and Wherefores, Boulder.

Fernández-Armesto, Felipe 2014: Our America. A Hispanic History of the United States, New York/London.

Fernández Jilberto, Alex E./Hegenboom, Barbara (Hrsg.) 2010: Latin America Facing China. South-South Relations beyond the Washington Consensus, New York/Oxford.

Fletcher, John 2013: The Wars of Spanish American Independence 1809–29, Oxford.

Fornés, Gastón/Philip, Alan Butt 2012: The China-Latin America Axis. Emerging Markets and the Future of Globalisation, Basingstoke/New York.

Gardini, Gian Luca 2010: The Origins of Mercosur. Democracy and Regionalization in South America, New York/Basingstoke.

Gardini, Gian Luca 2011: Unity and Diversity in Latin American Visions of Regional Integration, in: ders./Peter Lambert (Hrsg.): Latin American Foreign Policies. Between Ideology and Pragmatism, New York/Basingstoke, 235–254.

Gardini, Gian Luca/Lambert, Peter (Hrsg.) 2011: Latin American Foreign Policies. Between Ideology and Pragmatism, New York/Basingstoke.

Genna, Gaspare M./Mayer-Foulkes, David A. (Hrsg.) 2013: North American Integration. An Institutional Void in Migration, Security and Development, New York/Abingdon.

Gill, Lesley 2004: The School of the Americas. Military Training and Political Violence in the Americas, Durham.

Gutiérrez, Alejandro 2011: El complejo proceso del ingreso de Venezuela al Mercosur, in: José Brinceño Ruiz (Hrsg.): El Mercosur y las complejidades de la integración regional, Buenos Aires, 439–469.

Hearn, Adrian H./Léon-Manriquez 2011: China Engages Latin America. Tracing the Trajectory, Boulder.

Herz, Mônica 2011: The Organization of American States (OAS), Abingdon/New York.

Horwitz, Betty 2011: The Transformation of the Organization of American States. A Multilateral Framework for Regional Governance, London/New York.

Hussain, Imtiaz 2012: Reevaluating NAFTA. Theory and Practice, New York/Basingstoke.

Kacowicz, Arie M. 1998: Zones of Peace in the Third World. South America and West Africa in Comparative Perspective, Albany.

Kacowicz, Arie M. 2005: The Impact of Norms in International Society. The Latin American Experience, 1881–2001, Notre Dame.

Kelly, Philip 1997: Checkerboards and Shatterbelts. The Geopolitics of South America, Austin.

Kilroy, Richard J./Sumano, Abelardo Rodríguez/Hataley, Todd S. (Hrsg.) 2012: North American Regional Security. A Trilateral Framework? Boulder.

Legler, Thomas 2011: Demise of the Inter-American Democracy Promotion REgime? In: Gordon Mace/Andrew F. Cooper/Timothy M. Shaw (Hrsg.): Inter-American Cooperation at a Crossroads, Basingstoke/New York, 111–130.

Mallmann, Maria Izabel/Dri, Clarissa 2011: Institucionalización y politización de la integración, in: José Brinceño Ruiz (Hrsg.): El Mercosur y las complejidades de la integración regional, Buenos Aires, 203–223.

Mares, David R. 2001: Violent Peace. Militarized Interstate Bargaining in Latin America, New York.

Mares, David R. 2012: Latin America and the Illusion of Peace, Abingdon/New York.

Mansfield, Edward D. 2013: Regionalism in the Americas at the Turn of the Twenty-First Century: NAFTA and Mercosur, in: Arvid Lukauskas/Robert M. Stern/Gianni Zanini (Hrsg.): Handbook of Trade Policy for Development, Oxford, 607–627.

Maril, Robert Lee 2012: The Fence. National Security, Public Safety, and Illegal Imigration Along the U.S.-Mexico Border, Lubbock.

Martín, Félix E. 2006: Militarist Peace in South America. Conditions for War and Peace, New York/Basingstoke.

Maurer, Noel 2013: The Empire Trap. The Rise and Fall of U.S. Intervention to Protect American Property Overseas, 1893–2013, Princeton.

McPherson, Alan 2013: Encyclopedia of U.S. Military Interventions in Latin America, 2 Bd.e, Santa Barbara.

Merke, Federico 2010: Conclusiones sobre la economía política del regionalismo en Sudamérica, in: Diana Tussie/Pablo Trucco (Hrsg.): Nación y Región en América del Sur. Los actores nacionales y la economía política de la integración sudamericana, Buenos Aires, 545–596.

Muhr, Thomas (Hrsg.) 2013: Counter-Globalization and Socialism in the 21st Century. The Bolivarian Alliance for the Peoples of Our America, Abingdon/New York.

Nuño, Stephen A. 2014: The Latino Face of the GOP. Republican Recruitment of the Hispanic Americans in a New Era of Politics, Santa Barbara.

O'Brien, Thomas F. 2007: Making the Americas. The United States and Latin America from the Age of Revolutions to the Era of Globalization, Albuquerque.

Oelsner, Andrea 2005: International Relations in Latin America. Peace and SEcurity in the Southern Cone, New York/London.

O'Neil, Shannon K. 2013: Two Nations Indivisible. Mexico, the United States, and the Road Ahead, Oxford/New York.

Philip, George/Panizza, Francisco 2011: The Triumph of Politics. The Return of the Left in Venezuela, Bolivia and Ecuador, Cambridge.

Rabe, Stephen G. 2011: The Killing Zone. The United States Wages Cold War in Latin America, Oxford.

Riggirozzi, Pía/Tussie, Diana (Hrsg.) 2012: The Rise of Post-hegemonic Regionalism. The Case of Latin America, Dordrecht u. a.

Sanahuja, José Antonio 2010: La construcción de una region: Suramérica y el regionalismo posliberal, in: Manuel Cienfuegos/ders. (Hrsg.): Una Región en Construcción. UNASUR y la integración en América del Sur, Barcelona, 87–134.

Schelhase, Marc 2011: The Changing Context of Regionalism and Regionalisation in the Americas: Mercosur and Beyond, in: Timothy M. Shaw, J. Andrew Grant, Scarlett Cornelissen (Hrsg.): The Ashgate Research Companion to Regionalisms, Farnham/Burlington, 175–191.

Schmitter, Philippe C. 1991: Change in Regime Type and Progress in International Relations, in: Emanuel Adler/Beverly Crawford (Hrsg.): Progress in Postwar International Relations, New York, 89–127.

Teixeira, Carlos Gustavo Poggio 2012: Brazil, the United States, and the South American Subsystem. Regional Politics and the Absent Empire, Lanham u. a.

Tinker-Salas, Miguel 2014: Venezuela, Oxford.

Tussie, Diana/Trucco, Pablo (Hrsg.) 2010: Nación y Región en América del Sur. Los actors nacionales y la economía política de la integración sudamericana, Buenos Aires.

Vila, Pablo 2000: Crossing Borders, Reinforcing Borders. Social Categories, Metaphors, and Narrative Identities on the U.S.-Mexican Frontier, Austin.

Villarreal, M. Angeles/Fergusson, Ian F. 2013: NAFTA at 20: Overview and Trade Effects, Congressional Research Service Report 42965, Washington, DC.

Vivarez, Ernesto (Hrsg.) 2014: Exploring the New South American Regionalism, Farnham/Burlington.

Weiffen, Brigitte/Wehner, Leslie/Nolte, Detlef 2013: Overlapping regional security institutions in South America: the case of OAS and UNASUR, in: International Area Studies Review 16 (4): 370–389.

Williams, Mark Eric 2012: Understanding U.S.-Latin American Relations. Theory and History, New York/London.

Winter, Jens 2007: Transnationale Arbeitskonflikte. Das Beispiel der hegemonialen Konstellation im NAFTA-Raum, Münster.

Schluss 7

Im vorliegenden Buch ging es um einen einführenden Überblick über die weltregional desaggregierte Analyse internationaler Politik. Wie die vorausgehenden Kapitel gezeigt haben, weisen die Weltregionen durchaus ihre je eigenen Muster von regionaler internationaler Politik auf. Doch sind die Unterschiede nicht so groß, als dass sie nicht durch Einsatz des analytischen Instrumentariums der Sozialwissenschaften im Allgemeinen und der Internationalen Beziehungen im Besonderen erschlossen werden könnten. Dies hat letztlich seinen großen menschheitsgeschichtlichen Hintergrund darin, dass die unterschiedlichen ‚Äste' der menschlichen Familie aus einem gemeinsamen – wie heute vermutet wird afrikanischen – Ursprung hervorgegangen sind.[1] Im Verlauf von Jahrtausenden haben sich in den verschiedenen Regionen der Welt zwar unterschiedliche Kulturen entwickelt. Die anthropologischen Gemeinsamkeiten wie auch die dessen, was man conditio humana (wörtlich: die menschliche Lage, die Bedingungen des Menschseins) nennt, sind jedoch hinreichend ähnlich, so dass wechselseitige Verstehbarkeit in der heute globalen Gesellschaft möglich ist. Dieser transnationale globale gesellschaftliche Zusammenhang hat sich, von Europa ausgehend, im Zuge der neuzeitlichen Ausbreitung der Muster der Moderne herausgebildet, was hier (vgl. Kap.1) auf den Begriff des globalen Zeitalters gebracht worden ist. Wie auch die Diskussion über das Phänomen der Globalisierung ergeben hat und insbesondere über ihre kulturelle Dimension, hat dies zwar zu globalen An-

> weltregionale Unterschiede

> transnational vermittelbar sozialwissenschaftlich erschließbar

> aufgrund gemeinsamer Menschheitsgeschichte

---

1 Vgl. für diese große Geschichte aus anthropologisch-welthistorischer Sicht Carmack 2013; aus soziologischer Nolan/Lenski 2008 und aus kombiniert soziologisch-psychologischer Chase-Dunn/Lerro 2013.

gleichungen geführt, nicht jedoch zu völliger Vereinheitlichung. Das gilt auch für den politischen Bereich.

<small>globale ‚Formatierung' des politischen Raums durch moderne Staatlichkeit bei Unterschieden ihrer realen sozialen Ausprägung</small>

Die Ausbreitung des modernen Staatensystems, die mit der Dekolonisation zum Abschluss kam, hat formal zur ‚Formatierung' (wenn es erlaubt ist, diesen Begriff aus der Computersprache zu übertragen) der globalen politische Welt in der Form moderner Staatlichkeit geführt. Doch sollte die Ausbreitung dieses politischen Modells als völkerrechtliche Form (und damit Zurechnungspunkt von Rechten und Pflichten) nicht mit der faktischen Gleichheit der sozialen Wirklichkeit von Staatlichkeit rund um den Globus verwechselt werden. Sie variiert erheblich, aufgrund ihrer je spezifischen Vorgeschichte und ihrer welt- und ‚national'gesellschaftlichen Einbindung. Genau deshalb wurde hier für eine historisch-soziologische Herangehensweise plädiert, welche diese Bezüge thematisiert und Staatlichkeit nicht einfach voraussetzt. Tatsächlich haben wir ein breites Spektrum davon, das von, wie gelegentlich formuliert wurde, ‚post-moderner' Staatlichkeit bis hin zu scheiternder Quasi-Staatlichkeit oder failed states reicht. Die Staaten (Staatsapparate) verfügen über unterschiedliche Mittel der Selbstbehauptung in den globalen Kontexten; und ihre Stellung im Verhältnis zu den gesellschaftlichen Kräften in ihrem Innern variiert. Letzteres betrifft Fragen der Herrschaft im Sinne von Machtausübung mit (erhobenem, nicht immer vollständig eingelöstem) Legitimitätsanspruch, ersteres Fragen der Herrschaft im Sinne von struktureller Macht im Rahmen der Weltgesellschaft.

<small>weltregionale Unterschiede zwischenstaatlicher Gewaltsamkeit – über Zeit und gegenwärtig</small>

Wie sich gezeigt hat, werden auch die weltregionalen Muster internationaler Konflikte und Kooperation von diesen unterschiedlichen Bedingungen mit geprägt. Im Bereich gewaltsam ausgetragener internationaler Konflikte ergab sich weltregionale Variation, diachron und synchron, im Wandel der Zeit wie gegenwärtig. Europa war mit seinen frühmodernen Ausscheidungswettkämpfen den Weg voran gegangen in ein dezentrales, plurales, aber eben auch sehr gewaltträchtiges modernes Staatensystem (was etwa kontrastiert mit dem weitgehend kriegsfreien gleichzeitigen ostasiatischen System chinesischer Hegemonie).[2] Europa selbst gelang erst nach zwei Weltkriegen die Überwindung dieser Gewaltdynamik, im Wege der interdependenten Verknüpfung der Staaten und ihrer supranationalen Integration. Außerhalb

---

2 In einer weiteren anregenden historischen Weltregional-Studie haben Phillips und Sharman (2015) jüngst gezeigt, dass und warum auch die internationalen Beziehungen der Region des indischen Ozeans zwischen 1500 und dem ausgehenden 18. Jahrhundert eine von der europäischen abweichende Entwicklung genommen haben: dort herrschte weder, wie in der Sino-Sphäre, anerkannte Hegemonie, noch anerkannte Gleichheit nur von Staaten, sondern ein praktisch realisierter Pluralismus politischer Formen, von Reichen (Imperien), staatsähnlichen Gebilden (dem portugiesischen Estado da India) und quasi-staatlichen Privatunternehmen (den Ostindischen Kompanien).

Europas erwies sich für zwischenstaatlichen Frieden eine mittlere Stärke von Staatlichkeit (wie sie in Südamerika gegeben war) als förderlich. Zu schwache Staaten führten zur Verlagerung der Konfliktdynamik auf die substaatliche Ebene auch gewaltsam konkurrierender Großgruppen, wie es häufig im postkolonialen Afrika und auch sonst, etwa in den Balkan-Kriegen der 1990er Jahre, bei Staatszerfall vorkam. Zu starke, militärisch handlungsfähige Staaten drohten in Ausscheidungswettkämpfe zu verfallen. Die Sicherheitspolitik in unterschiedlichen Weltregionen weist also je spezifische Grundprobleme und Muster auf, und eine regional desaggregierte Betrachtung regionaler Sicherheitskomplexe (vgl. Kap. 3) ist daher sinnvoll. Diese von Buzan und Wæver propagierte Herangehensweise betont zu Recht die relative Autonomie regionalen Konfliktgeschehens und liefert eine nützliche Terminologie zur vergleichenden Beschreibung. Der Ansatz liefert jedoch keine eigenständige Erklärung des Konfliktverhaltens der beteiligten Akteure. Dafür muss und kann auf vorhandene (Groß-)Theorien zurückgegriffen werden. regionale Sicherheitskomplexe – transregional gültige Erklärungen

Aber auch die Formen weltregionaler Kooperation wurden durch die Bedingungen von Staatlichkeit mit geprägt. Außerhalb Europas war das Erringen von Eigenstaatlichkeit ein zu hoher (und meist auch zeitlich junger) Preis, als dass bisher Bereitschaft zur Souveränitätsaufgabe bestanden hätte. Aber auch die Logik des Machterhalts jeweils herrschender Eliten bestimmt die Kooperationsbereitschaft mit. Dabei zeigte sich, dass es durchaus so etwas wie autoritäre/autokratische Kooperation gibt (zwischen den herrschenden Militärs in Südamerika zur Zeiten der Diktatur wie heute in der Region des persischen Golfes). Ökonomische Kooperation im Sinne regionaler Marktintegration findet ihre Grenze (wie auch globale Liberalisierung) in der politischen Logik von Günstlingswirtschaft – was freilich nur die verschärfte Version dessen ist, dass auch in Demokratien private Wirtschaftsinteressen versuchen, die Außenwirtschaftspolitik ‚ihres' Staates zu prägen (eine absolut übliche Praxis etwa im Alltagsgeschäft europäischer Wirtschaftsintegration). Schließlich kollidiert effektiver regionaler Menschenrechtsschutz mit den Herrschaftsinteressen von Autokraten; jedoch sind auch große Realdemokratien (etwa in den Amerikas) nicht bereit, sich übernationaler Gerichtsbarkeit in Sachen Menschenrechte zu unterwerfen. Über die regionale Förderung von Demokratie herrscht angesichts unterschiedlicher Demokratieverständnisse nicht allenthalben Einigkeit (wie sich am Beispiel der OAS zeigte, aber auch im Verhältnis Russlands zum Europarat).

Das überzeugendste Beispiel einer langfristigen historisch-soziologischen Analyse, die weltregionale Unterschiede in solch großer Perspektive tatsächlich gehaltvoll erklären kann, begegnete uns in Kap. 5 in Gestalt von Etel Solingens vergleichender Betrachtung des kriegsträchtigen Nahen Ostens mit dem friedlicheren Ostasien nach 1945. Sie machte deutlich, wie die Macht-

und Entwicklungsstrategien herrschender Eliten in den beiden Regionen, verknüpft mit deren Stellung im Rahmen globaler polit-ökonomischer Zusammenhänge, die unterschiedliche Entwicklung der internationalen Beziehungen in den Regionen erklären kann. So überzeugend solch historisch langfristigen Erklärungen sind, so sollten sie doch nicht mit Unwandelbarkeit und Determinismus verwechselt werden. Im Grunde unterliegen alle in solche historisch-makrosoziologischen Erklärungen eingehenden Mechanismen ihrerseits dem historischen Wandel. Nur beliebig schnell und einfach stellt er sich nicht ein, ist abhängig vom konkreten Handeln konkreter politischer Akteure, das letztlich nicht deterministisch bestimmt ist. Hierin, in der Nicht-Bestimmtheit oder, wie man fachlich sagt, der Kontingenz politischen und sozialen Handelns, liegt auch eine Grenze für alle Bemühungen um eine theoretische Erklärung sozialer Phänomene, in unserem Fall also weltregionaler Konflikt- und Kooperationsmuster.[3]

theoretische Bilanz:

Wir hatten eingangs (in Kap. 1) fünf solcher Theorien eingeführt und wollen anhand von ihnen hier kurz theoretisch Bilanz ziehen. Im Kern des Realismus steht die Problematik der gewaltsamen Logik des politischen Gruppenkonflikts. Diese Problematik ist real, auf zwei ganz unterschiedlichen Niveaus politischer Integration. Die Selbstbehauptung unter Bedingungen der Anarchie wird tatsächlich in den gewaltsam ausgetragenen Bürgerkriegen am deutlichsten sichtbar. Hier werden selbst Gruppen, die sich zunächst keiner Seite anschließen wollten, schlimmstenfalls zur gewaltsamen Selbstverteidigung gezwungen (Renos ‚parochiale' Rebellen bzw., wie es hier genannt wurde, lokale Selbstverteidigungs-Rebellen, Kap. 4). Im globalen Kontext schützt sie sonst heute allenfalls die sog. Humanitäre Intervention – wenn sie denn zustande kommt. Ob diese jedoch über eine momentane Befriedung hinaus die Bedingungen für dauerhaft friedlichere Entwicklung zu stiften vermag, ist damit nicht gesagt. Und das Zustandekommen solcher Intervention ist zwar heute, bestenfalls, institutionell legitimiert (über die UNO[4]). Das Aufbringen der dafür nötigen Handlungsressourcen militärischer und ziviler Art jedoch setzt einschlägige Kapazitäten voraus und ist fast immer auch an Eigeninteressen der Intervenienten geknüpft. Stammen diese aus der Region, stehen sie unter Verdacht regionalen Machtstrebens (so Nigeria als Führungsmacht der ECOWAS). Stammen sie aus dem kleinen Kreis der global handlungsfähigen Großmächte, liegt der Verdacht eigeninteressierten Handelns ebenfalls nahe. Am anderen Ende der politischen Integration stehen eben solche handlungsfähigen Staaten. Zwischen ihnen droht weltregional noch immer die gewaltsame Konfrontation, sei es zwischen Indien und Pakistan oder jüngst doch

Realismus – Beitrag und Grenzen

Logik des bewaffneten Gruppenkonflikts – in Bürgerkriegen

zwischen militärisch handlungsfähigen Staaten

---

3 Vgl. anregend jüngst Lebow 2014.
4 Vgl. List 2014.

wieder im fernen Osten zwischen Japan und China. Hier ist die realistische Logik von Macht und Gegenmacht noch immer erkennbar. Freilich bricht sie sich nicht quasi automatisch Bahn. Wesentlich sind die Einschätzungen von Entscheidungsträgern – über externe Bedrohungen, aber auch dazu, wie weit sie aus innenpolitischen Gründen in deren Beschwörung gehen wollen. Selbst im Falle eines Staates wie Israel im Verhältnis zum Iran liegt, die unterschiedlichen Stellungnahmen seiner Regierung und ehemaliger Geheimdienstchefs zeigen es, nicht auf der Hand, dass es nur eine sinnvolle Art des Umgangs mit wahrgenommenen Bedrohungen gibt. Es bleiben Entscheidungsspielräume.

<small>aber kein Automatismus – sondern Handlungsspielräume</small>

Was den Beitrag des Institutionalismus zur Erklärung weltregionaler internationaler Politikmuster anbelangt, der im Wesentlichen mit den positiven Wirkungen von Einrichtungen internationaler Kooperation argumentiert, so scheint er begrenzt. Das liegt zum einen an der meist begrenzten institutionellen Tiefe; zum andern an der schwachen Ausprägung von Kräften, die die Wirksamkeit von Institutionen fördern; und schließlich an der begrenzten Bereitschaft, sich überhaupt auf Institutionalisierung einzulassen. Um mit letzterer zu beginnen: Nur in (EU-)Europa konnte supranationale Integration erreicht werden, unter historisch spezifischen Bedingungen: der ‚Schock' zweier Weltkriege; die Schwäche der zentral gelegenen, potenziell stärksten Macht ([West-]Deutschland); die externe Förderung durch die USA, nicht zuletzt vor dem Hintergrund der Ost-West-Systemkonkurrenz. Diese Konstellation war welthistorisch einmalig. In den übrigen Weltregionen stehen die Erfahrung des mühsamen Erringens von Souveränität zum einen, die mangelnde Bereitschaft von Großmächten (China, USA, Russland) zur Ein- und Unterordnung zum andern vertiefter, supranationaler Integration entgegen. Damit entfällt jedoch auch die ‚Hüter- und Vorantreiber'-Funktion, die im EU-Kontext den supranationalen Akteuren (EuGH, Kommission, EP) zukommt. Meist sind Beschlüsse in den weltregionalen Verbünden auch gar nicht rechtlich bindend (so im ASEAN-Kontext, der auf politische Bindung und ‚Gesichtswahrung' setzt) oder ihre Einhaltung ist nicht sanktionsbewehrt (vgl. die Regelverletzungen im Mercosur, von der Ineffektivität vieler älterer Unternehmungen regionaler Wirtschaftsintegration in Afrika ganz zu schweigen). Schließlich setzen autokratische und autoritäre politische Verhältnisse vielfach der Wirksamkeit weltregionaler Institutionen Grenzen, wenn und weil diese eine die Herrschaft bedrohende Wirkung entfalten und weil gesellschaftliche Kräfte, seien es solche der privaten Wirtschaft, seien es solche der Zivilgesellschaft, die sich fördernd und fordernd auf regionale Institutionen beziehen würden, nur bedingt oder gar nicht zugelassen sind. An den insofern also außerhalb Europas doch ganz anderen politischen Verhältnissen scheitern nicht nur alle Überlegungen einer leichten Übertragbarkeit des europäischen (Integrations-)Modells auf andere Weltregionen; daran scheitert auch die Vorstellung

<small>Institutionalismus – Beitrag und Grenzen</small>

einer ‚global governance-Zwischendecke' des Interregionalismus: die EU findet keine Ansprechpartner ihresgleichen, und sie lässt sich, zum Teil auch aus Eigeninteresse, dann doch auf bilaterale Beziehungen zu einzelnen Ländern (etwa zu Brasilien statt zum Mercosur; oder auch zu Mitgliedern der ASEAN neben den Treffen mit dieser als Gruppe) ein. Mit mehr (ASEAN, z. T. auch EU) oder minder (UNASUR, AU) großem Erfolg wirken die weltregionalen Institutionen jedoch zumindest als symbolischer Ausdruck von Bestrebungen nach Selbstbehauptung, gerade im zunehmend enger geknüpften globalen Kontext.

Konstruktivismus – Beitrag und Grenzen weltregionale Kooperation als Beitrag zur Identitätsstiftung

Das verweist bereits auf die Bedeutung ‚weicher' Faktoren, wie sie im Forschungsprogramm des Konstruktivismus hervorgehoben werden. Danach sind weltregionale Kooperationsformen eben immer auch Foren und Mittel der Erarbeitung kollektiver Identität, umso mehr, je mehr sie von außen wahrgenommen werden (und der Erfolg der ASEAN insofern wurde in Kap. 5 betont und zu erklären versucht). Dem steht aber, wie schon mehrfach betont, einerseits die außerhalb Europas verbreitete (und neuerdings auch wieder innerhalb Europas vermehrt öffentlich vertretene) Einstellung gegenüber, nationale Souveränität nicht aufgeben zu wollen. Nationalismus ist an viel zu vielen Orten der Welt noch immer ein politisch motivierender – und motivierbarer – Faktor, als dass die Rede vom post-nationalen Zeitalter sinnvoll erscheint (und sie ist überflüssig-irritierend, wenn damit gar nichts über die Bedeutung des Nationalismus gesagt sein soll, sondern über das Ausmaß grenzüberschreitender Verknüpfungen: dafür ist der eingeführte Begriff der transnationalen Beziehungen völlig ausreichend). Schließlich ist die Überwindung von Feindbildern fast ebenso sehr Voraussetzung wie Folge erfolgreicher weltregionaler Kooperation: auf dem Weg zu institutionalisierter Kooperation muss es die Bereitschaft zumindest einiger Entscheidungsträger geben, Feindbilder hintan zu stellen (vgl. die argentinisch-brasilianische Vorgeschichte des Mercosur). Aus erfolgter, erfolgreicher Kooperation oder gar Integration mag dann eine tiefenwirksame Überwindung von Feindbildern folgen (wie etwa im deutsch-französischen Verhältnis). Die gemeinsame Bearbeitung gemeinsamer Leidensgeschichte ist dabei Teil jeder tiefer gehenden Friedenspolitik – egal ob im israelisch-palästinensischen oder im chinesisch-japanischen Verhältnis, und wo sie ausbleibt, birgt das großes Konflikt(verschärfungs)-potenzial. Soweit schließlich im Bereich des Konstruktivismus mit der Bedeutung von Wahrnehmungen, sei es von Bedrohungen, sei es von Risiken – oder auch Chancen (etwa: ökonomischer Integration) argumentiert wird, so ist dies im Kern zweifellos richtig: politisch reagiert wird immer nur auf wahrgenommene Bedrohungen, Risiken und Chancen. Deren framing, wie man neudeutsch sagt, also die Art, wie sie dargestellt werden, *ist* erheblich. Auf die Bedeutung etwa der Abkehr wirtschaftlicher und politischer Eliten

aber: fortbestehende Bedeutung des Nationalismus

Bedeutung von Feindbildern – und ihrer Überwindung

Beitrag der gemeinsamen Vergangenheitspolitik dazu

Bedeutung des framing von Bedrohungen, Risiken und Chancen

vom Großraumdenken in Nachkriegs(west)deutschland wurde hingewiesen (und Analoges ließe sich für Japan sagen): das sich Einlassen auf weltregionale (im Rahmen der EWG) wie globale wirtschaftliche Interdependenz wurde als gangbarer, ja erfolgreicher Weg erkannt. Doch wirft dies im Grunde immer die wesentlichen Anschlussfragen auf, die es zu untersuchen gilt, will der Konstruktivismus nicht in einem schalen Idealismus stecken bleiben, der die Wirksamkeit von Ideen allein aus diesen selbst heraus erklärt: Wer propagiert wie, unter Einsatz welcher Mittel und Nutzung welcher Mechanismen, und warum welche Sichtweisen? Das zu erklären heißt tatsächlich politisches Verhalten zu erklären.

<aside>Wer betreibt das wie und warum?</aside>

Hierauf geben am ehesten die verbleibenden theoretischen Ansätze eine Antwort. Undogmatisch-gesellschaftskritische (marxistische) Ansätze – in dogmatischen bleibt die Rolle der weichen Faktoren unterbewertet, gelten sie nur als Spiegel/Ableitung materieller Faktoren; so einfach ist es in der sozialen Wirklichkeit jedoch nicht – haben hier traditionell auf klassenspezifische Interessen verwiesen. In dieser Perspektive lässt sich, wie in Kap. 2 dargestellt, die Europäische Integration in ihren Anfängen durchaus auch als die supranationale Rettung des Kapitalismus verstehen; und etliche weltregionale Marktintegrationsprojekte als ebenso viele Projekte der Einbeziehung in kapitalistische Verwertungszusammenhänge, was jeweils ökonomisch dominierenden Kräften wenn schon nicht ausschließlich, so doch besonders nutzt. So ist es, und fraglich ist nur zweierlei: ob die Nicht-Einbeziehung in diese Verwertungszusammenhänge wirklich immer die bessere Alternative ist; und ob die Einbeziehung nicht zuweilen hilft, die auf Günstlings- statt Marktwirtschaft beruhende Alleinherrschaft von Autokraten zu unterminieren. Ebenso lohnend ist freilich die Betrachtung und Beachtung der sozialen Folgewirkungen solcher Marktintegrationsprojekte (Was ist mit ‚Modernisierungs'-Verlierern? Werden sie wahrgenommen? Und kompensiert?). Der hier propagierte Ansatz der gesellschaftlichen Kräfteverhältnisse ist durchaus an diesen Fragen interessiert. Er ist jedoch einerseits nicht nur an marktvermittelten Klassenverhältnissen interessiert. Sondern generell an gesellschaftlichen Herrschaftsverhältnissen, und diese können sich auch auf Gewaltressourcen (in Militärdiktaturen) oder ideologische Mobilisierung (religiöser oder säkularer Art, etwa der islamischen Führung im Iran oder der KP in China) stützen. Weil die zugrunde liegenden gesellschaftlichen Verhältnisse also nicht liberaler Natur sein müssen (und oft nicht sind) und weil gerade in undemokratischen Verhältnissen die Autonomie der politisch Herrschenden groß (aber nicht unbegrenzt: jede Herrschaftsform bedarf Unterstützungsformen, sei es der Günstlingswirtschaft, sei es der ideologischen [Ver-]Führung) ist und schließlich weil der Staatsapparat überall, wo er leidlich funktioniert, auch Eigeninteressen verfolgt, erscheint die Bezeichnung dieses Ansatzes als (neo-)liberal

<aside>gesellschaftsorientierte Ansätze: (undogmatisch) Gesellschaftskritik/ Marxismus</aside>

<aside>z. B. Rettung des Kapitalismus durch europäische Integration</aside>

<aside>Einbeziehung in kapitalistische Verwertung – zu welchen Bedingungen?</aside>

<aside>nicht-marktbasierte Herrschaftsverhältnisse, nicht-liberale politische Verhältnisse und staatliche Eigeninteressen</aside>

eher unzulänglich. Die Vagheit der Bezeichnung „Ansatz der gesellschaftlichen Bedingungen oder Kräfteverhältnisse" dient dazu, zunächst möglichst wenige theoretische Vor-Festlegungen zu treffen, wie diese Verhältnisse genau zu erfassen sind. Hierfür lassen sich jedoch spezifischere Theorien unterschiedlicher Abstraktionsstufe ausarbeiten. So haben Bueno de Mesquita und seine Ko-Autoren (2005) ein inspirierendes, auch formales Modell des Strebens nach politischem Überleben vorgelegt, das sich sowohl auf das An-der-Macht-bleiben-Wollen in Demokratien wie auf das auch physische Überleben von Diktatoren beziehen lässt und z. B. die Logik dessen ausbuchstabiert, was hier Günstlingswirtschaft genannt wurde. Aber auch stärker soziologische Theorien der Eliten- und Klassenherrschaft kommen zur Ausgestaltung des Ansatzes der gesellschaftlichen Verhältnisse in Frage.

Logik des politischen Überlebens und Eliten- und Klassentheorie

Was die in die erklärende Tiefe gehende Analyse weltregionaler Politik (in ihren jeweiligen Spezifika) wie die Erklärung internationaler Politik ganz allgemein also braucht, ist Zweierlei:

Zum einen die Tiefe des historischen Blicks auf die Vorgeschichte und Gewordenheit heutiger weltregionaler (und auch globaler) Verhältnisse. Hierzu wurde in den vorausgegangenen Kapiteln durch einschlägige Literaturverweise immer wieder auf die Erträge der Welt- oder Globalgeschichte[5] bzw. der außereuropäischen Geschichte hingewiesen. Mehr davon erscheint mir im Rahmen gerade auch der (Selbst-)Ausbildung in der Analyse internationaler Politik wünschenswert.

Bewusstsein für und Kenntnis über historische Entwicklung – Globalgeschichte und außereuropäische Geschichte

Zum andern bedarf es eines Bewusstseins für die Herrschaftsdimension, einer herrschaftskritischen Perspektive, die sich sowohl auf politische Herrschaft im engeren Sinne bezieht wie auf gesellschaftliche Herrschaft im Sinne der Ausübung struktureller Macht. Das bedeutet zunächst ein Bewusstsein dafür, dass Außenpolitik immer auch Innen-Politik ist, unter den jeweils obwaltenden, demokratischen oder undemokratischen, Bedingungen. Selbst im realistischen ‚Lager' wird dies, ausweislich des neoklassischen Realismus (vgl. die Studie zum Mercosur von Gómez-Mera in Kap. 6) inzwischen von einigen so gesehen. Dabei kommt den jeweils politisch Herrschenden eine Scharnierfunktion zu. Sie vermitteln zwischen äußeren und innere Anforderungen unter Wahrung ihrer Eigeninteressen (zumindest, in Demokratien: Wiederwahl; maximal, in autokratischen Diktaturen: Auf-Dauer-Stellung der Alleinherrschaft und ggf. Vererbung an Nachfahren – siehe die Assads in Syrien[6] und die Kims in Nordkorea). Und es kommt den im Sinne struktureller Machtaus-

herrschaftskritische Perspektive

---

5   Einführend Conrad 2013, ausführend etwa Bayly 2004 und Osterhammel 2011 sowie umfassend jüngst die einschlägigen Bände der Cambridge World History (Cambridge 2015).
6   Zum Wechselspiel von Außen- und Innenpolitik in diesem Fall jüngst Kap. 1 in Scheller 2013; zu den neu-alten Autokraten in der MENA-Region allgemein Filiou 2015.

übung weltgesellschaftlich herrschenden Kapitalfraktionen, die ihre – privaten – Ressourcen (eben: anlagefähiges Kapital) transnational, zwischen einzelnen Staaten und Regionen verschieben können, die Rolle eines prägenden Akteurs im globalen polit-ökonomischen Spiel zu, in dem weltregionale Kooperation sich als *ein* Versuch erweist, erweisen kann, Möglichkeiten kollektiver Selbstbestimmung zu wahren.

Literatur

Bayly, Christopher A. 2004: The Birth of the Modern World 1780–1914, Malden/Oxford (dt.: Die Geburt der modernen Welt, Frankfurt a. M./New York 2006).

Bueno de Mesquita, Bruse/Smith, Alastair/Silverson, Randolph M./Morrow, James D. 2005: The Logic of Political Survival, Boston.

Chase-Dunn, Christopher/Lerro, Bruce 2013: Social Change. Globalization from the Stone Age to the Present, Boulder/London.

Conrad, Sebastian 2013: Globalgeschichte. Eine Einführung, München.

Cramack, Robert M. 2013: Anthropology and Global History. From Tribes to the Modern World-System, Lanham u. a.

Filiu, Jean-Pierre 2015: From Deep State to Islamic State. The Arab Counter-Revolution and Its Jihadi Legacy, London.

Lebow, Richard Ned 2014: Constructing Cause in International Relations, Cambridge.

List, Martin 2014: Entgrenzung oder Eingrenzung von Interventionen durch das System der internationalen Organisationen, in: Bernhard Rinke u. a. (Hrsg.): Interventionen Revisited. Friedensethik und Humanitäre Intervention, Wiesbaden, 139–151.

Nolan, Patrick/Lenski, Gerhard 2008: Human Societies. An Introduction to Macrosociology, 11th revised and updated edition, Boulder/London.

Osterhammel, Jürgen 2011: Die Verwandlung der Welt. Eine Geschichte des 19. Jahrhunderts, München.

Phillips, Andrew/Sharman, J. C. 2015: International Order in Diversity. War, Trade and Rule in the Indian Ocean, Cambridge.

Scheller, Bente 2013: The Wisdom of Syria's Waiting Game. Foreign Policy Under the Assads, London.

The manufacturer's authorised representative in the EU is Springer Nature Customer Service Centre GmbH, Europaplatz 3, 69115 Heidelberg, Germany. If you have any concerns regarding our products, please contact ProductSafety@springernature.com

Printed and bound by CPI Group (UK) Ltd, Croydon, CR0 4YY

23/03/2026

02076736-0018